刘昌毅　主编

威海市社会科学优秀成果获奖作品文库

（第十七卷）

社会科学文献出版社
SOCIAL SCIENCES ACADEMIC PRESS (CHINA)

编 委 会

编委会主任

刘广华

编委会副主任

许祖强　刘昌毅　张瑞英　王治国　李学波

编委会成员

蔡鹏程　王鹏飞　邢　奎

序

"物之所在，道则在焉"。哲学社会科学是人们认识世界、改造世界的重要工具，是推动历史发展和社会进步的重要力量。习近平总书记指出："人类社会每一次重大跃进，人类文明每一次重大发展，都离不开哲学社会科学的知识变革和思想先导"。在推动社会发展进步的过程中，哲学社会科学与自然科学宛如"车之两轮""鸟之双翼"，相互依存、相辅相成，缺一不可。

党的十八大以来，以习近平同志为核心的党中央多次强调要大力加强中国特色新型智库建设，发出了推动哲学社会科学大发展大繁荣的号召，提出了繁荣发展社会科学的战略任务。在哲学社会科学工作座谈会上，习近平总书记明确提出要坚持以马克思主义为指导，解决好真懂真信、为什么人、怎么用的问题，为繁荣发展哲学社会科学事业提供了思想指南和实践动力。同时，贯彻落实威海市第十五次党代会精神，深入实施"全域城市化、市域一体化""产业强市、工业带动、突破发展服务业"等重大战略，争当全省"走在前列"排头兵、实现现代化幸福威海建设新跨越，也需要丰硕的理论创新支撑。时代呼唤哲学社会科学的繁荣发展。站在新的历史起点上，立足威海发展实际，深入研究回答重大理论问题和实践问题，不断推进理论创新和实践创新，提供更多更好的智慧产品，是实现威海现代化宏伟发展蓝图的迫切需要，也是进一步增进共识、凝聚合力的现实要求。

长期以来，威海市委、市政府高度重视哲学社会科学事业的发展，不断完善机制、加大投入、优化环境，打造了一批有特色、有影响的社科品牌，造就了一批知名专家和学术带头人，推出了一批理论创新成果和学术精品。全市广大哲学社会科学工作者坚持以习近平总书记系列重要讲话精神为指导，深入研究和回答党和国家以及我市经济社会发展中面临的理论和实践问题，在理论普及、学术研究、决策咨询等方面，做了大量卓有成效的工作，为推进现代化幸福威海建设事业提供了有力的智力支持，做出了积极贡献。

经过 20 年的实践，威海市社会科学优秀成果奖评选工作，逐步走上科学化、规范化、制度化的轨道，其公信力、权威性和影响力不断增强，成为推介优秀成果、引导研究方向、展示我市社科水平的重要平台，成为促进研究成果应用、转化的有力杠杆，成为发现、培养优秀人才的学术摇篮，对激发广大社科理论工作者的积极性创造性、推动新型智库建设、繁荣发展我市哲学社会科学事业具有重要意义。

《威海市社会科学优秀成果获奖作品文库》（第十一卷~第二十卷）的出版，是对近十年来全市社会科学优秀研究成果的再次认可，也是对哲学社会科学研究的激励与推动。这是一个回顾，是近十年社会科学优秀成果的一个归集；但更是一个展望，是督促全市哲学社会科学进一步繁荣发展的一个新起点。希望全市社会理论工作者，在以习近平总书记为核心的党中央的英明领导下，坚持马克思主义理论学风，深入实际、求真务实、与时俱进、锐意进取，以更加昂扬的斗志，不断取得理论研究的新成果、新成就，为实现现代化幸福威海建设新跨越，做出新贡献。

中共威海市委常委、宣传部长　刘广华

2017 年 9 月

C目录 CONTENTS

我国贸易开放对碳排放影响的
区域比较分析

一 引言

气候变暖对人类生存环境的危害是当今世界面临的最严峻的挑战之一。煤、石油、天然气等化石燃料燃烧产生的大量 CO_2 是导致全球气候变暖的主要原因。国际能源局（IEA）的数据显示，中国能源消耗所导致的二氧化碳排放量由 1979 年的 14.31 亿吨跃升至 2009 年的 68.77 亿吨，超越美国成为全球第一大温室气体排放国。在碳排放量迅速增长的同时，中国对外贸易飞速发展，贸易额从 1979 年的 2801 亿美元上升到 2010 年的 29727.6 亿美元，成为世界第二大贸易国。正因为如此，人们很自然地将快速增长的贸易与中国的碳排放联系起来，认为贸易的扩张是中国碳排放量持续增加的一大原因。因此，贸易对碳排放产生了何种程度的影响，既是中国制定相关政策的重要依据，也必然成为学术界研究的重点。

目前，国内基于分省的 CO_2 排放数据研究贸易开放对碳排放影响的文献比较有限，且由于中国实行的是非平衡的区域性对外开放战略，因此中国各地在探讨向经济低碳转型时，需要从实证上检验各区域碳排放对贸易的依赖。因此本文利用中国 1990～2010 年的面板数据，对东中西三大区域贸易开放对碳排放的影响进行比较研究，这对于各区域根据贸易开放程度制定不同的节能减排与低碳经济政策具有一定的指导意义。

二 模型设定与数据说明

（一）模型设定

考虑到碳排放与经济发展之间的关系，研究贸易开放对碳排放的影响必然不能忽略经济增长对碳排放的作用，而环境库兹涅茨曲线（Environment Kuznets Curve，EKC）是一个有效的工具。因此，本文参考 Grossman 和 Krueger（1993）文献中的 EKC 模型，建立如下贸易开放碳排放效应的模型：

$$LnTC_{it} = c_{it} + \alpha_1 LnY_{it} + \alpha_2 (LnY_{it})^2 + \alpha_3 LnTR_{it} + \alpha_4 LnFD_{it} + \alpha_5 LnGR_{it} + \varepsilon_{it} \qquad (1)$$

其中，i 表示省区截面单元，$i = 1$，$2\cdots$，30；t 表示时间；TC 表示二氧化碳排放总量。Y 为人均 GDP。TR、FD 反映贸易开放程度，其中 TR 为对外贸易依存度，FD 为外资依存度。GR 为碳排放政府管制变量。为了消除异方差，对变量均做自然对数处理。

（二）数据说明

1. 二氧化碳排放量估算。由于各省碳排放数据我国目前没有公开发表，必须通过化石能源的消费、转换活动进行估算。因此本文通过各省各种能源的消费量，再根据能源各自的碳排放系数转化得到碳排放量。其中碳排放系数基于 IPCC《国家温室气体排放清单指南》。

2. 人均 GDP。大量研究指出，污染排放量和人均收入之间存在倒 U 型关系。借鉴以往研究，本文以人均 GDP 作为人均收入指标，为保证可比性，以1990 年为基期，通过 GDP 指数分别得到各省区 1990 ~ 2010 年的实际人均 GDP。

3. 地区贸易开放程度。考虑到外资企业的进出口在我国大部分省区对外贸易总额中所占的比重超过 50%，因此本文将贸易开放程度表示为外贸依存度和外资依存度两部分。外贸依存度即各地进出口总额与 GDP 之比；外资依存度用各地当年实际利用外商直接投资与 GDP 的比值来表示。

4. 碳排放政府管制变量。鉴于污染治理项目完成投资额可以反映政府在降低环境污染方面所付出的努力和决心，本文选取各省工业污染治理项目投资完成额与 GDP 的比值作为碳排放政府管制变量的替代变量。

本文所用数据来自于《新中国 60 年统计资料汇编》、历年《中国统计年鉴》、历年《中国环境统计年鉴》及历年各省统计年鉴。

三 实证分析

(一) 数据的描述性统计

表1对面板数据进行了描述性统计。在1990～2010年，东部地区的人均GDP（以1990年不变价格计算）平均为9551.60元/人，远高于中西部地区。如果观察21年平均的CO_2排放水平，东部地区要高于中西部地区，东部地区在样本期间的最大值为90901.2万吨，而中西部地区的最大值为53565.3万吨、49125.1万吨，也就是说，较高的人均产出具有较高的碳排放。其次，东部地区的外贸依存度与外资依存度都远高于中西部地区，说明东部地区的贸易开放程度较高。不过东部地区碳排放政府管制变量的均值却小于中西部地区。

表1 三大区域面板数据的描述性统计

变量（单位）	东部			中部			西部		
	均值（标准差）	最大值	最小值	均值（标准差）	最大值	最小值	均值（标准差）	最大值	最小值
TC（万吨）	19925.5（17027.3）	90901.2	220.894	15445.2（8827.95）	53565.3	4174.88	9335.27（8677.52）	49125.1	665.332
Y（元）	9551.60（6963.40）	38038.5	1465	4314.08（2742.37）	13430.9	1090.6	3608.05（2545.99）	17690.9	810
TR（%）	65.5390（50.7233）	225.825	8.22689	9.78017（4.33232）	33.1988	3.20736	9.68787（4.44861）	36.7078	3.51648
FD（%）	6.14754（4.35188）	24.2543	0.20999	1.72781（1.12674）	5.16843	0.03789	1.03664（1.04867）	5.86232	0.00922
GR（%）	0.17026（0.10666）	0.56260	0.01370	0.20873（0.15426）	1.24841	0.03270	0.22830（0.14400）	0.99013	0.03639

数据来源：《新中国60年统计资料汇编》，历年各省统计年鉴及历年《中国环境统计年鉴》。

(二) 面板数据的单位根检验

为了避免面板数据的伪回归问题，需要对面板数据进行单位根检验，以确定其平稳性。本文采用LLC和Fisher-ADF两种方法进行单位根检验，前者原假设为存在同质单位根，后者假设为存在异质单位根。东中西部单位根检验结果如表2所示。由表2的检验结果可知，所有变量均为一阶单整I（1），可以进行协整检验。

表2　三大区域面板数据的单位根检验

变量	东部地区		西部地区		中部地区	
	LLC	Fisher-ADF	LLC	Fisher-ADF	LLC	Fisher-ADF
LnTC	− 1.06658	10.8132	2.02745	0.86458	1.77142	1.85049
ΔLnTC	− 7.97833 ***	80.4131 ***	− 4.54832 ***	40.2644 ***	− 6.74223 ***	83.5176 ***
LnY	1.55444	8.58869	5.18341	1.26845	7.78430	0.37730
ΔLnY	− 1.98334 **	57.7266 ***	− 3.25373 ***	45.3352 ***	− 3.08250 ***	40.3320 ***
Ln^2Y	3.96380	3.81818	8.15610	0.24856	11.5438	0.12711
$ΔLn^2Y$	− 1.14213 *	46.4575 ***	− 1.87322 **	31.7322 **	− 1.95161 **	28.3377 *
LnTR	0.55526	9.52367	− 0.35866	8.47346	− 0.26409	27.2895
ΔLnTR	− 11.0723 ***	145.011 ***	− 9.22453 ***	103.336 ***	− 5.75913 ***	69.4235 ***
LnFD	− 1.09773	19.2839	− 6.61618 ***	78.1967 ***	− 4.14593 ***	58.1329 ***
ΔLnFD	− 9.46911 ***	121.233 ***	− 6.60046 ***	60.1492 ***	− 9.07064 ***	97.0759 ***
LnGR	0.43344	9.00411	0.28831	7.22289	− 1.36066	18.1146
ΔLnGR	− 13.3685 ***	189.374 ***	− 15.1346 ***	169.602 ***	− 18.7373 ***	207.719 ***

注：***、**、* 分别表示在1%、5%、10%水平下显著，采用Schwarz准则来确定滞后阶数。

（三）面板数据协整检验

面板数据协整检验方法主要有两大类：一类是建立在E-G两步法检验基础上的面板协整检验，具体包括Pedroni检验和Kao检验；另一类是建立在Johansen协整检验基础上的面板协整检验。此处采用基于E-G两步法的Kao检验来进行面板协整检验，其原假设为不存在协整关系，检验结果如表3所示。检验结果在1%的显著性水平下拒绝原假设，表明变量之间存在着协整关系即长期均衡关系，可以进行计量分析。

表3　三大区域面板协整检验

检验方法	东部		中部		西部	
	统计值	概率	统计值	概率	统计值	概率
Kao检验	3.5166	0.0002	− 2.5056	0.0061	− 2.6626	0.0039

注：采用SIC准则确定滞后阶数。

（四） 实证模型的估计

为了能够了解三大区域贸易开放对碳排放的影响，本文对东中西三大区域的面板数据进行静态面板估计。我们主要考察的是三大不同区域的截面差异，而不考虑三大区域内部各个省份个体的变化，因此我们将不考虑变系数模型。在进行估计时先用个体效应 F 统计量检验模型是否存在个体影响，若不存在将采用混合最小二乘法（Pooled OLS），若存在则选择变截距模型估计。根据对个体影响处理形式的不同，变截距模型又有固定影响（Fixed Effect）模型和随机影响（Random Effect）模型之分。因此我们将通过 Hausman 检验来验证随机影响模型中的个体影响与解释变量是否相关，从而选择面板数据模型是固定效应还是随机效应。

表4 给出了模型的估计结果。模型 1 到模型 3 分别是对三大区域采用静态面板估计的结果。通过个体影响的 F 检验，又经过 Hausman 检验，支持固定效应模型。另考虑到横截面的异方差与序列的自相关性是运用静态面板数据模型时可能遇到的最为常见的问题，此时运用 OLS 估计可能会产生结果失真，因此为了消除影响，对于东中西部地区的估计，采用不相关回归方法（Seemingly Unrelated Regression，SUR）进行估计。三个模型的估计结果显著，拟合优度都为 99%，但三大区域的估计结果也存在较大的差异。

表 4　三大区域静态面板数据模型估计结果

解释变量	被解释变量 LnTC		
	东部	中部	西部
	模型 1FE	模型 2FE	模型 3FE
常数 C	− 1.908055 *** (− 3.457669)	7.469052 *** (6.535015)	3.528856 *** (4.283181)
LnY	1.853424 *** (16.02145)	0.168373 * (− 0.596397)	− 0.412872 ** (2.027722)
(LnY)²	− 0.062291 *** (− 9.626652)	− 0.047661 *** (2.750403)	0.032116 ** (2.539421)
LnTR	− 0.004985 (− 0.406557)	0.125409 *** (6.677648)	0.003414 (0.329867)
LnFD	− 0.118828 *** (− 15.06712)	− 0.013738 ** (− 2.090431)	0.007434 (1.279393)

解释变量	被解释变量 LnTC		
	东部	中部	西部
	模型 1FE	模型 2FE	模型 3FE
LnGR	− 0.018164 ** （− 2.488020）	0.037246 *** （3.832538）	0.044763 *** （5.407154）
R^2	0.998235	0.988512	0.991752
Adj R^2	0.998106	0.987574	0.991128
Hausman 检验	11.5198 （0.04）	27.3529 （0.00）	30.9770 （0.00）
F 值	7693.019 （0.00）	1054.074 （0.00）	1588.982 （0.00）

注：回归系数括号内的数为 t 值，***、**、* 分别表示 1%、5%、10% 水平上显著；R^2 为拟合优度；Hausman 检验、F 检验统计值括号里为概率值；FE 是固定效应估计，估计结果均由 Eviews 6.0 得出。

1. 三大区域人均 GDP 与碳排放曲线呈不同形状。东部地区 LnY 的系数为 1.853424，$(LnY)^2$ 的系数为 − 0.062291；中部地区 LnY 的系数为 0.168373，$(LnY)^2$ 的系数为 − 0.047661，均通过了显著性水平检验。这说明东部和中部地区人均 GDP 和碳排放量呈显著的倒"U"形，EKC 假说成立，即随着经济的快速增长，贸易的碳排放呈现显著的先增长后减少的态势。西部地区 LnY 的系数为 − 0.412872，$(LnY)^2$ 的系数为 0.032116，均通过了 5% 的显著性水平检验。由于在西部地区，LnY 的系数为负，$(LnY)^2$ 的系数为正，所以，西部地区的碳排放曲线呈现正"U"形，EKC 假说不成立。究其原因，本文认为，西部地区经济发展较为落后，工业制造业企业较少，随着经济增长，碳排放会减少。但达到拐点后，经济发展到了一定的阶段时，大量基础设施投资，导致能源消费的激增，此后产生的碳排放将日益增多。

2. 贸易开放度与碳排放的相关性各异。东部地区外贸依存度与碳排放呈负相关，但是该系数在统计上并不显著，说明东部地区的对外贸易商品结构已经发生了一定的变化，低碳产品出口比重的提高导致对外贸易依存度的提高降低了碳排放量，只是目前来讲这种影响还不显著。外资依存度与碳排放总量也呈负相关，变量估计通过了较高的显著性检验。当外资依存度提高 1%，碳排放将降低约 0.12%，FDI 的流入能够减轻东部二氧化碳排放的压力，这个结果是由于 FDI 的技术溢出带来的。FDI 的流入在一定程度上改善了东部的环境质量。

中部地区外贸依存度与碳排放呈正相关，在 1% 的水平上显著，表明外贸依存度增加 1%，碳排放量相应增加 0.13% 左右，即在中部地区对外贸易规模的扩大显著增加了碳排放量。由表 4 可见，与其他两个区域相比，中部地区贸易规模对碳排放的影响最大。这一方面因为中部地区承接了东部地区的高耗能产业转移，另一方面可能和中部地区的资源禀赋有很大的关系。中部的山西、河南等地均是产煤大省，能源消费结构中，煤炭消费的比重较大，导致中部地区高耗能产品出口比重高于全国其他区域。中部地区虽然与东部地区同样外资依存度与碳排放总量也呈负相关，且 5% 水平上显著，但弹性系数很小，即外资依存度提高 1%，碳排放将降低约 0.01%。

西部地区外贸依存度和外资依存度都与碳排放呈正相关，但系数在统计上都不显著。这说明，西部地区对外贸易和利用外资对碳排放虽然有一定的负面影响，但由于对外贸易和利用外资规模在国内生产总值中所占比重都很小，所以贸易的碳排放效应不明显。

3. 政府管制与碳排放的相关性不同。东部地区政府管制措施对碳排放表现出一定的积极效果，这说明经济相对发达的东部地区，人们对环境质量的需求相对较高。相反，中部和西部地区由于经济发展水平的限制，人们还处于对环境质量较低的需求水平上，政府管制措施与碳排放的相关性表明现行政府管制措施不利于环境保护，需加大治理力度。

四　结论与政策建议

本文利用 1990～2010 年的面板数据对三大区域贸易的碳排放效应进行了实证检验及分析，主要结论与政策建议如下：

（1）东部和中部地区人均 GDP 与碳排放量呈显著的倒 "U" 形，EKC 假说成立，但西部地区的碳排放曲线呈现正 "U" 形，EKC 假说不成立。说明各个地区的经济发展水平和自然资源禀赋存在着较大的差异，因此，需要根据各个区域经济发展的异质性特征，制定适当的协调经济增长与碳排放关系的区域政策。在经济发达的东部地区，要着力发展战略性新兴产业，坚持科技创新与实现产业化相结合，大幅度提升自主创新能力，大力推进原始创新，加快形成新的经济增长点。中部地区由于绝大多数是资源大省，因此在资源开采的同时，要加大环境保护的力度。要借助东部发达地区开放型经济发展模式转型的经验，有意识地引导资金流向高新技术产业和服务业，提高中部地区的经济综合竞争力。鉴于西部地区的经济发展较落后，必须采取经济发展和环境保护两手抓的方式，吸取发达地区先发展后治理的教训，采取边发展边治理的方式，实现经济与环保同步发展。

（2）东部地区外贸依存度与碳排放具有负的效应，但在统计上并不显著，外资依存度与碳排放总量也具有负的效应，且在统计上显著。中部地区外贸依存度对碳排放具有正效应且在1%的水平上显著，外资依存度与碳排放总量具有负的效应，且在5%水平上显著，但弹性系数很小。西部地区外贸依存度和外资依存度都与碳排放具有正的效应，但在统计上都不显著。说明我国大部分区域到目前为止对外贸易的深化仍是以碳排放的增长为代价的。因此，三大区域都必须从根本上改变贸易增长以高碳排放为代价的外延式增长模式。加快向低碳贸易新战略转型。特别是在中西部地区要提高对外开放的质量和层次，充分利用WTO的相关规则，实施结构性梯度开放策略，用适当加快高碳产业的开放程度来换取对低碳产业的合理保护。同时，要贯彻落实外资的产业导向政策，鼓励绿色科技型外资的引入，限制或禁止高碳产业向区内转移，使贸易开放在推动经济增长的同时改善中西部地区的环境质量。

（3）东部地区政府管制措施对碳排放具有负的效应且在统计上显著，而中西部地区政府管制措施碳排放都具有正的效应且在统计上显著。中西部地区的估计结果与预期相反可能说明政策选择上存在适用性的问题，但本文认为主要原因在于政策措施的监督执行不力。因此，除了在东部地区继续完善政府管制措施外，在中西部地区一方面应大力加强政府规制，另一方面应加强规制的执行力度，没有强有力的执行力度，再好的环保规制也只是一纸空文。由于环保规制的实施牵涉到各种集团的利益，特别是部分地方政府出于自身经济利益考虑，在执行环保规制时睁一只眼闭一只眼，致使很多地区的环保规制在实施过程中受到较大阻力。因此，政府不但要颁布环境保护的政策措施而且还要加强监督，特别是对环保意识较差的中西部地区更要加强监督，从而保证政府环保管制政策的实施效果。

[作者单位：山东大学（威海）]

中国的国际救灾法律与政策：
演进、问题及对策

姜世波

I 导言

越来越多的自然灾害及其人道主义影响已经引发法律规制的需要，而这些法律迄今为止发展有限。在中国这一世界上灾难发生频率最高的国家之一，人道主义援助的立法发展仍然处于相对较低和欠发达的水平。

本评论研究中国的国际救灾法。笔者着眼于此法的产生和发展，反映当前的不足之处，并对发展和促进中国的国际救灾法提出建议，以与国际社会的最新发展步伐保持一致。文章由以下五个部分组成：第一部分是引言，概述了论文的主要目的和内容；第二部分通过反映中国政府对待外国援助从拒绝到限制再到全面接受的逐渐改变的态度，回顾了中国国际救灾政策的演进和发展；第三部分研究了与国际立法相比，中国目前的国际救灾法存在的一些不足；第四部分从国际和国内层面，提出法律协调相应的对策和建议。最后一部分是结论，概括了论文的主题，评论了中国国际救灾法中现存法律体系的不足，并通过学习国际惯例，为发展国内法提出进一步的对策。

II 中国对国际灾难援助态度的演变

II.A. 第一阶段（1949~1979）：对外国援助从不接受到接受

1949 年中华人民共和国成立之后，新中国在接下来的 30 年里奉行低风险和不冒险的政策，拒绝外国的灾难援助。1950 年，中国遭受了严重的洪涝灾害，美国国务卿艾奇逊表示愿意提供粮食援助给中国。不幸的是，这个提议被中央人民政府副主席刘少奇拒绝了，他做出了下面的评论："他们所谓救灾的目的，就是要到中国的灾民中来进行破坏活动。中国人民虽然欢迎那些确属善意的国外帮助，但是对于帝国主义的'好意'，我们已经领教得够多了，我们不需要这些人来进行破坏活动。"

在国务院总理周恩来的带领下，我国外交政策上的态度有了一些变化，他曾经发表以下评论："我国对国际友人的真正友好的援助，在原则上是欢迎的。但中国是一个统一的、地大物博、人口众多的国家，只要在各省、区间调剂得宜，我们仍有力量克服困难，度过灾荒。"

从那时起之后的30年里，中国开始非常谨慎地接受国际援助。

Ⅱ. B. 第二阶段（1980~1986）：国际救灾援助的被动、有限接受

中国政府对国际援助的态度在之前的30年里发生了从拒绝到部分接受的转变，这是有历史意义的。1980年夏天，中国遭遇严重的旱涝灾害。第一次，中国传达了愿意接受国际援助的意愿。对外经济联络部、民政部和外交部（以下简称"三部委"）联合向国务院提出咨询案，请示接受联合国救灾事务协调办公室（UNDRO）接受援助的命令。咨询案被国务院批准，制定以下方针："此事被批准，今后我国发生自然灾害时，可及时向救灾署提供灾情，对于情况严重的，亦可提出援助的要求。"国际救灾新原则确立，此后迎来了一个新的时代。国际社会高度评价道，中国政府在过去30年间对于国际援助态度从拒绝到部分接受是具有历史意义的。1981年3月，联合国救灾事务协调办公室代表团调查了湖北省和河北省，发现实际灾情状况甚至比中国政府报告的更加严重，他们呼吁国际援助，并接受了来自20多个国家和国际组织的2000多万美元的救灾物资。此次事件被报道称为中国政府在成立后第一次接受外国援助，这次仍然是保守的。

1981年秋天，扬子江上游遭遇洪涝灾害，中国的国际救灾政策此时发生了巨大的改变。新的政策鼓励中国自力更生，克服救灾困难。救援只能以物资和资金的方式提供，并且应该严格控制外国政府和国际组织向灾区派遣志愿者和个人的要求。在1981年到1986年期间，在改变后的政策指导下，中国的外国援助停滞不前。

Ⅱ. C. 第三阶段（1987~1999）：对国际救灾援助的开放

1987年大兴安岭火灾成为中国关于国际援助政策的一个里程碑事件，这

场大火持续了一个月，造成了巨大损失，并引起国际社会的广泛关注。面对这种灾难性的劫难，中国政府转变态度，将接受救助的通道扩大到外国、国际组织，甚至是个人。三部委再次联合提交了一份改变国际救灾政策的提案，列示如下：

Ⅱ.C.i. 灾害信息发布

三部委提交了一项咨询建议，并在 1987 年 6 月由国务院批准。该建议指出：关于灾难的程度和更新的救灾工作的信息应当及时向国际社会发布，在国际组织、新闻机构和外国大使馆查询时，应当及时提供相关信息。国内新闻机构可以和他们适当协调新闻报道；除非出于异常死亡或者其他非正常情况（如逃荒、乞讨、偷逃国外）考虑，灾情信息可以向国外公布。

Ⅱ.C.ii. 接受国际救灾的基本准则

新政策《关于调整接受国际救灾援助方针问题的请示》之后被国务院批准。在重大灾害的情况下，应该通过联合国救灾事务协调办公室（UNDRO）向国际社会呼吁灾害援助。至于局部和轻度灾害，只有在国际组织和外国政府主动向受影响地区提供灾难援助时才被接受。来自非政府间国际组织（NGOs）以及国际友人和爱国华侨的捐赠通常会被接受。然而，来自宗教或者教派组织的捐赠会被婉拒，只会在特殊情况下予以同意，并逐案报批。

Ⅱ.C.iii. 负责协调的政府机关

三部委建议对外贸易经济合作部负责与提供帮助者，例如联合国以及其他国际组织和政府进行沟通和协调。民政部（MCA）负责及时发布灾难信息，组织媒体报道以及救援物资的分发。非政府组织如国际红十字会与红新月会联合会（简称国际联合会 IFRC）曾建议中国政府建立抗灾救灾协会作为处理国际援助的国内组织，并进一步建议中国红十字会（RCSC）和中华全国妇女联合会（全国妇联）应当负责处理来自对应的国际非政府组织的国际援助。灾害信息发布的一般事务应当由民政部直接处理。中国在发展和促进国际救灾方面取得了实质性进展，通过这一时期的监管改革，中国的国外救助由此进入一个新的阶段。

Ⅱ.D. 第四阶段（1999 年起）：从政策到法治的过渡

1999 年 6 月 28 日，第九届全国人大常委会通过《中华人民共和国公益事业捐赠法》，由此中国的国际救灾政策已经进入到法治的轨道，该法的第三条明确规定"救助灾害"属于该法适用的"公益事业"的范畴。为了规范救灾捐赠物资和资金的管理，民政部颁布了《救灾捐赠管理暂行办法》（民政部令第 22 号）。境外救灾捐赠被专门规定在第三章，并建立起了分层管理体系。进入 21 世纪之后，中国相继出台了一系列的国际灾难法律法规，以规范国际援助的启动和回应。

III 问题

伴随着由越来越多的国际灾难援助带给中国的机遇，中国还面临越来越大的挑战。在这种情况下，为了促进和规范国际救灾援助，需要中国采取前瞻性的眼光，进一步完善法律体系。完善的法律体系和最新的法律在我们如何降低灾害风险以及我们如何筹备和回应灾害是必不可少的。薄弱的法律法规滞后于目前国际援助增长的步伐，而且阻碍了国际援助体系的顺利进行。为努力促进更好筹备全球性救灾和妥善解决问题，国际红十字会与红新月会联合会制定和公布了《国际救灾及灾后初期恢复的国内协助及管理准则》（以下简称《国际救灾法准则》）和《国际红十字会和红新月会联合会及非政府组织救灾行动守则》（以下简称《行动守则》）来敦促各国政府完善它们备灾、救灾方面的国内法律体系。笔者注意到，相比于救灾法指引和国际惯例，中国目前的监管体系有以下不足：

III. A. 缺乏综合性的法律体系

目前关于国际救灾的法律片段地穿插在不同的法律文书中。首先，大量涉及国际救灾的法律条文散布在一系列的法律部门中，例如《中华人民共和国海关法》。其次，还没有形成一个普遍接受的"灾难"的定义，也没有统一界定的方法。

III. B. 忽视救援人员和组织

就国际灾难援助的入境许可而言，目前中国的法律忽视了对救援人员和组织的保护。因此，中国应当通过法律为救援服务，人道主义帮助和灾后恢复援助开辟和理顺道路。因此，中国迫切需要制定新的法律和构建与国际救灾惯例相适应的法律体系。加强人道主义和灾难救援已经成为联合国、国际红十字会与红新月会联合会以及其他国际和地区组织日益关注的重要课题。

III. C. 与非政府组织关系不稳定

在国际救灾实践中，中国政府通常重视国际组织（如联合国）和政府间组织，但是忽视了非政府组织所发挥的作用。中国的红十字会（RCSC）是一个国务院直属的副部级单位，从中央政府到县乡两级广泛存在。它的地位在相应的法律中被中国视为半官方的协会，这与相对应的国际红十字会与红新月会联合会独立慈善组织的地位是不同的。国际救灾的最新趋势和发展是提升非政府组织的作用。国家，政府间组织，国内和跨国公司（MNCs），自发的志愿者和个人是在国际救灾中扮演关键角色的重要部分。

Ⅲ. D. 和邻国协调不力

近年来见证了人道主义灾害（包括自然的和人为的）的日益多样化，这些与灾难有关的问题已经全球化。这也就需要在国际救灾中邻国间开展全球和地区间的合作。中国至今还没有和邻国在救灾援助上建立跨国的、区域间的或者国际上的合作。和邻国协调性差的两个关键因素应当予以考虑，第一个是以前在中国和邻国之间没有出现过灾难援助。因此，并不需要跨国间协调性的援助。第二个是中国在实践中倾向于采用外交和法律方式处理国际事务。然而，一些近期的灾难已经激发了邻国与中国制定双边或者多边协议的动机。比如说，当 2011 年日本核电站向大海中排放放射性水的时候。

IV　改善的建议

Ⅳ. A. 一个国际援助方面的完整法律体系应当提上立法日程

鉴于目前法律条文整合的欠缺，国际救灾领域迫切需要统一指挥。笔者建议中国应制定和颁布一部统一的法律，即《中华人民共和国国际救灾援助法（或条例）》，并遵循"国际救灾法准则"和"行动守则"来起草。尤其是后者，现在可以作为在此领域内构建国内法律体系的有用参考工具。而最近 IFRC 发布的《便利和管理国际救灾援助及灾后初期恢复重建的示范法》（The Model Act）由国际联合会、联合国救灾事务协调办公室和各国议会联盟联合起草，自 2007 年 11 月第 30 届红十字会与红新月会联合会国际大会通过了国际救灾法准则之后，过去的 5 年里见证了几十个国家在国家层面上的在此问题上的实质进展，其中 9 个国家已经通过了与国际救灾法准则提出的建议相一致的法律、法规和程序。此外，一些全球论坛和研究机构也将该准则和示范法纳入它们的研究工作，通过研究和实践为发展这一领域做出努力。

我们建议中国将制定的法律应包括为外国提供人道主义救援和接受灾难

援助两个方面。关于救灾原则，机构和机制的协调，程序的启动和终止，物资通关便利措施，搜救犬的入境，志愿者的认证和工作许可，安全措施，简化签证程序，救援组织的认证，救援人员（包括志愿者）的权利和义务，救灾账户的开放与管理，供应品的税收减免，运输和分发，救援过程中国际合作和法律责任等条款都建议包含在该法中。该法将会给国际救灾提供统一全面的法律指引。

Ⅳ.B. 需要充分和有效保护灾民权利

中国在 2003 年明确声明，国家尊重和保障人权，并把这一原则载入宪法。这是第一次将人权精神和原则写入宪法。灾民被认定为最弱势群体，他们的基本人权应得到充分的保护。灾难中的难民享有这些权利，如生命权，安全权，人格尊严权，财产权和获得必需品的权利，例如足够的食物和洁净水。中国频繁发生的灾害事件强调受影响灾民人权保护的需要。联合国机构间常设委员会（IASC）于 2006 年 6 月编纂了《关于人权和自然灾害的业务准则》。2007 年，国际法委员会在第 59 届会议上将"灾害中的人员保护"列入其工作计划，联合国大会审议了该委员会的议题，并将该议题列入 2007 年 12 月 6 日决议案 62/66 工作计划中。该委员会在随后的大会中，起草了 12 个条款，规定了难民人权保护的基本原则。草案公布了受影响的国家，凭借其主权，有责任确保受灾害影响人员的保护和在其领土范围内提供救济和援助（见草案第九条）。如果灾害超过了该国的应对能力，受影响的国家必要时有责任向第三方国家，联合国，其他主管的政府间组织和非政府组织寻求帮助（见草案第十条）。然而，草案的第八条规定，受影响的国家在其领土内有保护人员和提供人道主义援助的先行责任，并保留在领土范围内根据国内法指导，控制，协调和监督此列援助，而且任何外部援助只有在受害国同意的前提下才能提供。不过，第十一条也规定了如果受灾国家不能够或者不愿意提供所需要的援助，外部援助的同意不能擅自截留。这些规定表明，任何国家只要在灾难超过其国家的反应能力时，都有责任接受外部人道主义援助的义务。

进一步而言，在上述全球背景下，中国应该改变其对国外救援的消极、警惕和警觉的态度。每一个国家都是安全的，都有权拒绝附条件的人道主义援助。甚至遭受灾难、无力独自应对的发达国家也有权寻求国际援助。美国应对卡特里娜飓风的反映就是一个很好的例子。更何况，中国作为一个发展中和灾难频发的国家，应该向国际人道主义救灾援助开放，并开发自身的国际互助网络。

Ⅳ.C. 非政府组织应通过立法在国际救援中给予合法地位

如文章第二部分所示，中国对待国外援助的态度经历了半个世纪的演变。从 20 世纪 80 年代起，中国国际救灾法的演变经历了从拒绝外部援助到选择性接受有限接受。中国逐步接受外国援助经历了第一步接受联合国和其他国际组织，第二步接受外国政府援助的过程。然而，中国对来自非政府组织的援助是非常谨慎的（国际红十字会和红新月会联合会是个例外）。我们建议，只要是符合援助的人道主义原则，并且不损害中国的国家主权和国家利益的来自外国宗教组织的救援，中国也不应该禁止。因此，中国应在国际救灾立法上给予非政府组织与外国政府和国际组织相同的法律地位和权利。

Ⅳ.D. 加强与其他国家的救灾协作

作为与 14 个国家相接壤的世界第三大国，我们建议中国通过订立互助协定或建立区域援助组织的方式来和周边国家进行救灾合作。和周边国家协作能为实现及时高效地救助灾民提供及时的救灾信息互换，并提供共同防灾、减灾和备灾的机会，由此通过预防将灾害损失降到最低。东南亚国家联盟（ASEAN）就是一个很好的例子，《东盟灾害管理与协调协定》规定了一些具体的措施来为国际救灾清除障碍，包括设立紧急基金，成立新的人道主义灾难管理与援助协调中心，该中心会成为第一个协调救援工作的权威机构。

就中国而言，两个事件可能引发了中国对国际救灾领域进行国际合作的高度关注。一个是发生在 2005 年 12 月的松花江重大水污染事件，另一个是 2008 年日本核泄漏事件。前者代表了中国对周边国家的灾难性影响，后者代表了其他国家对中国的毁灭性灾害影响。

因此，在笔者看来，中国应该借鉴欧洲模式，在跨国间的国际救灾领域方面，主要和日本、韩国、俄罗斯及其他周边国家制定双边协议。此外，中国也应当学习东盟协定，与亚太经济合作组织成员订立区域性救灾合作协议。

V 结论

在 20 世纪，中国对待外国救灾的态度经历了逐渐的变化。一个原因可能是由于近代中国被西方势力欺压了很长时间，由此对来自西方国家的国外援助保持警惕。另一个原因是，新中国成立后，西方国家对中国实行封锁和敌对的政策，这也造成了中国对待国外援助的消极态度。由于 1971 年第 26 届联合国大会恢复了中国在联合国的合法席位，以及和西方国家关系的逐渐改善，尤其是 1978 年以来的改革开放政策，中国开始接受来自西方国家的灾难援助，尽管一开始是有选择的和谨慎的接受。随着国际人道主义援助的价值和性质认识的发展，中国已经转变观念，并积极参与国际救援。从 20 世纪 80 年代开始，中国对国际援助的调整，逐渐从政策走向法治。过去 30 年里发生的灾害使我们感到需要制定符合国际规范和管理的新法规。

中国大部分现行的国际救灾法律还存在很多漏洞，例如条文分散于普通法律中，过于分散，缺少一部统一和全面的法规，而且存在忽视非政府组织和个人在救灾中提供的帮助。此外，对非政府组织和民间救助协会，特别是宗教团体的法律地位重视不够。而且，选择性地公布灾情信息，对外国救援组织保持警惕，和周边国家协作不足等情况应当予以改变。

针对上述立法的不足，在文章最后一部分提出建议如下：（1）应当采取更具包容性的、公平的和客观的态度对待外国援助；（2）在灾民保护上，应当对国际救灾法的发展趋势给予特别的关注；（3）从人权保障的角度出发，应当对接受外国救灾援助的意义予以理解；（4）中国国内的国际救灾法应当发展完善，以与国际规范和惯例相一致。

［作者单位：山东大学（威海）］

《清代山东城市发展研究》内容提要

杨发源

  山东，位居黄河下游华北平原东部，北界直隶，南临江苏。特殊的地理位置使得山东成为连接政治中心与经济中心的必经孔道，并塑造了山东城市不同的特点。著作以清代山东城市为研究对象，以城市的现代转型为主线，从城市兴衰的角度，探寻山东城市在清代的发展变迁概况。著作着重探析清代山东城市经济的发展、城市建设、城市的空间布局以及城市的管理等多层面的状况和特点，并分析和总结影响清代山东城市发展变迁的诸多因素。

  著作力图对清代山东城市进行多维度、长时段的研究，主要分绪论、正文、结语等几个部分。绪论部分首先从学术价值和现实意义两方面阐明选题缘起。其次，从区域城市史和山东区域两个层面进行较详细的学术回顾和评析，特别指出城市史研究中存在的研究时段割裂［"古代（明清）至近代（晚清）"］、研究地域失衡、研究层面不均等缺陷和亟待解决的问题。再次，就使用资料进行了梳理和介绍。最后，论及研究重点、难点、突破点等相关问题。

  正文共分四章。第一章主要探讨山东地理、人文环境及城市空间分布。第一节主要从宏观地理位置、地形、气候等方面介绍了山东地理概况，并分析了地理概况对山东城市的影响。第二节主要分鲁中山区、鲁西鲁北平原区和山东半岛三个亚区分别探讨各个亚区的地理环境及居民的生产、生活活动。第三节梳理了清代之前山东城市的发展脉络。第四节分析了清代山东城市空间布局问题，主要考察人口密度、地形、经济等因素对山东城市空间布局的影响。该章系著作的基础章节，探讨地理环境、人文因素对城市发展的影响并梳理清代以前的山东城市的发展概况，从宏观上考察清代山东城市的空间分布规律。就宏观地理位置而言，山东是三个近畿省份之一，政治地位较一般省份为隆。清末，山东巡抚多擢升直隶总督，这有利于新政事业的推行。地形条件利弊兼备。山东不乏良港，为近代沿海开埠城市发展奠定基础。唯鲁中山脉横亘鲁中南地区，不利于省内区域交流。鲁中山区资源较丰，煤、铁尚算丰富，博山等城市发展得益于丰富的资源。河流方面，运河为华北优质水道。但其他河流多源短流浅，水量不足，无航运之利。山东气候条件一般，水旱灾害频发，不利于农业的发展，进而影响城市人口的粮食供给。山东人口众多，人地关系紧张，社会风气偏于保守，不利于改革事业的进行。鲁西地区人多地寡，灾害连年，盗匪四起，长罹兵燹之害，加速了该区域城市的衰落，临清的衰落亦有战争破坏的助推作用。

　　第二章主要研究清代山东城市经济的发展。第一节主要探讨了清代山东城市商业。首先，梳理了山东市场从相对封闭到清末山东市场体系的一体化过程。清代中前期，运河经济领先全省，运河沿岸城市临清、济宁等盛极一时，胶东城市黄县、胶州亦较为发达，鲁中山地北麓大道城市周村、济南、潍县经济也相当发达，由此形成了三个市场，但山东市场呈现一定的封闭性，并未形成统一的市场体系。晚清时期，随着烟台的开埠，尤其是青岛的开港及胶济铁路的营建，一个以青岛为核心包含产地市场、流通市场、中心市场的多层级市场体系最终形成。其次，著作探讨了山东城市中商人组织的演变概况，并梳理了外商在山东城市中的消长盛衰。清代中前期，山东城市经济以运河沿岸城市最为发达，商帮以晋商为主，主要活动于运河沿岸区域。晚清时期，运河沿岸城市式微，沿海开埠城市兴起，时商帮以山东沿海商帮和东南沿海商帮为主力。商人活动中心场域由清代中前期的运河流域城市转向了清末的沿海开埠城市。外商商务活动主要集中于烟台、青岛、济南三个城市。三个城市的外商势力此消彼长。起初，欧美势力占据优势，其后德商势力有所增长。甲午战争以后，日商势力激增。第二节主要研究了清代山东城市工业的发展，主要分清代中前期和清末两个时段探讨山东手工业发展概况。著作指出，清代中前期的山东城市手工业生产已逐渐普及。一般而言，他们建立在当地的土特产基础之上，手工业生产多以这些土特产为原料进行附加劳动力再生产。市场规模的有限性和内向性决定了他们无法突破既有的低层次水平。晚清时期，随着山东城市的开埠，山东市场逐渐融入了国际市场。传统手工业出现了不同命运：受外国市场排挤的手工业如纺纱业呈现衰落的态势；与外国进口商品基本无涉的手工业如编制业等继续维持。此外受海外市场需求的刺激，草辫业、丝织业、榨油业、花边业、发网业等盛极一时。晚清的手工业生产呈现由手工生产向机器生产转变的特征。就采矿业而言，清代前中期基本采用手工生产，矿产资源需求有限，开放程度低，矿产规模狭小。晚清以后，外力阑入，大量资本和机器设施运用到工矿企业生产中。中方兴办实业热忱和外资的资本输出推动了工矿企业的发展。第三节主要以运河城市、海港城市、政治中心城市、工矿城市以及清末市镇为代表，梳理了这些城市兴起、发展概况，并探讨了经济发展与城市社会变迁的互动关系。清代中前期，山东经济重心在运河沿岸，城市发展较快者为以临清、济宁为代表的运河沿岸城市，以济南为代表的政治中心城市，以博山为代表的资源型城市，以潍县为代表的手工业城市。晚清以后，随着沿海的开埠和新式交通工具的出现，烟台、青岛等港口城市发展迅速，济南等传统城市也获得新的发展动力，津浦铁路的修建和济南的开埠使得济南成为山东内陆中心城市。此外，由于国际市场的刺激，行政等级较低的周村、沙河、柳疃、羊角沟等市镇成为重要的产地市场、流通市场，经济发展水平超过所在州县城市。要言之，清代山东城市经济发展较快者有几种类型：一是商业型城市，运河城市如临清、济宁，港口城市如烟台、青岛；二是政治中心城市，如济南；三是资源型城市，如博山；四是手工业城市，如潍县；五是外力刺激下的外向型市镇，如周村、沙河。经济的发展促进了城市人口的聚集，并改变了城市居民的生活方式。

第三章主要就清代山东城市建设及城市内部空间布局进行探讨。第一节分析城池的规模和形制等问题，并就城门、外城修筑等相关问题进行了相关探讨。著作认为，清代城垣的用地规模与城市行政等级和经济发展水平并不必然相关，它受多种因素的制约。山东城池形制以矩形城垣为主，圆形城垣甚少。而城门非一成不变，其辟闭原因不一。清代中前期城门塞辟主要基于风水、防卫因素，清末城门增辟则系经济发展推动之故。第二节研究城池的营建及维修等问题，主要从城池的破坏因素和城池的营建等方面进行探讨。清代山东城池的破坏因素有地震、水灾、人为破坏等。城垣建设呈现阶段性特征。清初为建城的高峰，顺治、康熙、乾隆年间修补城垣颇为频繁，晚清的咸丰、同治年间城垣建设也较为频繁。清代山东城垣建设还呈现区域性特征。鲁中山区等地震较为活跃的地区和鲁西平原黄泛区城垣建设更为活跃。第三节分析了清末山东城市的建设。清末新政之前，除城池修建外，其他城市建设乏善可陈。清末新政时期，山东城市建设较往昔更为积极，一些大城市进行了道路建设，并安设了电话、电灯设施，而多数城市则兴办了电报、邮政业务，推动了市政建设的现代转型。第四节探讨城市内部的空间机构及演变问题，并就城市内部空间布局、清末城市空间改造等相关问题进行探讨。

著作认为，清代城市建筑分布并无规律可循，作为政治中心的县署亦非居于城市中心位置。城市内部形成了初步的功能分区，如运河城市临清出现了双城制且各有分工，传统的政治社区多位于旧城，而商业社区多位于新城，且商业区出现了专门化趋势。清末新政时期，城市空间布局发生了较大变化。旧文教建筑转变为新文教空间，宗教祭祀空间转化成政治、文教、实业空间。清末城市空间规模有限，政府财政支绌，它决定了清末城市空间改造多采用征用旧地方式而非另建新署方式。而被征用的旧地多为祀典庙宇，因为它们既"危险"又"无益"，成为清政府改造的城市空间。新的具有现代性特征的空间不断涌现，逐渐替代了原有城市空间，进而实现了城市功能的转化，初步完成了城市的现代转型。第五节研究青岛、烟台、威海三个具有"西方化"倾向城市的城市建设，就城市规划、道路建设、自来水建设、排污系统建设、信息系统建设等市政建设方面进行了探讨。三个西方化城市的城市建设动力机制不同于传统城市，外国人在其中发挥了重要作用，他们积极参与并有效地推动了城市建设。城市建设的成果并非全体市民享用。德租时期，青岛市形成了欧洲人居住区、中国人居住区、边缘区；烟台则分外侨居住区和华人居住区；威海的外侨住在商埠区。外国人居住区的市政建设水准远高于华人居住区。这一定程度上体现了市政建设的殖民性特征。

第四章主要研究了清代山东城市管理的相关问题。第一节梳理了清代山东城市的管理机构，主要分传统城市及青岛、威海、烟台等西方化城市两类城市进行探讨，并分析了保甲团练及警察机构等相关问题。清代中期，传统城市管理与该地行政机构重合，并利用了保甲、团练制度进行治安管理。清末，警察机构设置，扮演着市政府的角色，不过行政级别较低的州县城市警察的职责主要是维系社会治安。租借地城市青岛和威海均建立起殖民统治机构并有专门城市管理机构，而居留地城市烟台则由中外合治。外侨居住区市政管理机构为工部局（后为华洋工程局）；华人区治理机构先为登莱青道署，后为烟台巡警局。第二节研究了清代山东城市管理的概况，亦分传统城市和西方化城市两类城市，分别从城市治安、城市卫生、城市慈善事业等方面进行探讨。就传统城市而言，警察机构成立之前，治安维系是城市管理的重点，卫生事务则让渡给社会组织和个人操作。警察机构设立后，全面负担起城市治安、卫生、慈善事业管理的职责。相比较而言，西方化城市的城市管理机构完善，设施先进，管理水准较高，尤其是青岛的城市管理颇有建树。第三节就清代山东城市管理相关问题进行分析，主要探讨了清末城市管理的现代转型、城市的常规管理和应急管理、城市管理中的国家和社会、城市管理过程中管理制度与管理运作的脱节等相关问题。纵观有清一代，城市管理呈现从城乡合治到警察治理的趋势。清末，山东的城市管理开始现代转型，这主要表现在以下几个方面：专门城市管理机构的出现；现代化的城市管理法规的颁布实施；先进工具在城市管理中的应用；城市管理传播方式的改进。城市管理分常规管理和应急管理两种态势。常规城市管理中，制度的作用更为明显，但可能会因相沿已久而形同具文、流于形式。而在城市的应急管理中，行政长官的个人意志更为明显。常规管理中，管理事务按部就班，治安管理更为地方长官重视。但在应急管理中，管理层面的重要性可能会发生"位移"，一些次要事物可能会暂时上升为城市管理的最要事务，并得到政府较多的资源配置。城市管理过程中政府力量和社会力量共同参与。总体而言，治安管理呈现从"三位一体"（官、军、民）到"一枝独秀"（官）嬗变的态势。慈善事业则呈现从"国家化"到"多元化"的特征。而清末新政时期，国家力量积极参与城市管理，"国家化"特征显著。清代山东管理制度存在一定缺陷，管理主体地方长官（清末的警官）敷衍塞责，管理的执行者地方差役（清末的警察）素质低下，影响了城市管理的成效，造成了城市管理制度与城市管理运作的脱节。

结语部分概括了著作的主要观点，阐释了清代山东城市从传统走向现代的过程，并分析了地理人文环境、政治因素、交通、外力、社会环境与城市发展的关系。要言之，山东的地理人文环境、政治、交通、外力、社会环境等因素对山东城市的发展起着利弊兼具的作用。山东城市在这些因素的共同作用下发展变迁，并随着时代的脚步实现着缓慢的社会转型。

［作者单位：山东大学（威海）］

《威海市"四名工程"文库》内容提要

于明伟

一 文库编撰背景

名师的专业成长是一个反复实践、不断创新提高的阶段性发展过程，是一个不断跨越教师人生的栅栏、追求成功的过程，是其职业个性不断成熟、自主发展的过程。因此，成为一名受人尊敬的名师，是广大教育工作者事业追求的目标。

近年来，威海市的教育事业正处在由外延式发展向内涵式发展转变的关键时期。有效提升教育质量、办人民满意的优质教育，是内涵式发展的核心，加强教师队伍建设是内涵式发展的主要着力点，而培养和造就一批高素质创新型的教育教学的领军人才则是内涵式发展的重要支撑点。鉴于此，2010 年，我们在全市普通中小学（含幼儿园）、特殊教育学校和中等职业学校中，启动了为期 3 年的"威海名师建设工程"、"威海名班主任建设工程"、"威海名课程团队建设工程"、"威海名校长建设工程"（简称"四名工程"），对 210 名"四名工程"人选进行了重点培养。希望在加快人选专业成长的同时，充分发挥他们在教育教学改革和发展中的探路者、先行者和创新者的作用，引领带动广大教师和校长积极探索内涵式发展的模式和方法，让每一个学生都能接受优质教育，让每一位教师都能体会到专业成长的喜悦与幸福感。

在现实的教师专业发展实践中，本土化、草根化、个性化的名师专业成长的成功经验和案例，更能对广大教师的专业发展起到引领、示范、激励作用。基于此，《威海市"四名工程"文库》在这方面进行了积极的探索和实践创新。

二 文库包含书目

由威海市首期"威海名师建设工程"、"威海名课程团队建设工程"、"威海名班主任建设工程"、"威海名校长建设工程"（简称"四名工程"）专家指导委员会编辑出版的《威海市"四名工程"文库》，共12本。分别是：

《基于课程标准的历史生命化课堂教学的构建与实施》 董绍才主编

《思想政治课有效课堂构建与实施——基于课程标准的教学目标、评价、教学过程一致性研究》 刘中山主编

《高中物理有效教学案例研究》 徐春晓主编

《用心就有希望——综合实践活动的实践与思考》 隋培芹著

《三十年，为体育微笑》 吕兵文著

《做个奇葩老师》 刘爱芳著

《整体把握小学数学思想方法渗透教学的实践与思考》 于华静著

《心路——一名班主任的心路历程》 于作莉著

《左手智慧，右手爱——班主任的幸福在哪里》 孙鑫著

《培养性格健全的人》 张耘主编

《编织阳光——办一所理想的阳光学校》 丁莉莉著

《深化绿色教育　培养学生自主能力》 王天超著

三 文库整体特色

本文库一辑12本，涵盖了中小学历史、物理、政治、体育、数学、综合实践活动等学科教学、班主任工作、学校特色发展与家庭教育等诸多领域，是地级市成立以来，威海市中小学教育教学一线教科研成果的第一次集束式呈现。主要特点是：

1. 地域特色鲜明。本文库是从经过3年培养考核合格的210名威海"四名工程"人选中，精选了6名名师、1名名课程团队带头人、2名名班主任、3名名校长专业成长的典型案例，分别汇集成书。无论是作者的教育教学理念与创新实践、成长过程中遇到的困境与解决策略、成功案例，还是教研与科研部门的专业引领、教育行政部门对名师专业成长搭建的激励助推平台等都具有典型的威海基础教育发展的特点，在一定程度上既浓缩了威海名师、名班主任、名校长专业成长的探索历程以及探索的辛苦和愉悦，又从另一个侧

面解读了近年来威海基础教育快速发展的深层原因。"四名工程"人选在培养过程中，3人被评为威海市有突出贡献的中青年专家，2人分别获得山东省2010年度教育创新人物（教师）和2012年度教育创新人物（班主任），7人被评为山东省特级教师，3人被评为山东省首批中小学正高级教师。要详细了解威海名师专业发展成功的奥秘，本文库或能提供一些有益的启示和借鉴。

2. 采取了基于问题解决的叙事风格。无论是名师还是名班主任、名校长，其专业成长周期一般要经过入职适应期、成熟胜任期、高原平台期、成功创造期和退职回归期5个阶段。在名师专业发展前进的道路上，他们都是一步步踏着上升的台阶逐步成长起来的，而每一步的成长又都是从解决日常教育教学中的现实小问题或选取某个重点、难点和热点问题来解决开始的。本文库在撰写风格上采取了基于问题解决的课题探究式叙事和成长传记式叙事的方式，便于读者更好地了解问题的确立与解决的来龙去脉以及作者在其中的所思所想和所作所为。如《基于课程标准的历史生命化课堂教学的构建与实施》《思想政治课有效课堂构建与实施——基于课程标准的教学目标、评价、教学过程一致性研究》《高中物理有效教学案例研究》等，都立足于目前课堂教学中的热点和难点问题来立项研究和实验，即如何在落实学科课程标准要求的前提下，使教学目标、教学评价、教学过程实现一致性，从而达到促进学生全面而个性化发展的要求，同时促进了名师的专业成长。在具体实施过程中，围绕基于学科课程标准的教学目标叙写规范性、基于教学目标的教学评价的有效实施、基于教学目标达成的教学设计研究与实施、"依标（课程标准）靠学（学情）、一课三磨"等专题进行实践创新研究。经过多年的探索实践，有的课题在今年山东省基础教育教学成果奖评选中获得一等奖和二等奖。

《左手智慧，右手爱——班主任的幸福在哪里》《心路——一名班主任的心路历程》《三十年，为体育微笑》等，以个人专业成长传记式叙事的方式，精选了在成为名师、名班主任过程中如何有效解决一个个日常教育教学问题的精彩片段，来展示他们成长的心路历程和发展轨迹，尤其是在如何突破职业倦怠，保持不断进取的精神等方面谈了自己的思考和做法。

3. 案例的原创性和可借鉴性强。本文库涉及的课题研究的成功案例、成长中的故事等，都是作者自身实践创新探索的发展成果，尽管有些尚不完全成熟，甚至尚显稚嫩，却是原生态的，是他们在实践中不断思考、践行与反思的智慧结晶和探索成果。著名学者王国维曾指出，研究学问既要"入乎其内"，又要"出乎其外"，对阅读本文库的教师来说，感受名师成长的本质就是"入乎其内",反思实践,不断审视、修改、提升自己的教育教学行为,尽快专业发展,就是"出乎其外"。本文库的先进的教育教学理念和鲜活的教学案例等,定能给你以思考和启发。

四 分册内容简介及特色

1. 由董绍才主编的《基于课程标准的历史生命化课堂教学的构建与实施》一书,依托基于课程标准的历史生命化课堂教学的构建和实施这一课题,将历史生命化课堂教学的理念有效地渗透到历史课程标准的有效解读和叙写、课时教学目标的制定、学情分析、评价目标的设计、教学过程的有效实施、课堂观察量表的设计与实施、专业听评课的设计与实施等历史教学各环节之中,是对"教育的原点是什么""为什么教""教什么""怎么教"和"教到什么程度"这 5 个问题的有效解答和践行。同时,书中展现了许多新的历史课堂教学理念与大量实验教师和教研员的鲜活生动的教学案例、做法和体悟。本书通过对历史学科在理论和实践两个层面的深入研究和探索创新,为课堂教学改革提供了一些成熟的、可资借鉴的先进经验和好的做法。

2. 由刘中山主编的《思想政治课有效课堂构建与实施——基于课程标准的教学目标、评价、教学过程一致性研究》一书,是在威海市市直高中实施有效教学行动研究 8 年的基础上,通过课例及完整具体的教学设计展示了威海市高中思想政治教师关于教学目标、评价与教学活动一致性的理解和探索,及在课程标准精细化研究方面的体验和收获。本书从理论和实践两个层面着力体现以下理念:从课程标准出发,在充分研究学情的基础上,确立清晰的、可观察、可检测的学习目标;围绕这个学习目标,设计指向明确、有针对性的评价内容;同样围绕这个学习目标,以学生的学为主体,从学习规律出发,设计科学合理的学习流程,通过自主合作探究等学习活动促进学习过程,通过及时有效的评价活动关注学习状态、调整教学策略,从而有效达成学习目标。

3. 由徐春晓主编的《高中物理有效教学案例研究》一书,是以徐春晓、李振梅、姜妮、陈新虎 4 名工程名师人选和高中物理名课程团队进行的教学探索为模本,以"有效教学深化研究"的研究与实践为任务主题,以突出物理特色适应物理教学的实践过程为途径,分析总结出了适应高中物理教学的基本操作范式,是基于物理课程标准的目标、评价、教学实施过程的实践总结与思考。书稿主体分为有效教学之认识篇、目标叙写篇、目标评价篇、流程设计篇、课堂实施篇及课后落实篇等部分，从不同的维度和层面通过详实的案例生动地展示了高中物理基于课程标准的有效教学理论建构及实践反思，不仅对高中物理教师和物理有效教学有重要的启发意义，而且对中小学其他学科的教师专业发展和学科有效教学，有着宝贵的借鉴作用。

4. 由隋培芹所著的《用心就有希望——综合实践活动的实践与思考》一书，讲述了作者由一名兼职综合实践教师成长为专职教师，进而又成长为威海市综合实践学科带头人、名师人选的心路历程。本书以作者在综合实践活动课中的成长历程为线索，用镜头回放的形式去见证作者的成长，书中既有昨天的探索与思考，更孕育着明天的期待与目标。本书共分四大部分，第一部分：遇综合实践课程从相识到相知。第二部分：做综合实践教师从合格到优秀。第三部分：践综合实践活动从低效到高效。第四部分：享综合实践幸福从此岸到彼岸。其中的创新点在于与学校的传统文化特色教育有机融合，用传统文化为综合实践活动课程提供研究的内容，综合实践活动又促进了传统文化的深入，可谓是相得益彰。

5. 由吕兵文所著的《三十年，为体育微笑》一书，分"幸福的学生时代"和"丰富的职业生涯"两部分，作者以自然、平实的笔触描写了一个农村孩子热爱体育运动、勇于进取、奋发有为的成长轨迹。描绘了作者一路从一个体质虚弱的孩子在民俗游戏中锻炼身体、小学渴望当运动员参加学校运动会到高考报考师范院校体育系、再到参加工作任教体育、一直扎根农村中学 20 年，踏实教学，倾心科研，从一名愣头愣脑的教育新兵逐步走向卓越的心路历程。书中既有作者教学工作获得成功的事迹和感受，也有工作中遭遇困惑时的迷茫和抑郁，还有教学失败的叙述和心得，道出了一线教师成长的心声和一线教师热爱教育、奉献教育的朴素情怀，彰显了一线教师想事（谋划教育事业）、干事（扎实日常教学）、干成事（干出成绩）、干大事（超越自己、领先他人、业绩出众）的教学品质，揭示了一名普通教师专业成长的一般规律。本书内容贴近生活、有血有肉、充满泥土芳香，从书中我们可以看到作者许许多多平凡而又意味深长的故事、如何做好体育教师的经验和细节、处世待人的哲理、夺取成功的智慧技巧以及发自肺腑对学校体育事业的深厚感情。

6. 由刘爱芳所著的《做个奇葩老师》一书，由"自序、楔子、正文、印象、后记"几部分构成。本书最大的亮点是以读者的期望为出发点去写作，书中没有高深的理论、空洞的说教和虚构的故事，只有作者对当前热点、难点问题的透视与分析，一语中的，直达病灶，根据病因"对症下药"，为教师支招，支的都是巧招、妙招，是教师读来可信，用来有效的实实在在的方法。书中除教育教学内容外，增加了"人在职场""儿女情长"和"桃花源外"3个板块，全方面、立体化地描述了作者的成长历程，更好地展现了一个"草根族"的生长轨迹，找到了从"教师"到"名师"的动力源泉。另外，全书采用了口语化的表达方式，娓娓道来，如数家珍，让读者读来亲切、流畅。

7. 由于华静所著的《整体把握小学数学思想方法渗透教学的实践与思考》一书，紧扣现行使用的青岛版《义务教育教材 数学》，从数与代数、图形与几何、统计与概率几大领域中所渗透的数学思想方法进行了全面、系统的梳理与分析，为教师在日常教学中准确把握 2011 版新课程标准关于数学思考目标的基本精神提供切实的抓手。同时，本书从一线教师的实际需求出发，将课改过程中涌现出来的优秀教学经验进行系统的分析研究，分版块进行共性化的梳理提升，把有效要素提炼出来，抓住数学思想方法教学方面的一些基本线索，尽可能多地提供一线教学参考案例片断实录，提供从教学实践的操作层面上落实新课程标准要求的指导和建议，从而有效弥补了众多相关思想方法的论述在理论与实践中的一些断层，从而有效实现理念与实践的有机对接。

8. 由于作莉所著的《心路——一名班主任的心路历程》一书，以"心"字为线索，以"我做班主任的心诀"为经验，以"送给学生的心诀"为礼物，并将"心语""心声""心音""心迹""心得""心愿"作为每章的结束语，令读者在阅读本书时感受到师者的心智。本书在教育方法、德育教育和班级管理等方面都有一定的创新。作者在多年的学习和实践中，运用无声教育，快乐教育，自我教育等方式，利用学校，家庭和社会三位一体教育法，有效地提高了班主任工作的效率和效益。

9. 由孙鑫所著的《左手智慧，右手爱——班主任的幸福在哪里》一书，着重探讨了"明天如何做班主任？如何实现班主任的专业化？"这一需要正视的现实问题。在书中作者从心路鑫语、每一种活动都是芬芳的、一个学生一个世界、班主任专业化断思、爱与智慧并存的班级管理艺术、魅力班会课、"读"领风骚、写在幸福上的文字等方面进行思考和探索，诠释班主任的幸福在哪里。并创造性地构建了着眼于螺旋式上升的初一至初四主题班会序列，从养成教育系列、班集体建设系列、文明礼仪教育系列、心理品质教育系列和励志成长教育系列进行设计，每个系列都设计 6 节主题班会，共 30 节主题班会，是班主任建设走向专业化的一个大胆实践和尝试，具有一定的参考和借鉴意义。

10. 由张耘主编的《培养性格健全的人》一书，是家庭教育指导方面的专著。该书以"培养孩子健全的人格"为主线，着眼于孩子发展与成长的各个方面，对处于教子困惑中的家长剖析原因，提出建议，是一本实用的"教子真经"。在内容上，本书从心理心态、人格品质、习惯方法、能力潜质4个方面各自设篇，每篇又以10个具体问题加以详解，基本涵盖了孩子在中小学阶段发展中所常见的问题，内容翔实，体现了较强的针对性。在体例上，本书以"案例呈现"、"原因剖析"、"方法指导"为线索编排，既有生动的现实案例，又有科学的理论分析，更有具体的做法建议，能够使不同知识层面的家长根据自己孩子的日常表现，从中"按图索骥"，然后"照方抓药"，体现了较强的实用性。

11. 由丁莉莉所著的《编织阳光——办一所理想的阳光学校》一书，记载了高区神道口小学的老师、学生、家长既仰望星空、又脚踏实地办"阳光教育"的原生态发展状况，既有理论构建，又有实践探索，以事带论、"以案说法"，文笔质朴真诚，耐人品味，非常教育，又非常文学。书中从追寻阳光去办一所理想的阳光学校开始，到种植阳光、采撷阳光、播撒阳光、沐浴阳光、编织阳光、拥抱阳光，阐述了作者"阳光神小，五年润泽一生"的阳光教育理念。该理念倾心诠释了现代社会条件下的中国古代"有教无类"和"因材施教"的朴素教育思想，更关注让教育回到人、回到生命、回到爱的素心与本分。本书努力去发现和开掘每一个生命最绚烂的也是最初的辉煌，让孩子们从此带着满身的阳光与自信，带着对真善美的追求，走向未来，拥抱生活。走进这本书，我们将会看到一幅以"素质教育"为主题、以"编织阳光"为途径、以"文化润泽"为底蕴的魅力教育画卷。

12. 由王天超所著的《深化绿色教育 培养学生自主能力》一书，是一本阐述特色学校创建历程的著作，书中的绿色教育特色学校把"绿色"作为切入点，以创建"绿色学校"为特色办学目标，坚持"为拥有'绿色人生'而完善自我"的教育理念，赋予"绿色"更丰富的内容，由自然环境的绿色扩展到设施环境、人文环境的绿色。书中详尽地阐述了特色学校创建的核心、宗旨、目标，通过培养学生自主管理、自主学习的能力素质，让学生拥有进取精神、创造激情，拥有终身发展和人生幸福的能力素质，从而实现学生的"绿色人生"。

美国著名教育心理学家波斯纳曾指出教师专业成长的公式是"经验＋反思＝成长"，实践也一再证明，有效的教学反思是教师专业成长最有效的途径之一。如何让人选更好地对培养期内的学习和成长经历进行系统的反思和提升,将自己先进的教育教学理念和好的经验和做法充分展示出来?如何更好地发挥人选的示范引领和辐射带动作用,让更多的教师和校长在他们的专业成长历程中得到启发和借鉴?我们启动的"四名工程"文库的编撰工作,希望以此次"四名工程"文库的出版为契机,进一步深入实施"四名工程",努力打造具有核心竞争力的威海教育品牌,为在全省率先实现教育现代化、在全国率先实现市域范围内义务教育高位优质均衡发展提供优秀的人才支撑。

(作者单位:威海市教育教研中心)

威海城市化道路研究

尹选芹

城市化是现代化的必由之路,是新型工业化、信息化和农业现代化的重要载体和依托。威海市第十四次党代会将"全域城市化"确定为"建设现代化幸福威海"的发展战略,具有划时代意义。

一 威海全域城市化的内涵及特征

"全域"是"城市化空间"概念,指的是在特定时间维度和特定地域空间内,实现人口、产业、生活环境向城市转型,城乡均质发展,城乡二元结构消失,传统"三农"逐步淡出,城乡实现高度融合的状态。

实现全域城市化,是市委、市政府深入思考威海发展历程,全面分析威海城市化发展基础,基于一体化发展实际而做出的战略定位。2013 年 7 月,全市城市化工作会议指出:"加快新型城市化进程,打造市域一体发展的生态化、组合型都市区,建设现代化幸福威海。"开启了以全域城市化带动市域一体化的新征程。2013 年 8 月,出台《威海市城市化发展纲要(2012—2020年)》《关于加强市域一体化规划工作的实施意见》和相关配套政策,确定了全域城市化的总体要求、发展战略、总体布局、主要任务和政策机制,全域城市化有了明确的"路线图"。

全域城市化,核心理念在于"全域威海""市域一体",打破行政区划限制,把威海作为一个整体来规划和发展,统筹推进规划全域覆盖、交通全域覆盖、产业全域布局、社会公共服务全域均衡,在全域逐步形成科学合理、优势互补、功能完善、城乡对接与协调发展的大都市圈管理体制和运行机制,推动全市经济社会一体化发展。其鲜明特点主要表现在:

（1）以人的城市化为核心。全域城市化不是简单地铺大摊子，不是大呼隆造城，而是以人的城市化为核心，以农村居民市民化为重点，通过"村改居"和新型农村社区建设，让农民就近就地享受现代城市生产生活方式，享受城市社区文明，实现为市造城、为人造城、为经济社会可持续发展造城，从而使城市化真正成为安民利民、富民惠民的过程，让全市人民都过上幸福生活。

（2）以城带市、市域一体。全域城市化不是"全部城市化"，而是城区现代化与农村城镇化的有机统一。以中心城市、次中心城市为核心，以六大重点区域、十个重点镇为载体，打造疏密相间、适度集中的生态化、组合型都市区；按照城市的标准建设重点镇和特色村，完善新型农村社区功能，让农村居住区进一步集中、农民就近城市化，实现农村社会向现代城市社会转变，从而使全域城市化既是城区的城市化水平不断提高的过程，也是农村人口向城镇集聚、农村建设和社会事业与城镇一体化发展的过程。

（3）产城互动、"城·市互融"。从实现路径看，全域城市化强调，城是市的载体、市是城的繁荣，园区建设和社区建设同步推进、城市发展与产业成长"两手抓"，即：围绕产业发展需求完善城市功能，以产业集聚引导人口转移；通过城市承载力提升、人口集中推动产业发展，以产业壮大促进城市扩张，形成良性互动，推动园区做强、港口做大、城市做美、乡村做富，实现全域工业化、城镇化、市场化和生态化。

（4）由"单核"变为"多核"。从发展模式看，全域城市化打破以往过于依靠中心城市、一圈一圈向外扩张的模式，通过规划建设中心城市、次中心城市和重点区域、重点镇村，形成组团化、链条式发展的城市群。其中，中心城市、次中心城市的联动发展，是支撑全域城市化的强势板块，重点区域和重点镇的重点发展是重要节点，新型社区的规模扩张和内涵提升是重要基础，沿千里海岸线将中心市区、沿海城区、工业园区和示范镇串连成线，形成中心城市、城市组团、中心城镇有机结合、优势互补的沿海城市带。这样的全域城市化，使城市化过程由"单核"变为"多核"，既有利于在更大范围内优化资源配置、增强城市辐射带动作用，又有利于降低城市建设费用和市民生活成本，实现可持续发展。

二　全域城市化的国际探讨、背景条件及现实意义

威海全域城市化道路，特色鲜明，由多种原因形成，既是威海城镇化发

展后期的理想目标，又顺应城镇化发展规律、吸纳和集成国内外先进经验，体现城乡统筹、区域平衡、社会和谐、生态文明的科学发展理念，更契合威海实际，具有很强的科学性、前瞻性和实践性。

1. 国际探讨

（1）田园城市理论。城市规划师霍华德针对英国快速城市化出现的交通拥堵、环境恶化、农民快速涌入大城市的城市病，于1898年提出"田园城市"理论，倡导建设一种兼有城市和乡村优点的新型城市，疏散过分拥堵的城市人口，防止摊大饼式城市布局，即：围绕一个中心城市（人口5万~8万人），建设若干个田园城市，形成城市组群。城市四周是农业用地，为城市居民供应新鲜农产品；完善的乡村功能和服务，使农村居民安居乡村，改变生产生活方式，缩小城乡差距。田园城市理论不仅着力解决城市畸形发展引发的各种问题，还设计出一套较为完整的统筹城乡发展的社会制度，生动诠释了城市化中后期人口、产业、设施全域布局共融发展的和谐理念，所倡导的"城市、农村、城市－农村"三种生活形态，犹如三块磁铁，有机结合、协调发展，向世人展示了"自然之美、社会公正、城乡一体"的动人画卷，成为现代城市规划思想的启蒙，对后来的城市规划理论颇具影响。

（2）有机疏散理论。20世纪初，芬兰学者萨里宁为缓解城市过分集中产生的弊病，提出"城市规划中，把无秩的集中变为有秩的分散"，即：不能把城市的所有功能都集中在市中心区，应实现城市功能的有机疏散，多中心发展，多功能布局，通过建立与中心城市有密切联系的半独立的城镇，定向发展郊区卫星城，使人们居住在一个兼具城乡优点的环境之中。有机疏散理论对于缓解单中心、摊大饼式城市扩张带来的中心城地价高涨、交通拥堵、人均公共设施匮乏等问题起到了积极作用，广泛应用于战后许多城市规划之中，其中最著名的是大伦敦和大巴黎规划。英国自20世纪40年代起规划建设"大伦敦"，在首都伦敦外圈设置8个卫星城，并扩建原有的20多座城市，发展成今天的包含伦敦市与32个伦敦自治市、面积1579平方公里、人口751万的"大伦敦"，中心城伦敦市面积只有2.6平方公里，居住人口在1万人以内、受雇专业人口34万。"大巴黎"包括城区周围7个省、总面积1.2万平方公里，总人口约1000万，几乎占法国人口的五分之一，其中20%住在市区、80%住在郊区；城区面积只有105平方公里、人口200多万，都市区99%的产值来自第二、第三产业，仅有1%来自第一产业。在国内，许多经济发达的大城市如北京、上海、重庆、苏州、杭州、大连等，正以"新城、卫星城或特色城市组团"等方式实现全域城市化；一般的重点城市如廊坊、秦皇岛、潍坊、宁波等，也相继提出全域城市化战略。

2. 背景条件

（1）从国家层面看，十八大、十八届三中全会明确提出，健全城乡发展一体化体制机制，走中国特色新型城镇化道路。2013年两会期间，李克强总理答中外记者问时指出："新型城镇化，是以人为核心的城镇化，要有就业支撑，有服务保障，不能靠摊大饼，要大、中、小城市协调发展，东、中、西部地区因地制宜地推进。"两会过后，李克强总理多次在国务院常务会议上指出："中国未来最大发展潜力在城镇化""推动城镇化将是中国经济发展的重要引擎，或者叫发动机。"2014年《政府工作报告》指出，推进以人为核心的新型城镇化、着重解决"三个一亿人"。可见，威海推进全域城市化，既是贯彻落实国家发展战略，又先行一步，走在了前列。

（2）从山东层面看，近年来省委、省政府一直高度重视实施重点区域带动战略，从建设"蓝黄"两区，到打造省会城市群经济圈、加快胶东半岛高端产业聚集区形成，都是高点定位，高端规划，攥紧拳头，将一些有条件的区域打造成强势板块，提升重点区域的竞争力、辐射力和带动力。今年的省《政府工作报告》提出，启动城镇化"提质加速、城乡一体"行动，把工作着力点放在加快中小城市和小城镇发展上，统筹规划城镇布局，构建以城市群为主体、区域中心城市为依托、县域中心城市为支撑、小城镇和新型农村社区为基础，符合发展规律、具有山东特色的城镇化发展格局。威海全域城市化战略，契合全省重点工作部署，具有良好的外围环境机遇。

（3）从威海市层面看，相继出台了一系列配套政策措施，为打破城乡分割、加快推进全域城市化提供了政策保障。同时，作为中国东部沿海发达城市之一，威海已成为国内外资本转移的热点地区，具有实施全域城市化的良好基础：一是地域相对集中。中心市区面积731平方公里，人口55万，文登撤市设区，临港区升级为国家级技术开发区，中心市区辐射威海全域的能力进一步增强，对周边地区的带动作用加大，市域一体化发展行政区划逐步优化；近年来新型农村社区建设步伐很快，可以将一部分农民就地就近转化为市民；二三产业尤其是第三产业不断做强做大，创意产业、楼宇（总部）经济、网络经济（电子商务）、空港经济、休闲经济等城市新型业态不断涌现，产业空间布局加速聚合，区域联系更为紧密，经济边界日益模糊，正加快步入大都市经济圈时代。二是经济基础良好。地级市成立以来，全市经济发展迅猛，各种指标均位居全省前列，经济总量和财政实力已达到较高水准，城乡居民人均收入差距为全省最小的地区。2012年，全市人均GDP1.4万美元，居全省第 2 位；城市居民人均可支配收入 2.8 万多元，农民人均纯收入近 1.4 万元，分别位居全省第 5 位和第 2 位。多年的结构调整，积蓄了足够的经济能量，有条件以城市化实现一次最为关键的跨越。三是区域间发展相对均衡。威海"两市五区"发展齐头并进：荣成是中国最大的渔业县，2013 年全国百强县排名第 10 位，围绕沿海高端产业聚集带建设，以科技创新、招商引资和项目建设驱动转型升级；乳山建市相对较晚，但有深厚的革命文化底蕴，是著名的"长寿之乡"，装备制造、绿色食品、生物科技、节能环保、新材料、新能源等六大产业集群发展迅猛；文登区加速推进高新技术产业膨胀发展、传统优势产业转型升级；中心市区与三市区之间、三市区相互之间通过高等级公路和其他重大基础设施有效对接，通过区域内的 2 个国家级开发区和 8 个省级开发区协调联动发展，全域均衡化、一体化发展步伐明显加快。四是城市综合实力显著增强。威海具有独特的资源禀赋和优越的生态环境，是中国第一个国家卫生城市、中国北方第一个绿化达标城市、中国最大的海产品生产基地，近年来又顺利完成了城中村改造，农村综合环境明显改善，被评为全省唯一的农村环境连片整治示范市。2012 年全市城镇化率达到 59.25%，城镇化质量指数居全省第 2 位，初步形成以中心城市、次中心城市为主体，以重点区域或示范镇为支撑，以新型农村社区为基础的现代化城镇体系，沿海小城镇异军突起，呈现沿千公里海岸线组群效应，青烟威城际铁路、市区综合交通枢纽等工程进展顺利，市域交通一体化水平不断提高。

3. 现实意义

（1）城市化是可持续发展的必然选择。工业化创造供给，城市化创造需求。据研究，每增加一个城镇人口，可带动至少 10 万元固定资产投资。美国著名经济学家、诺贝尔经济学奖获得者斯蒂格利茨说，中国的城市化和以美国为代表的新技术革命是影响 21 世纪人类发展的两大关键性因素。新技术革命为人类可持续发展提供源源不断的技术支撑，而城市化既是现代化的重要标志，又以人口、生产要素和产业的集聚发展创造新的社会化需求，是增加投资、拉动消费、实现可持续发展的强力引擎。

（2）城市群体间的竞争是未来区域竞争的焦点。事实证明，区域经济竞争力取决于大城市的发展和竞争力的提升。美国之所以强大，其中一个重要原因是世界 5 大城市群中美国占 2 个；全球城市竞争力排名前 10 强中，美国占 2 个，其他发达国家占 7 个。中国经济快速发展，同样也是靠区域经济的非均衡发展推动的，率先崛起的是城市这个点而不是农村这个面，是 4 大直辖市、5 大特区、省会城市和较大的城市辐射带动周边地区发展的。当前正在推进的京津冀一体化，就是通过打造世界级城市提升国家影响力。在国际国内竞争日益激烈的背景下，未来区域间的竞争越来越突出地表现为城市群体之间的竞争，大都市经济圈和城市群将主导城市化空间形态的变化，城市、区域既竞争又融合将成为热点。

（3）全域城市化是威海今后一个时期发展的最大趋势和动力。威海三面环海，处于陆路交通末梢，发展空间受限；中心城区集中发展，没有形成与经济社会发展相适应的城市群，城乡二元结构没有实质性突破等，使威海在城市综合竞争力、产业结构等领域面临严峻挑战，急需调整城市发展思路。2013年年初，市政府调研组到各市区调研，发现在确保农村居民原有权益不变的前提下，77.2%的村民有进城落户意愿。可见，推进全域城市化，不仅顺应时代发展新要求和人民美好生活新期盼，更是突破资源、空间制约，构建一体化大威海格局，实现转型跨越发展的必然选择。

三　威海全域城市化的探索与实践

全域城市化命题一经提出，全市上下齐心协力，克服重重困难，在各个方面进行了一系列的探索与实践。

1. 破解体制机制制约，扩大城市化人口转移红利

推进全域城市化，面临大批农村剩余劳动力向"现代部门"转移，"人往哪里去"是需要高度关注并切实解决的问题。如果就业、社会保障、城市基础设施跟不上，不但不能给农转非的新市民带来好处，还会造成新的失业和社会问题。为此，威海市将体制机制改革作为全域城市化的首要任务。一方面着力打破户籍藩篱，让农民"进得来"，出台了《威海市居民户口迁移管理暂行办法》，实行统一的户口登记管理制度，鼓励引导农村居民自愿向重点区域、重点镇迁移，为农村转移人口有序落户城镇打通阶梯式政策通道。另一方面，加大保障房建设力度，让农民"住得下"，出台了《关于做好农村居民进城住房保障工作的意见》，建立统一规划、集中建设、市场化运作的住房保障机制，形成可持续的住房保障供应体系，鼓励农村居民自愿、就近向城镇和重点区域转移。同时，实现保障服务全覆盖，让农民"留得住"，出台了《关于进一步加强社会保障和公共服务有序推进农村居民市民化的实施意见》，整合城镇居民医疗保险和新型农村合作医疗，建立统一的城乡居民医疗保险制度；超前规划学校布局，完善各类学生就读政策和资助体系，确保进城农民子女平等接受教育；健全卫生服务体系，坚持卫生基础设施与区域开发建

设、旧村改造同步规划、配套建设，保障进城农民享有均等的基本公共卫生服务；建立城乡一体的就业服务和创业扶持体系，促进支持进城农民充分就业、自主创业。上述政策的实施，使农民在享受城里人新生活的同时，也能收获对市民身份的普遍认同，真正融入城市。

2. 破解基础设施瓶颈，提高城市化全域承载力

基础设施如同城市的血脉，是推进全域城市化的基础保障。全域城市化的基础设施覆盖面广、建设周期长、投资巨大，需要稳定的、长期的、低成本的投资来源渠道与之匹配。否则，一切都是纸上谈兵。为此，《威海市城市化发展纲要（2012 – 2020)》，一方面将市域公用设施一体化放在突出位置，从同步规划、同步建设、综合管理入手，推动全域基础设施建设"一盘棋"，最大限度实现重大基础设施共建共享、互联互通；另一方面建立多元化的投融资新机制，从发挥政府资金引导作用和市场融资功能两方面入手，优化政府资金使用方式，构建投融资新平台，吸引信贷资金和社会资金投向基础设施和公共服务领域，多渠道解决城市建设中"钱从哪里来"的问题。

3. 破解产业发展难题，提高城市化全域支撑力

产业化是城市化的"发动机"，城市化是产业化的"加速器"。据测算，每增加一个城镇人口，需投资 8 万~9 万元。据此匡算，威海市到 2020 年城市化率达到 70%，预计将吸纳 20 万新人进城，约需投资 200 亿元，需要发达的产业作支撑。为此，威海市将产业发展壮大放在突出位置，提出：城市空间和规模扩大，必须以产业发展的现实需要和一定时期的潜在需要为依据；必须以更大的力度推动全市产业集聚发展和转型升级；必须加强产业园区建设与城市建设的有机衔接，发展特色鲜明、功能完善、宜业宜居的城市新区；必须以自主创新和技术进步为动力，改造提升传统产业，推动战略性新兴产业膨胀发展；必须转变农业发展方式，发展特色农业，推动农业适度规模经营，提高农业组织化程度。5 个"必须"明确了产业在全域城市化中的地位和发展方向，从根本上预防和避免城市化变成简单的户籍集中、人口搬家，使全域城市化真正成为富民强市的有效载体。

4. 破解土地利用难题，拓展城市化全域发展力

城市要发展、要增容，土地最为关键，科学用好稀缺的土地资源直接影响到全域城市化进程。针对当前土地利用中存在的指标紧张和用地粗放问题，出台了《威海市人民政府关于进一步规范土地利用工作的意见》，从规划管控约束、规范控制标准及方法、优化市场配置手段、加强源头控制和内涵挖潜等入手，促进节约集约用地。截至目前，全市 2007~2012 年批准土地平均供

地率 82.11%，居全省首位；处置闲置土地 4459 亩，处置不可盘活土地 145 亩，有效提高土地利用效率，为全域城市化提供了科学用地新理念，即重视土地整理、节约集约用地。

5. 破解资源环境问题，提高城市化全域可持续力

城市是能源消费的集中地、人为污染的集中区，因城市化引起的资源环境问题，对城市化产生约束效应。威海有良好的空气质量、优美的生态环境，这是我们的金字招牌。推进全域城市化，必须综合考量其对资源环境的影响。为此，《纲要》将生态安全作为专项规划，提出：按照"打造蓝色、宜居、宜业新城"的要求，本着向空间要容积率、向地上要绿化率、向地下要使用率的原则，建设低碳城市，保护自然生态和文化特征，全面提升城市品质。

所有这些都为全域城市化如何规划布局、如何拉开发展架构，提供了有力的政策指导和基本保障。一年来的实践证明，全域城市化各项重点工作进展顺利，临港工业区、东部滨海新城、好运角旅游度假区、石岛新区、南海新区、乳山滨海新城、双岛湾科技城等发展步伐明显加快，园区产业项目快速集聚；新型农村社区建设、城乡政策制度统筹衔接、农业人口市民化有序推进；在重点区域、重点板块和沿海节点镇，无论是基础管网、市政道路，还是土地调整、园林绿化等基础设施建设都稳妥推进，市域一体化格局初步形成。一年的实践让我们对全域城市化"三年打基础、五年见成效、十年基本建成"的时间表充满信心和期待。

四 深入推进全域城市化的思考与建议

加快推进全域城市化任重而道远，既要有统筹当前建设的务实之策，也要有考虑未来发展的长久之计。通过调研，我们发现，深入推进全域城市化，需要在以下几个方面努力：

1. 规划先行，稳妥实施

全域城市化，是在威海全域范围内进行城市空间布局调整、产业结构优化、城镇体系整合以及城乡统筹谋划，投资大且不可逆，必须坚持规划先行，量力而行，既要积极推进，又不能操之过急，更不能搞超前跨越，决不能给后代留下遗憾。在推进过程中，一要强化大规划理念和一体化思维，无论是编制规划还是具体实施，都要树立"一盘棋"思想，立足威海实际，既要编制好覆盖全域的宏观规划，又要搞好中观规划、微观规划，使各地"有章可循"，防止盲目发展。二要突出规划的严肃性和持续性，对编制好的规划、确

定好的目标任务，要不折不扣地落实，"一张蓝图"绘到底，一届接着一届干，持续"按图索骥"，决不能前紧后松，更不能半途而废。三要建立重点工作联合督察和日常调度机制，对制定好的规划，当下可以办的事情，要跟踪督导、紧盯不放，进展和效果定期公布，倒逼工作推进；对需要创造条件才能办的事情，要善始善终、善做善成，防止虎头蛇尾、地方保护主义和本位主义。

2. 培育壮大优势主导产业，夯实发展基础

推进全域城市化，必须把产业发展壮大放在首要位置，借助城市产业结构变化和功能延伸，延长产业链引致新的市场需求，带动全域经济尤其农村经济发展。具体地说，一是培植重点产业集群。从全球发展趋势和威海所处的地缘条件看，能够支撑全市经济持续健康发展的主导产业，是与高科技融合发展的先进制造业、以旅游业为龙头的现代服务业和比较优势突出的海洋产业。推进全域城市化，要推动这些主导产业聚集发展，以蓝色经济区和高端产业聚集区建设为总抓手，一方面走差异化发展道路，引导经济薄弱区"育产业、树龙头"，通过优化工业园区和功能区布局，加大招商引资力度，承接发达地区产业集群配套基地整体转移，做大做强工业经济；另一方面努力打造现代产业集群，针对产业科技含量和分工协作程度不高、工业发展空间不足的情况，坚持"市场化构建、集群化发展、国际化合作、园区化承载"的产业发展理念，以产业配套为突破口，由核心企业带动产业链上下游发展，打造一个产业带、城市带、经济区域带，既带动经济薄弱区形成"抱团效应"，又加快产业经济总量的扩张向质的提升转变。二是提升现代服务业对产业发展的支撑能力。发展现代服务业是威海进入工业化中后期的一项重大任务，关系到现代产业体系的完整和效率，尤其是随着工业化、城镇化的推进，人们的服务性需求将快速增长，必将推动消费性服务领域整体快速上升。要通过创新商业模式、拉长服务链条、创造新型业态，大力发展以信息服务、研发服务、物流服务和技术支持服务等为主的生产性服务业，努力规范提升以商贸服务、家庭服务以及旅游、文化、影视、体育等产业为主的生活性服务业，特别要注重发挥旅游文化产业的辐射带动作用，引进一批名企名店，将主题商场与休闲、娱乐、餐饮融为一体，形成"扎堆效应"，打造消费市场的特色品牌，把威海建成特色鲜明的休闲度假旅游胜地。三是发展现代农业。这是全域城市化的"短板"，没有农业的战略转型和农村的工业化，不可能有真正的全域城市化。换句话说，全域城市化，不是放弃传统农业，而是要向工厂农业、生态农业和效益农业转型，即由传统农业向现代农业转型，其核

心是实现农业产业化经营，重点是发展特色农业、精品农业和都市型农业，以适应高端市场需求。全市农村工作会议提出用产业化的思维、精致化农业的理念改造提升现代农业，这是人类经历了能源、环境、食品安全危机之后，大力倡导的现代农业产业新模式。精致农业，特点是精和特，核心是高标准化、高质量化，基础是高投入、高科技。对威海市而言，发展精致农业，要在特色化、高质化、品牌化上下功夫，以特色化布局、标准化生产、产业化经营为抓手，以土地使用权资本化为突破口，一方面引导家庭农场、种粮大户、合作社等，抓住绿色、生态、有机、环保等新的消费潮流，利用威海市已经取得的国家地理标志商标和名牌产品，打造"专业"基地；另一方面紧扣专业基地，通过技术改良、品质提升、品牌培育以及农业与旅游、民俗、文化等相结合，扶优扶强龙头企业，将专业基地培植成生态观光、农家乐休闲旅游、采摘体验式农业等特色鲜明的"品牌农业"和"品牌农产品"，并通过龙头企业或合作经济组织带动，积极开发新产品，谋求精深加工，形成区域农业产业链，改变农产品加工能力小、产业链条短、品种少的状况，推动第一产业向第二、第三产业延伸，把农田变成工厂的农业车间，把农民变成农业产业工人。

3. 加强社区管理，全面提升服务质量

全域城市化，"化"什么，看上去内容很多，归纳起来主要是三个方面：人自身素质的转化、物质基础的转化和管理体制的转化。可见，做好"管理体制转化"这篇大文章，是全域城市化题中应有之义。在城市管理体制中，社区是基本单元，连着千家万户，其管理水平和服务质量对居民幸福指数和城市发展至关重要。近年来，威海市高度重视社区建设，取得了明显成效。但从目前情况看，仍存在重建设、轻管理，重管理、轻服务的问题。推进全域城市化，必须在加强社区管理与服务上下功夫。一是创新管理模式。社区管理是以人为本的管理，自治是发展趋势。目前的社区管理行政化倾向明显，与真正意义上的社区自治还有很大差距，全域城市化必须强化社区自治功能。一方面提高居委会的自治能力，使之懂自治、敢自治、会自治；另一方面提高居民的自治能力，增强其参与意识，真正融入社区，成为社区的主人。二是创新服务方式、拓宽服务内容。目前的社区服务大多停留在环境卫生、治安管理、信息登记、文体活动等方面，服务内容单一，质量不高，体系不完善，产业化水平更低，拓宽服务内容、创新服务方式尤为必要和迫切。要在深化"一站式""一条龙"服务的基础上，按照"谁投资、谁所有、谁受益"的原则，鼓励个体、私营、民营等企业通过投资入股、合伙经营等形式，开办社区医院、养老、教育等服务项目，开展上门诊视、健康查体、保健咨询等服务，推进社区服务的社会化进程、产业化步伐；利用现代信息技术，建立方便快捷、相互衔接、项目齐全的社区服务网络，推进社区管理规范化、制度化、常态化，提升服务水平和质量。三是建立专业化的社工队伍。实现社区工作专业化，首先要解决社区工作人员的职业化问题。要建立社区服务领域的社会工作者制度，打破居委会干部"官员化"管理模式，实行任期制和选任制，面向社会公开招聘，择优任用，鼓励和吸引专业社会工作者从事社区服务工作；要开展多种形式的社区服务专业知识和技能培训，实行从业人员持证上岗，提高社工队伍的职业化水平；要大力培育社区中介服务组织和志愿者组织，广泛吸纳社会各界人士积极参与社区服务，建立一支由专职、兼职和志愿者组成的素质较高的社工队伍。

4. 重视城市文化建设，提升市民素质

城市是文化的载体，文化是城市的"名片"。城市文化作为城市文明的重要象征，不仅是精神生活中的一部分，更是经济的变相载体。拉斯维加斯一个曾经的不毛之地，之所以成为美国最大的赌城和娱乐城，除了赌之外，与其主题文化的形成密切相关。这个城市在形成以博彩为主题文化之后，凭借这一特质品牌，重新规划发展脉络，使城市产业链通过博彩业的巨大人气集聚作用不断向娱乐业、会展业、餐饮业、酒店业发展壮大，形成大博彩业产业链，并上升为以娱乐为主的博彩文化，打造出世界上最负盛名的博彩之都、世界名牌城市。在全域城市化中，准确定位城市主题文化，不仅可以彰显城市的个性与魅力，还可以扩大城市的无形资产，提升城市的内涵品味和综合竞争力。为此，我们建议：一是重视提高居民素质，培育现代市民。这是城市主题文化建设的关键。市民素质如何直接决定一个城市的形象，无法想象，一个充满小农意识和市井习气、封闭保守的城市可以成为现代化城市。推进全域城市化，必须教育引导广大市民不断增强城市意识、开放意识、包容意识、法制意识和现代生活环境意识，当前要切实抓好"全民读书"、"树典型、扬正气、传递正能量"、"培育社会主义核心价值观"等活动，努力推进"学理论、懂政策、做明白人"理论大众化普及活动和"四德建设"工程，形成健康的社会心态、良好的行为习惯和高尚的精神风貌。二是建设有个性的城市形象文化，增强地方特色。在形象文化中，往往一两个标志性的文化、体育设施，就能提升整个城市的文化品位。如悉尼，一个著名的海上歌剧院，造就了其世界性的文化地位。在全域城市化建设和新城区扩张中，要抓好文化标识工程，特别是新城区要注意规划和建设体现威海文化特点和现代特色的文化标志，如主题公园、城市广场、城市雕塑等，建筑的造型、风格、色彩及道路、路灯、栏杆，甚至路牌、广告等，都不能凌乱无章、残缺不全、千人一面，要讲究城市的整体和谐与审美情趣，有文化个性和艺术美感，彰显威海的文化特色、识别度和文化影响力。三是充分挖掘历史文化资源，建设文化名城。历史文化资源是城市主题文化个性的生动体现，也是一个城市成为文化名城的最独特的文化优势。重视历史文化的保护开发并使其价值再现，是国内外先进城市处理历史与发展关系的通行做法和成功实践，像世界文化名城佛罗伦萨，是欧洲文艺复兴中心，曾产生过一大批世界名人，它是一个完全靠历史文化资源而扬名世界的城市；比萨、威尼斯也是如此。在国内，曲阜也是靠历史文化资源而蜚声世界的。漫长而悠久的历史给威海留下了丰富而珍贵的历史文物古迹，使这座滨海小城具有丰富的历史文化内涵和特有的城市风貌。比如，在市区现代化的建筑群中，间或可以看见一些百年前的英式老建筑；在古村落中，间或可以看见一些滨海渔家民俗风情；在旅游资源中，有建筑古迹类、宗教文化类、民俗文化类等，它们特色鲜明，奠定了威海的文脉基础。老建筑是城市之根、文脉之本和风貌特色的基本要素，威海卫作为中国以和平方式收回的第一块租借地和英国自美国独立战争后向主权国家移交的第一块殖民地，这段历史在中英两国近代史上都占有特殊位置，以古建筑保留下来的历史是打造历史厚重、底蕴丰厚的文化威海的优势所在。再比如，海权文化，从明初设卫、清末建海军、甲午海战到英租威海卫，其曲折复杂的发展历程从不同视角全方位印证了"面海而兴、背海而衰"的历史规律，这批建筑与明城墙、烟墩遗址、甲午遗址，铺就了海权文化这一城市历史文化的基本底色。在全域城市化中，一定要注意对这些历史文化古迹进行开发保护，在尊重历史、注重现实的基础上，通过城市规划布局、建筑风格、城市雕塑、旅游景点、主题公园、文化广场、人文景观、特色街巷、商号牌匾、店堂装饰等加以历史再现或创新体现，利用现代科技手段塑造、再现一批文化标志和文化符号，让人们能从感官上体验威海文化形象、领悟威海文化精神，使其成为城市的新地标。四是重视引进和建设著名高校、科研机构、艺术团体等，加强文化交流。教育是文化的基础，科技是文化的精华，艺术是文化的结晶。世界上所有国家都将这三者作为衡量一个城市文化水平高低的关键性指标，特别是美国、加拿大、澳大利亚等一些由移民发展起来的现代化国家，更加重视教育和科技。像文化名城波士顿，靠的就是这三者，哈佛大学和麻省理工学院为美国培养了不少总统、数不清的专家学者，很多人获得诺贝尔奖；波士顿的交响乐团、芭蕾舞团在世界都是一流的。

我们要充分利用威海的人文、资源优势，加大引智力度，全力建设科技威海、教育威海和艺术威海。运用多种方式，拓宽多种渠道，把文化的形象树起来。五是加大文化产业发展力度，培育文化名牌。文化产业作为朝阳产业，既可以有力促进经济发展，又能极大提高城市文化品位。美国文化名城洛杉矶，靠"迪士尼乐园"和"好莱坞影城"，形成了惊人的影视及音像制品业和文化旅游业；法国、英国、日本、韩国等国家的许多城市，都将文化产业作为国民经济重要支柱产业；我国的一些大城市如北京、上海、广州、深圳等，已将文化产业列入国民经济优先发展重点，河南打造了"少林寺""玉雕乡""民权虎""牡丹瓷""大宋文化"等知名文化品牌，围绕文化品牌铸造了各具特色的富民强县金字招牌。在推进全域城市化中，我们要将培育文化品牌、发展壮大文化产业作为重点工作，一方面整合全市文化资源，明确主打品牌，积极注册商标，合理保护开发；另一方面珍视名人大师的作用，考虑到时间维度，在园区建设和品牌建设上适当"留白"，有意识地邀请、吸引名人大师"到此一游"，留诗作文，随时间推移其文化价值便积淀下来，越积越厚，文化的品牌力量也会愈益增强；最后，注重宣传推介，将文化与经济联手，通过市场化运作、政府投入与社会投入相结合，吸引多方投资，多方参与，办好中国威海国际人居节、海洋食品节等丰富多彩的文化活动，将威海文化、旅游、教育、经济、社会等一并宣传推介，打造文化娱乐街、文化用品街、饮食文化街等"特色文化街区""特色文化展馆"，提高知名度、美誉度，使之成为立体文化。六是开展丰富多彩的群众文化活动。群众文化是城市主题文化的重要组成部分，是建设文化名城必不可少的重要内容，特别是节庆文化活动，对提高城市文化品位、涵养群众文化素质具有重要作用。在推进全域城市化中，要把休闲广场、文化活动场所建设列入重要内容，本着"群众创造、全民参与、人人享受"的原则，完善市、镇、村三级文化网络，逐步构建完善的公共文化服务体系；要充分发挥文化名人的作用，引导社区成立舞蹈、秧歌、书法协会、老年大学等各类群众性民间文化组织，开展形式多样、内容丰富的广场文化活动，寓教于乐，形成与时俱进的城市精神和城乡融合的特色文化，不断提高文化软实力。

（作者单位：中共荣成市委党校　课题组成员：刘玲玲
王　蕾　江鹏伟）

关于加快威海市海外渔业基地建设的
探讨与思考

近年来，随着远洋渔业的快速发展和外出作业渔船数量的增加，远洋渔获的加工销售、渔船的补给维修等方面没有话语权，受制于外国公司，经济效益流失严重。在这种情况下，迫切需要建设一批集冷藏加工、后勤补给、靠海维修等于一体的海外综合渔业基地。

一 海外渔业基地建设的必要性

（一）从国际形势看。目前全球已经成立了 12 个渔业组织，包括南极在内的所有公海海域几乎全被纳入国际渔业组织管理范围。2010 年 2 月，南太平洋 8 个岛国（简称 PNA，占全世界金枪鱼资源的四分之一）发表《科罗宣言》，宣布如果外国企业不对该地区投资，就不给予捕捞权，其他渔业资源较为丰富的国家和地区也先后出台了类似规定。同时，基于国际社会对渔业资源分配采取"先占先得"原则，世界传统远洋渔业国家非常重视国际渔业合作和建设海外渔业基地。例如，日本以先进的渔业科学技术为依托，积极开展渔业外交，在国际渔业管理中处于主动地位。韩国在 18 个国家建有 21 个海外渔业基地，作业渔船 410 艘，与 13 个沿海国家签订了渔业合作协议，通过建立合资企业和付费方式获得捕捞许可证。因此，必须通过加强对外合作及海外渔业基地建设等方式获得海外捕捞权、增加捕捞配额，以增强远洋渔业发展的竞争力。

（二）从国内环境看。建设海外渔业基地，是远洋渔业快速发展的重要保障，有利于我国向深海开发迈进，拓展国际空间，获取更多的资源，得到更多的权益。近年来，国家大力发展远洋渔业，各级相继出台了燃油补贴、渔船及设备进口关税减免等相关扶持政策，为远洋渔业发展创造了良好的条件。去年国家又加大了对远洋渔船修造的扶持力度，提升了渔业企业海外发展积极性，促使我国远洋渔船规模进一步扩大。国内大型国有远洋渔业企业纷纷拓展海外业务范围，上海水产集团在海外 10 个国家和地区投资建立 18 家合资合作企业或代表处，主要分布在西非、南美、中西太平洋、日本、中国香港等国家和地区。中水集团作业海域遍及三大洋，境内外建有水产品加工、仓储、补给基地，驻外机构 40 多家。舟山市联合中农发集团以及全市 15 家远洋渔业企业成立舟山惠群远洋渔业发展有限公司。

（三）从威海市情况看。渔业一直是威海市的优势支柱产业，经过多年的发展，远洋渔业逐步由过洋性捕捞为主的探索起步阶段，进入了大洋与过洋并举的发展壮大阶段，远洋渔业整体规模和实力跃居全国全省前列。目前，全市具有农业部远洋渔业资格的企业发展到 19 家，占全省的 70%、占全国的 15%。2012 年，外派远洋渔船 500 艘，占全省的 76%、占全国的 27%；远洋捕捞产值达到 16.1 亿元，占全省的 89%、占全国的 12%。

上述远洋作业规模如果依靠别国或其他公司的基地进行经营和补给，不但成本高、效率低，更重要的是会造成经营活动受制于人的不利局面，因此，必须通过海外基地建设来提高海外渔业资源配置的话语权，提升海外渔货市场的控制力，拉长捕捞产业链条，增强抵御风险能力，促进威海市远洋渔业持续健康发展。

（四）从企业发展看。通过几年来的境外运作和发展，威海市远洋渔业企业找到了产业发展的新空间，促进了经济效益的提升。但随着生产规模的不断扩大，持续作业的强度增加，企业远洋渔船长年滞留国外，生产经营中遇到了很多困难，主要表现在：大多数渔船经营依靠代理，效益偏低；渔获销售由日本、中国台湾等公司垄断；渔船坞修设施简陋，无法正常维护保养，回国上坞又耗时误产；码头基础设施较差，渔船靠港相互争抢泊位；供给保障系统、渔获加工和营销系统不健全，造成利润流失严重。这些增加了企业生产成本和产业的不稳定性，成为制约远洋渔业发展的"瓶颈"。因此，必须通过海外渔业基地建设来提供后勤保障、船舶维修、渔获仓储运输与销售、产品深加工等综合服务，打破当地的垄断，降低海外经营成本，最大限度地提高渔船远洋作业的经济效益。

二 威海市海外渔业基地建设现状

近年来，通过企业自建、合资经营、兼并收购等形式，全市共建成海外渔业基地 1 处，在建和拟建 5 处，逐步改善了船队海外运营的销售供给环境，取得了明显的成效。

（一）分布区域相对集中。威海市海外渔业基地主要集中在印尼、斐济、斯里兰卡、阿根廷等远洋渔业集中作业区域，形成了拖网、金枪鱼延绳钓、秋刀鱼、鱿钓等多种形式并存的海外渔业经营模式。其中，拖网渔业主要渔场在印度尼西亚、大洋洲、印度等海域；金枪鱼延绳钓以印度洋和大西洋海域为主；秋刀鱼渔业主要渔场在西北太平洋海域；鱿钓渔业主要渔场在西南太平洋、西北太平洋海域。

（二）产业链条日趋完善。远洋渔业企业积极筹划，逐步延伸基地功能，建设集渔港码头、冷藏加工、渔船修理、经营销售等产业于一体的海外综合渔业基地。靖海集团计划在印尼基地建设 8000 平方米的超低温冷库，扩建 500 米码头。鑫发渔业集团计划在斯里兰卡基地建设 200 米码头、储量 1000 吨冷库、1000 立方米油库及相关设施。俚岛集团计划在斐济基地建设 1.5 万平方米超低温冷藏厂、1000 平方米修船厂、3000 平方米船员培训中心等。

（三）船队水平不断提高。海外渔业基地运转以远洋捕捞船队为主体，船队水平直接关系到基地的经济效益。目前，威海市远洋渔业作业类型由小规模单一拖网转变为拖网、鱿鱼钓、金枪鱼延绳钓等多种作业方式，作业渔船逐步从 450 马力小型传统拖网渔船向 2000 马力大型现代化专业船舶转变。2012 年威海市投产鱿鱼钓渔船 83 艘、金枪鱼延绳钓渔船 48 艘、单拖网渔船 9 艘、朝鲜东部海域双拖网渔船 360 艘，获得农业部批准建设专业远洋渔船 173 艘。这些渔船的投产和建设，将明显提高威海市远洋渔船装备水平，提升开发利用国际渔业资源的能力，为海外渔业基地的正常运转提供可靠保障。

（四）竞争实力逐步增强。随着劳动力成本的上升和发展中国家对海洋产业发展的重视，大洋渔业逐渐由发达国家向发展中国家转移。威海市渔业企业抓住机遇，创新远洋渔业海外发展模式，积极承接外国产业转移，海外渔业基地整体竞争力得到稳步提升。赤山集团成功并购印尼一家渔业公司，合资成立新的捕捞公司，投资 1.6 亿元建造了 15 艘赴印尼作业船只。靖海集团抓住日本等国劳动力成本上升的有利时机，大力发展阿根廷鱿鱼钓，计划通过收购日本在阿根廷的渔业基地，降低企业海外基地建设成本，增加企业当地渔业捕捞配额，提升市场占有率。

三 海外渔业基地建设存在的问题

（一）渔业资源竞争加剧，海外投资门槛提高。国际海洋法生效后，随着专属经济区和国际资源养护组织体制的建立，资源共有、自由捕捞的非约束型发展时期已经过去，国际上形成了一套关于渔业资源管理和养护的制度，发展远洋渔业受到严格的配额限制，资源使用成本高。同时，渔业资源国设置种种政策与技术壁垒，对外国投资企业当地居民占股以及员工中当地居民占比等都做出了苛刻的限制。例如斐济渔业投资规定，要成立合资公司斐济公民必须至少占有 30% 的股份，外国投资者自公司运营起至少拥有 50 万元斐币现金或实缴资本；印尼渔业投资规定当地居民必须占股 20%；阿根廷渔业投资企业中本地居民比重须达到 70%。这些不仅增加了远洋渔业企业海外基地建设的难度和项目成本，而且对企业的管理水平提出了更高要求。

（二）民间资本实力不足，缺乏统一规划组织。威海市远洋渔业项目大都通过民间渠道促成，由于资金实力有限，民营企业在海外建设渔业基地，容易受到自然风险等不可控因素以及企业自身生产经营不稳定的影响，建设资金往往得不到保障，缺乏投资的持续性和连续性。同时，海外渔业基地建设国家层面参与较少，缺乏政府间的合作协议，加上投资风险与国家、国际政治形势密切相关，一旦形势变动，受损严重的就是企业。此外，由于缺乏统一的规划组织，对于一些效益较好的合作项目，如中西太平洋金枪钓项目，企业往往一哄而上，分头对外，盲目竞争。

（三）境外投资手续繁琐，海外运营障碍较多。在投资建设上，目前企业境外现汇投资需要经外汇局和商务部门共同批准，手续多、时间长。另外，海外渔业基地项目一般投资金额较大，项目实施后企业需要通过境外融资或境内增资等方式补充后续资金，而民营企业海外银行贷款融资信誉度低，融资困难，境内对融资性对外担保控制又较严，程序复杂。在经营运作上，一方面，远洋渔业企业多雇佣外籍船员，项目初期经营资金主要来源于国内的母公司，需要从国内公司给远洋作业的外籍船员使用美元支付薪酬，但是按照《中华人民共和国外汇管理条例》规定，禁止外币在境内流通，并不得以外币计价结算；另一方面，海外所购渔需物资虽国内出资但多在当地使用，进口付汇核销存在一定难度。这些都给远洋渔业企业的海外基地建设设置了无形的障碍、增加了运营的难度。

（四）生产成本持续上涨，基地建设难度加大。远洋渔业作业海域航程远，燃油成本构成远洋渔业生产成本的主要部分。据测算，一艘大型渔船如拖网加工船的年耗油量约4500吨，2004年以前，燃油价格多在140美元/吨，现已上涨至700美元/吨，最高曾达1400美元/吨，由此导致燃油成本开支巨大。同时，随着渔船装备现代化，传统的捕鱼技术不能满足远洋作业的需要，再加上跨国作业，对船员的个人素质要求更高，企业远洋船队多雇佣韩国等外籍船员担任船长，用工成本是本地船员的5倍左右。由于海外基地投资所在国多为岛国，经济条件落后，虽然渔业资源丰富，但本国物资匮乏，许多建筑材料甚至生活用品都需要从国内或周边国家运输，受运输费用、燃油价格以及汇率变动影响，海外渔业基地建设成本通常是国内的2~3倍。此外，企业还要面临当地已经存在的投资者（主要是日本、韩国、中国台湾等）的竞争。

四 对策建议

（一）加大海外渔业基地建设扶持力度。强化政府的政策扶持和组织引导作用，简化渔业企业境外投资审核手续，出台海外渔业基地建设补助政策，增加对远洋渔船建造、购置和改造等方面的贷款贴息，进一步提高对远洋渔船燃油补贴标准，增设渔业辅助船燃油补贴项目，增加渔获回运补贴比例。积极争取省蓝区专项资金中安排切块资金，重点向远洋渔业尤其是海外基地建设倾斜，调动远洋渔业企业参与开发远洋渔场的积极性。同时，探索创新远洋渔业投融资体制，引导建立远洋渔业风险基金，降低企业发展远洋渔业的自然和政治风险，为远洋渔业可持续发展提供保障。

（二）实行"政府牵头、企业经营"的运作方式。由政府相关部门提出海外渔业基地建设计划，招募有能力的大企业或企业间合作投资参与，作为经济主体，实行市场化运作，发挥骨干企业在国际资源开发领域的主力军作用。强化远洋渔业发展与外交、援外的联系，将对渔业资源国的海外援助与争取当地渔业配额、换取捕捞许可证等相结合，为渔业企业海外发展提供有效的资源供给。成立远洋渔业工作领导机构，管理和监督远洋渔业优惠政策的执行情况，负责海外基地项目前期考察、报批，协助远洋渔业企业办理有关业务，全面掌握远洋渔业项目实施情况，降低项目投资的风险性和盲目性。

（三）充分发挥行业协会桥梁纽带作用。世界远洋渔业先进国家，如日本、欧盟等，都是依靠行业协会的主导作用，以设立渔业参赞、渔业使团等方式在海外建立常驻机构，以行业管理维持其渔业企业海外竞争优势。目前国家、省里都已成立远洋渔业协会，而威海市只有荣成市今年4月刚刚成立了远洋渔业协会。鉴于远洋渔业涉外性强、政策性强的产业特点，建议威海市在荣成市远洋渔业协会的基础上成立市级远洋渔业协会，负责加强与国家、省远洋渔业协会的沟通协调，发布预警信息，跟踪渔船管理，调解渔业纠纷，为威海市企业海外作业争取话语权，通过行业自身的相互协作，提高远洋渔业海外整体竞争力。

（四）积极开展远洋渔船引进外籍船员试点。为规范远洋渔船外籍船员管理，经农业部、外交部、公安部、人力资源和社会保障部研究，决定在浙江省舟山市远洋捕捞行业开展引进外籍船员试点工作，试点项目审批期限至2013年12月31日止，审批入境外籍船员总数不超过1000人，每艘远洋渔船雇用的外籍船员人数最多不得超过农业部远洋渔业项目批准外派船员人数的30%。建议威海市有关部门积极向上级主管部门申请参照上述模式，适当放宽威海远洋渔业企业利用外籍船员的限制，以有效缓解当前远洋渔业用工（特别是韩国籍船员）紧张问题，促进远洋渔业持续稳定发展。

（作者单位：威海市人民政府办公室信息科　威海市发改委蓝办）

威海城市化特色研究

王文祖

　　威海市第十四次党代会提出了加快建设现代化幸福威海的奋斗目标，做出了"中心崛起、两轴支撑、环海发展、一体化布局"的重大战略部署，确立了市域一体化发展的新格局。2013 年 7 月召开的威海市城市化工作会议，首次提出了具有威海特色城市化的发展道路，并明确了以全域城市化带动市域一体化发展、加快建设现代化幸福威海的战略举措与思路，勾画了实现全域城市化的路线图。

　　基于此，进一步探索、挖掘、研究威海城市化的特色，对明确城市化发展的方向，实现城市化工作的奋斗目标，加快建设现代化幸福威海有着十分重要、深远的意义。

一　对城市化特色的研究定位

　　城市化是由农业社会向工业社会的转变中，伴随着工业化而出现的一个必然的历史过程。在这一过程中，伴随着生产方式的转变、社会生产力的发展，人口和非农业活动向城市集聚，城市数量增加和规模增大，城市建设用地扩大和建设水平提高，城市空间格局不断演化、调整与重构，多元的文化、观念和生活方式因人口、产业的集聚而扩散、碰撞直至渗透融合。

　　城市化是人类社会发展的客观规律，同时又不可避免地受到多种客观因素的影响与制约。区域地理环境的不同、文化传统的不同、经济社会发展阶段的不同等现实条件必然会赋予每个区域各异的城市化特色。

　　因此，城市化特色是指一个特定区域在城市化进程中基于其自然禀赋、历史与文化传统、地缘地貌、地理区位、产业结构与分布等因素，在政府、市场和社会等多种机制共同作用下形成的区别于其他区域及普遍性特征的独特城市化表现形式。

对城市化特色的研究是多元化、立体化的，包括城市化的模式特色、城市化的空间特色、城市化的动力机制特色等。本课题主要遵循城市化的客观规律，立足威海经济社会的发展现状，结合"全域城市化"这一极具威海特色的城市化发展方向，探索、研究出具有威海特色的城市化道路及实现路径。

二　威海城市化的战略特色——全域城市化

"全域城市化"是威海城市化的战略发展方向，也是威海城市化最鲜明的特色。威海的全域城市化，就是将包括两市两区、农村与城镇在内的5797平方公里的市域空间、280万的居住人口全部纳入城市化的视野进行一体化布局、规划与发展。

（一）全域城市化是新型城镇化的威海体现

1. 新型城镇化的含义

新型城镇化是以城乡统筹、城乡一体、产城互动、节约集约、生态宜居、和谐发展为基本特征的城镇化，是大中小城市、小城镇、新型农村社区协调发展、互促共进的城镇化。

相对于传统的城市优先发展的城镇化而言，新型城镇化的本质是由过去片面注重追求城市规模扩大、空间扩张，改变为以提升城市的文化、公共服务等内涵为中心，真正把中小城市和小城镇打造成为具有较高品质的适宜人居之所。

因此，新型城镇化追求的是城镇化的质量，核心是实现农村人口向中小城市和小城镇的转移，强调城镇化与农业现代化的同步发展，其重点在于科学布局大中小城市和小城镇、城市集群，以构建科学合理的城市格局，使得农村人口转移与区域经济发展和产业布局紧密衔接，与资源环境承载能力相适应。

2. 威海全域城市化的内涵

由于受到地域特点、资源容量、产业结构等多种因素的限制，威海的全域城市化不应当也不可能是全部城市化，而是以市域一体化布局为依托，通过中心城市、次中心城市、六大重点区域的联动发展，重点镇的特色发展，新型农村社区的加快建设，逐步实现的全域城市化。换言之，就是以中心城市、次中心城市、六大重点区域和10个示范镇为载体，分层次的有序推进。

并在此基础上，实施城乡规划的全域覆盖、交通的全域畅通、产业的全域布局、社会公共服务的全域均衡，通过提高城市综合承载力、集聚力和辐射力，实现市域农村居民市民化。

威海全域城市化的目标就是让所有威海市域内的居民，无论是居住在城市还是农村，都能够享受到现代城市的文明，都能够过上同样品质的生活。

（二）威海全域城市化的客观性

1. 与中央精神相契合

党的十八大提出要坚持走中国特色新型工业化、信息化、城镇化、农业现代化道路，强调科学规划城市群规模和布局，增强中小城市和小城镇产业发展、公共服务、吸纳就业、人口集聚功能。加快改革户籍制度，有序推进农业人口市民化，努力实现城镇基本公共服务常住人口全覆盖。同时也鼓励有条件的地方在现代化建设中继续走在前列，为全国改革发展作出更大贡献。

威海作为我国东部的沿海开放城市，经济社会的各项发展指标已经超过了党的十八大确定的全面建成小康社会的目标阶段，具备了率先实现现代化的基础条件。在这一背景下，将新型城镇化的道路结合威海实际定位于全域城市化，以中心城市、次中心城市为核心，以六大重点区域、重点镇为新载体，以新型农村社区为基础，打造疏密相间、适度集中的生态化、组合型都市区，与中央的要求是完全一致的。

2. 与全市的奋斗目标相吻合

"加快建设现代化幸福威海"是市第十四次党代会确定的奋斗目标。尽管现代化幸福威海有着丰富的内涵，但"现代化""幸福"毫无疑问是这一目标中的两个关键词。

首先，城市化是现代化的重要标志。城市化反映的是在一个区域范围中，城市总体水平不断提高、城市功能不断增强与完善、城市辐射带动作用越来越大的一个动态过程。只有城市发展到一定规模、水平和质量才有城市化。而所谓现代化，在很大程度上是城市化与工业化、信息化相互交织、不断推进的过程。因此，城市化与工业化、信息化是推进现代化进程的不同方面，只有完成了工业化、城市化、信息化过程才算是基本实现了现代化。

近年来，威海市在统筹城乡发展、增强农村发展活力、促进农业改革发展等方面做了大量富有成效的工作，但是城乡二元结构并没有取得实质性的改善，制约城乡一体化发展的体制与机制依然没有得到根本性突破。全域城市化战略方向的确立，不但顺应着时代发展新要求，更将为全市经济社会协调均衡、持续健康的发展提供强力的推动引擎。

其次，城市化是提高域内居民幸福感的重要条件。城市既是人类文明的成果，更是市民居住的家园。尽管影响人们幸福感的因素很多，但物质生活的富足、居住条件的改善、公共服务的完善等都是不可或缺的必要条件。亚里士多德曾经说过："人们为了生活来到城市，为了生活得更好留在了城市。""城市，让生活更美好"的 2010 年上海世博会主题，都阐释了城市与幸福美好生活的密切关系。

城市化在改变着人们生活生产方式、价值观念的同时也会让人们的生活更富足。由于人们的生活富裕程度与经济的发展呈正比关系，而中国未来经济发展的重点又在扩大内需上。无论是投资需求还是消费需求，内需的潜力都依赖于高质量的城镇化。研究显示，每增加一个城镇人口，至少可以带动 10 万元的固定资产投资；城镇化率每提高 1 个百分点，就会带动 GDP 每年增长 0.8%。同时，城镇居民的消费能力远远大于农村居民的消费能力。2013年，威海市城市居民人均消费性支出 20127 元，农民人均生活消费性支出 8493 元，城市居民消费水平是农村居民的两倍还多。

因此，以人口、生产要素、产业集聚为特征的新型城镇化，不但会创造着新的社会化需求，同时又可以使农村劳动力从传统农业生产中解放出来，有利于增加农民人均占有资源量，推动农业的规模化、产业化和现代化，提高农业劳动生产率，带动农村经济社会的快速发展，最终实现城乡居民的共同富裕。

3. 与威海实际相结合

从目前公认的社会文明程度、经济富裕程度、环境优美程度、资源承载能力、生活方便程度、公共安全程度等衡量城市发展水平的六条标准看，威海市具备了发展城市化的基础条件。

首先从市域空间上看，威海市地域相对集中。一方面，市域陆地东西最大横向距离为 135 公里，南北最大纵向距离为 81 公里。由于域内人口较少且分布比较集中，加之经多年发展形成的比较完备与畅通的公路交通网络，全域所有村镇居民点均处于一小时交通圈范围之内。另一方面，域内所辖两区两市在空间上虽各具特色，但均呈现市区地域相对集中、中心城区突出、辐射带动能力较强、交通方便的特征，具备了各自组团发展的能力和条件。

其次从发展的均衡度上看，威海市区域发展相对平衡。资料显示，在2012 年全国县域经济百强县排名中，荣成市排名第十，在山东名列第一；市改区前的文登市排名第十四，在山东名列第二；乳山市排名第六十二，在山东名列第十八。由此可知，尽管两市两区经济社会的发展还存在着一定的差距，但总体而言是齐头并进，不分伯仲的。

第三从城乡发展均衡度上看，威海市经济相对比较发达，城乡差距不大。2013 年全市人均 GDP 为 89667 元，居全省第三位。城市居民人均可支配收入为 31442 元，城市居民人均消费性支出 20127 元；农村人均纯收入为 15582 元，农民人均生活消费性支出 8493 元。

第四从城市化指标上看，城镇化基础相对较好。2012 年威海市城镇化率达到 59.25%，城镇化质量指标居全省第二位。中心城市、副中心城市、重点区域与示范镇、新型农村社区的现代化城镇体系已初步形成。

第五从全市所处的发展阶段来看，威海市正处于工业化快速发展阶段。工业化的快速发展将极大地推进人口向工业区域集聚，包括直接进入二产领域，也包括为二产提供生产性服务、生活服务，人口的集聚也将大大促进城市化的进程。

4. 与域内居民需求相符合

根据市政府调研组的调研结果显示，在确保农村居民原有权益不变的前提下，威海市有 77.2% 的农村居民有进城落户意愿。其中，认为城镇居住条件好、生活方便的占 63.9%；认为子女在城市能够得到良好教育的占 44.2%；认为城市中医疗条件好的占 43.3%；认为在城市找工作比较方便的占 22.7%。同时，调查对象中有 58.2% 的人最希望得到的是养老保障，53.6% 的人希望有住房保障，46.2% 的人希望有医疗保障。

因此，只有让更多的农村居民来城里工作和生活，让在城里打工的农村居民尽快融入城市生活，才能符合广大人民群众对美好生活的向往与期待。

三 威海城市化的空间特色——"环海"与"多核"

城市的空间特色与形态是在特定的自然环境、经济社会和历史文化传统背景下，各构成要素在政府、市场、社会等多种机制作用下逐步发展演变而成的空间分布模式。影响城市空间特色的因素是多重的，包括历史过程、地理环境、社会意识形态、经济发展状况、城市基础设施、城市规划及政策机制等，这些因素直接决定着不同区域的城市特色。

（一）"环海"的城市化

"环海发展"不仅仅是威海市委确定的发展战略，更重要的是海洋是威海的重要优势资源，是威海特有的地理特征，顺应着时代发展的潮流。

1. 城市沿海化是全球性城市发展趋势

从世界范围来看，全球性的城市沿海化趋势已经非常明显。一些发达国家如美国等国家的主要城市大多分布于沿海一带。尤其是 20 世纪 60 年代临港工业的崛起，全球经济一体化发展到了"原料产地——海洋运输——临港工业制造——多种运输途径——进入不同区域市场"这种大生产和运输相结合的模式，由此带动着人口、资源、信息、技术等要素向沿海地区集聚，且集聚的速度也在加快。沿海地区已成为全球性的高密度、高强度开发利用的目标地带。

2. 城市沿海化开发是国家发展规划的新战略

改革开放以来，我国始终将沿海地区作为改革开放的前沿和窗口进行战略布局。

20 世纪八九十年代通过设立经济特区、沿海开放城市等形式引领了中国经济取得了持续的高速发展。进入新世纪，尤其是进入后金融危机时代以来，面对世界经济秩序大变动大调整、旧格局坍塌的新形势，寻求并确立在未来世界经济发展格局中的战略发展坐标成为我国新的战略诉求，其视角再次聚焦对沿海地区的布局。

沿海地区由于坐拥港口、海洋、腹地等优势，不但能发挥对内通道功能，影响、辐射和带动国内区域均衡发展，也是国内西部大开发、中部崛起、东北振兴战略顺利实施的必要条件。伴随着天津滨海新区、江苏沿海地区、海峡西岸经济区、广西北部湾经济区、山东半岛蓝色经济区等区域发展规划上升为国家战略，意味着我国开始按照现代临海型经济观对沿海国土进行再开发，重构沿海经济地理，推动沿海区域开发开放迈开"新步"。

3. 城市沿海化是威海经济社会发展的必然选择

威海市北东南三面临海，市境内海岸线总长度达 985.9 公里，约占山东省的 1/3、占全国的 1/18，是中国拥有最长海岸线的城市。同时，威海市的海岸线又是属于港湾海岸类型，沿海有大小港湾 30 多处、岬角 20 多个，众多的港湾伸入内陆十几公里甚至 20 多公里，半岛和岬角伸向海洋，扩大了海洋与陆地的接触地带面积，使得威海市距离海岸最远的地方也不超过 50 公里，并因此成就了威海港、石岛港、龙眼港 3 个国家级一类开放口岸。

资料显示，威海共有 49 个建制镇，其中沿海城镇 21 个，人口数量占全市建制镇的 55%，财政总收入占 67.9%。从整体上看，全市现在有 90% 以上的人口已经居住在离海岸 20 公里之内的海滨，沿海地区的生活水平普遍高于内陆地区，城镇化基础远好于内陆，10 个重点镇除了宋村、葛家、荫山、温泉 4 个镇以外的其他 6 个镇均是环海分布的，这为环海城市化特色的塑造奠定了良好的基础。

（二）"多核"的城市化

良好而相互独立的城镇化基础、疏密相间而相对集中的城镇分布态势、发达而相对均衡的经济状况、相似而不同质的文化风俗等自然禀赋，使得威海的城市化有着独特的空间形态。

1. 传统的城市空间形态模式

综观人类城市发展的历史，城市空间形态的演变不外乎集中与分散两种模式，包括集中中的分散与分散中的集中，伴随着人类社会的发展，二者交互进化并贯穿城市空间演变的全过程。工业化初期，在人口相对集中的大城市周边建设卫星城市；工业化中后期，因卫星城功能单一、与母城市距离太近，许多城市在更大的空间上进行布局，大力培育区域全功能中心城市；后工业化时代的城市空间形态则体现为改造提升老城区与规划建设功能完备的新城区相结合。

在城市空间形态的演化过程中，常见的城市空间形态主要表现为集中型、分散型、组团型和带型等4种典型类型。

2. "多核"的城市化是全新的城市空间形态

就市域人口分布来看，截至2012年，威海市区人口为655678人，荣成市人口为669805人、文登市人口为643062人、乳山市人口为567182人，人口分布相对均衡。

"多核"的城市化作为威海城市化的空间特色，其最大的特点就是突破了以往在城市发展过程中过分依靠中心城市、分层分圈向外平铺式、发散式、单核式的城市发展与扩张模式，依托域内已经历史形成的人口与产业集聚点，通过规划布局建设中心城市、次中心城市、重点区域和重点镇等重要节点，并充分发挥不同节点的吸纳功能，在进一步做大的基础上，推动城镇间组团化、链条式发展。

这一城市化特色将使得威海的城市化过程由"单核"变为"多核"，形成"一带、两轴、多节点"的空间结构，同域不同"核"的城市的辐射、带动作用将因此而更强大。

四 威海城市化的人文特色——"生态"与"文化"

如果把城市比作成一个人、把城市的空间形态视为其骨骼的话，包括生态与文化等元素在内的城市软环境则是城市的灵魂与品格。任何重基础设施建设、重城市规模与速度，轻环境保护、轻文化内涵的城市化发展思维，都将使得城市失去风骨，因此也就缺少了向世界展示自己的底气和自信，终将松散气虚，没有了发展后劲。

（一）"生态"的城市化

生态优先是立市之本、发展之基、幸福之源。良好的生态环境不但是威海的品牌，更是威海最大的优势、最宝贵的战略资源。

威海地级市建市以来，历届市委、市政府以极强的生态观念为我们的城市赢得了一系列的殊荣。中国第一个"国家卫生城市"、中国首批"国家环境保护模范城市群"、联合国"改善人类居住环境全球最佳范例城市"、全国首批"国家级海洋生态文明建设示范区"等，支撑并推进着现代化幸福威海走向生态文明时代，并致力于打造"美丽中国"示范区。目前，环境福利也成为威海市民最看重的福利之一，"走遍四海，还是威海"已经让威海成为令人神往的地方。

从国内其他城市化进程来看，城市化进程比较快的地区都将生态优先作为了首选战略。如南京市将高污染化工行业的审批权一律上收到市里；浙江省规定新上化工项目一律进化工园区；广东省率先出台的"腾笼换鸟"政策有力地推动着化工企业搬迁集聚，并正显现出实效。

威海城市化的"生态"特色就是要坚持"生态优先，集约发展"的原则，以建设美丽中国示范区为目标，实施3个"最严格"制度，坚持"发展是硬道理，但不讲科学的硬发展没有道理""没有生态化就没有现代化"的理念，在推进城市化的进程中坚持产业强市与生态立市的双轮驱动、协调共进。既要金山银山，也要绿水青山。进一步擦亮"蓝色休闲之都、世界宜居城市"的品牌，塑造"海在城中、城在山中、楼在林中、人在绿中"的山海融合、"三生"共融的城市风格。

（二）"文化"的城市化

文化是民族的血脉，是人民的精神家园。文化是城市的灵魂，是软实力更是生产力与竞争力。独特的地理位置和优越的自然环境赋予了威海丰富的文化资源。厚重的历史文化、多样的民俗文化、先进的现代文化……终将在城市化的大潮中交汇与碰撞，并融合孕育出威海城市化的文化特色。

1. 海权与海防文化

海洋是人类生命与文化的起源。历史上的秦始皇、汉武帝均曾两次君临成山东巡视，并留下了大量的遗迹、遗址与传说。其中，秦始皇统一六国后第一次东巡的目的之一就是"以示强威，服海内"，宣示的就是领土的主权、海洋的主权，表现出了强烈的海权与海防意识。

自 13 世纪始，地处中国东部沿海的威海屡屡遭受外敌的侵扰。明朝建立后为维护海疆安全，在沿海要冲设卫屯兵，威海卫、成山卫、靖海卫自始设立。威海的海防重镇地位的确立，对威海文化产生了极大的影响，造就了威海人民强烈的爱国情怀和抗敌意识。

中国近代海权思想的萌芽源于两次鸦片战争中西方诸国的坚船利炮，其核心就是要建立海军和拥有足够的海上作战能力，实现局部的制海权，以保证国家内陆的安全。1888 年北洋海军正式成军，其指挥机构——北洋海军提督署设立在刘公岛上，威海卫因此成为中国最为重要的国防要塞。1894 年的甲午海战谱写了抗列强、反侵略的壮烈篇章，同时也在威海大地上深深地烙上了"有海必防、有防必强、海防利益高于天"的共同精神理念。

2. 海洋历史文化

威海因海而得名，依海而存兴。海洋文化源于人类对海洋本身的认识、利用和因有海洋而创造出来的精神、行为、社会和物质的文明生活内涵。其本质是人类与海洋的互动关系及其产物。

史前考古证明，威海是我国最早开发海洋资源的地区之一，是中国史前海洋文化的发源地。几千年来，在与海洋的互动中，威海形成了独特的海洋文化，包括海岛民俗文化、港口文化、航海文化等等。

独特的海洋文化孕育了威海人独特的气质与精神。海纳百川的博大，成就了威海人的豪爽与包容；海的潮起潮落，养成了威海人对自然规律的敬畏与尊重；海的无私奉献，培育了威海人的感恩与古道热肠；海的瞬息万变，成全了威海人勇于挑战、敢于担当与锐意进取。

3. 红色文化

红色文化是在革命战争年代由中国共产党人、先进分子和人民群众共同创造并极具中国特色的先进文化。

威海是革命老区，是胶东抗日根据地的重要组成部分。抗日战争爆发后，中共胶东地方党组织便在文登、荣成一带建立抗日根据地和抗日民主政权。天福山起义打响了胶东抗日战争第一枪。革命年代曾有 2.8 万名优秀的威海儿女血洒战场，从这里走出 200 多位共和国将军，涌现出闻名全国的荣成"将军县"和文登"烈士乡"，更有"红色作家"冯德英先生创作的"三花"小说中塑造的乳山革命母亲形象。

威海的红色文化传统集中体现了威海人民强烈的爱国爱党爱军、英雄崇拜的情结和勇于牺牲的革命精神。这种敢打敢拼、不畏艰险的精神已经引领着威海的经济社会发展取得了卓越的成效，并将继续推动着现代化幸福威海目标的加快实现。

4. 海洋产业文化

产业强市、工业带动是全市工作的重点之一。改革开放并建市之初，全市上下紧紧抓住了对韩国开放的机遇，经济社会得到了快速发展。随着全球经济文化一体化的发展，海洋时代已经悄然来临。如何利用丰富的海洋资源以及我们已经积累下的海洋开发利用经验，并将其转化为新的经济社会增长极，海洋产业文化及其产业化将成为重要的动力源泉。

按照市委部署，发展海洋产业重在产业结构调整。海洋一产抓特色促跨越、二三产抓结构上规模，在振兴二产的基础上，实现更高层次的三次产业协调发展。从市域内部差异看，由于各区市临海面积不同，海洋产业文化发展的重点各异。因此，在城市化进程中，荣成市应重点突出海洋养生特色，文登区应定位滨海度假胜地、蓝色产业新城，乳山市继续深入打造"母爱"文化品牌，环翠区突出城市旅游和生态特色。其他重点区域和重点镇亦应按照规划定位，着力形成各自的产业文化特色。

五　威海特色城市化的实现路径探索

作为一种愿景，城市化特色与城市化的速度与质量密不可分，并取决于体制因素，同时受到区域产业结构与规模决定的就业支撑能力、城镇基础设施决定的承载能力、城市公共财力决定的社会保障能力、农民收入水平与资产多少决定的转移能力的制约，因此，威海特色城市化的实现应坚持以下原则：

（一）有序

1. 时间上的有序

城市化是一个历史过程，其本质特征是人口的迁移。城市化有着自身的规律，不仅是与工业化相互适应、相互推动的过程，而且是与农业现代化相互支持、协调发展的过程。因此，在这一过程中，除了尊重城市化的规律，没有其他捷径可走。任何形式的城市化道路，不应是削弱农业、剥夺农民、凋敝农村的过程，而应当是加强农业、富裕农民、繁荣农村的过程。这也是威海特色城市化能否健康可持续发展的关键之一。

解决农民"离得开"的问题是实现威海特色城市化的前提。必须解除进城农民的后顾之忧，即解决好土地收益问题。而农民的土地收益主要包括土地的承包经营权、宅基地使用权。在这方面，应主要做好两项工作，一是开展农村土地承包经营权确权登记（颁证）工作，明确农村土地承包关系，强化对农民土地承包经营权的物权保护；二是开展农村土地承包经营权流转工作，健全"农民自愿、政府引导、市场调节、依法有偿、规范有序"的土地流转机制，加快农业现代化的进程。此外，对于一般镇以及尚未进城的农民，要继续本着区域一体化发展的要求，加强农村新型社区建设，积极推进城市基础设施有序延伸、城市公共服务有效覆盖、城市现代文明有力辐射，让广大农村居民共享改革发展成果。

2. 空间上的有序

全域城市化不等于全部城市化，所以在城市化推进的过程中，空间上也存在着有主有次。

首先是规划先行。城镇建设不仅投资大而且不可逆，一旦失误将付出巨大代价。因此在规划内容上，应突出规划的科学性，即城市总体规划要与经济社会发展规划、土地利用规划、产业发展规划、环境保护规划有机衔接，地上规划要与地下规划相配套。要科学确定重点开发、限制开发和生态保护区域，量力而行，分步推进。在规划的程序上，应突出规划的严肃性，即规划出台前要广泛征求意见，出台后要严格执行、不得随意改变，同时向社会公开，接受群众监督。

其次是重点区域先行。一方面充分利用价格手段、财政税收政策、土地管理法规等抓好中心城区的建设管理，进一步做大做强中心城市，加快其经济转型升级；另一方面把次中心城市以及规划的重点区域打造成为功能完善的新城区。其中，实现荣成、文登、乳山的中心市区由单一的次中心城市向次中心城市组团转变；六大重点区域要全力以赴加快推进。要在加快重点镇建设的同时，严格控制一般镇无序扩张，实现小城镇向城市片区和小城市转型。

3. 人口转移的有序

威海是一个资源短缺型城市，特别是人均水资源占有量还不到全国的1/4。城市承载能力的有限性决定着人口转移的分散性。

首先应"就近城市化"，让更多本地农村居民到城里来，其中要优先考虑青壮年特别是孩子正处于学龄前或小学阶段的农村居民，这是城市发展所需要的优质劳动力资源。

其次应抓好"异地城市化"，主要是优先吸引更多的外地高层次人才和具有创业能力、高消费能力的群体到威海来工作生活。

（二）有利

主要是解决农村人口离得开、进得来、住得下、留得住、融得进的问题。简言之，就是农村的好处继续保留，城市的好处可以享受。唯有如此，才能促进进城居民的持续发展。

具体而言，就是要在农村人口有序转移的同时，同步解决好与其利益密切相关的住房、社会保障、就业、子女教育等各种问题，最大限度地促进城乡居民平等化。要保障转户农村居民的各项权益，确保他们享受与当地城镇居民同等权益，继续享受土地承包经营权、宅基地使用权、林地经营权、集体收益分配权等原有权益，继续享受粮食直补、农资补贴、良种补贴等与土地相结合的惠农政策。

（三）有力

1. 政府推进要有力

首先要在思想上高度重视。全市上下要充分认识到新型城镇化是经济增长的新引擎，加快推进全域城市化是符合并顺应时代潮流的新要求，也是市委提出的"做好结合文章"的具体体现。

其次应明确层级责任，形成整体推进、联动发展的工作格局。市级层面、各市区应各司其职，协同推进，坚决避免各自为战、重复建设。各市区、开发区要在全市总体规划的指导下，切实担负起六大重点区域开发建设的主体责任，同时对辖区内重点镇、新型农村社区建设负总责。

2. 资金供给有力

资金问题是决定城市化进程的重要因素，道路、教育、交通、住房等各种基础设施建设无一不与资金密切相关，不解决资金的问题，一切的规划与蓝图都只能是纸上谈兵。为此，市委提出"政府主导、市场运作、社会参与"的多元化资金筹集机制。

首先是政府投入。公共财政资金是最直接、最省力的资金来源，但由于受到财政资金公共属性的制约，加之公共财政资金规模的有限性，在城市化进程中必须负责任地把每一分钱用到改善民生和城市公共服务上来。同时，需要探索建立按照常住人口规模安排财政转移支付制度。尤其是要注重关注和跟踪研究中央关于鼓励支持农村人口转移的财政税收政策，包括中央财政与此相关的财政转移支付制度。

其次是融资投入。财政投入资金不足的部分还需要通过市场化运作，通过社会融资的方式来加以解决。因此要加快建设城市基础设施投融资平台，采取发行城市建设债券、上市融资、发行信托计划、引进私募股权基金、融资租赁、资产证券化等有效形式筹集建设资金。探索建立公益性基础设施和商业性基础设施开发相结合的机制。

（作者单位：中共威海市委党校　课题组成员：郑玉婵　胡　静）

城镇化、产业集聚与全要素生产率增长

崔宇明　代　斌　王萍萍

一　引言

产业集聚是当前经济发展的一个新的趋势，国际之间生产要素的专业化分工和流动，地域之间的经济依赖作用的加强促进了产业集聚的形成。对于产业集聚与经济增长和技术创新的研究，新地理经济学、集群理论和内生增长理论等研究范式普遍认为，产业集聚能够通过降低交易成本、加强企业竞争、共享基础设施和要素资源、获得知识技术外溢以及扩展上下游相互关联的产业链等途径提高生产效率，促进经济增长。

国内外学者的经验研究，多数实证检验结果支持产业的空间集聚对生产率促进作用。例如，Gilbert，McDougall，Andretsch 利用 127 个不同地区的微观企业数据检验集聚效应与企业创新的关系，发现位于集聚程度高的企业创新水平较高，集聚效应产生的技术知识溢出显著促进企业创新；Lucio，Herce，Goicolea 利用西班牙 1978 年至 1992 年 26 个行业数据检验发现，产业专业化有利于提高行业的劳动生产率，集聚效应的技术溢出效果明显；此外，Dekle & Eaton、Harris & Ioannides、Ottaviano & Pinelli、Braunerhjelm & Borgman 和 Brulhart & Mathys 等学者分别利用不同国家数据分析得出产业集聚与生产率之间存在正向影响关系。

但是，也有不少学者的实证结果并不支持集聚效应促进生产率的提高。例如，Feldman、Gopinath 研究美国行业与企业数据发现，产业集聚与生产率的增长并没有直接相关性，经济活动的专业化对企业的创新水平没有影响；Rice、Bautista 分别研究英国和墨西哥的区域数据发现，集聚经济对地区经济增长和技术进步没有显著关系，集聚经济的技术溢出效应不明显；

另外，Carlino、Jones 的相关实证研究发现集聚效应与生产率之间是负相关的关系。

由此可见，虽然理论上产业集聚的技术溢出效应得到了有效的解释，但是国外学者的经验研究却出现了分歧。究竟产业集聚能否促进地区生产率的提高，为什么在实证检验中出现了不同的结论？本文猜测集聚对生产率的作用可能依赖于其他的经济因素。探究哪些因素会影响产业空间集聚对生产率的促进作用是国内学者亟须解决的一个问题。在现有的研究中，有学者已经对此问题展开讨论，但研究的视角主要集中于产业的规模和外商投资这两个角度，对于其他经济因素如何影响产业集聚促进生产率却缺乏考量。

在此背景下，本文从我国国情出发，从城镇化视角，重新探讨产业集聚与地区生产率之间的关系。改革开放 30 多年来，中国城镇化进程不断加快，据中国社科院发布的《2012 中国中小城市绿皮书》统计，全国城镇化率由 1978 年的 17.92% 增长到 2000 年的 36.2%，到 2011 年底达到 51.27%。从东部沿海省、市发展实际情况可以看出，在工业化实现过程中，逐渐形成了京津唐工业区、长江三角洲制造带和山东半岛工业区等多个制造业集聚带，因就业人口集聚而使得一定规模的群落式小城镇同步形成，城镇化水平快速提高。可见，城镇化水平与产业集聚具有一定的内在联系。城镇化发展对经济发展的重要意义，在决策层也形成坚定认识。2012 年以来，李克强总理曾多次强调城镇化是中国经济增长的动力，是扩大内需的最大潜力，是经济结构调整的重要依托。

城镇化进程中，产业集聚对区域生产率的影响机制，可以通过外部性理论得到合理解释。Krugman 认为，劳动力的需求与供给是产业空间集聚的诱因，劳动力的流动会促使知识、信息、技术的传播扩散，集聚地区企业的新技术、新工艺和管理方式会通过技术工人的自由流动产生外溢，成为地区公共技术和知识，最终有效提高地区平均劳动生产率。同时，劳动力在企业间的自由流动促进了企业的优胜劣汰，有利于集聚地区的整体生产率水平提高。而城镇化的发展为企业提供了软硬件基础设施，有效降低企业运行的交易成本。

因此，本文在研究产业集聚对生产率的促进作用时，将城镇化因素纳入研究框架，拟着重解决以下 3 个问题：产业集聚能否促进我国地区生产率的提高，其中城镇化起到了怎样的作用？在不同的城镇化水平下，产业集聚对生产率的作用渠道是什么，是促进技术进步还是效率改进？在城镇化的视角下研究产业集聚对生产率的促进作用，各个地区存在怎样的差异？

二 门槛效应的模型构建

（一） 模型构建

基于上述理论和现实分析，本文在城镇化视角下研究集聚经济的技术溢出效应，摒弃了以往对产业集聚与劳动生产率的简单线性研究，借鉴 Hansen 提出的系统内生分组的非线性回归方法——门限模型，选取不同地区的城镇化水平作为门槛变量，测算各省的全要素生产率（TFP）增长，检验产业空间集聚和区域技术溢出水平的非线性关联。

本文模型以单一门槛为例，面板门槛模型的基本方程设定为模型 1：

$$y_{it} = \eta_i + \theta'_1 X_{it}(q_{it} \le \gamma) + \theta'_2 X_{it}(q_{it} > \gamma) + \varepsilon_{it} \tag{1}$$

其中，y_{it} 为被解释变量，在本文中为技术水平；x_{it} 为解释变量，在本文中为产业集聚水平；η_{it} 反映个体为观测特征；q_{it} 为门槛变量，在本文中为城镇化水平；γ 为模型设定的门槛值；$\varepsilon_{it} - iid. N(0, \sigma^2)$ 为随机干扰项。（1）式等价于模型 2：

$$y_{it} = \begin{cases} \eta_i + \theta'_1 x_{it} + \varepsilon_{it} & q_{it} \le \gamma \\ \eta_i + \theta'_2 x_{it} + \varepsilon_{it} & q_{it} > \gamma \end{cases} \tag{2}$$

根据门槛变量 q_{it} 小于或者大于门槛值 γ，观测样本可以被内生分为两组，而面板门限模型就是研究在不同区间内，解释变量系数的大小与显著性水平。

（二） 变量选择及数据描述

1. 解释变量

全要素生产率（total factor productivity，TFP）是利用投入产出效率计算每个年份相对要素生产率，即每单位投入的产出。本文对 Fare 的方法加以改进，选取各个省份以 1978 年不变价格平减后的实际 GDP 作为产出变量，资本存量和劳动要素作为投入变量，计算各省历年的全要素生产率 TFP_{it} 的增长。

$$Mi, t(x_i^t, y_i^t, x_i^{t+1}, y_i^{t+1}) = \underbrace{\frac{D_i^t(x_i^{t+1}, y_i^{t+1})}{D_i^t(x_i^t, y_i^t)}}_{EFFCH^{t+1}} \underbrace{\left[\frac{D_i^t(x_i^{t+1}, y_i^{t+1})}{D_i^{t+1}(x_i^t, y_i^t)} \frac{D_i^t(x_i^t, y_i^t)}{D_i^{t+1}(x_i^t, y_i^t)}\right]^{1/2}}_{TECH^{t+1}}$$

$$= EFFCH(x^{t+1}, y^{t+1}; x^t, y^t) TECH(x^{t+1}, y^{t+1}; x^t, y^t)$$

在核算全要素 TFP 增长过程中，对于资本存量的估算和劳动要素指标的选择是关键。本文沿用张军等人的做法选取 9.6% 的经济折旧率，采用永续盘存法估计中国各省 1985 年至 2011 年的资本存量，并折算为 1978 年不变价格；劳动要素选择各省年底从业人数代替。

2. 门槛变量与门槛依赖变量

选取各省份的城镇化作为门槛变量（Ubr_{it}），产业集聚水平作为门槛依赖变量（Agl_{it}）。本文选取不同省份历年非农业人口占总人口的比重作为各省城镇化水平；产业集聚水平选择的是中国各省份的制造业集聚程度，测算指标为制造业的区位熵指数，用各省份制造业的生产总值占该省份所有行业的比例，除以全国制造业生产总值在全国总行业生产总值的比例，即可测算出不同地区的制造业集聚水平。一般认为区位熵指数大于 1，则表明该地区该产业具有比较优势，该产业具有较强的集聚能力。

3. 控制变量

在产业集聚对地区生产率的促进过程中，需要以劳动者（尤其是高级技工）作为知识信息外溢的载体，对不断集中的同质和关联企业提供有效的技术交流渠道。因此，本文选取人力资本（Edu_{it}）作为模型的控制变量。借鉴杨文举的方法，根据受教育程度的不同赋予从业人员不同权重：文盲、半文盲、小学、初中、高中、大专及以上分别为 0、1、6、9、12、16，以陈钊等的数据为基础，估算我国各省份历年从业人员的人均受教育年限表示各地区的人力资本水平。

为保持数据口径的相对一致，本文选择中国大陆除西藏、重庆之外的 29 个省、市、自治区为研究对象，时间跨度是 1986 年至 2011 年。除特别指出外，数据的来源均为相关年份的《中国工业经济统计年鉴》《中国统计年鉴》《中国科技统计年鉴》以及各省《统计年鉴》。

三 城镇化、产业集聚、全要素生产率增长趋势分析

改革开放以来，由于区域经济非均衡发展战略的实施，东部沿海地区得到优先发展，中国区域经济增长与产业集聚逐渐转为向东部沿海地区集聚的态势。尽管最近 10 多年，国家政府将发展的重点逐渐向中西部转移，但是东部沿海省、市与中西部地区的经济差距却仍然很明显。这不仅仅是表示在经济总量和经济增速上，而且在城镇化、产业集聚和人力资本指标表现上也存在较大的差距。那么，区域间的各项经济要素的差异会对地区的全要素生产率增长产生怎样的影响呢？本文将样本 29 个省、市、自治区依据国家统计局

的分类方法分为东部地区（北京、天津、河北、辽宁、吉林、黑龙江、上海、江苏、浙江、福建、山东、广东、海南）、中部地区（山西、安徽、江西、河南、湖北、湖南）、西部地区（内蒙古、广西、四川、贵州、云南、陕西、甘肃、青海、宁夏、新疆）三部分展开讨论分析。

1995 年以来，我国整体城镇化水平进程不断加快、人均受教育年限不断提高，制造业集聚水平稳步上升，各地区的全要素生产率缓慢增长（见图1）。对比分析不难看出，全要素生产率的增长与地区制造业集聚水平有较强的关联性，并且伴随着城镇化水平的提高，产业集聚对全要素生产率的促进作用逐渐加强。东部地区的全要素生产率增长整体表现为上升趋势（见图2），在 1995 年至 2011 年期间，全要素生产率的增长轨迹经历了较快增长、缓慢增长和快速增长过程；而东部地区的制造业集聚水平也是缓慢上升，并且在 2003 年以后的区位熵指数一直保持在 1 以上，表示东部地区的制造业较为集聚，能够发挥产业集聚的技术溢出效应，促进地区技术水平和生产率的提高；同时，东部地区的城镇化水平和人力资本水平表现为快速增长趋势。1995 年以来，城镇化进程不断加快，基础设施的不断完善，人力资本积累不断丰富，截至 2011 年底，东部省份的平均城镇化水平为 62.6%、从业人员的平均受教育年限为 10 年，这为产业的空间集聚的技术溢出效应提供了有利的外部性条件，有效地促进了全要素生产率的增长。图 3 和图 4 分别为中部地区和西部地区的各项经济要素的变动趋势。中西部地区的制造业的区位熵指数在 1995 年仅为 0.8，制造业集聚水平较低，但是在 20 世纪 90 年代后期国家提出西部大开发及中部崛起战略政策的扶持下，中西部地区的产业空间集聚水平快速提升，中西部地区分别在 2007 年底和 2009 年底制造业区位熵指数突破 1，达到集聚程度较高水平；相对于制造业的快速发展，中西部地区的全要素生产率增长较为缓慢。这说明在 2005 年之前，中西部制造业集聚水平的提高对地区全要素生产率增长的促进作用较弱。其中的原因之一，可能是中西部地区的城镇化水平和人力资本水平发展不足，难以为产业集聚的技术溢出效应提供良好的外部性条件。例如，在 2011 年底，中西部地区的城镇化水平分别为 46.3% 和 42.3%，而平均受教育年限分别为 9.0 年和 8.6 年，这和东部地区的发展水平仍存在较大差距。

通过东中西部地区的经济要素的对比分析，验证了本文的假设，产业空间集聚会促进地区知识技术的交流和扩散，城镇化水平和人力资本的提高，为集聚地区提供了良好的物质资本积累和投资吸收能力，有利于发挥产业集聚的技术溢出效应，从而提高集聚地区的生产率水平。

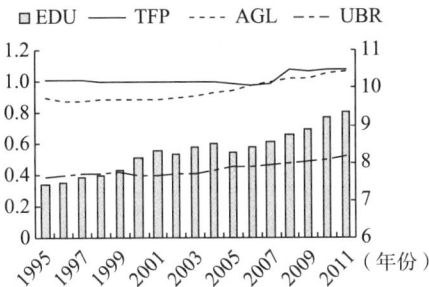

图 1   全国各指标均值趋势

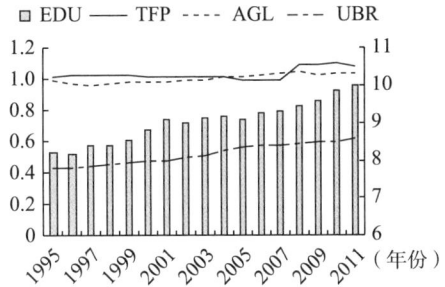

图 2   东部地区各指标均值趋势

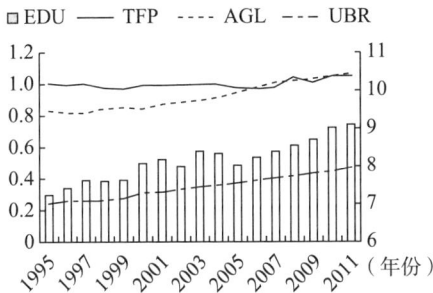

图 3   中部地区各指标均值趋势

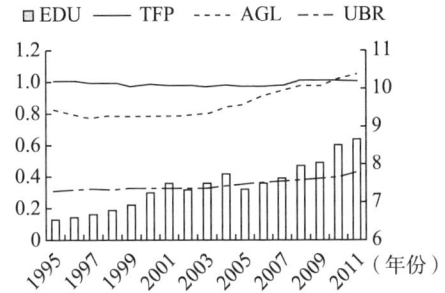

图 4   西部地区各指标均值趋势

四   模型门槛效应检验及修正

本文研究在城镇化水平下产业集聚的技术溢出效应，结合 Hansen 的面板门槛模型，初步将研究的回归方程设定为模型 3：

$$TFP_{it} = \eta_i + \beta_1 Agl_{it} I(UBR_{it} \leq \gamma) + \beta_2 Agl_{it} I(UBR_{it} > \gamma) + \theta' Edu_{it} + \varepsilon_{it} \qquad (3)$$

（一）模型门槛效应检验

针对本文门槛效应检验的原假设（H_0）为：$\beta_1 = \beta_2$，根据 Hansen（1996）提出使用极大似然估计量检验模型门槛值，相应的似然比统计量为模型 4：

$$LR(\gamma) = |S_1(\gamma) - S_1(\hat{\gamma})| / \delta^2(\hat{\gamma}) \qquad (4)$$

由上式可见，当 LR（γ）时，$\gamma = \hat{\gamma}$，因此模型的门槛值则是能够使 LR 估计值接近于零的门槛变量的取值，基于此，本文采用"自助取样法"（bootstrap），运用 stata12.0 抽样 500 次，测算模型的 LR 值，进而确定模型的门槛置信区间。

图 5 和图 6 为门限自抽样检验的 LR 趋势线，LR 与图中虚线相交的点为

门槛变量（UBR_{it}）的置信区间，由图 5 可知，估计出的第一个门槛值置信区间为 [0.370, 0.549]，抽样结果显示，当门槛变量为 0.407 时，LR 的值最接近零，所以门槛单一门槛值为 0.407，在确定第一个门槛值的基础上继续抽样验证第二个门槛。由图 6 可见，模型存在第二个门槛，抽样结果显示第二个门槛值为 0.730。为判断模型究竟存在几个门槛值，Hansen 构造了门限模型的 F 统计量进行识别。

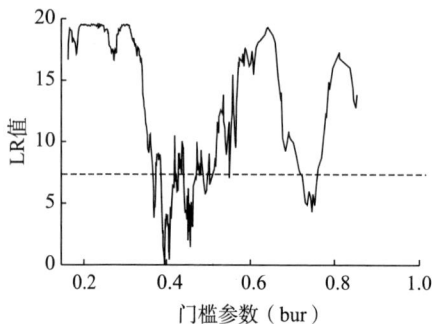

图 5　单一门槛的识别　　　　　**图 6　双重门槛的识别**

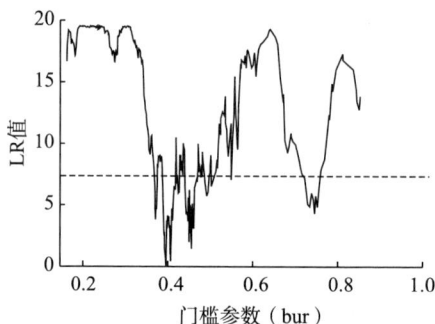

检验结果见表 1：

表 1　门槛效应检验

模型	F 值	P 值	BS 次数	1%	5%	10%
单一门槛	19.139	0.246	500	38.482	30.584	26.447
双重门槛	18.647**	0.014	500	21.825	13.225	9.519
三重门槛	8.327	0.272	500	30.537	20.197	16.195

注：*、**、***分别表示在 10%、5%、1% 水平上显著，BS 次数指的是在门限自抽样（bootstrap）的次数。

通过模型的门槛效应检验结果可知，模型在双重门槛的检验通过了 5% 的假设性检验，但是单一门槛和三重门槛并没有通过 F 统计量的显著性检验。因此，本文将模型设定为双重门槛模型，根据内生性测定的门槛值，将模型回归方程分为 3 个区间，分别研究不同区间的系数大小及显著性水平。

（二）模型的进一步修正和估计结果讨论

根据模型门槛效应检验的结果，将模型进一步修正为双重门槛模型，模型 5：

$$TFP_{it} = \eta_i + \beta_1 Agl_{it} I(Ubr_{it} \leq \gamma_1) + \beta_2 Agl_{it} I(\gamma_1 < Ubr_{it} \leq \gamma_2) + \\ + \beta_3 Agl_{it} I(Ubr_{it} > \gamma_2) + \theta' Edu_{it} + \varepsilon_{it} \quad (5)$$

基于模型（5），本文将模型内生分组，分别在地区城镇化水平位于 0.407 以下、0.407 与 0.730 之间以及 0.730 以上对模型系数进行回归估计，以期研究在不同城镇化水平下，产业集聚对全要素生产率增长的影响差异程度。为使模型估计更加直观，本文采用面板固定效应模型和门槛模型分别对变量进行估计对比：

表 2　模型估计结果

估计方法	面板固定效应回归		面板门槛模型回归	
解释变量	回归系数	T 值及显著性	回归系数	T 值及显著性
常数项	0.9270873	63.21 ***	0.930084	60.02 ***
人力资本（Edu_{it}）	0.0011016	1.85 *	0.000669	1.14
集聚指数（Agl_{it}）	0.081029	5.49 ***	—	—
集聚指数（Agl_{it}）$Ubr_{it} \leqslant 0.407$	—	—	0.068326	4.17 ***
集聚指数（Agl_{it}）$0.407 < Ubr_{it} \leqslant 0.730$	—	—	0.089747	5.99 ***
集聚指数（Agl_{it}）$Ubr_{it} > 0.730$	—	—	0.132819	6.61 ***
观测值个数	754		754	

注：* 、** 、*** 分别表示在 10% 、5% 、1% 水平上显著。

由表 2 可知，人力资本在固定效应估计和面板门限模型估计中结果不一致：在固定效应中，人力资本对全要素生产率的增长有促进作用，但显著性水平不高；门槛模型估计结果显示，人力资本对于全要素生产率增长影响系数为正，但没有通过显著性检验。针对这一现象，在本文的第五节实证结果分析中做出了合理的解释，人力资本对于全要素生产率增长的作用渠道主要体现在促进技术进步，但劳动力的过度集聚则不利于全要素生产率的效率改进。

本文研究的重点是，在不同城镇化水平下空间集聚对全要素生产率增长影响的差异性。由实证结果可见，无论是面板固定效应还是门槛模型估计，产业的空间集聚效应对地区的全要素生产率的增长有显著的促进作用，这与国内外大多数学者的研究结果相一致。而通过门槛模型检验，我们发现在不同的城镇化水平下，产业集聚对于全要素生产率增长的促进效果有明显差异。在城镇化水平低于门槛值 0.407 以下，产业集聚对于全要素生产率增长的影响系数为 0.0683，空间集聚水平每增加一个单位，全要素生产率的增长就会加快 6.83 个百分点；而当城镇化水平达到 0.407，进入第二个区间内，集聚效应的技术溢出水平显著增强，影响系数从 6.83 个百分点上升为 8.97 个百分点；而当城镇化水平进入第三个区间，超过 0.730 之后，产业集聚对于全要素生产率增长的促进作用尤为明显，影响系数达到了 13.28 个百分点。这说明，城镇化进程的加快，为产业集聚提供了高效的劳动力市场、便利的交通、良好的基础设施和通畅的信息渠道，有效地降低了集聚区企业的相关成本，为产业集聚促进全要素生产率增长创造了有利的基础条件。

（三）样本城镇化水平变动分析依据双重门槛模型估计结果，可以将研究对象分为三组，即较低城镇化组（Burit ≤ 0.407），中等城镇化组（0.407 < Burit ≤ 0.730）和较高城镇化组（Burit > 0.730）。为了直观地研究中国近 10 年的城镇化水平，本文挑取了 2002 年、2005 年、2008 年和 2011 年的各省城镇化指标对比分析。

表3　全国 29 个省、市、自治区观察年份城镇化水平内生分组

分组依据	2002 年	2005 年	2008 年	2011 年
低城镇化水平（Bur_{it} ≤ 0.407）	四川、贵州、海南河南、甘肃、云南河北、山东、安徽湖南、江西、新疆宁夏、陕西、广东青海、山西、湖北广西	四川、贵州、云南甘肃、河南、山东安徽、广西、湖南江西、新疆、陕西河北、青海	四川、贵州、甘肃云南、河南、山东广西、新疆	四川、贵州、云南甘肃、河南
中等城镇化水平（0.407 < Bur_{it} ≤ 0.730）	内蒙古、吉林、江苏、福建、辽宁黑龙江、浙江	湖北、山西、宁夏吉林、海南、内蒙古、福建、江苏广东、黑龙江、辽宁、浙江	青海、江西、河北陕西、湖南、湖北宁夏、山西、吉林海南、福建、内蒙古、广东、江苏黑龙江、辽宁、浙江	广西、江西、江苏河南、山东、湖北宁夏、湖南、福建陕西、河北、浙江海南、内蒙古、新疆
高城镇化水平（Bur_{it} > 0.730）	天津、上海、北京	天津、上海、北京	天津、上海、北京	天津、上海、北京

通过各省 10 年以来的内生性分组可见，我国各省、市、自治区的城镇化水平逐年上升。10 年间，全国省、市、自治区城镇化水平数量分布由低城镇化水平为主转变为以中等城镇化水平的状况，而高度城镇化水平没有变化。这说明我国整体城镇化水平不高。此外，分组结果显示，我国东中西部各区域的城镇化水平发展并不均衡。以 2011 年底为例，较高的城镇化区间内的 3 个省、市均来自于东部地区，而在较低的城镇化区间内的 5 个省份除河南是

中部省份外，其余 4 个省份均属于西部地区。东中西部地区城镇化发展的不均衡，会导致产业集聚的技术溢出效应存在差异，这将促使区域间生产率差异的进一步增大，不利于我国区域经济的协调发展。

五　产业集聚效应的渠道分析

为进一步研究产业集聚对全要素生产率增长的门槛效应的作用渠道，本文分别验证在城镇化（Bur）进程下产业集聚（Aglit）对技术进步（TECH）和技术效率（EFFCH）影响的门槛效应。基于数据包络（DEA）的估算方法，产业集聚对全要素生产率（TFP_{it}）增长的门槛效应，可以进一步分解成两个方面来观察和解释。一个是技术效率的改进情况，一个是技术进步的变化情况。见模型 6：

$$Mi,t(x_i^t,y_i^t,x_i^{t+1},y_i^{t+1}) = \underbrace{\frac{D_i^t(x_i^{t+1},y_i^{t+1})}{D_i^t(x_i^t,y_i^t)}}_{EFFCH^{t+1}} \underbrace{\left[\frac{D_i^t(x_i^{t+1},y_i^{t+1})}{D_i^t(x_i^t,y_i^t)}\frac{D_i^t(x_i^t,y_i^t)}{D_i^{t+1}(x_i^t,y_i^t)}\right]^{1/2}}_{TECH^{t+1}}$$

$$= EFFCH(x^{t+1},y^{t+1};x^t,y^t)TECH(x^{t+1},y^{t+1};x^t,y^t) \tag{6}$$

技术效率的改进情况，就是通过观察从 t 到 t + 1 期生产效率的变化情况来分析；而技术进步的变化情况就是观察研究从 t 到 t + 1 期技术的变化率情况。关于门槛效应研究和门槛 F 统计验证由于文章篇幅不再列出，实证结果如下：

表 4　模型估计结果

研究对象	技术进步（TECH）门槛值（0.405、0.748）		技术效率（EFFCH）门槛值（0.305、0.845）	
解释变量	固定效应	门槛模型	固定效应	门槛模型
常数项	0.9048 ***	0.9069 ***	1.0227 ***	1.0154 ***
人力资本（Edu_{it}）	0.0020 ***	0.0013 *	− 0.0008 *	− 0.0005 ***
集聚指数（Agl_{it}）	0.1024 ***	—	− 0.0207 *	—
集聚指数（Agl_{it}）（较低城镇化区间）	—	0.0874 ***	—	− 0.0034
集聚指数（Agl_{it}）（中等城镇化区间）	− 0.1180 ***	—	− 0.0206 *	—
集聚指数（Agl_{it}）（较高城镇化区间）	—	0.1808 ***	—	− 0.0637 ****
观测值个数	754		754	

注：* 、 * * 、 * * * 分别表示在 10% 、 5% 、 1% 水平上显著。

针对模型估计结果，本文重点研究在不同城镇化水平下，产业集聚促进全要素生产率增长的作用渠道。由表4的检验结果可见，面板固定效应模型和门槛模型验证都表明产业集聚对于技术进步的影响为正，且在1%的置信区间下显著，随着城镇化水平的提高，集聚效应对技术进步的促进作用逐渐加强；但产业集聚对于技术效率的影响为负，且随着城镇化水平的提高，负向影响程度显著增加。这说明产业集聚的技术溢出效应主要是通过促进技术进步来实现的，城镇化水平的提高会加快集聚地区新信息、新创意、新技术在企业之间的传播速度，促进新工艺、新技术的外溢的实现，进而促进地区技术进步；但是，随着地区专业化水平的提高，大量同质和关联企业的不断集中，集聚密度达到一定程度之后，会出现能源紧张、交通拥挤、要素供给不足等"拥挤现象"，同时在高集聚密度的区域，企业内部的管理方式相对落后、企业之间的恶意竞争等现象会在一定程度上影响技术效率的改进，在本文实证结果中，集聚对技术效率影响的先正后负，充分说明了这个问题。综合来看，尽管在不同城镇化水平下，产业集聚对技术进步和技术效率的影响不尽相同，但整体上城镇化对产业集聚的技术溢出起到了显著的促进作用。

六 结论与启示

本文研究表明，产业集聚的技术溢出效应确实存在着门槛效应，随着城镇化水平的提高，产业集聚对于全要素生产率增长的促进作用会显著加强。本文研究还表明，在不同城镇化水平下，集聚效应对于全要素生产率增长的具体作用渠道不同。其中，产业集聚在不同城镇化水平下与技术进步存在正向关系，与技术效率改进却存在反向变化。

产业集聚对于全要素生产率增长的促进作用会随着城镇化水平的提高显著加强。这是因为：第一，城镇化是以工业为主体的非农产业集聚发展的必然结果，其核心是人口就业结构、经济产业结构的转化过程和城乡空间社区结构的变迁过程。随着工业产业发展和企业集聚，城镇化水平和城镇规模不断扩大，带动了劳动人口的就业转移和劳动素质的普遍提高，劳动者素质的提高、工业劳动力更容易自由流动的特征以及产业集聚吸引区域外高技术人才的进入，必然有效提高了产业集聚地区的技术吸收能力，也加快了同质和关联企业的技术知识交流，可以促进累计的知识快速转化为生产率。第二，城镇化发展，人口在城市中集聚会产生显著的规模经济效应，市场需求将会迅速增长和多元化，使私人和公共投资的平均成本和边际成本得以大幅度降低，产生更大的市场和更高的利润。公共基础设施的完善，金融和保险业、信息和计算机等新兴服务业的诞生和扩张，会吸引更多的资本、技术和知识的流入，这些要素的整合将会进一步诱发新的技术创新和流动，从而提高集聚地区的整体技术水平。因此，各级政府科学规划，加强基础设施建设，推进城镇化有序发展，对于促进地方新兴产业培育和经济结构调整升级，具有十分重要的作用。

产业集聚在不同城镇化水平下与技术进步存在正向关系，结合前面分析，较容易理解，但是为何会与技术效率改进却存在反向变化呢？我们认为，主要的原因在于，在集聚程度较高的区域，从另一角度看，意味着出现"拥挤现象"、同质企业之间恶性竞争等现象相应较严重，这将阻碍产业技术效率的提高。对此，一方面应注意加强对产业集聚区企业的监管，完善相应的法律法规，减少企业间恶性竞争；另一方面也要合理适度进行同类产业的规划布局和多元化发展，有序向外转移集聚密度过高、技术效率下降的产业，同时完善产业发展所需的公共配套设施，减少产业集聚过程中的技术效率浪费，促进集聚地区产业健康可持续发展。

另外，本文指出，东部地区所有省份的城镇化水平均达到了中等以上水平，而中西部地区省份的城镇化发展相对落后。值得注意的是，全要素生产率的增长并不具有收敛性，落后地区的全要素生产率并不具有更快的增长率。我们结合经验观察和有关学着的相关研究成果，认为其中的原因有二。一是城镇化水平的差异背后客观存在着人力资本水平的差异，人力资本水平影响一国或一个地区技术追赶和技术扩散速度。而人力资本不平等对全要素生产率增长具有显著的负向影响；东中西部异质型人力资本对全要素生产率增长的影响具有鲜明的区域差异。二是东中西部地区之间存在显著的产业发展梯度性差异，东部地区的产业现代化程度和技术水平更高，资本和技术密集程度高是其基本特征，而西部地区经济以能源资源密集型开发性产业和劳动密集型传统产业为主，其中传统产业由于主要以技术要求程度较低的劳动投入推动增长，因而城镇化发展带来的劳动力集聚是以体力型劳动为主。因此，城镇化水平较低的西部地区，虽然经济增长潜力巨大，但是全要素生产率增长速度不一定会更高。这个结论给我们的启示，就是全要素生产率的这种马太效应可能会导致东中西部生产率差距的进一步扩大，使区域发展的不平衡性加剧，应引起注意。

因此，在促进各省城镇化发展的同时，更应注意协调东中西部产业发展，改善中西部地区产业发展的基础设施，提高中西部地区从业人员的受教育水平，加大对中西部产业发展的政策支持，提高中西部地区产业的技术吸收、消化能力，促进产业生产率的增长，缓解区域产业发展不平衡的矛盾，实现经济快速健康可持续发展。

[作者单位：山东大学（威海）]

积极培育中小微企业促进县域
经济跨越式发展

栾　波

近年来，文登市坚持把加快推进中小微企业膨胀发展作为工业强市的重要抓手，从人才队伍建设、金融服务保障、鼓励科技创新和优化发展环境等方面入手，厘清重点、分类突破，全力扶持、引导中小微企业壮大升级，有力地带动了县域经济又好又快发展。到今年6月底，全市注册登记各类中小微企业1.8万户，占全市市场主体总量的99%。

一、夯实人才基础，打造高素质的企业经管队伍。人力资源是企业发展的第一资源。文登市坚持"内培"与"外引"相结合，多措并举，发挥合力，打造了一支思想理念先进、综合素质较高的企业经营管理队伍，为中小微企业的持续发展提供了有力的人才支撑。一是大力实施企业经管人员培训工程。结合全市产业特点和企业发展实际，依托"市民大讲堂""省中小微企业巡回大讲堂"和新兴产业科技推进周等有效载体，围绕家族式企业的传承发展、科技创新和上市融资等热点内容，有针对性地邀请一批相关领域的知名专家、企业老总来文登市举办专题讲座，面对面传授生产经营管理的新知识、新理念，一对一帮助企业答疑释惑、把脉问诊；在"请进来"的同时，坚持"走出去"，不断拓宽视野、增长见识，去年以来，分批次组织中小微企业负责人，先后赶赴北京大学、合肥工业大学深圳研究院等国内知名高校院所，聘请优秀师资，集中开展学习培训，并采取理论与实践相结合的方式，组织企业管理人员到龙口、诸城、邹平等省内外先进县、市进行参观考察，实地学习先进地区的发展理念，切身感受知名强企的创业激情，使全市中小微企业负责人开阔了眼界、增长了经验、丰富了知识，切实激发了争强竞先、勇攀高峰的热情和干劲，增强了加快发展、勇创大业的责任感和紧迫感。二是加大人才引进力度。针对县级城市对高层次人才缺乏足够吸引力和科技人才"引进难""留不住"等现实问题，文登市通过设立中小微企业专项人才引进资金、建立高端人才信息库等方式，全力支持企业引进优秀创新型人才和高端经管人才。对符合条件的高层次人才，最高可一次性奖励20万元，并在子女入学、家属就业等方面提供最大便利，给予优先照顾。鼓励有实力、有条件的中小微企业高薪引进职业经理人，有力提升了企业的经管水平和发展层次，明池安全玻璃引进了国内行业龙头福耀玻璃的一名高管担任职业经理人，通过采用先进管理手段和最新生产技术，企业生产效率实现翻番增长。引导企业坚持"不求所有、但求所用"，采取灵活多样的方式借智借力、加快发展，万图高分子不断深化与四川大学的产学研合作，与国内高分子领域权威专家建立了紧密合作关系，一年内拿到4个发明专利，企业发展后劲显著增强。

二、完善金融服务，多渠道解决企业资金难题。一是深化银企沟通合作。深入调查摸底、认真汇总编制了中小微企业资金需求表，通过金融信息服务电子平台公开发布，以供各金融机构筛选对接，并将全市银行业的金融产品和服务进行了分类汇编，免费提供给中小微企业作为融资参考；定期组织银企对接专题会议，并围绕特色产业、专题领域，经常性地开展小型化、专业化、特色化的银企对接活动，切实加强了银企之间的沟通合作。去年以来，召开各类银企对接会近20次，促成150多家企业与银行签订了总额达37亿多元的贷款协议。同时，组织银行深入中小微企业开展调研、座谈，结合企业实际需求提供"一对一"的金融服务。今年以来，招商银行先后为顺丰货运、隆达机械、雪莱尔家纺等近30家中小微企业成功融资1.2亿元。二是不断创新金融服务。针对中小微企业贷款"短、频、急"的特点，及时推出了"集合贷""集合信托""集合票据"等新型融资手段，引导广大中小微企业抱团发展，通过集合融资来破解企业贷款难题。今年以来，协调中国银行为25家中小微企业开展了集中授信服务，并成功发行了"蓝色一号"和"蓝色二号"两支集合信托产品，为冠通管业、豪顿风机等4家企业融资9100多万元。同时，鼓励中小微企业采取灵活的担保贷款方式，引导银行不断创新金融服务，积极探索知识产权、股权质押以及动产抵押等新模式，推广应收账款质押和专利权、商标权质押贷款等新品种，将借贷方式由单纯质押向多元化方向拓展。目前，采用订单抵押担保、设备租赁等方式的新型贷款已占全市中小微企业融资总量的28%以上。另外，深入开展科技支行试点工作，成立了两家科技支行，择优选取了50家科技成长型中小微企业作为试点，通过加大财政资金对风险补偿等的支持力度，鼓励科技支行进一步增加信贷额度，扩大审批授权，更好地满足了科技型中小微企业的资金需求。三是组建"金融超市"。为进一步提升银企合作成功率，文登市借鉴超市模式，在全省率先建设了金融服务中心，即"金融超市"，着力搭建银企对接、民间借贷和投融资三大平台。"金融超市"整合了12家银行业金融机构和14家小贷公司、融资担保公司等中介机构，实现集中入驻办公，统一对外营业，提供"一站式"的金融"自选"服务。这一平台的成功搭建，大大方便了中小微企业深入了解各类金融产品，有针对性地对接融资，并享受到集银行、担保、评估、风投等于一体的全方位、综合性金融服务，有效拓宽了直接融资渠道，提升了融资效率。另外，不断加大小贷公司、融资担保公司的组建力度，出台了鼓励银行业金融机构信贷投放、引进异地金融机构等考核激励政策，有力地调动了银行创新服务、增加放贷的积极性。今年上半年，全市新增贷款15.91亿元，增长8.03%。四是加大财政补贴帮扶力度。市财政设立了企业还贷临时过桥资金，充分发挥周转还贷的作用，帮助到期还贷有困难的中小微企业渡过难关，防止其资金链断裂，去年以来，共为53户企业办理临时还贷资金12亿元，解决了企业的燃眉之急；对采取担保贷款的企业，按实际产生的一年期担保费用的50%，给予企业一次性资金补助，进一步降低了中小微企业的融资成本。

三、加快科技创新，助推中小微企业上档升级。一是大力推进产学研合作。文登市坚持以政府为主导，以企业为主体，通过组织实施"百企联姻百校"计划、举办产学研对接活动等形式，积极搭建产学研交流合作平台，不断深化企业与科研院所的合作层次，提高合作成效。近年来，先后与中科院、中物院、华东理工大学、四川大学等70多个高校院所建立了稳定的合作关系，组建了3个山东省产业技术创新战略联盟，签订技术贸易合同5.96亿元。特别是自2010年起，已连续3年举办了新兴产业科技推进周活动，共签订产学研合作协议85项，达成合作意向200多项；今年，变以往大规模、集中式的对接为多场次、专而精的产学研对接，重点围绕高分子材料、生物医药、先进装备制造等领域，先后举办了2次专题对接活动，达成合作意向26项，签订合作协议19项。二是加快建设各类创新平台。一方面，针对当前诸多产业面临的共性工艺和技术难题，引进建设了中科院和中物院技术转移文登分中心、威海工程技术研究院、表面工程研究中心等公共服务创新平台，为中小微企业提供专业技术服务，承接和转化更多的科研成果，有效提升了企业的科技创新能力。去年以来，全市共获批省级以上科技创新计划41项，获得威海市级以上科学技术奖23项，鸿通管材非金属材料复合管研制项目被列入国家"863"计划和省自主创新专项。另一方面，设立专项奖励资金，鼓励中小微企业积极争创各级研发中心和重点实验室，不断提升自主研发能力。目前，全市拥有威海市级以上研发中心55个，其中威海市级22个、省级31个、国家级2个，创建了院士工作站3个，博士后工作站2个。另外，文登市还以创建"一企一技术"研发中心和创新企业为载体，不断加大奖励扶持力度，引导中小微企业掌握一门"绝活"、拥有自己的专利，向"专、精、特、新"方向发展，加快培育一批科技型企业。

四、强化政策激励，营造优良的外部发展环境。一是加大政策扶持力度。充分发挥政策"四两拨千斤"的杠杆作用，激励全市中小微企业加快扩张、竞相发展。去年，出台了百企升级创新发展行动计划，在全市筛选出100家企业作为优先扶持对象，每年安排1亿元专项资金，重点在技术改造、科技创新、品牌提升、市场开拓等方面扶持企业发展；今年，又筛选确定了100户高成长性小微企业，启动实施了百家中小微企业梯次成长计划，每年安排3000万元资金，从融资担保、人员培训、技术信息等方面进行重点培育。两个计划出台后，市委、市政府领导带头分包企业，不定期走访调度，相关部门充分发挥各自职能、靠上督导服务，广大中小微企业积极响应号召，不断加大技改投入，截至目前，规划实施了总投资近300亿元的160多个技改升级项目，已完成技改投入87.4亿元，其中30个项目完工投产或部分投产，有力拉动了全市经济的平稳较快增长。二是不断优化企业发展环境。设立百企奋进榜，每月根据税收贡献等指标对企业进行综合考核、排出名次，面向全社会公开发布；围绕"双百"计划的深入推进，通过开设报刊专栏、制作电视专题节目等形式，对中小微企业在创新创业、人才引进、经营管理等方面的先进经验做法进行了广泛宣传，对业绩优良、贡献突出的中小微企业，给予大张旗鼓的表彰奖励，并在推荐各级人大代表、政协委员和各类评先活动中，优先考虑中小微企业负责人，在全社会营造出关心、支持、鼓励中小微企业发展的良好氛围。全面清理整合行政审批事项，实现审批内容、标准和程序的公开化、规范化，对所有涉及中小微企业的审批事项实行"一厅式"办公、"一站式"服务，不断压缩审批事项，简化审批程序，近年来，全市行政审批许可事项由394项精简到181项，办理时限总工作日由895个压缩到694个，切实提高了行政服务效率，畅通了中小微企业的准入通道。强化"放水养鱼、培植税源"

的发展理念，认真落实各级制定颁布的税收优惠政策，通过加大宣传力度、搞好政策辅导等方式，引导企业用好、用足各项优惠政策，并全面清理了各类不合理收费，切实减轻了中小微企业负担。

（作者单位：文登市人民政府）

《服务型跨国公司模块化》内容提要

夏　辉

《服务型跨国公司模块化》专著是作者夏辉主持的国家社会科学基金项目的阶段性研究成果，由复旦大学出版社出版。

著作将模块化理论引入服务型跨国公司中，并将服务型跨国公司模块化与其全球战略联系起来，为更好地认识服务型跨国公司以及服务业国际转移打开了新视窗。

著作对模块化分解和模块化整合在服务型跨国公司中的应用研究，实际上解答了服务业国际转移得以实现的前端问题，即服务为什么能够得以分解以实现外包、离岸生产以及服务业是如何实现国际转移的。

一　篇章结构

在广泛深入的理论文献检索以及实践调研基础上，作者通过 11 个章节来构建环环相扣、逐级深入的理论研究框架。

第 1 章：导论。主要介绍研究背景、研究目的、研究意义、研究路线、研究方法以及主要创新点。

第 2 章：文献综述。按照模块化相关理论和跨国公司相关理论两条理论分析主线进行深入的综述研究。

第 3 章：服务业与服务型跨国公司。论述服务业、服务贸易与服务业国际转移概况；分析服务型跨国公司的发展历程、服务型跨国公司进一步全球化的障碍，为后续研究提供坚实的现实基础。

第 4 章：服务型跨国公司模块化的原因及动力。首先探讨服务型跨国公司模块化的起因；接着分析服务的可分性与交易革命，这些变革为服务型跨国公司实施模块化提供重要的发展机遇；然后分析服务型跨国公司模块化的动力源泉。

第 5 章：服务型跨国公司模块化发展。首先探究服务型跨国公司模块化一般会遵循什么样的发展路径，并努力构建服务型跨国公司模块化发展模型；然后分析服务型跨国公司模块化分解和整合的普遍规律。服务型跨国公司模块化发展模型的构建一方面为后续研究搭建重要的研究框架，另一方面将为服务型跨国公司模块化实践提供一条切实可行、循序渐进的发展路径。

第 6 章：服务型跨国公司服务流程模块化——以金融业和国际快递业为例。本章以两个有代表性的服务行业——金融业和国际快递业的服务型跨国公司为例，来揭示服务型跨国公司服务流程模块化的基本路径和方法。在对服务型跨国公司服务流程模块化进行普遍分析的基础上，以这两个样本行业为例，深入阐述服务型跨国公司服务流程模块化的两个重要发展阶段，即服务流程设计模块化和服务流程生产模块化。

第 7 章：服务型跨国公司的企业模块化——以金融业和国际快递业为例。本章以这两个样本行业为例，揭示服务型跨国公司企业模块化的基本路径和方法；然后，围绕服务型跨国公司的企业模块化产物——组织价值创新——来进行深入分析。

第 8 章：服务型跨国公司全球价值网络模块化。本章首先分析服务型跨国公司边界变动与全球模块化价值网络的形成；接着探讨服务型跨国公司全球模块化价值网络的创新动力；然后研究影响服务型跨国公司全球模块化价值网络组织效率的重要因素。

第 9 章：服务型跨国公司模块化动机实现——突破全球化发展的制约瓶颈。本章中引入实物期权以及数理分析等研究工具来量化服务型跨国公司模块化的价值和成本；接着分析只有在服务型跨国公司能够获取净期权价值时，其模块化动机才能够实现；最后分析模块化怎样助力服务型跨国公司突破全球化发展的制约瓶颈。

第 10 章：跨国银行模块化发展实证研究。本章中首先分析选择跨国银行作为样本行业进行服务型跨国公司模块化发展模型实证研究的原因；然后介绍实证研究的设计方案；最后介绍数据处理过程，并对作者提出的关于服务型跨国公司模块化发展模块的几个假设命题进行实证检验。

第 11 章：全文总结与研究展望。对整个论文的研究成果进行系统性总结，然后分析研究中的不足之处，并对后续研究方向进行展望。

二　研究背景

1964 年 IBM 的设计者运用模块化思想创造性地开发出 IBM360 系统，实现了计算机发展史上具有里程碑意义的重大创新，并由此改写了整个全球计算机产业格局。随后，模块化思想在诸如汽车、家具、集成电路等越来越广泛的制造产业以及越来越多的制造企业中得到应用，近十几年来，新的模块化技术不仅建立在标准化基础上，更与新产业革命相适应，以信息技术为重要基础和驱动力，模块化已经成为推动制造型跨国公司全球战略有效实施的重要力量。再推而广之，在日趋纷繁复杂而又动态变化的激烈的全球竞争背景下，模块化为我们提供了解决复杂系统问题的新思路和新方法。

目前的模块化理论研究主要以制造业以及制造业企业为研究对象，但对于能否模块化、模块化的边界、模块化到什么程度和如何实现模块化等研究还远不够充分透彻。

近年来，一些服务业以及服务型跨国公司也逐步开始了模块化实践，特别是借助先进的信息和通信技术，服务的传统特性发生了很大变革，很多服务也能够像有形产品一样通过模块化方式来实现全球布局。

模块化在服务型跨国公司中的应用，一方面有助于服务型跨国公司全球战略高效实施，另一方面又强有力地推动了服务业国际转移进程加快。但是，模块化在服务型跨国公司中的应用，实践上还处于摸索中，理论上尚在萌芽阶段。因此，对这一选题进行理论探索和科学研究，具有重要的理论和实践意义。

三　研究内容

本书主要研究服务型跨国公司——服务业国际转移的重要主体——能否模块化以及如何模块化。通过文献检索、理论研究以及对金融业和国际快递业两个样本行业的实践调研，本书揭示了服务型跨国公司模块化的适用条件、实施模式和发展过程以及模块化对其全球战略的影响路径，并通过对代表性服务型跨国公司（跨国银行）的实证研究来验证本书的理论研究观点。

主要研究内容概述如下：

（一）服务型跨国公司模块化的适用条件

无论是服务业还是制造业，模块化的运用都是为了获取模块化的优势和利益。服务业和制造业的模块化都可以使复杂系统简单化，提高组织经营管理效率；都可以以更低成本实现大规模个性化生产；都有助于促进组织创新，提高创新效率；都要求模块内的强内聚度和模块间的弱耦合度。

但是由于服务业与制造业的特性差异，服务业模块化又有着与制造业模块化的不同之处：制造业模块化主要从企业生产角度出发进行模块化分解和整合，而服务业模块化不仅要考虑服务企业自身生产，更要考虑顾客需求和便利性，因此需要从企业和顾客两个角度结合进行模块化分解和整合；制造业模块化主要根据有形产品的生产工序来进行模块化分解和整合，而服务业模块化则更多的是根据知识或信息生产来进行模块化。

本书研究认为，服务业模块化适合于能够被数字化处理的知识密集型现代服务业，以数字化带动模块化和全球化。比如，金融业、电信业、IT业等知识密集型现代服务业跨国公司，处理的主要是各种知识信息，由于这些知识信息能够被数字化接收、处理和传输，因此可以更容易地像有形产品一样在全球进行模块化分解和整合。比如，某一服务流程可以在爱尔兰进行研发，在中国进行信息处理，在印度进行客户服务，在全球各地进行营销和接触度较高的服务环节的当地生产，从而实现经济高效的全球化布局，有利于服务型跨国公司克服服务的特性障碍，建立全球核心竞争优势。

此外，服务业模块化也适合于引入信息和通信技术、经过数字化改造的传统服务业，比如旅游业和交通运输业，通过建立全球布局的数字化系统平台，对整个服务流程进行数字化改造，这些行业可以适当降低服务接触度，可以在更多的服务环节上引入数字化的知识信息，通过以知识流带动物质流，从而使这些传统服务行业的跨国公司较以往相比，更容易将全球业务进行模块化分解和整合，进而有利于它们实现全球扩张。而且，经过这种数字化、信息化和模块化改造的传统服务行业，其性质也从传统的劳动密集型服务业转变成知识密集型现代服务业，从而进一步增强了这些服务型跨国公司全球模块化的动力（详见第4章）。

（二）服务型跨国公司模块化的实施模式和发展过程

本书研究认为，服务型跨国公司模块化发展是循序渐进、逐步演进的过程，在推动力、拉动力和催化力三力的共同作用下，服务型跨国公司有了实施模块化的需求和动力，并且随着三力的进一步增强和模块化实施经验的累积，服务型跨国公司模块化会逐步由局部模块化向整体模块化发展，逐步由简单的、低层次模块化向复杂的、高层次模块化演进。本书根据模块化在服务型跨国公司中应用的范围和程度，将服务型跨国公司模块化由低到高分为4个发展层次：服务流程设计模块化、服务流程生产模块化、服务企业模块化和服务全球价值网络模块化（见图1）。

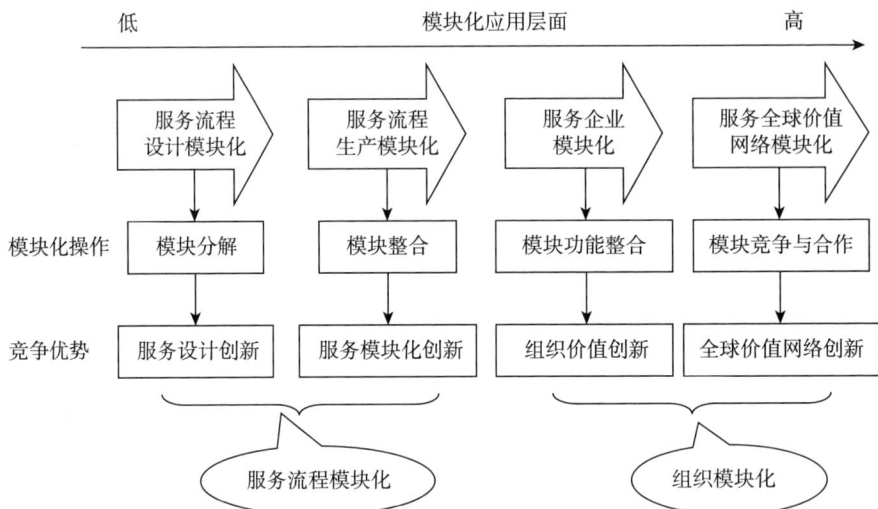

图1　服务型跨国公司模块化发展模型

本书指出，图1构建的服务型跨国公司模块化发展模型是服务型跨国公司模块化发展由低级到高级、由局部到整体的普遍发展路径。由于不同服务行业的特点差异、服务型跨国公司的个体差异以及它们面临的内外部环境的差异，很可能某些服务型跨国公司的模块化会呈现出跨越式发展的特例，即跳过了某一个或某几个模块化发展阶段，直接进入到更高层次的模块化发展阶段。比如，某些企业属于"天生全球公司"（born global company），从一诞生就开始了国际化和全球化，它们中的某些企业很有可能会跳过服务企业模块化，而直接进入全球价值网络模块化。但是作为理论研究框架，服务型跨国公司模块化发展模型的构建还是应该具有普遍性，因此本书基于这一普遍发展路径来进行了深入分析（详见第5章）。

随后，本书用第6章和第7章共2章篇幅，选择了两个有代表性的服务行业——金融业和国际快递业的服务型跨国公司为研究样本，来深入揭示服务型跨国公司实施服务流程模块化和企业模块化的基本路径和方法。

（三）服务型跨国公司模块化对其全球战略的影响路径：服务型跨国公司全球价值网络模块化

本书中详细分析了，在服务型跨国公司内部，价值链解构成为由不同价值模块有机耦合而成的具有全球统一界面规则的模块化组织。随着全球竞争日趋激烈和跨国公司"归核化"战略的实施，服务型跨国公司由实体组织向虚拟组织转变的过程，实际上就是将经营层次不断转变为一个个价值模块，同时将科层结构不断扁平化的过程。当这些价值模块不断地由服务型跨国公司内部转移到外部时，服务型跨国公司以及围绕在其周围的越来越多的成员企业（即全球模块供应商）就逐步构成了一个全球模块化价值网络。

也就是说，企业模块化帮助服务型跨国公司突破了企业的有限边界，形成无限边界的全球模块化价值网络，通过充分利用外部资源来减少本企业的投资风险，使得服务型跨国公司能够以高度的柔性来应对动态变化的全球竞争环境。

在服务型跨国公司全球模块化价值网络中，各成员企业相对独立又相互依存，根据自身特定的全球竞争优势，来动态确定各自在服务型跨国公司全球模块化价值网络中的地位，并通过网络协同来实现全球资源的优化配置，强强联合，优势互补，共同攫取规模经济效应和范围经济效应。

此外，服务型跨国公司全球模块化价值网络还具有对外开放性，是集战略、结构、管理于一体、适应动态变化的全球竞争环境的动态网络。可以说，服务型跨国公司全球模块化价值网络的形成过程，就是服务型跨国公司内部价值网络解构与开放、服务型跨国公司外部价值网络形成与扩张、服务型跨国公司内外价值网络融通与整合的过程（详见第8章及图2）。

在第9章中，作者深入阐释了模块化的成功实施如何有助于服务型跨国公司更好地运用全球战略来应对动态竞争的全球环境，这主要表现在：全球模块化价值网络有助于全球价值战略实施；模块化组织的高效率有助于全球组织战略的实施；服务流程模块化有助于全球成本战略的实施。

总之，服务型跨国公司的模块化能够使服务型跨国公司更高效地实施全球战略，更好地构筑持续的全球竞争优势，从而推动服务型跨国公司的全球化在更广范围和更大深度上的发展。

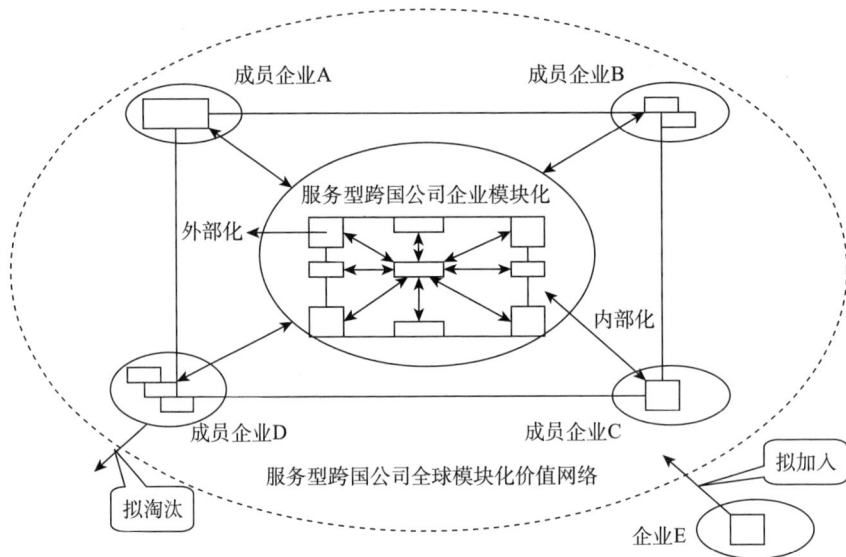

图 2　服务型跨国公司全球模块化价值网络

注：图中长方形和正方形表示价值模块，价值模块整合形成企业模块化价值链（即图中心的服务型跨国公司企业模块化）。实线的椭圆形表示服务型跨国公司的有形边界，虚线的椭圆形表示服务型跨国公司的无形边界，此指服务型跨国公司全球模块化价值网络。

四　理论创新

本书最大的创新之处在于研究视角和研究内容的创新上。

从研究视角看，将模块化理论引入服务型跨国公司中，并将服务型跨国公司模块化与其全球战略联系起来，为更好地认识服务型跨国公司以及服务业国际转移打开了新视窗。本书对模块化分解和模块化整合在服务型跨国公司中的应用研究，实际上解答了服务业国际转移得以实现的前端问题，即服务为什么能够得以分离以实现外包和离岸生产以及服务业是如何实现国际转移的。

从研究内容上看，围绕服务型跨国公司模块化发展模型，本书构建起较为完善科学的服务型跨国公司模块化理论体系。通过构建服务型跨国公司模块化发展模型，形象地勾勒出由服务流程设计模块化到服务流程生产模块化、再到服务企业模块化、服务全球价值网络模块化的由低级到高级、由局部到整体的服务型跨国公司模块化发展路径，并通过对金融业和国际快递业这两个典型样本行业的详细具体的案例分析，以及对服务型跨国公司模块化动机实现条件的探讨，创新性地构建起较为完善的服务型跨国公司模块化理论体系。

因此本书对进一步深化模块化、跨国公司、服务经济、国际服务贸易等相关理论体系、进一步深刻认识和利用服务业国际转移具有重要的理论意义。

五　实践意义

本研究还具有重要的实践意义，可以使包括中国在内的众多发展中国家更深刻地认识服务型跨国公司和服务业国际转移浪潮，从而发现更好的路径来顺应和利用服务型跨国公司以及服务业国际转移趋势以促进本国制造业和服务业的产业升级，提高服务贸易水平并改善结构布局，提高制造业和服务业的国际竞争力，大力发展服务外包，促进服务贸易的质量和水平进一步提升。

［作者单位：山东大学（威海）］

创新工作　全面推进
荣成市认真践行党的群众路线

　　去年以来，荣成市按照党的十八大关于践行群众路线的部署要求，以诚信荣成建设为主线，以树立政府公信、增进干群互信为导向，围绕密切联系和服务群众，全方位开展工作，积极探索践行党的群众路线新途径。

　　一、开展单位包村、干部包户"两个全覆盖"活动，全方位查找和解决问题。深入基层倾听群众呼声，是做好群众工作的前提。当前，干群关系疏远、感情淡薄，根子在干部不下基层、不接地气，与群众距离远。干部与群众有多近，群众对干部才有多亲。荣成市开展的单位包村、干部包户活动，变以往重点联系困难户为走访所有群众，变被动等群众反映问题为主动走下去查找问题，把了解社情民意的触角覆盖到每村每户。一是落实分包责任。将全市所有村居、社区划分为若干责任网格，安排201个部门单位、4863名机关干部，分包联系950个村居、24.7万多户城乡居民，村"两委"干部负责联系本村群众，做到每个村居都有单位分包，每户居民都有干部走访。二是经常走访联系。把"人对人、面对面"作为走访的主要形式，坚持集中走访与分散走访、定期走访与随时走访相结合，把每年的4月、10月确定为"集中走访月"，5月、11月确定为"问题整改月"，其余时间采取登门、电话、短信等多种形式，与群众保持经常性联系，群众有什么问题，可以随时拨打联系电话向走访干部反映。三是突出走访重点。结合宣传和落实上级政策开展走访，做好教育引导和宣传发动工作；结合区域重点工作开展走访，在园区开发、大项目推进、城镇化建设、旧村改造等全局性工作上，提前征求群众意见，争取群众支持；结合群众关注的热点开展走访，就增收致富、转移就业、社会保障等问题，为群众理清思路、搭建平台、提供服务；结合创新社会管理开展走访，以困难群体、弱势群体、特殊群体为重点，及时掌握社会动向，理顺群众情绪，维护社会稳定。四是抓好问题整改。成立市委、市政府主题活动办公室，负责"两个全覆盖"活动的组织协调和督导落实。对群众反映的问题，统一建立台账，实行挂牌督办和销号管理。能够当场答复的，由走访干部当场答复；不能答复的汇总到主题活动办公室，统一进行分类处置和督办。属于镇街职责内的，落实给镇街负责解决；属于部门职责内的，安排责任单位负责解决；对群众反映面上的共性问题，提交市委、市政府研究解决。五是严格监督考核。出台《干部联系服务群众工作考核办法》，组成8个巡视督查组，对干部走访情况进行随机入户抽查，对问题整改情况进行逐户回访落实。活动开展以来，包村单位先后为联系村投入物资资金6480万元，各级干部累计帮助群众解决问题1.8万多件。通过开展"两个全覆盖"活动，密切了党群干群关系，过去群众有呼声、干部听不到，干部说句话、群众有抵触，现在干部与群众交上了朋友、结成了亲戚。去年以来，在威海市连续3次群众满意度调查中，荣成市总体满意率均超过96%，每次都居各市区首位。

二、搭建民生110、荣成民心网、社情民意调查中心三个平台，全方位畅通诉求渠道。一是组建民生110服务平台。近年来，荣成市先后开通了公开电话、政府信箱、行风热线等诉求渠道，相关部门也从各自职能出发，设立了服务电话，但工作中存在着号码太多、分不清、记不住等问题，群众遇到困难有时不知道该打电话求助谁，特别是涉及需要多个部门解决的事，往往容易产生推诿扯皮现象。今年初，荣成市依托110报警平台，整合148个部门、镇街的管理服务资源和热线电话，成立了民生110指挥中心，由市级领导班子成员担任指挥长，实行报警、举报、求助、咨询、投诉等民生诉求"一号通"。对群众诉求的事项，分为即办、急办、一般办理3个等级，由指挥中心向责任单位下达指令，在指定时间内到现场处置，并反馈处理结果，打造了"一个号码联全市、一个平台解万难"的服务格局。截至目前，已受理群众来电6万多个，平均每天300多个，诉求事项办结率和群众满意率都在95%以上。二是开办"荣成民心网"网站。针对越来越多的人习惯于在互联网上发帖子的实际，荣成市设立了全市统一的网络问政平台。一方面，让群众不出门、无需真实姓名就能反映诉求；另一方面，可以有效加强网络管理和宣传引导，及时掌控苗头性信息；再一方面，通过网站宣传民生政策，公开诉求办理结果，带动同类问题的解决，可以收到举一反三的成效。民心网开设了民生新闻、咨询求助、投诉举报、建言献策等10个版块，所有部门、镇街都设立网管员，对网上提交的帖子实行归口办理。咨询、建议类2个工作日内办结，投诉类3个工作日内办结，办理情况和群众满意率即时公开，接受全社会监督，成为24小时不下班的"网上政府"。5月份开通以来，网站点击量达到18万人次，收到群众发帖2500多条，全部进行了及时回复，民心网成为了宣传政策、回应诉求、干群互动的新平台。三是设立社情民意调查中心。过去评议各级工作，主要听取"两代表一委员"和部分市民代表的意见，涉及面比较窄。荣成市将听取意见的范围扩大到全市所有群众，设立了由统计局、督查考核办和纪委效能监察室牵头的社情民意调查中心，不定期围绕群众关心的民生问题开展调查，及时收集、分析和反馈社情民意，为市委、市政府提供决策参考，并形成对各级工作的常态化监督。去年以来，共举办近百场调查活动，受访群众4.5万多户。通过设立3个平台，既满足了群众表达诉求的愿望、及时为群众排忧解难，又能全面了解社会动向、把握舆论导向，赢得了各项工作的主动权。

三、实施效能提速、服务延伸、公共资源交易三项创新，全方位提高服务效能。县域是一个熟悉人的社会，长期以来形成了办事就要找人、找人才能办事的社会风气，党委、政府的形象受到很大影响。今年，荣成市提出了打造全省"审批事项最少、时限最短、效率最高"政务环境的目标，下大气力推进行政审批制度改革，改善营商环境，方便群众办事。一是推进效能提速。本着能废则废、能放则放、能压则压的原则，进一步加大行政许可权集中、审批事项压缩、办事流程再造工作力度。凡上级没有明确规定或不考核的能取消则取消，不能取消的调整为一般程序性工作；凡不需向上请示或不需到实地察看的，一个工作日内办完，需到实地察看的不能超过两个工作日，需上级批准的不能超过上级最低时限，承诺时间内不能办完的视同默认，出现问题由审批单位负责；凡能授权到大厅窗口和镇街办理的，要全部下放，不能授权的要派人跟进服务；同时，将工业项目审批流程简化为注册、供地、立项、规划、施工5个环节，由工商、国土、发改、城建4个部门集中联合办公，实行一站式办理。对涉及民生方面的审批事项，一律按照有利于方便群众的原则执行。比如，过去老年人需要到市里办理优待证，现在仅凭身份证就可以享受公交、景区免费等优待政策，为群众提供了实实在在的便利。目前，所有有审批权限的部门全部进驻服务大厅，审批事项集中办理率达到97.2%；审批事项由去年初的555项削减到136项，减少了75.5%，平均办件时限由11.2个工作日压缩到1.8个工作日，比法定时限缩短了91%。二是推进行政服务向镇街、便民服务向社区"两个延伸"。相对于城市居民，农村群众办事很不方便。着眼于让农村群众少跑腿、降低办事成本，荣成市将市级30项审批事项下放到22处镇街便民服务中心办理，将40多项政府服务和市场服务下放到310处农村社区服务中心办理，安排机关干部定期坐班服务，直接把服务送到群众家门口，让群众办大事不出镇、办小事不出村。三是推进公共资源集中交易。公共资源交易涉及公众的利益，企业和群众都非常关注，为做到公开公平公正，荣成市设立了公共资源交易中心，将土地招拍挂、建设工程招投标、政府采购等十大类审批事项纳入中心管理，实行项目登记、信息发布、时间安排、专家评审、中介机构确定、电子监察"六统一"的运作模式，既方便了群众办事，又强化了重点领域监管，实现了阳光行政。

四、推进公共投入、公共服务、社会保障三个均等化，全方位提升民生建设水平。荣成市尽管经济比较发达，但城乡之间的差距也很明显。近年来，荣成市确立了打造城乡一体化先行区的目标，着力推进城乡"三个均等化"，让农村群众也过上城市化生活。围绕公共投入均等化，先后投资28.5亿元实施了通气、通暖、通水、垃圾和污水处理"三通两处理"设施和镇街驻地改造工程，对150多个村庄进行了整体改造，对400多个村进行了环境综合整治，全市12个镇街实现集中供暖，22个镇街全部通达天然气，城乡生活垃圾一体化处理率达到100%，实现了镇街驻地供热设施、污水处理设施和农村公路改造"三个基本完成"。围绕公共服务均等化，从改善办学和医疗卫生条件、文化资源共享等方面入手，投资8亿多元新建并投入使用了实验中学、第二中学、石岛医院、妇幼保健院等教育医疗设施，正在推进投资7亿元的威海海洋职业学院和投资3.5亿元的社会福利中心建设，全市标准化中小学校、农村标准化卫生室达到100%，镇街文化站、农村文化大院、农家书屋和体育设施实现全覆盖。围绕社会保障均等化，每年承诺办好社会保障提标扩面、困难群众救助等一批民生实事，财政民生投入年均增长30%以上，基本保障水平保持全省县级领先。特别是今年突出关注困难和低收入群体的导向，走访慰问群众3.7万户、发放款物3800万元，均比去年增长50%以上。

五、完善机关管理、工作落实、干部监督三项机制，全方位促进干部作风转变。作风转变的成效，直接影响政府的公信力和干群的互信度。荣成市广泛开展了诚信建设活动，引导各级干部树立"抓诚信就是抓发展、抓环境、抓和谐"的理念，从转变作风入手，说实话、干实事、重实绩，以优良的党风促政风带民风。一是狠抓机关规范管理。深入开展机关精细化管理活动，从明确职责、制定流程、完善制度等方面入手，组织机关干部编制岗位说明书，绘制工作流程图，明确每个岗位的目标任务、工作标准和落实责任，理顺完善机关内部管理和服务制度740多项，严格按制度对各个环节进行质量控制，使做过的事有规范、没有做过的事有预案。二是狠抓工作推进落实。对全年任务实行目标承诺制，年初机关事业单位通过新闻媒体作出承诺，年底公布兑现情况，由群众来评判和监督；对日常工作实行每月例会制，各级班子每月召开一次工作例会，汇报月度工作，提报下月计划，并进行互相评议，做到每月一结、每月一评；对重点项目实行定期观摩评议制，年初看开工、半年看进度、年终看成效，双向评比镇街实绩、部门服务，评议结果按不同权重纳入全年考核。三是狠抓干部监督管理。认真贯彻各级改进工作作风、厉行勤俭节约的要求，制定了作风建设十项规定，出台了从严管理干部、对损害投资发展环境行为实行问责等办法，加大"慵懒散"整治力度，去年以来先后对12名单位负责人以及3名工作人员进行了问责，对10名干部给予诫勉谈话和降免职处理，做到了有职必有责、失职必问责。

荣成市近两年来的探索实践证明，情系于民才能取信于民，践行党的群众路线，必须从干部作风抓起，从密切联系和服务群众做起。荣成市的工作，概括起来主要有这样几点启示：

践行党的群众路线，必须树立正确的政绩观。怎样看待政绩、追求什么样的政绩，是衡量一个区域是否科学发展、是否正确践行群众路线的试金石。作为县级党委来说，领导干部带头立党为公、执政为民，始终站在群众的角度想问题、做决策、办事情，才能上行下效，形成联系和服务群众的示范效应。要把检验工作成效的"第一标准"，建立在所有群众都满意上，不能仅仅满足于部分群众说好，不能片面追求一时的群众满意度，而是要带着对群众的深厚感情，设身处地为群众着想，全方位查找和解决问题，在竭心尽力为群众服务中树立党委、政府的威信。

践行党的群众路线，必须创造性地开展工作。在全党开展群众路线教育实践活动，就基层来说，不能停留在简单机械地执行上级要求，不能满足于过去习惯的做法，而是要根据形势变化和不同群体的需求，不断创新方式方法，坚持传统形式与现代手段相结合，干部沉下去与问题带上来相结合，为群众提供更多的个性化、多样化服务，这样才能更容易得到群众欢迎，增强践行党的群众路线的针对性、实效性。

践行党的群众路线，必须建立常态化的工作机制。联系服务群众是一项"实打实"的工作，如果没有严格的工作制度，难免会前紧后松、流于形式。要按照前期有方案、过程有监督、结果有考核的要求，把干什么、怎么干、干到什么标准，都用规范化的制度固定下来，使各项工作环环紧扣、步步深入，一年接着一年抓。只有这样，才能避免一阵风、走过场，才能保证干部作风持续转变，广大群众长期得到实惠。

（作者单位：中共荣成市委员会）

乌木所有权归属的法经济学分析

姜爱丽　李晓慧

一　案件与问题

四川省彭州市通济镇吴高亮发现天价乌木并引起纠纷的事件备受关注。此事件的来龙去脉大致如下：2012 年春节，吴高亮在溜达时无意中发现一截木头并请专家进行鉴定，认定此木是乌木。吴高亮又请北京一家勘探公司证实存在其他乌木并进行挖掘。而后，通济镇主张乌木应该归国家所有。吴高亮主张乌木应该归其所有，或者归国家所有并由镇政府给予其 400 万元的奖励。彭州市国资办正式答复吴高亮：乌木归国家所有，奖励给发现者 7 万元。吴高亮认为，这有失公允正式向成都市中级人民法院递交了起诉书，诉讼对象是四川省彭州市通济镇人民政府。网络上的观点不统一，新浪微博一项主题为"村民挖到千万乌木，到底归谁"的投票，超过 75% 的网友认为"乌木不是文物，谁挖到谁得"，而支持乌木"国家所有"的只有不到 10%。一些学者如梁慧星先生主张乌木归国家所有，也有一些学者如柳经纬教授认为乌木应该归吴高亮所有。公说公有理，婆说婆有理。细观此案，乌木尚处于法律空白区域，乌木案件是一个疑难案件，依据传统的法学理论往往不能有效解决。乌木只有被发现才会有归属问题，发现方式有两种：国家发现或者个人发现，但这两种发现方式的后果是不同的，这是分析此案的逻辑起点。物的性质决定着物的所有权归属，乌木是镇政府主张的埋藏物还是吴高亮主张的天然孳息或者乌木是另外一种性质的物？是否需要对乌木的所有权归属进行单独立法或者用其他方式解决乌木归属问题？法律的经济分析以其强大的解释力为法学理论的创新提供了路径，本文试图从法经济学的角度对此案进行分析。

二 乌木的发现途径：个人发现抑或国家发现

任何一种理论都不可能解释所有的现象，任何一种理论都不可能解决所有的问题，如果一种理论比另一种理论可以更有力地去解释一些现象，则称这种理论更好。法律的经济分析通过建立模型可以将人的思维从纷繁复杂的世界中解脱出来去解释法律中的问题以期达到理性人所要追求的结果，诚然，模型中的很多变量是很难控制的。并不能因为无法控制某些变量就不去建立模型进行经济分析，就如同无法在现实世界中找到失重的条件一样，但是物理学的很多理论还是在失重的前提下得出的。

通过建构模型来分析国家发现乌木和个人发现乌木的成本和收益。当一种行为的收益大于投入的成本时，理性个体会进行此行为。假定发现乌木的预期收益是 B，发现乌木的概率是 P，需要投入的搜寻成本、时间成本等为 C，当发现乌木的预期收益额 P×B 大于发现乌木的成本 C 时，理性个体会去主动发现乌木。需要注意的是：在此模型中，预期收益只是该模型的一个变量，理性个体不会因为预期收益很大就去发现乌木，该个体会考虑发现乌木的概率 P。

如果国家组织人员发现乌木，则国家投入的成本 C 包括：给相关人员发放工资、给相关人员提供食宿以及相关人员发现乌木而无法从事其他工作的机会成本等。新闻报道中写道：吴高亮"溜达时""无意中发现"一截木头，这表明发现乌木的概率 P 是很小的。乌木主要用来做家具，一些天然乌木具有一定的收藏价值，而这些收益不会引起一个地大物博的国家的"兴趣"，国家不会花费大量的人力和物力去发现可用来做家具的乌木，国家也不会缺少这几件乌木的家具。况且，国家很容易通过其他物品代替乌木，对国家而言，发现乌木的预期收益额 P×B 小于发现乌木投入的成本 C，所以国家作为此模型中的理性个体不会成为发现乌木的主要个体。这里不得不提的另一种物体——文物，文物是古代人类通过其各种活动遗留下来的物体，或者是人类有意识加工形成的，或者是没有经过人类加工但是却与人类活动有关或是能够反映人类活动的自然物。文物是考古学研究的对象，它反映了一个国家某一个历史时期的社会经济水平。国家通过发现文物，可以更好地研究一个国家的历史。文物是历史的载体，具有不可替代性，故发现文物给国家带来的预期收益 B 是巨大的。国家设置了考古学专业，设立了专门的考古机构，组织专门人员发现文物。经过相关人员研究，文物的埋藏规律被发现，这极大

提高了国家发现文物的概率 P。对国家而言，发现文物带来的预期收益额 P ×
B 大于发现文物的成本 C，国家会组织人员发现文物则不会组织人员发现
乌木。

对理性人而言，个人发现乌木的途径有两种，一种是个人认识乌木，其
发现乌木后无需支付鉴定等费用就可以直接挖掘；一种是个人不认识乌木，
只是隐约觉得某物可能是乌木，此时他要支付专家鉴定费用、挖掘费用等成
本。本案中，吴高亮在"溜达"时"无意中发现"这一说明个人投入的成本
是很低的。一个人即使没有发现乌木的可能性，他也可能会出去溜达溜达，
就像一个人不会因为出门捡不到钱而选择不出门是一样的。个人一旦发现乌
木，在确定乌木后出售乌木或者收藏乌木，预期收益额对于个人有很大的吸
引力。只要收益大于成本，个人就有发现乌木的动力。

在理性人假设的前提下，根据成本收益分析，乌木的发现主要依靠个人，
国家是不会组织专门的人员去发现乌木的。

三 乌木的性质：无主物

（一） 乌木不是埋藏物

镇政府认为乌木归属于国家所有的依据是《民法通则》第七十九条，该
条规定："所有人不明的埋藏、隐藏物，归国家所有。"镇政府认为乌木属于
埋藏物，应该属于国家所有，但是，乌木是埋藏物吗？

埋藏物是指埋藏于他物之中，而不知属于谁所有的动产。它一般有三个
要件：第一，必须是动产，而不能是不动产，且不论动产价值的高低。第二，
必须是埋藏于或隐藏于他物之中的物。常见于埋藏土地之中，也有部分隐藏
于他物中，如藏于房屋墙壁之中。埋藏的原因既可是人为的，也可是自然的。
埋藏时间虽通常为久经年月，但不以此为必要。第三，须所有人不明。埋藏
物并非是无主物，无主物的权属不由任何人享有（如陪葬品、古生物化石
等），而埋藏物事实上是有所有人的，只是由于某种状况使得所有人暂时不能
被识别。依据埋藏物的构成要件对乌木进行分析。我国最高人民法院《关于
贯彻执行〈中华人民共和国民法通则〉若干问题的意见》第一百八十六条规
定："土地、附着于土地的建筑物及其定着物、建筑物的固定附属设备为不动
产。"《担保法》第九十二条规定："本法所称不动产是指土地以及房屋、林
木等地上定着物。"梁慧星教授主持的《中国民法典学者建议稿》第九十七条

规定："不动产，是指依自然性质或者法律规定不可移动的物，包括土地、土地定着物、与土地尚未脱离的土地生成物、因自然或人力添附于土地并且不能分离的其他物。"乌木是在自然作用下将植物埋入地下，经过成千上万年，被埋入的部分树木在缺氧、高压状态下通过炭化过程形成的。乌木被发现并被发掘后与土地脱离了，乌木不是土地定着物，它是动产。乌木本来就没有所有权归属，而不是所有权不明。由此分析，乌木符合埋藏物的第一个构成要件和第二个构成要件，但是不符合埋藏物的第三个构成要件，所以乌木不是埋藏物。

（二）乌木不是天然孳息

吴高亮依据《物权法》第一百一十六条的规定认为乌木属于天然孳息并认为其取得了乌木的所有权。笔者认为乌木不属于天然孳息。天然孳息分为有机孳息与无机孳息。前者如树木之果实，动物之乳雏；后者如矿山之矿物，石山之石材。按照古代汉语词典的解释，孳息有生殖和繁衍的意思。有机孳息表现为组成物体的化学分子由少逐渐增多，乌木是在高温缺氧的环境下脱氧炭化形成的，氧元素减少的过程意味着包含乌木的土地的化学分子逐渐减少，从这一角度分析，乌木不是有机孳息。无机孳息脱离原物后，原物无法弥补它受到的"消耗"、"伤害"。例如矿山的矿石被采伐之后，矿山"消减"了，这种"消减"是无法弥补的。假设乌木是无机孳息，则与之形成过程极为相似的煤炭也应该属于无机孳息。煤炭是一种固体可燃有机矿物，是植物埋藏于地下在高温缺氧的环境中经过复杂变化逐渐形成的。煤炭的形成过程与乌木的形成过程很相似，即都是植物等在高温缺氧的环境中逐渐炭化而形成的。我国《物权法》第一百一十六条第一款规定："天然孳息，归原物所有权人所有；原物既有所有权人又有用益物权人的，归用益物权人所有。当事人另有约定的，从其约定。"该条确立了天然孳息的归属方式，并有"当事人另有约定"的但书，如果煤炭属天然孳息，那么在当事人没有另外约定的情况下，其所有权归属于用益物权人，这与"自然资源归国有"的法律规定显然相悖。故煤炭等自然资源并非天然孳息的例外，乌木是无机孳息的假设不能成立。

（三）乌木是无主物

煤炭作为一种矿产资源归国家所有，而乌木的权属却引起众多争议，这主要由煤炭的用途决定，煤炭是中国的基础能源。对国家而言，煤炭的预期收益 B 巨大，煤炭分布具有一定规律，即发现煤炭的概率 P 很大，开采煤炭获得的收益 P×B 大于开采煤炭投入的成本 C，国家通过立法确定煤炭归属于国家所有。否则，煤炭被个人发现并且归个人所有后，国家若再想取得煤炭就需要与多个拥有煤炭资源的个人进行谈判，需投入大量的成本。作为具有公共属性的煤炭资源应该纳入国有范围，其他的在用途上不具有公共属性的物无需专门立法将之归为国有。乌木到底是什么性质呢？史尚宽先生认为，无主物是指现在不属于任何人所有的物品，主要包括两类：一是自始即为无主的动产，一是抛弃物。乌木本来没有所有权的归属，笔者认为，应该保持乌木原来的法律地位，乌木属于无主物。

四 乌木的所有权归属

（一）归国家所有：一个虚无的神话

吴高亮的起诉对成都市中级人民法院无疑是一个烫手的山芋，对法院而言，或者判决归吴高亮所有（归发现者个人所有），或者判决归通济镇人民政府所有（国有）并且进行调解结案，实现吴高亮提出的 400 万元的奖励额。

如果成都市中级人民法院判决乌木归通济镇人民政府所有，则会带来一系列的问题。个人发现了乌木需要投入一系列成本进行检验，若不论个人投入多少成本，其发现的乌木都将归属于国家，则个人投入的成本就成了沉没成本。常言道：不要为撒了的牛奶哭泣。其实，如果个人懂得为撒了的牛奶哭泣，则会采取措施不让牛奶撒掉。法律案件的判决都会给人带来预期，如果乌木归国家所有，吴高亮付出的成本就是"撒了的牛奶"，其他人即使有发现乌木的可能性也不会采取任何措施去搜寻乌木的相关信息并且利用乌木。信息可以被看作一种产品，当这种产品的收益小于投入的成本时，理性的个人没有激情去搜寻乌木的信息。事物之间是联系的，法律是一种影响未来行为的激励系统，一个案件的结果必然会对人们未来的行为产生影响。固然，历史上存在归纳如何可能的问题。从经济学角度分析，事物会被贴上标签，购物时消费者往往选择那些贴有"驰名商标""绿色产品"标签的商品，这些标签给消费者一种预期。若给"乌木"贴上"国有化"标签，理性的个人可以预期：如果发现并发掘了乌木，这种行为已经侵犯了国家的财产。人们普遍对法律采取机会主义的理性态度，而不是非理性。在此逻辑下，没有任何理性的个体愿意保护并利用乌木。

（二）归发现者所有

依据民法原理，先占原则可以解决乌木的归属问题。《中国大百科全书 * 法学卷》规定为"先占是以自己所有的意思，先于他人而占有无主的动产，在资产阶级民法中，一般规定先占即为所有权的原始取得"。关于先占的条件，罗马法规定标的物需为无主物，有事实上的占有，须有将无主物归其所有的意思。本案中，乌木是无主物，吴高亮以将其归为自己所有的意思将其挖掘形成了事实上的占有，故乌木应该归属吴高亮所有。有人认为，法院判决乌木归吴高亮个人所有，对吴高亮而言，是不是一种意外中奖呢？法律实现公平正义了吗？吴高亮获得乌木所有权在很大程度上对其他人是不公平的。事实并非如此。例如，在买彩票以前，似乎买方和卖方有一个不成文的契约，即投入的买彩票的成本或者成为沉没成本或者有收益，在此规则下，理性人自由选择是否参与彩票游戏，买彩票的前提是默示了与卖方的买卖规则。每个彩民投入的成本往往被看作其购买的获得巨额收益的一种可能性，这种可能性是否发生的风险由彩民承担。在乌木案中，吴高亮发现了乌木的枝丫，请专家鉴定发现此枝丫是乌木的枝丫并请人挖掘，他投入了成本。假设专家鉴定不是乌木，他还是要支付专家鉴定费，对吴高亮而言，这些鉴定费用成了沉没成本。幸运的是，鉴定的结果是乌木，依据报偿理论，吴高亮应该享受预期的未来收益。法律是追求公平正义的，不能因为吴高亮获得巨额财产就说对其他人具有不正义。正义具有一张普罗休斯式的脸，变幻无常，随时呈现不同的形态。实现正义需要极高的信息成本，正义无价隐含的一个前提是社会资源是无限的，信息是免费的。但是社会资源是有限的，抛开成本完全追求正义的现实基础是不存在的。如果我们承认彩票中奖的合法合理性，就应该承认吴高亮获得乌木所有权是合理的。

五 对乌木收益征收偶然所得税的思考

法律无论制定得多么周详也不可能囊括社会现实的全部复杂性和无限可变性。疑难案件之所以为疑难案件是因为它在现实社会中是复杂的，打破了常规的法律常识，挑战常规的法律思维，是少数的案件。在疑难案件中，法律的目的难以查清，故法律在疑难案件面前是无力的。学者和法律实践者发明了一系列的法学方法去解决疑难案件，避免了重新立法的成本，维持了法律的稳定。

乌木归吴高亮所有，国家可以对吴高亮的个人所得征收百分之二十的税款。《税法》规定可以对偶然所得进行征税，偶然所得税是对个人得奖、中奖、中彩以及其他偶然性质的所得而征收的一种税。此税特点是偶然所得是非经常性的，非本人意志类的。偶然所得税的税率是百分之二十。如果国家想要取得乌木的所有权，可以向吴高亮支付合理对价。支付对价的价值应该考虑吴高亮已经付出的成本，但是每一个相关财产的主人都会高估其财产的价值并具有使本人作为最后决定人的激励，可以以客观的市场价值为基础进行支付。

现行体制下的税收制度可以带来公平吗？著名学者谢学智教授在《所得课税论》中对公平问题做了精辟的论述："公平是一个分配的范畴，对公平概念或公平准则的探索可归结为分配结果和分配过程的判断。在社会主义市场经济条件下，在分配上应遵循两条原则，一是机会均等原则，二是按劳分配原则。前一条是从市场经济一般出发确立的公平观，后一条是从市场经济特殊形式——社会主义市场经济出发确立的公平原则。"国家应该推进税制改革，提高偶然所得税的税率以促进社会公平，使得乌木案件或者类似乌木的案件得到恰到好处的解决。

[作者单位：山东大学（威海）　北京航空航天大学]

《唯物史观视域中的休闲：享受和发展》
内容提要

吴文新

本成果为学术专著，运用马克思主义特别是唯物史观的基本立场、观点和方法开展了对休闲问题的研究，并初步尝试确立了休闲研究的马克思主义学术范式和话语体系；这一努力跟目前学术界已有的相关成果的区别在于，它不是单纯或着重从马克思主义经典著作中寻找经典作家们关于休闲的零碎的、散见的学术思想或其萌芽表述，从而为我们的休闲研究寻找经典作家的支持及其思想资源的基础，也不是尝试着从休闲的角度或者运用休闲学的某种理念来重新解读马克思主义经典著作或重构马克思主义理论体系，这些工作学术界不少人已经做得很好了；本成果只是尝试着运用马克思主义特别是唯物史观的基本立场、观点和方法来直面休闲现实和休闲问题，从而在休闲学术的百花园中确立休闲研究的马克思主义学术范式和话语体系。

本成果初步运用马克思主义特别是唯物史观的基本立场、观点和方法探讨了以下问题：休闲的人性和历史根源，休闲形成和发展中的阶级事实，休闲的人性和社会本质及其辩证本性，休闲方式的内在矛盾及其现代表现，休闲方式及休闲业态的发展规律、动力和创新机制，休闲形态及其社会物质形式，休闲文化及其核心价值，休闲本质和规律与社会主义～共产主义的逻辑和历史的一致性，等等，初步确立了"马克思主义休闲学"的基本概念、理论框架、价值取向和思维方式，具有一定的理论意义：主要试图推进新兴的休闲学科的基础理论建设，同时尝试着对马克思主义特别是唯物史观的基本理论做一种拓展性和创新性的探索。其应用价值在于，为"马克思主义休闲学"的基础理论和学科体系构建提供一个大致的理论框架和方法论基础，进而为有关休闲的一系列具体学科的实证研究提供一个"形而上学"的前提和价值目标；同时，也希望对休闲相关的社会各方面包括休闲主体、休闲服务主体、休闲管理和决策机构等有所启发，以及对中国社会能科学地对待和发展休闲的真挚期待，以引导中国休闲健康发展，从而更加人性化地实现中国经济社会和文化、政治的全面协调可持续发展。本研究主要运用了文献调查法、经典阅读法，在此基础上，着重运用唯物史观的基本理论框架和思维方法，包括马克思主义的实践观点和群众观点及其方法论，社会生产方式的理论和方法，社会基本矛盾和发展规律的观点和方法，以及逻辑与历史相一致、分析与综合的辩证思维方法等，对有关休闲的问题进行分析和论证。书中有专节详细探讨唯物史观基本原理对休闲研究的方法论启示。需要强调的是，本成果只是一种尝试，是在唯物史观的方法论框架下，试图在理论上说清楚一些问题，确立起一些观点，建构出一种逻辑的系统，其科学性和适用性，仍需学术界同仁们予以检验、批评和修正。

本成果的核心观点是：在唯物史观范畴内，与劳动谋生相比，休闲属于人的享受和发展的范畴；从其历史本质看，它是人的文明享受和自由发展；在物质生产方式和休闲方式的辩证运动规律作用下，无论其经历怎样的历史阶段或形态，它终究与社会主义和共产主义所追求的人的自由全面发展相一致；无论从理论逻辑还是客观趋势看，人的生存活动休闲化、谋生活动即劳动休闲化，人的享受和发展将自然地植根或渗透于人的一切生命活动之中，人成为真正自由的人。主要观点分述如下：

1. 休闲哲学的可能性，马克思主义审视休闲问题的三个视角及唯物史观视域的基本方法论原则。休闲哲学的可能性存在于休闲过程中人与世界和谐的关系状态之中，存在于主体通过休闲而不断"成为人"及成为"哲人"的过程之中。马克思主义审视休闲大致有三个角度：唯物史观、剩余价值理论和科学社会主义。剩余价值理论立足于必要劳动时间和剩余劳动时间的历史关系，深刻论证了从资产阶级独占的剩余劳动时间向全体社会成员普遍共享的自由时间转化的历史规律，科学社会主义特别关注自由时间和休闲资料的公平分配及人本运用，并认为克服休闲异化必然导致社会主义革命，休闲的革命也只有在社会主义革命中才能发生，这是休闲资料和自由时间公平分配及人本运用的社会革命的前提；唯物史观作为二者的哲学基础，则依据人类社会的宏观结构及其历史发展的客观规律，从现实的人及阶级分析方法、科学的实践观、生产方式理论以及社会基本矛盾、社会发展动力、社会形态、文化的地位和功能以及社会主义～共产主义关于人的发展等理论方面，明确休闲这种社会文化生活现象的社会历史本质和规律及其人性意义。本成果仅在唯物史观的视域中探讨休闲问题。

2. "现实的人"的理论蕴含着从"劳作的人"提升到"休闲的人"的历史逻辑。"现实的人"是唯物史观的理论出发点，同样也是考察休闲问题的逻辑出发点。休闲的人是现实的人的应有之义，他内在于现实的人的丰富涵义之中，现实的人的休闲是文化的人得以形成的社会空间和实践载体，现实的人的系统复杂性蕴藏着休闲的本质含义。凡勃伦首次以"有闲阶级"理论论证了休闲的阶级事实，与马克思在物质资料占有关系上划分阶级的结论具有一定的契合。历史上休闲也跟生产劳动一样有着鲜明的阶级性，休闲的阶级存在是一个不可否认的客观事实，有闲阶级和无闲阶级的对立根源于有产阶级和无产阶级（劳动阶级）的对立。由于休闲内在于人类社会的物质生产、经济关系、政治生活和文化生活的发展历史，因此，从休闲的参与者中就能够辨明休闲的历史创造者是劳动群众，他们创造了休闲的物质基础和精神内容，并推动了休闲制度的创新和变革。而在一般的哲学意义上，休闲是人的自然属性的和谐、社会属性的和谐、精神或意识属性的和谐，以及人的这三种属性之间和谐的状态和境界，是人性实现自身和谐的过程、状态和能达的境界；和谐是休闲的灵魂。

3. 科学的实践观蕴含着休闲作为一种实践形态的个体生命和种族（人类）历史的必然性。在马克思主义的科学实践观看来，休闲是基于劳作的人的高级的实践形态，并且向下兼容了劳作并逐渐成为劳作的目标：休闲是个体人存在的高级实践形态，也是人类群体存在的高级实践形态，是人的享受和发展实践；休闲从谋生性劳作中产生出来，反过来又渗融其中，并使劳作过程休闲化，使之成为人们的乐生活动。马克思的"工作日"理论隐喻着劳作者"休闲"的生命必然性，休闲是劳作者生命时间中在谋生、维生和延生之外和之上的自由时间及乐生活动，亦即劳作者能够有时间"受教育"、"发展智力"、"履行社会职能"、"进行社交活动"、"自由运用体力和智力"等，从而"满足精神需要和社会需要"，这具有生命的必然性，是人的生命活动的重要组成部分。同时休闲也是劳动者获得自由发展的一种现实途径和实践形态，也是在实现人的"第二天性"即人的生存天性之外的真正人的社会本性和需要。由于科学技术的应用，自由时间的显著增加，作为对自由时间之利用方式的休闲又具有物质生产的客观必然性。休闲作为人的高级实践形态，具有显著的人本特质，休闲直接以人自身为目的，以人自身和外物为手段，以人为本是它的本质特征，其辩证本性体现为它的个体超验性、实践和谐性、社会公益性以及文化内容与经济形式的对立统一性。

4. 基于生产方式理论的休闲方式概念，揭示了休闲作为人的享受和发展方式的本质、内在矛盾及其与生产方式辩证关系。休闲方式、休闲力和休闲交往的概念具有理论逻辑的合理性和现实休闲的根据及丰富内容。休闲力就是一个人或一个社会休闲发展并惠及于人的能力和成果，是人们参与和享受休闲的能力，是人们自觉地调节自己与一切休闲资料之间关系的能力和成果，由休闲主体、休闲资料、休闲过程和休闲效益几个要素构成，包括个人休闲力和社会休闲力两个层面，各自具有丰富的内涵和可测度的实证指标，是一个人或一个社会休闲发展状况的客观标志；休闲交往主要是指人们在休闲过程中结成的人与人之间即休闲主体间的关系，大致包括休闲主体与休闲资料的享有关系，休闲过程中人与人之间的关系，人在休闲中的地位，以及休闲效益的公平程度即是否全体社会成员共享休闲等几个方面。休闲方式是休闲力和休闲交往的矛盾运动和辩证统一，其中，休闲力决定休闲交往，休闲交往又能动地反作用于休闲力，现代休闲方式的内在矛盾表现为休闲的文化内容与其经济形式之间的矛盾，这也是现代休闲容易走向异化的深刻根源。休闲方式根源于生产方式，并与之形成辩证的历史关系，其意义正在于昭示了生产方式发展的人本、和谐及可持续的趋势；与生产方式的纯粹物质性不同，休闲方式本质上是人的享受和发展方式，是社会的文化发展方式，是个人和社会的精神活动方式，这一点非常重要，直接表明了休闲方式的社会地位和历史作用。

5. 休闲方式在生产方式的基础上具有自己相对独立的发展规律、发展动力和创新机制，并且也使生产方式的发展规律呈现新的特点。休闲随着社会形态的演进而发生相应的变化，物本休闲是当今休闲的主要模式和特点，物本休闲的典型形式是实业化或社会物质化的休闲，即呈现为各种休闲业态。与工业化进程相对应，休闲业态逐渐兴起、发展，并日益呈现一种客观的跃迁规律：整个社会物质生产的两大部类的结构体系及其运动规律内含着消费资料生产逐渐凸显的客观趋势；包含文化资料在内的三种消费资料（生存资料、享受资料和发展资料，后两者即休闲资料）的生产越来越成为休闲方式的直接的生产基础；休闲资料的生产也越来越显著地从物质性的享受和发展资料转向精神性的享受和发展资料（即文化资料）；物质生产的休闲化成为一个显著的必然趋势，即物质生产从以生存为主导转向以休闲为主导，或者物质生产从直接服务于生存转向直接服务于休闲；休闲成为生产的重要目的，休闲方式因而成为引导和带领生产方式发展的导向性、目标性因素。这也使得现代生产方式呈现一种新的发展特点：物质生产的休闲化意味着休闲物质资料的生产逐渐居于先导地位，这使休闲文化资料的生产日益突出，而文化取向的休闲产业突飞猛进的发展，提供了越来越多的休闲资料和休闲服务，休闲文化对传统的三大产业实施休闲化的升级改造，从而必然使所有劳作成为休闲活动，休闲与劳作终将历史性地融为一体。近代以来，休闲方式与科学技术相互作用、相互推动；如今，科技进步对休闲手段的创新会直接导致新的休闲形式及相关产业的形成与发展。生产方式与休闲方式的辩证运动从外部推动着休闲方式的进步，而休闲本质的身心内在性、体验超越性与休闲手段的外在物质性、感官实在性的矛盾，休闲的文化内容与其经济形式的矛盾，是休闲及其文化创新发展的微观动力机制。

6. 休闲方式的社会和历史类型可概括为休闲形态，它以休闲活动为基础，表现为各种休闲实业，这是现代社会休闲发展的具体物质形式，推动各种休闲实业的健康发展对落实科学发展观具有积极意义。休闲形态是划分休闲类型的概念，它区别于劳动形态、社会形态等，有自己的特殊本质和复杂的系统结构；广义的休闲形态包含休闲文化、休闲制度（含法规、政策、体制等）、休闲活动、休闲效益及休闲方式，狭义的则特指休闲活动和休闲方式，实质上就是休闲之文化内容与其经济形式的有机统一。休闲活动是休闲形态的运动的或活动的表现，是休闲之一切要素的基础和载体；从历时性上可把休闲活动划分为传统休闲活动和现代休闲活动，从共时性上可根据不同的标准进行不同的划分，而从个体身心体验上可划分为身体性、精神性、心身性、信仰性、玩物性综合性休闲几种，这种划分对于理解现实的休闲及其对主体的作用具有重要意义。在人类历史中，休闲曾经采取过纯粹个体内向性活动、居民日常娱憩、赢利性产业和公益性事业等不同的形式，它们具有不同的功能和作用，在现代商品社会中，营利性的休闲产业及其经济体系成为休闲及其文化发展最为重要的经济和社会形式，并承载着创造和传播文化的功能。随着政府职能的调整和公民社会的发展，公益性的休闲事业也愈益重要。休闲与科学发展观在人性预设、人本价值目标、社会发展的全面性协调性和可持续性的发展要求等方面具有内在的契合，并且休闲是人本地发展社会生产力、促进经济全面协调可持续发展的重要途径，也符合改革开放的基本精神、符合以人为本的核心和本质，因而发展休闲成为真正落实科学发展观的应有之义。

7. 休闲文化是休闲形态或休闲方式的文化层面，是休闲方式的社会意识方面，是休闲的精神和灵魂，其核心是休闲价值观，而最为深刻的是闲暇道德和休闲伦理。休闲文化就是休闲方式的观念形态，是休闲形态的文化内容和思想观念方面，是休闲作为一种客观的社会存在的社会意识反映。包括工具性的休闲知识和技能，更重要的是指休闲的灵魂性的东西——休闲文化的价值性方面：休闲态度、动机、情感、趣味，休闲的道德选择、伦理行为和综合效益，等等。休闲文化与先进文化的历史关系极为复杂，存在着发生学、生存论、系统论、人性论与和谐论等方面的辩证关系，而所有这些关系从历史发展看，先进文化应该始终成为休闲文化的向导，休闲文化在促进人的自由发展、提升社会精神和政治文明、增进社会和谐等方面也是先进文化的重要形式和载体之一；但证诸休闲文化发展的复杂现实，把休闲文化纳入先进文化休闲文化的发展轨道既具有急迫的必要性，又具有现实的和逻辑的可能性，因而应该按照发展性、规范性、共享性、人性化、和谐性的原则，实现这种"纳入"，并把它作为当今我国发展休闲的重要指导性原则。休闲文化的核心是休闲价值观，集中体现在闲暇道德和休闲伦理领域。休闲的现实发展及其问题不断提醒人们应该高度重视闲暇道德和休闲伦理；闲暇道德是人在闲暇中处于"无为"状态的道德规范，是指人们在闲暇时间中处理自己身心关系及与外部环境之间关系的道德选择和行为规范，休闲伦理是人们在休闲过程中处于"有为"状态的道德规范，是指人们在从事休闲活动时，在休闲过程中所应遵守的具有某种公共性的行为规范，二者都是休闲价值体系的有机组成部分；明星和官员等公众人物的闲暇道德和休闲伦理对社会大众的道德风气有着显著的示范和辐射效应，甚至规范并引导着休闲的发展方向。中国特色社会主义休闲价值观既体现中华文化的历史传统和优势特色，又体现社会主义的基本价值追求，在形上层面可表述为和谐、欢畅、自然、明觉，在实践操作层面则可按照科学、健康、文明、幸福的原则进行建设。

8. 休闲的发展无论在理论逻辑和现实规律的层面最终都导向社会主义和共产主义。社会主义与休闲有着本质的关联性，在其制度下的休闲内在地具有社会主义的特征。资本主义制度下的休闲发展客观上趋向社会主义具有历史的必然性，一方面，物质生产技术的智能化造成极高效率的物质生产，导致必要劳动时间的极大缩短，事实上被资产阶级所垄断、表现为工人阶级剩余劳动时间的潜在的"自由时间"愈益充裕，只有通过社会主义革命，建立社会主义制度，实现自由时间的公平分配及全体社会成员共享休闲（自由时间回归劳动者），从而使人的个性普遍得到自由发展；另一方面，资本主义条件下存在的异化劳动和异化休闲，在社会主义条件下得以克服，这也必然导致社会休闲资料分配上的日趋公正，最终消除人的异化，这也势必导向社会主义，从而使人的一切活动回归人本身；可见休闲的革命是社会主义革命的应有之义。社会主义和共产主义社会客观上也要求社会成员以休闲的姿态投入一切社会活动之中，从而真正实现一切人的自由全面发展；这时的休闲具有显著的共享性、自然性、人本性、和谐性等特点。从古代天人合一的人本休闲到近现代物化的天人对立的物本休闲，再到符合社会主义原则的具有中华文明特色的人本休闲，也表明中国社会休闲的发展具有自己的特殊规律。根据社会主义原则和中国休闲发展的现实趋势，在全体社会成员共有工作、共同富裕的基础上，实现全体人民共享休闲将成为社会主义的显著特征：建立和完善社会主义公有制，实现劳动时间和劳动岗位在全社会范围内的合理配置和自觉调节，实现全体人民共有工作，并且遵循按劳分配的原则实现全体人民共同富裕，最终实现全体人民共享一切自由时间和休闲资料；因而全民共享休闲也是社会主义制度得以完善的重要标志。未来共产主义社会的自由人联合体不是突然出现而是逐渐生成的，可以说目前存在的各种休闲人共同体便是其萌芽形态，而按照休闲型组织的原则改造了的各种劳动组织或工作单位，则是自由人联合体的基础和胚胎形式。

［作者单位：山东大学（威海）］

政府微博与公共能量场契合析论

孙卓华

在后现代社会中，自说自话的传统环式民主已远远不能满足公众直接表达多元化意见的要求。查尔斯·J. 福克斯和休·T. 米勒认为有必要建立一套与传统民主不同的话语体系，使政府和公众在公开、真诚的互动基础上对话，达成能满足不同需要的公共政策。这个话语体系被称为"公共能量场"。在网络时代，政府微博作为一种虚拟的公共能量场，为公众提供了话语平台，所有的公众可以在这里和政府平等对话、互动，实现直接表达意见和参与治理公共事务的理想，使公共政策在这里达成或者被修订。

一　公共能量场的解读

公共能量场是查尔斯·J. 福克斯和休·T. 米勒《后现代公共行政——话语指向》一书中话语理论的核心，是对当代国际社会中后现代话语的跨领域运用。福克斯和米勒认为，后现代公共行政是从本质的抽象再回到现象的具体，即公共行政在满足社会对公共物品的大量需求之时，也要回应复杂多变情况中公民的个性化需求。后现代公共行政关注的是政治话语，其立足点是既能适应后现代多元化的状况，又能提出具有民主特色的主张。那些传统的环式民主模式不能真正反映后现代多元话语下公众的意愿，不能适应多元化的社会需要。福克斯和米勒主张，必须建立一套适应多元化要求的话语体系，使政府和公众在公开、真诚的基础上对话、互动，达成能满足不同需要的公共政策，而不是传统体制内自说自话的独白过程。这个话语体系就是公共能量场。

福克斯和米勒把"公共能量场"看作现代物理学的场理论和现象学的方

法相互修正的结果。"公共"是一个由行动和语言组成的领域，是一个统治阶级的政治权力相抗衡并向所有公民开放的公共生活领域。"能量"是指一种内在的力量、一种碰撞的作用力。"场"是作用于情境的力的复合，场的结构不是固定的公式，而是取决于正在发生的事情。情境是指解决某一问题时其特殊的语境和具体性；力是意向性，在特定的情景要实现的目标。能量与场结合后的"能量场"吸引、激励着不同意境（目的）的人们。在这里，各种行为者之间是平等互动的，具有不同政策意向性的话语在某一种重复实践下的语境中，为获取意义而相互争辩、论证后，达成特定情境下的公共政策。故而，公共能量场是指表演社会话语的场所，公共政策在这里制定和修正。

后现代公共行政话语优于传统环式民主，是因为话语的准入是开放的免费的，任何人（包括讲假话的人）都有权进入政策对话的公共能量场。因而，为了避免公共能量场里虚假和无政府主义陈述的缺陷，福克斯和米勒提出了话语正当性的条件，以把那些违背真实交谈规则的参与者限制在对话之外。

第一，话语正当性基础：真诚、切合情境的意向性、自主参与、具有实质意义的贡献。真诚的话语需要彼此的信任，保证公共利益不受损害；具有切合情境的意向性言说要考虑问题的语境及公众的利益；自主参与是积极主动关注事实和表达深思熟虑的结果；具有实质意义的贡献要求在对话时不应跑题。

第二，话语的平等性。为了防止出现对话陷入独白性言说，对话应该是有意义的争辩、论证和反驳，而不是和谐的异口同声。参与对话的双方之间是平等、对抗的、可以相互辩驳的。

第三，话语的正当形式是"一些人"的对话。少数人的对话是代表着精英参与的政治过程，不能反映多元化意愿，而多数人参与的对话会造成无政府状态，不利于形成公共意愿或政策行为。所以，公共能量场的正当形式应该是"一些人"的对话，即那些为了公共利益能够维持对话的人。他们对话持续时间比较长，将会产生凝聚力，实现真正的公共话语。只有这"一些"积极投身于公共事务的人，才能通过有意义的、切合情境的话语，对公共政策的制定和实施发挥作用。

福克斯和米勒虽然认为传统官僚制的话语模式流弊凸出，但还是希望保留这个范畴，并想把官僚制中的各种联合体（协会、派系）和它们的经验、目标或最终理念都纳入到公共能量场概念涵盖的行动和重复性实践中，与公民社会的部门如非营利组织、各种从事公共活动的群体及个人建立密切的关系，使公共能量场呈现多元化的公共氛围，犹如太阳黑子，它可以从任何一点燃烧起来，产生的热量以波的形式向外传导，进而作为一个整体影响到整个领域。从而使公共行政的模式从官僚制转换到公共能量场。

二 政府微博与公共能量场的契合

公共能量场是西方公共行政体系的理论，为推进公众参与公共事务治理提供了参考路径。对于已经步入后现代的中国，合理运用它解决一些特定问题是很有价值的。实际上，当下中国的政府微博这一虚拟社区对一些特定问题的解决和公共政策的达成，已然在一定程度上体现了公共能量场的特质，可以视为与公共能量场的契合。

（一）政府微博的概念

微博是继 Web1.0 时代的 BBS 和 Web2.0 时代的博客之后的一种新型信息交流模式，美国人埃文·威廉姆斯于 2006 年在 Twitter 推出的信息服务，标志着微博的诞生。微博，即微博客（MicroBlog）的简称，是一个基于用户关系的信息分享、传播以及获取平台，用户可以通过 WEB、WAP 以及各种客户端组建个人社区，以 140 字以内的文字更新信息，并实现即时分享。微博具有简单、即时、开放、互动性强的特征。它可以通过任何一个移动平台随时随地发布信息，实现信息一对多的指数级放大模式；它发布的信息是可以共享的、互动的，对于信息发布者、接受者和推动者而言，大家地位是平等的，都享受到互联网所带来的便利。因此，微博因符合当下网民快节奏的需求而得到迅速发展。

在公众利益需求多元化的今天，传统的官网已不再是政府部门唯一的门户，政府开通微博来进行形象宣传、信息服务以及与公众沟通就成为一种必然的选择。政府微博是政府（广义上的政府）部门以虚拟的网络社区为平台，以公众与政府部门的利益关系为基础建立的，发布、获取和分享信息的"场所"，该"场所"遵从微博的特性，实现了公民与政府间的即时互动和公共政策的达成，拓宽了公众参与公共行政的渠道，体现了民主行政的特性。

政府微博不能简单地等同于官方微博、官员微博。官方微博特指网站专属主办者，带有专用权威的含义，任何组织或机构、甚至个人都可以成为它的主体，例如企业、政府、非营利组织、大学及媒体等等。官员微博是以个人名义开通的平台，其发表的信息只代表了个人的看法。政府微博是官方微博的一种，特指以政府部门身份开通的微博，其目的主要是进行信息服务，即发布与该职能部门相关的、公众热切关注的以及影响社会发展与稳定的信息，并与公众进行沟通、互动。政府微博把现实中的政府部门与公众的沟通互动搬进了网络世界，这种"情境"的变化，使得政府和公众的对话更加开放、平等，可以对一些公共问题进行沟通、辩论，也使得政府部门进一步了解到公众的需要，从而改善现实中的公共政策及其实施，如"北京公安微博"，到目前为止解决网民反映的突出问题近200件，协调相关部门解救自杀网友6人。

目前大量的政府部门尝试通过政府微博不断探索社会化管理新模式。仅在新浪微博，截至2011年11月初，通过认证的各领域政府机构及官员微博已经超过18500家，其中政府机构微博9960家，覆盖全国34个省、自治区、直辖市及特别行政区。15家政府机构的官方微博"粉丝数"超过百万。这说明"政务微博""微博问政"在全国已日益成为推进民政网络互动的新型渠道和重要平台。

（二）政府微博是一种有效的公共能量场

网络化时代的政府微博，为公共能量场的理论注入了新的活力。政府微博形成的虚拟公共能量场使政府和公众间的直接互动得以实现，为具有独立人格的参与者提供了良好的言说环境，政府微博"去中心化"的匿名环境使权力领域无法形成话语压力，使"一些"参与者能够自由、平等地在其中自主的发表意见，与政府达成共识。

1. 政府微博推动了公共政策的过程，实现了公共能量场的意向性

微博简单、开放的特性，一对多的信息传播广度（即因关注者的转帖）呈几何级增加的功能，使公众较容易进入政府微博。这里的参与者、关注者通过把他们对特定情境下的议题、讨论迅速传到社会的许多领域，在极短的时间里将议题扩散并形成舆论，并且可以及时地得到各种反馈信息。这些信息包含着不同利益主体之间的差异和分歧，但在讨论、协商甚至对抗中相互妥协，得到修正。如温州高铁事件处理方案、个人所得税议案的确定。公众正是通过对政府议题的反复对话、辩论甚至对抗，使其背后的公共问题得以凸显，成为公共利益的诉求进入公共政策议程中，最后达成和谐的公共政策。

2. 政府微博的即时高效性、原生态化，可以减少或避免虚假的话语

公众对一些公共事件或公共问题会发表意见、参与讨论、调查并试图影响公共政治生活。而政府微博具有"背对脸"地、平等地跟随交流的特点，使参与的公众有安全感，在进行话语时能坦诚地表达自己的意图和意见。因

为公众以转帖的跟随方式从政府微博中得到自己需要的信息，公众如果对某个公共话题感兴趣，就可以用手机或各种即时通信工具加它为"关注"，在这种状态下就可以第一时间获得自己所关注对象的最新动态，参与者获得信息的时效性极高，保证了信息的真实性。同时，由于政府微博在信息发布后几乎没有快速审查的环节，从而使发布的信息内容是原生态的，避免了公共组织体制中的话语跑题现象，实现了真诚交流。

3. 政府微博的"去中心化"消解了传统话语自说自话的独白性

微博文字控制在140字之内，简单的记录方式降低了对参与者文字功底的要求。"微博精髓是交流的去中心化，它使每个发言者在互联网上实现平等对话，这种方式的确在改变着中国社会的对话传统。""一些"关注公共事务的公众通过政府微博，可以凭借自己的深入思考和理性分析，使那些能够反映公共责任和公共意识的意见获得认可，这些意见吸引许多关注者来对话、交流，然后又被传播，使政府微博成为汇聚民声、表达民智的公共能量场。传统体制中的话语权被下放，避免专家理性的不足，彰显了"一些人"参与的民主，改变了传统话语的独白性。

4. 政府微博拓展了公众自主参与的公共领域

政府微博创造了一个新的公共领域——关于观点、意见的交往网络，是一个虚拟化对话网络空间，任何积极参与的公众可以根据需要对公共事务、公共利益表达出自己深思熟虑的观点，实现对公共事务的自主参与。因为政府微博使曾经由精英阶层所控制的话语领域得以开放，普通公众也可以在政府微博里了解公共政策、表达自己的观点、分享公共利益，从而拓宽了公众能够参与的公共领域。此外，政府微博中对相关关键词的设置，使对话、交流不排斥更多参与主体的进入，可以对某些原有议题继续关注、讨论、辩论，使这些公共领域持久存在，实现了参与者自由交流的愿望。如购买火车票的方案、住房政策等等就是这样达成和不断修正的。

三　在公共能量视角下完善政府微博

政府微博为公民直接参与公共事务提供了平等、开放、去中心化的空间，改变了传统的民意形成和表达方式，调动了公众参与的积极性，激发了公众的民主意识，同时使政府的某些公共政策被实施和修正，消解了一些社会不稳定因素、化解了公共危机、找到了体制外的支持力量。因而，政府微博日趋受到重视，在2011年11月初政府微博已达到9000多个。然而，在实践中政府微博也遇到了一些困境。所以，政府以公共能量场理论发展、完善政府微博是非常必要的。

1. 从法律、制度上保证政府微博的公共能量场特质

随着网络信息技术的进一步发展和公众参与意识的增强，政府微博日趋成为政府提供信息服务和公众参与的场所。而政府微博作为一个新兴的公共领域，许多关于在政府微博里进行对话的制度、规范尚缺失，比如政府微博由被动互动、不动而变成"危博"，公众进行话语的权利得不到实现，或者出现"网暴"等，这些势必会影响到政府微博这个公共能量场的价值，不利于公共事务的解决和公共政策的制定和实施。因而，应从法律、制度上提供一些规范以保证政府微博公共能量场的效用，政府尽可能改变传统的钳制话语表达的制度体系，挖掘宪法和民法、行政法之资源，建立一些可促进公共话语表达的规范。如对互联网上的安全、隐私权、言论自由、政务信息公开、行政监督等进行相应的界定，从制度规范上保证政府微博是一个开放、平等、自由的话语体系。

2. 提高政府微博和公众参与的道德自律意识，增加话语的真实性

对政府和公众来说，开通注册微博比较容易，但也存在着缺少制度化和规范化的天然缺陷。要想发挥公共能量场的作用，需要对政府微博和参与者进行道德引导、控制。政府拥有大量信息资源，在微博里具有充当意见领袖的优势。由于非公共利益的驱动和某些外在压力的干扰，政府微博缺少主动性和积极性，致使政府微博发出的信息失真、微博失声，只在某段时间为应付某些政策而存在。另外，政府微博也可能成为政府和公众不负责任进行随意发泄的平台，成为民粹主义的一个工具。为了避免以上不利于话语效用的因素，有必要对政府微博中的相关人员和公众进行宣传、教育和培训，提升公共道德，使之认识到政府微博是倾吐心声和表达意见、直接对话的公共场所，自觉地在真实、坦诚和负责的理念下对话和互动。

3. 增加微博领域，促成话语具有切合情境的意向性和实质性贡献

政府微博中的信息往往与公众的日常生活和切身利益息息相关，因此受到公民的普遍关注，政府通过微博不间断地发布信息正好满足了公众的关注需求。根据全国首份政务微博年度报告，目前政府微博已扩展到政府机构的各个行业，如市政、招商、文教、体育、质检等，其中公安、旅游、宣传、交通、司法、团委等方面的信息依旧是热点。而目前正处于社会转型期存在的诸多社会问题，诸如农民工待遇、征地拆迁、住房和食品安全等比较凸出的民生问题，这些社会舆情在政府微博中鲜见。为此，政府微博应增加一些

领域，对于公众关注的领域，政府要主动回应，增加话语范围而不应跑题。像北京"发布厅"部门，涵盖市民衣、食、住、行、教育、安全、医疗等生活的各个方面，可以在不同方面满足公众的话语表达，使政府和参与对话的公众在特定领域都有实质性的议题。

4. 缩小数字鸿沟，扩大"一些人"参与对话

在信息化时代，政府微博作为一个公共能量场已成为实现直接民主的趋势，从社会和时代需要来说，政府应该更好地利用这个可以进行公共话语表达的虚拟场所。但是，当下现实中，巨大的数字鸿沟制约着公共能量场的效用。据悉，各地微博问政开通情况排名与所在区域经济、政治等综合发展情况排序大体一致，北京、广东、江苏、浙江、福建等经济较发达的省份政务微博开通情况在全国居前列。而在不发达地区，很多公众因经济、教育、技术上的条件限制无法接触政府微博，这些公众的心声和意见，往往影响甚至决定着某些领域的发展。为此，政府需要通过教育、培训以缩小数字鸿沟，挖掘、引导那些能成为"一些人"的参与者进行公共对话，在政府微博的技术要求下，使更多的人参与到政府微博这个公共能量场中。

结　语

公共能量场不是对环式民主的完全否定，而是在多元化时代对公众利益诉求和参与治理的有效补充。中国虽然不是西方式的公共行政体系，但在后现代信息化社会，公众同样有着多样化的表达需求，而政府微博则为这样的需求提供了一个适时有效的平台。随着公众参与和表达意识的增强，政府微博日趋成为必要的话语场所。基于现实所需，政府应该对适应后现代发展的公共能量场理论加以有效地运用，实现政府与公众之间的对话和互动，对某些焦点问题达成共识，以期能够推动社会管理的发展。

[作者单位：山东大学（威海）]

强化科技人才支撑促进市域一体化发展

李君钊

威海市第十四次党代会，站在威海城市可持续发展的高度考量，做出了"市域一体化、全域城市化"的重要部署，描绘了一体化大威海未来发展的宏伟蓝图。这是一个具有里程碑意义的战略决策，也是一场关乎威海未来走向的重大抉择。市域一体化发展，科技和人才问题，是关键环节。

一 科技人才支撑对推动市域一体化发展的必要性分析

（一）科技的支撑对推进市域一体化发展的作用

当前，科技进步已经渗入到社会经济活动的各个环节，是推进市域一体化发展的主要因素之一。有力的科技支撑能创造新的区域经济增长点，带来了巨大的经济效果。科普宣传与科技教育及培训，能提高人们的科技意识和水平；掌握先进实用的技术，能提高劳动者的工作能力，促进社会经济的发展，同时提供高素质的人力资源保证；实用科技成果、专利技术与新产品的研发成功，更是可以直接带来产值的增加、经济效益的增长。通过建立科技信息网络节点、信息服务示范点、信息服务企业和信息服务示范村，发布供求信息，促成网上商品销售、网上引进推广应用新品种与新技术等形式为城乡经济发展服务，促进县域经济发展的成效十分显著。例如荣成市"海易网"（http://www.haiyi360.com）是哈理工荣成学院针对荣成市缺少海洋食品综合电子商务平台的实际，组织骨干技术力量规划建设的中国海产品行业领先的电子商务（B2B）平台，网站涵盖海产品供求信息、行业企业、行业资讯、企业招商等20多个栏目，交易产品包括海珍品、鲜活海产品、冷冻冰鲜品、海带海藻产品等 10 大类 300 多个品种的海洋食品与配套产品。"海易网"的开通，填补了荣成市海洋食品综合电子商务平台的空白，提供更加周到、便捷、高效的展销服务，为荣成市特色产业海洋渔业的发展提供了最时效的展示平台。这也是荣成市以科技人才促进市域一体化发展的一个范例，以高校为科技人才的载体，结合荣成市以海洋发展为特色产业的特点，加强沟通与资源贡献，为培育所在城市的支柱产业和带动区域经济发展做出了重要的贡献，加速海洋产业得到蓬勃发展。

因此，农海产品市场竞争能力的提高，农民增收、农业增效、农村经济可持续发展，都离不开科技水平的提高和科技成果的推广应用。谁掌握了先进科技，谁就掌握了发展的速度，赢得竞争的先机。科技工作直接面向农业和农村经济社会发展需要，通过引进与转化生物技术、水产养殖技术、动植物遗传育种、节水灌溉技术、海洋生态、农业高新技术示范推广、产学研合作等方面的科技成果，解决了许多农业经济发展的技术瓶颈，推动了农村科技进步和生产力水平的提高。在中国，农业科技贡献率为 40% 左右，在发达国家为 60%~80%，科技发展对农业上的影响还有很大的潜力可挖。

（二）人才的支撑对推进市域一体化发展的作用

知识和科技的载体是人。所以推进市域一体化要依靠科技，科技进步要依靠创新，而科技创新最终要依靠人才。一方面科技人才是先进生产力的开拓者。只有把科技人员的积极性和创造性调动起来，才能将潜在的科技优势转为现实的经济优势。当高素质科技人才的科技知识与市场衔接起来时，才能促进科技进步，实现人才资本的倍增效应。在这里构筑激发科技人员的潜力，鼓励科技人员创新创业的平台，显得尤为重要和迫切。例如，山东大学（威海）、哈尔滨工业大学（威海）、哈理工（荣成）、威海海洋学院入住威海，通过开展"校地联姻"，建立专业技术人员继续教育基地。荣成市就围绕都市型现代特色海洋渔业，鼓励专业技术人才、经营管理人才到企业、渔村第一线为农渔业产业化的发展做贡献。荣成市农广校与科协也通过开展专业技术人员培训及科技种田宣传等进行农村实用人才培训。另一方面农民是科技进步的受益者和直接推动者。这其中办起的各种类型的文化科技学习班、计算机培训班、农民夜校，建立的图书室、广播站，都在积极开展文化教育的同时，推广了相应的科学技术知识。只有让健康的文化、科学的精神占领农村思想文化阵地，才能促进农民和农村生活方式的转变，给农村带去新思想、新观念、新的生活方式和城市文明。不断提高农业劳动者的素质，从经济上、文化上、政治上形成引导农村发展的先进力量，是推动市域一体化发展的直接动力。

从教育的角度上看，世界各国的统计数据均显示，受教育的程度越高，收入水平就越高。我国有8位科学家在《自然》杂志上发表专刊，认为农业最重要的资源是人、土地和水，农民必须接受9年义务教育，才有接受新技术的能力。据统计，在全国5亿农村劳动力中，小学及以下文化程度的占40%，高中以上的只占12%，全国92%的文盲半文盲在农村；农民整体素质偏低；受过职业技术培训的农民不足5%；在农村外出劳动力中有85%左右文化程度在初中以下；1亿多乡镇企业职工中，具有大专以上学历的不到1%；乡镇农技推广服务机构中的技术人员，中专以上学历的仅占11.4%，我国农村劳动力的文化素质低已经成了推进市域一体化的"瓶颈"。因此，如何以促进人的全面发展为目标，培养造就具有较高素养、较高技能的新型农民，为新农村建设提供有力的人才保障，是新农村建设面临的重要课题。必须加大市财政投资全面完成农村中小学标准化、规范化建设，更大程度上提高全市农村高中入学率与职业教育入学率。

因此，引导和组织农民运用现代农业科学技术改造传统农业，变革传统生产方式和生活方式，增强农村经济发展的造血功能，加快农业产业结构的调整优化，逐步打通长期制约农村发展的科技、流通两个"瓶颈"，充分发挥科技在农村社会经济发展中的作用，才能推动农村经济和社会的发展。在市域一体化的进程中，城乡之间的劳动力、技术、资金和资源等生产要素资源在一定的范围内是可以达到合理的交流与组合的。但是在实践过程中，真正达到这样的目标仍有相当大的难度。

（三）科技人才支撑对威海市域一体化发展的作用

科技和人才的支撑为威海市域一体化发展提供了良好的机遇。科技进步与创新已成为生产力发展的决定因素，是经济社会发展的主导力量。抓住威海市域一体化发展的机遇，大力推动科技进步与创新，是区域经济社会快速发展的必然要求。一方面资源和环境面临着巨大的挑战，决定了我国经济社会发展必须切实转入依靠科技进步的轨道上来；另一方面只有大力培养具有现代科技素养和创新能力的各类人才，特别是农村实用技术人才，才能使数量巨大的人口包袱转变成潜力巨大的人口财富。2014年威海市人民政府工作报告指出：在对企业科技创新的扶持力度加大的基础上，市级财政科技支出增长30.6%。新建公办及公办性质幼儿园10所，新增农村中小学新模式校车

273 辆，新建远程录播教室 40 个、交互式多媒体教室 1084 个，建成 4 个职业教育示范实训基地，三市一区全部通过国家义务教育发展基本均衡县验收，成为全省唯一实现"满堂红"的市。实施重点人才工程，新建大学生创业孵化基地 5 家，引进各类人才 2.7 万人，增长 53%。这些前提工作为威海市市域一体化提供了良好的机遇。

科技和人才的支撑影响幸福威海目标的实现。全面建设小康社会，重点在农村，难点在农民。农村工作事关全面建设小康社会目标的全局，乡村区域的人才资源任务重大，要为解决"三农"问题提供技术人才支撑。目前威海发展落后的农村主要集中在内陆丘陵区，人口少、产业基础相对薄弱，此类农村普遍存在农产品科技含量不高、名牌产品少、竞争力不强的状况，农村劳动者思想观念较落后，文化素质较低，直接影响了接受农业科技的能力，制约了农业科技的传播，而其农科人员长期没有培训和进修，知识老化，素质偏低，基础薄弱。因此要根据全市的具体情况制定相关政策。据统计，威海市围绕推进市域一体化战略，2013 年 7 月，在全省率先提出实现"全域城市化"，探索以城市化带动市域一体化的城镇化新路，力争彻底突破城乡二元结构的束缚。因此可通过实施"引才兴镇""借脑兴业""引智兴农""育人兴村""一村（社区）一名大学生计划"和重点镇政府雇员制度等，启动城乡人才市场整合工程，市财政可出资设立"威海市人才开发专项资金"，进一步加大了人才资源开发的宏观调控力度，这些举措有力带动了城乡人才并重、协调发展。在全面建设小康社会的过程中，将科技导入农村，与乡、村、农户或龙头企业结成对子，建立起一种新型的利益共同体和科技推广服务体系，才能解决好农村发展的科技"缺位"、人才"缺失"问题，为早日实现全面建设小康社会的目标做出新贡献。

因此，必须依靠科技和人才的支撑，甚至引领效应，才能促进二元经济结构调整，拓展乡村发展空间，提高区域综合竞争实力，保持经济社会全面协调发展；才能真正降低资源消耗，改善环境，提高资源利用效率，建立资源节约型和环境协调型社会；才能提高全社会科技文化素质，使科技进步真正惠及广大人民群众。

二 科技人才的支撑对推进威海市域一体化发展的可行性分析

农业是市域一体化的原始动力，工业是市域一体化的根本动力，第三产业是市域一体化的后续动力。没有第一、第二、第三产业的互动、城乡经济的相融，就没有市域一体化的经济基础和持续动力。威海市第十四次党代会确立市域一体化的发展战略，并将其作为促进城乡统筹发展、打破城乡二元结构、实现社会和谐稳定的重要手段。威海按照"规划先行、建设集约、因地制宜、群众自愿"的原则，坚持以中心村、经济强村为核心，以居住向社区集中、土地向规模经营集中为导向，集中规划建设若干个新型农村社区，解决"三农"问题的要害。市域一体化发展需要各种要素资源的支撑，特别是对于科技和人才要素需要一定的基础准备。

一是宏观经济形势良好发展。仅在过去的 2013 年，全市生产总值增长 10.5% 左右，公共财政预算收入增长 13.4%，城镇居民人均可支配收入增长 10% 左右，农民人均纯收入增长 11% 左右，三次产业比重由 7.7∶53.4∶38.9 调整为 7.6∶51.8∶40.6，居民消费价格涨幅控制在 2% 以内，城镇登记失业率控制在 1.53%。

二是自主创新能力持续提升。实施省级战略性新兴产业项目 27 项，新认定科技型中小企业 27 家，工业技改投资增长 20%，市级财政科技支出增长 30.6%。新建科技企业孵化器 10 家，创建省级以上研发平台 21 家，实施产学研合作项目 82 项，发明专利授权量预计增长 18%。启动智慧城市建设，建成云计算中心和工业设计、公共服务云平台。

三是资源储备具有一定基础。拥有山东大学（威海）、哈尔滨工业大学（威海）、威海职业学院、哈理工（荣成）、威海海洋学院、山东药品食品职业学院、山东外事翻译学院等院校。已制定出台一系列对外开放、改善投资环境和高新技术成果转化及产业化的优惠政策，实施重点人才工程，新建大学生创业孵化基地 5 家，引进各类人才 2.7 万人，增长 53%。

三 市域一体化战略中科技和人才支撑功能的思考

（一）牢固树立科技和人才的双支撑观念

科技是市域一体化发展的内在原动力，而人才对科技快速发展起着促进和保障作用。实践证明科技与人才密不可分，其结合的成效十分明显。全国百强县人均 GDP 产值是国家贫困县的 5.3 倍，县（市）财政收入的差距是 12.2 倍，科技三项费总额的差距则拉大到 17 倍。因此，落实科技和人才的双支撑策略就必须足够重视和充分认识到科技工作和人才工作对经济有直接的促进作用，把科技工作和人才工作摆在地方政府的重要议事日程上。以科技为先导的新兴产业在一些地区迅猛发展，高新技术产业化和成果转化对部分地方支柱产业的形成起到了促进作用，涌现出广东南海、江苏江阴、内蒙古鄂尔多斯等一批依靠高新技术发展起来的、具有区域优势产业的先进典型。我国各地区先后建立了3000多个高新技术产业园区、可持续发展实验区和农业科技示范园区。依托这些园区和示范区，集成示范了一批高新技术和适用技术，推动了区域产业结构调整，创造了地方经济新增长点。

随着科学技术的迅猛发展、产业结构的不断升级和管理科学水平的不断提高，一场世界性的人才争夺战日趋激烈。与此同时，各地区、城市、企业没有形成吸引人才的创业机制和创业平台，没有形成规范化的人才长效培训机制和知识更新的有效渠道，人才的维持难以跟上日益变化的科技发展步伐，人才流失的现象同样触目惊心。以农技推广人员为例，在发达国家农技推广人员与农业人口之比为1∶100，而我国则为1∶1200。在20世纪进行的机构改革中，威海市乡镇农技推广机构全部撤并，因此测算基本也处于这一平均水平。在日趋激烈的人才竞争中，必须树立正确理念，尽快扭转被动和不利的局面，要扎扎实实的从管理体制、政策法规、社会环境、舆论氛围、创业条件、薪酬待遇和后勤保障等方面，构建吸引人才和留住人才的强磁场，强化人才激励机制，创新人才引进机制，改革人才培养机制，想方设法留住人才，构筑城市人才战略高地。

（二）选准科技和人才与市域一体化发展对接的切入点

在科技和人才与市域一体化发展互为促进、互为制约的共同体中，在大众科技素质普遍有待提高等现实条件下，选准科技和人才与市域一体化发展对接的切入点，对于深入推进市域一体化工作具有重要的意义。切入点的选择必须充分考虑到如何更有效利用政府有限的科技和人才经费的投入，如何进一步提高政府科技和人才投入对经济发展的显示度，如何增强公众的科技意识和科技素质，如何进一步调动广大企业开展技术创新的积极性，使科技和人才与经济的发展进入互为促进、共同发展的良性循环。切入点的选择还必须充分考虑到城乡差别，分层次寻找相应的工作方法和工作重点，推动市域一体化发展。城市发展的重点是科技创新和科技进步，而以县域经济为代表的科技工作发展重点则是培训农民、实用技术推广及相应的成果产业化。通过培训农民，提高农民素质和就业技能，促进农民流动和就业空间的扩大；通过实用技术成果推广及产业化，创造农村新的产业增长点，发展壮大乡村经济。

（三）建立健全科技和人才服务体系

服务体系是所有对科技创新和人才培养起支持作用的组织、个人及其活动的总称。随着技术创新活动和人才需求的增加，服务体系的范围和形式也必将发生相应变化。服务体系的基本宗旨是组织社会科技和人才资源，将潜在生产力变成现实生产力，促成社会经济发展，推进市域一体化进程。具体来讲，科技和人才服务体系是促进科技成果产业化和技术创新的桥梁和纽带，是国家创新体系的重要组成部分，是为用户提供相关服务的新型经济组织，属于第三产业。科技和人才服务体系在第三产业中所占比重是衡量一个国家或地区经济发达程度和未来竞争力的重要指标。推动科学技术与经济一体化发展，促进技术成果转化为现实生产力，是社会主义市场经济发展的必然产物，是一种有别于直接的科技发明的社会化服务体系。科技信息和人才信息资源的流动，在加速科技成果产业化进程中发挥着不可替代的关键作用，围绕服务体系工作的开展，将成为一项战略性产业、新兴产业，对于全面建设小康社会，具有十分重要的战略意义。在完善科技和人才服务体系的过程中，可采用的具体做法有：

（1）采取措施，不断创新服务方式、服务手段和组织形式，将服务业向技术集成、产品设计、工艺配套以及指导企业建立治理结构、健全规章制度、完善经营机制等领域拓展，推动威海市科技和人才服务体系有效应用现代科学技术，充实服务项目的技术内涵，满足日益多样化、系统化、高层次的科技服务需求。

（2）加强科技中介机构与科研机构、高等学校、其他中介机构的联合与协作。充分利用科研机构、高等学校的专业知识、人才优势和技术开发、检测、中试设施，作为开展科技中介业务的重要支撑。与法律、会计、资产评估等服务机构和投融资机构协调配合，相互集成，为科技创新的全过程提供综合配套服务。

（3）建立公共科技信息平台。打破各种服务体系和相关机构之间的封闭现象，整合政府部门、科研单位、信息研究分析机构的信息资源，建立公共信息网络。各级科技管理部门要向科技中介机构开放科技成果、行业专家信息，为其提供及时、准确、系统的信息服务。

（4）建立稳定的投入渠道。选择有实力、有行业优势的科技中介组织，在共用技术开发平台建设、服务设备购置、从业人员培训等方面加大支持力度，打造精品服务项目，提升服务质量和水平。择优扶持一批科技中介服务组织，提高其技术、人才、项目论证、实施策划和效果评估能力；加速科技和人才服务体系的企业化、市场化、产业化和国际化进程。

（四）探索发挥科技和人才支撑作用的有效模式

针对科技和人才与市域一体化发展对接的要求，着重发挥政府相关部门的作用，鼓励政府部门打破常规、大胆试验，探索适合本地区特点的科技和人才发展模式和道路。努力形成以政府政策和资金为引导、企业投入为主体、吸引社会多元投资的科技投入新机制。充分发挥区位和资源优势，建设具有区域经济特色的科技企业孵化器和农业科技产业基地。以形成特色产业为重点，扶持科技型中小企业发展，培育一批新的经济增长点。在这里，政府应起到桥梁作用，探求一种与市场经济体制相结合的农业科技经济结合、农业科技成果转化、农业科技推广服务制度。通过示范、培训、技术服务等形式，创建城乡利益共同体，建立起农民与科技人员长效合作的机制平台，实现科技和人才工作组织管理制度的创新。

（五）选准发挥科技和人才支撑功能的切入点

1. 培育科技人才。人才是发展生产力的第一要素与科技进步的"第一资源"，科技人才与劳动者素质战略具体包括各类人才队伍的培养与教育、规划与配置、使用与管理，是按市场机制配置人才并使其各尽所能（各类人才通过市场竞争找到适合自己的位置，不合适者也通过市场竞争重新找到适合自己的位置）的战略。党的十六大报告强调，要"造就数以亿计的高素质劳动者、数以千万计的专门人才和一大批拔尖创新人才"。当前不仅科技人才数量少，而且由于没有健全的人才规划，缺乏人才的储备和培养，科技的供需和人才的需求也不能有效对接。目前，科技工作中"重物轻人""重用轻培养""重项目成果轻人才"等问题仍然存在，人才的作用没有得到充分重视，人才的潜能未能完全发挥，人才的成长环境还不够完善，人才流失还比较严重。因此，要不断完善、创新科技人才工作的体制和机制，不断增强人才工作的活力。要做好：

（1）继续落实好已有的中央、省关于技术、管理等生产要素参与分配的有关政策、法规。做好技术出资入股、设置奖励等工作，切实兑现科技人员、经营管理人员的贡献与报酬挂钩的政策规定。

（2）改革科技评价制度。科技计划、项目都要把发现、培养和稳定人才，特别是青年尖子人才列为重要考核指标，同时实施课题制，提高科研经费、人员费用的比例，克服科技管理中"见物不见人"的弊端。

（3）加大科技奖励力度。做好"科技杰出贡献奖"和"科技进步奖"的评选工作，切实采取有效措施，使科技奖励更有利于激励科技创新与产业化。

（4）建立和完善科技人才"柔性"流动机制。鼓励和支持科技人员以技术入股创办科技型企业，继续做好"科技特派员"工作。

（5）做好科技人员服务的工作。各级科协组织和所属团体，要深入了解、认真分析科研机构转制后科技工作者的现状和要求，主动协助有关部门依法维护科技工作者的权益，培育和建立为科技工作者提供各种服务的机构，举办为科技工作者服务的各项事业。

2. 重视农村基础教育。从一定程度上看，农村基础教育发展的水平，直接决定农村经济社会的发展，决定新农村建设的兴衰与成败。缩小城乡差距，实现农业和农村现代化，需要培养造就千千万万有文化、懂技术、会经营的新型农民。然而，目前我国农村劳动力的文化素质整体偏低。农村基础教育要为大力提高农村劳动力的素质，提高农民的文化素质、科学素质、专业技术素质和专业技术能力服务。农村学校在培养目标上要承担起农民文化素质提高和知识技能培训的双重任务，在课程设置上要推行文化教育与农业科技推广等结合的考虑。致富是农村建设的物质基础，农村基础教育要以农民致富为主要价值取向。这就需要农村学校特别是职业学校充分利用农村基础教育资源，确立面向新农村培养人才的战略目标，立足为新农村经济和社会发展培养农业集约化经营、乡镇企业管理、营销方面的人才，培养农业产业化、机械化、电气化、种植养殖、农产品加工等农业实用技术人才。重点培养"留得住"、"用得上"、有文化、懂经营、会管理的新型农民。积极推进培训教师进村、媒体资源进村、人才培训进村活动。大力开展培训、咨询、示范和推广服务，紧密结合"阳光工程""新型农民培训工程""科技入户直通车"等农民科技教育培训项目，大规模推广农业实用技术，大幅度提高农民科技文化素质和增收致富能力，为全面推进社会主义新农村建设服好务。

3. 推动科技基础设施建设。科技基础设施是科学技术研究开发活动的基础支撑条件，是技术创新的平台和源泉，具有战略性、基础性、共享性等显著特征，是经济与社会发展的共性基础需求。

（1）在人才培养方面：一是加快培养科技创新人才。改革人才培养模式，建立和完善政府、企业、社会多元化的人才培养和投入机制。依托重大科技项目及重点学科、重点实验室、企业工程技术（研究）中心和博士后工作站等载体,培养和造就优秀创新团队与领军人才;调动高校、科研院所的积极性,围绕产业发展需求,扩大人才培养规模;加强高等职业教育,培养一批产业急需的高技能人才;加大财政资金投入力度,重点向培养创新人才倾斜。企业培训人才提取的职工教育经费在计税工资总额 2.5% 以内的,可在企业所得税前扣除。二是大力引进科技创新创业人才。制订和实施吸引优秀留学人才、海内外科技人才来威海工作和为威海服务计划,使威海成为创新人才成就事业的魅力城市。针对产业发展需求,结合重大科技专项,采取团队引进、核心人才带动引进等多种方式吸引优秀留学人才和海内外科技人才来威海创业;发挥威海高新区和各类科技园区(基地)、国家重点实验室、工程技术(研究)中心等载体的人才聚集作用,重点引进产业领军人才、资本运作人才和高端技术人才。对引进的高级人才在生活、工作条件等方面给予优先安排,其住房货币补贴、安家费、科研启动费等费用,可按相关政策列入用人单位的成本核算。

(2)在机构层面:一是完善科技创新人才激励机制。综合运用分配杠杆、产权分割、社会价值和人才评价等方式,进一步完善科技人才激励机制。鼓励企业完善分配制度,建立健全科技人员按贡献参与分配,以及通过合约享有专利发明权益的激励机制,充分调动科技人员的创新积极性。二是树立新的人才观。建立以业绩、能力和诚信为重点的自主创新人才评价体系,形成务实创新、注重实效、诚实守信的创新人才脱颖而出的良好氛围。例如,加大奖励力度,适当提高市科学技术杰出贡献奖、市科学技术进步奖、专利奖等奖金金额;奖励资金由市级财政预算安排。

(3)在系统层面:一是优化创新政策环境。认真贯彻落实国家、省激励自主创新的各项政策。结合威海实际,不断修订和制定促进企业加强自主创新的政策,完善政策体系。二是加大科技投入。建立政府引导、企业为主体、金融机构及其他力量参与的多元化、多渠道科技投入体系。加大财政科技投入力度。完善财政科技资金管理办法,建立财政科技资金绩效评估制度,提高其使用效率。三是加强知识产权工作。完善统筹协调机制,建立健全知识产权管理、服务和保护体系。完善专利资助办法,鼓励职务发明专利,重点向涉外发明专利倾斜,对获得的涉外专利给予适当奖励。建立技术标准激励制度,支持企业、行业协会和科研机构参与国际标准、国家标准、行业标准的制定(修订)。四是完善创新服务体系。加强山东大学(威海)、哈工大(威海)、哈理工荣成学院等高校和科研院所的学科交流,大力发展技术转移、技术产权交易、风险投资、创业孵化及技术经纪等创新服务机构,完善科技公共服务平台，拓宽科技成果转化渠道；完善技术产权交易市场，创新交易模式和运作机制，畅通技术产权流通渠道；积极引进和培育风险投资机构，扩大科技型中小企业融资渠道。

4. 加强信息化建设。信息化建设在基层注重为科技成果推广单位和人员、企业、农民等提供科技信息服务的能力和水平。这包含两个方面的内容，一是信息化的科技，即通过实现信息化来优化科技创新体系，缩短科技创新周期，提高科技创新能力，从而提升科技工作的整体水平；二是科技和人才的信息化服务，既通过信息技术、信息网络的广泛应用和科技、人才信息服务业的发展，建立起新型的科技成果应用、推广、普及的渠道和体系，建立起各类人才的信息服务体系，从而增强科技和人才对社会发展的支撑能力。当前推进农村科技信息化，不仅是信息化建设的重要内容和有机组成部分，更直接牵动促进农民增收，解决"三农"问题的全局。

四　政府要发挥科技和人才支撑作用的有效性

1. 提供更有实效的教育资源平台。城乡之间在教育资源分配、教育竞争上的悬殊是不争的事实。因此，即使实施了减免学杂费的政策，但是因农村教育质量差，仍然不利于农村孩子接受更多的教育。所以，在推进市域一体化的进程中，政府应更多地关注教育质量的改善和提高。教育质量如何，事关农民在城市化、工业化、市场化和全球化竞争中的生存和发展问题。通过政策和体制调整，政府应该把提供更有实效的教育资源作为一项重要的支持措施，而不仅仅限于取消学杂费。威海在实现城乡教育公平方面走在了全国的前列。三市一区全部通过国家义务教育发展基本均衡县验收，成为全省唯一实现"满堂红"的市。对于那些已经错过接受教育机会的农民来说，政府的补救措施是为他们提供更多的技能培训的机会。现在培训中的主要问题，一是培训资金投入的有限性不足以支撑长时间的培训，农民学不到有用的实际技能；二是培训的供应与需求相脱节，没有考虑到农民需要什么样的实用技术，而是采用提供者能提供什么就培训什么的办法。培训的范围和深度、以及实施的方法中都存在不少需要改进的内容。现在最佳的改进办法是政府买单，向社会招标培训。通过培训，使农民真正获得一定的技能，能更好地参与到市场竞争中去。从长远上看，政府应着力培养和造就数以万计的农业科技创新人才、数以百万计的成果转化和推广人才、数以亿计的具有较高科学文化素质的新型农民，致力于形成浩浩荡荡的农村科技大军。

2. 抓准重点区域科技和人才支撑作用点。临港工业新区、石岛管理区、好运角旅游度假区、南海新区、人和镇等新生区和中心镇，有的紧邻市区，有的基础扎实，有的发展潜力巨大，是市域一体化"大棋盘"上的重要局、点。这些区域要依托独特的区位优势，为核心区的经济辐射和需求服务，结合自身的资源特点，确定产业发展类型，制订相应的科技计划和人才计划。应搭建有利于企业对外交流的平台，以培育和扶持企业的科技含量为主要任务。建设和引领知识产权保护，政策引导科技创新实体（服务中心、技术市场），组织企业需求的共性技术攻关。努力构筑企业良好的科技发展环境，构筑多渠道科技投融资体系和社会服务体系，积极引导科技企业的体制创新和技术创新。为企业发展提供人才和技术支撑，加强外向型企业应对国际市场的知识与技术培训，促进企业管理与技术人员与国际接轨。例如，荣成市在积极申报筹建的山东省现代海洋农业高新技术产业园区，将通过产城共建，实现城乡资源共享，产业互动，打破街道、乡镇在区域划分上的束缚，这个模式使产业发展的城乡界限完全突破，促进了城乡经济的融合。

3. 抓准偏远区域的科技和人才支撑作用点。偏远郊区是经济欠发达地区，如乳山西北部农村地区，资源特色和资源匮乏并存，以传统产业（农业）为主。应重在新的经济和科技增长点的选择，建立新型产业示范，培植支柱产业，加强科技基础建设、人才培养、科技培训和基层管理部门自身建设等。围绕资源开发和特色产业发展选择，加强资源开发资金和技术投入，发展特色产业；组织特色产业发展的科技攻关，在生态安全的前提下，使资源优势转化为经济优势，加强资源节约和生态安全的开发技术培训。针对资源匮乏，引进适宜的品种、技术，加强生态脆弱区保护建设，加强基础设施建设，增强对灾害的抵御能力。指导传统农业向产业化生产和经营转变，提高农业科技贡献率，实现传统农业区农业增效、农民增收。注重科技和人才对传统产业升级的带动，制定优势和优质农产品生产规划。

4. 逐步实现农民与市民享受同等待遇共同繁荣。建设幸福威海已经成为威海人的共识，统筹市域一体化发展是我们经济发展的当务之急。而城乡差别不仅表现在收入上，而且还表现在机会和条件上。在推进市域一体化的进程中，政府不仅应改变城乡间不同的机会和资源分配政策和制度，使农民与城市居民一样获得同等的公民待遇，同时还应再给予一定的政策倾斜。

（1）在就业体制上应该确保农民与城市居民有同等的就业权利，获得同等的就业保障。在向城市、非农领域流动就业的同时，得到"同工同时""同工同酬""同工同权"的待遇，享受到社会保障。

（2）国家对农业产业化和农村城镇化要有政策倾斜和支持，变涉农收费为农业补贴；农村政治体制改革要到位，对农村政权组织实行整顿和根本性改造；将提高农民收入作为扩大内需的主题，提高农民工待遇，规定最低工资，对外来务工人员子女也实现真正意义上的义务教育。

（3）在城市住房市场上享受同样的廉租房政策、住房抵押贷款等待遇。这些在城市就业、生活的政策和制度的建立，能抵消或降低城乡间差距的歧视性，保证农民在城市获得更好的发展能力和前景。

5. 切实提高农民及其组织的自我发展能力。提高农民及其组织的自我发展能力，是比改善农村基础设施建设更深层次的问题。新农村建设是一个长远的历史过程，必须要有可持续性。确立农民的主导地位、满足农民的需求，固然对确保新农村建设的可持续性十分重要，而更重要的是如何提高农民的发展能力。即使政府包办新农村建设，为农民修了路、建了房等等，但是，现在看起来是再好的基础设施，也会有老化的问题，如果农民的发展能力得不到提高，那么基础老化问题靠农民自己还是解决不了，新农村迟早还会变为旧农村。所以，农村建设的最核心部分应该是提高农民的自我发展能力。农民有了很强的发展能力，那么不管他们在农村还是在城市，他们都会有能力去改善他们的生活条件，农村会保持常新状态，城市也会保持着活力。发展能力包括多方面，在不同时期有不同内涵。当今我国处在快速的城市化、工业化、市场化和全球化时代，这对农民的发展能力提出了更高的要求。这"四化"要求农民具有观察能力、应变能力、风险承担能力、竞争能力、组织能力、学习能力和创新能力。面对不断变化的环境，农民需要有很强的观察能力，以便更好地掌握主动权，应对有可能出现的各种突变，避免巨大风险，降低代价。这些都有助于提高竞争能力。当然这些能力都要借助于一定的组织能力、学习能力和创新能力。只要有不断学习的能力，只要去不断地创新，那么一个人就会有敏锐的观察能力、快速的应变能力、扎实的风险承担能力和强大的竞争能力。与此同时，个体的力量毕竟是有限的，是脆弱的，必须依靠农民的组织。所有这些能力最终将汇合成发展能力。

6. 认真贯彻落实科技促进新农村建设相关政策。以新农村建设统领农村科技工作，主要面向发展生产、提高生活、改善生态等目标，围绕现代农业、海洋渔业、新兴产业、农村社区、城镇化等重点，以人才进村、知识下乡，用技术链延伸带动产业链、价值链延伸，提高农民自主增收能力和新农村自主发展能力，改善农民生活环境、提高农民生活质量等为主要内容，推动科技进村入户，加速农村科技进步，优化农村科技环境，促进社会主义新农村建设。

（1）健全统筹城乡科技发展长效机制。切实落实统筹城乡发展的基本方略、多予少取放活和工业反哺农业、城市支持农村的基本方针，在工农、城乡科技整体发展的层面上部署农业农村科技工作。要搭建政策和技术平台，在城乡、工农之间建立起科技传播、服务的有效渠道，加速城市科技资源和人才资源向农村的辐射乃至流动，加大力度将人才、技术和管理等现代生产要素植入农村。将加强农业农村科技工作体现在规划编制、政策制定、工作部署和力量配置等各个方面，逐步形成统筹城乡科技发展的长效机制。

（2）大力推进农业科技自主创新。从我国农业发展经验看，在党的正确领导下，我们依靠自主创新，为实现主要农产品由长期短缺，到供求基本平衡、丰年有余的历史性转变做出了重要贡献。从国际经验看，农业的竞争在表层上是价格、品种、质量和服务的竞争，实质上是科学技术的竞争，是自主创新能力的竞争。用高新技术改造传统农业，已逐步成为世界大多数国家和地区发展农业的普遍做法。威海农业农村科技工作必须将自主创新摆在突出位置，着力加强原始创新、集成创新、引进消化吸收再创新，不断增强农业科技的创新能力、储备能力和转化能力。

（3）加速农村科技成果转化和推广。科技成果转化和推广是提高农村生产力的重要环节，也是我国农村科技发展的薄弱环节。新中国成立以来特别是改革开放以来，我国农业技术推广取得了很大成就，为农业和农村发展做出了重要贡献。但从总体上看，我国农村科技成果转化率还较低，技术推广效率还不高。据统计，我国每年有约 6000 项农业科研成果，只有 1/3 左右实现转化。建设社会主义新农村，对农村科技成果转化和推广提出了更加迫切的要求。威海要大力推进农科教结合、产学研协作，充分发挥省、市农科所、大专院校在农业技术推广中的积极作用，开展各种类型的农业科技成果展示和技术示范活动，鼓励农业科技人员深入生产一线，针对农业生产需要和农民需求开展技术研发与科技服务，构建课题来源于实践、成果应用于生产的有效机制。

（4）深化体制和机制创新。体制和机制创新是科技创新的重要保障。加强体制和机制创新，有利于进一步释放科技创新活力，有利于为农业农村科技进步注入新的动力，有利于促进科技与"三农"更为紧密的结合。要在进一步深化科技体制改革的基础上，着力解决国家创新体系特别是农业科技创新体系建设中存在的结构性和体制性问题，整合资源，优化布局，转变机制，加大支持，整体推进农业科技创新体系建设，逐步形成以重点农业科研机构和涉农大学为主体的农业科技研发体系，农技推广机构和产学研相互结合、共同发展的多元化农村科技服务体系，以政府为主导、社会各界参与的多渠道农业农村科技投入体系。

（5）造就浩浩荡荡的农村科技大军。建设社会主义新农村，主体是农民，关键在人才。充分发挥科技在社会主义新农村建设中的支撑作用，必须建立健全一支由科研、推广、经营、服务、管理等人员组成的宏大的农村科技队伍，必须提高广大农民的科学文化素质。要坚持人才资源是第一资源的战略思想，把发现、培养、凝聚、使用优秀人才作为农业农村科技发展的重要任务，建立健全有利于人才培养和使用的激励机制，着力培养和造就数以万计的农业科技创新人才、数以百万计的成果转化和推广人才、数以亿计的具有较高科学文化素质的新型农民，致力形成浩浩荡荡的农村科技大军，在建设社会主义新农村的伟大实践中建功立业。

（作者单位：荣成市科技局　荣成市综合技术转化中心

课题组成员：王　鑫　董传信　马荣荣　隋志明）

市域一体化发展中信息资源保障
体系和平台建设研究

師曉青

　　威海市信息化建设在山东省一直走在前列，在医疗卫生、电子政务、社会保障、教育、文化等公共服务领域的信息化取得了一定成果。市第十四次党代会提出"市域一体化"战略以来，政府宏观规划与组织协调职能的同时，特别重视信息服务基础建设，保障城乡居民同等获取信息权利，谋求城市与乡村的共赢共生和协调发展，促进城市与乡村的社会、文化、经济等相互渗透和融合，以信息化建设带动城镇化发展，以信息化建设推动市域一体化发展。

　　那么如何保障城乡居民，特别是从事智力工作的专业群体能快速准确获取专业、权威的信息资源，是城乡科技创新的需要，也是城乡经济同步发展的根本，更是市域一体化建设的重要内容。本项目研究市域一体化建设中组建以威海市公共图书馆、高校图书馆联盟为基础的信息资源保障体系，并设计搭建服务平台，以强化市域居民信息素养与意识，缩小城乡信息资源差距，促进区域图书馆事业同步发展，实现区域内城乡科研信息资源无缝连接和跨时空地域科技信息服务。

　　2002年起，国家文化部实施的"全国文化信息资源共享工程"，构建起一个由国家中心、省级分中心和县、乡、社区基层网点组成的联网服务体系，促进了图书馆联盟建设高潮的到来。国内的三大信息资源保障体系——中国高等教育文献保障系统（China Academic Library & Information System，简称CALIS，1999年）项目、"国家科技图书文献中心"（National Science and Technology Library，简称NSTL，2000年）和国家科学数字图书馆（Chinese Science Digital Library，简称CSDL，2002年）实现了联合目录整合各图书馆的独立馆藏，形成联合文献信息资源的保障体系。是国内最强大的信息资源保障体系，然而这些资源保障中仅"全国文化信息资源共享工程"可以辐射至县、乡镇一级，"国家科技图书文献中心"已经在各省建立网点，正在不断面向基层企业用户培训与开放服务，各省的服务推广进度各异，而 CA-LIS 和 CSDL 资源保障系统都不能为基层民众和企业服务。因此，本项目研究提出的解决方案，可以利用三大信息资源体系为威海市经济建设与科技创新服务，保障威海市地方发展有足够的信息资源支撑，具有重要的实际应用价值。

一 公众信息服务平台的需求分析

21 世纪是信息产业飞速发展的时代，网络技术迅速发展，自媒体造成信息"爆炸式"传播，学习型社会环境下，我们的工作生活等方面的知识获取，都已离不开通过网络信息这个快捷渠道。然而，知识版权的限制和网络冗余信息的混杂无序，逐渐成为公众获取专业信息资源的障碍，通过"百度"与"谷歌"等公众信息查询通道，不能满足民众对权威、专业、可信信息的获取要求。这就迫切需要由政府支持非企业社会服务机构筹建公众信息服务平台，那么以图书馆、科技研究所为主体的信息服务将成为学习型社会权威信息资源获取方式。

（一）学习型社会的知识性需求

学习型社会的重要标志就是自学习和终身学习，在这个"知识爆炸"的信息时代，知识型信息纵横穿越，全方位渗透，广播、电视、网络、手机全是工具，在这个学习无处不在的信息社会，民众如何选择学习方式与平台，确定适合自身发展的学习方式，建立个人的学习长短期计划，成为一个不小的难题。在创建学习型社会的同时，保障城乡居民享有同等学习平台，成为搭建信息资源获取平台的知识性需求。

（二）专业信息的权威性需求

自媒体时代，大量网络信息冗余，依靠搜索引擎获取的知识仍然是有限的，随着社会的发展与进步，个体的知识素养越来越高，知识需求越来越专业化，高科技时代日常工作与学习中，公众对专业信息资源需求日益增加。然而国内开放获取资源非常有限，普通民众很难实现一站式全文获取专业学术性文献资源，以图书馆和科技研究中心提供的信息服务具有专业性优势，威海市以图书馆联盟的方式建立区域信息资源保障体系，搭建信息服务平台，是知识性惠民举措，也促进威海市域图书馆信息服务大幅度提升，在市域一体化建设中维护城乡居民信息公平与自由。

（三）信息产业发展的需求

信息产业是指从事信息设备制造以及信息的生产、加工、存贮、流通与服务的新兴产业群体。包含信息技术设备制造业和信息服务业。信息产业具有高收入弹性、生产率上升率和产品替换率的优势，信息产业发展逐步成为城市产业结构的优化和城市竞争力提升的重要手段，信息产业的发展也逐渐成为智慧城市的标志。本课题研究内容属于信息服务，保障全域居民、企事业单位享有同等信息资源与服务，这样健康的、良性发展的信息产业来提供技术支撑、良性竞争，实现技术的最优化、效益的最大化和投入的经济化。在威海市全域一体化发展中，发展信息产业可以促进城市整体产业结构的转换和变革，为城市经济增长创造良好条件。

（四）全域城市化建设需求

在当前经济社会科技发展的新阶段，"市域一体化、全域城市化"建设，首抓全域信息化、积极推进智慧城市建设，是抓住了发展全局的"牛鼻子"！坚持信息资源公平自由获取建设全域一体化信息资源体系和服务平台，可以增强农业科技创新，优化城乡供求关系，保障城乡产业统筹规划，带动城乡实体企业链条化发展，加快蓝色产业集群化发展速度，推动传统产业转型升级，促进全域经济快速发展，提高城市竞争力。

二 威海市信息资源及保障服务现状

（一）信息资源组织现状

威海市地处山东半岛东端，现辖荣成、文登、乳山3市和环翠区，全市现有公共图书馆4个，其中，市级图书馆一家，区（县）级图书馆3家，分别是威海市图书馆、文登市图书馆、荣成市图书馆、乳山市图书馆。公共馆都已实现网络自动化管理，电子资源都通过全国文化信息共享工程为读者服务，由于每年经费有限，并没有能力购买专业数据库提升服务层次。乡镇、村级图书馆的建立和维护完全依靠 4 个县、市级图书馆，这几年乳山市和威海市对乡镇、村级图书馆的建设比较重视，先后建立可以享用全国文化信息共享工程数字资源的乡镇图书馆和村级服务网点。威海市地处胶东半岛，气候宜人吸引了一些高校与当地政府合作办学，其中有非常有实力的 985 重点高校哈尔滨工业大学（威海）和山东大学（威海），这两所高校图书馆的服务能力和资源建设都非常突出，并且数字资源都与总校共享，山东大学（威海）图书馆还是教育部、科技部公认的科技查新站，完全有能力为地方提供科技信息服务。

（二）威海市图书馆联盟建设

山东大学（威海）图书馆作为地级市驻地高校馆，一直积极为地方服务，也努力为威海市跨系统联盟建设出谋划策，2005 年起，山东大学（威海）图书馆就与哈尔滨工业大学（威海）以及烟威青地区高校图书馆建立联盟服务，主要业务包括每年烟威地区召开馆长交流会议和业务交流会；烟威青地区高校馆外文期刊联合购买；随书光盘软件共享；连续 5 年为潍坊学院做查收查引和科技查新服务。同年，山东大学（威海）图书馆与威海市公共馆建立合作关系，面向威海市民开放服务，与威海市公共馆建立业务指导、培训、馆藏互补。2009 年，山东大学（威海）图书馆与威海市图书馆、哈尔滨工业大学（威海）图书馆、威海职业技术学院图书馆签订协议，成立威海市跨系统联盟服务委员会，联手面向威海市企事业单位和科技工作者提供信息服务。

2013 年 4 月，威海市图书馆牵头成立威海市联盟理事会，联盟成员馆包含 4 所公共馆和 6 所高校馆，分别是威海市图书馆、荣成市图书馆、文登市图书馆、乳山市图书馆、山东大学威海校区图书馆、哈尔滨工业大学威海校区图书馆、威海职业技术学院图书馆、山东交通学院威海校区图书馆、山东药品食品职业学院图书馆、威海会计学校图书馆。这一联盟促进了高校馆对社会开放服务，虽然解决了威海市区企事业的信息保障，但是并未搭建统一服务平台，用户获取资源仍受一定时空限制，而且联盟服务并未扩展到乡镇、社区、村级图书馆，基层、城、乡信息资源仍有较大差距。

（三）威海市信息服务现状

一直以来，威海市公共馆都努力为市民提供服务，威海市是山东省信息化建设中走在前列的城市，2005 年，各公共馆都已享受"全国文化共享工程"的资源，并不断将共享资源渗透至乡镇、村级服务网点，但是公共馆系统庞大，共享资源有限，只有几个最常用的数据库，只能满足普通民众的信息需求，无法满足科研、科技工作者专业信息需求。

从 2005 年至 2013 年 4 月，经过威海市图书馆和山东大学（威海）以及各级政府、文化部门的多方协调，威海市图书馆组织成立威海图书馆联盟。截至 2013 年底，山东大学（威海）为校外读者办理借阅证 2364 人次，借阅图书 52322 册，与威海市图书馆共同制定了定期存放过刊的协议，每年为威海市立医院做科技查新服务，为威海职业技术学院教师做查收查引服务，查收查引服务已经扩展到各高职院校和中学，定期为威海职业技术学院做系统维护与业务培训，为文登市图书馆做古籍文献编目。服务业务在不断增加，服务广度不断扩展，目前，威海市市区全体市民都可以在山东大学（威海）、哈尔滨工业大学（威海）和威海职业技术学院图书馆免费办理借阅证，借阅所有纸本文献，在统一 IP 范围内可以正常使用电子资源，享受文献传递与馆际互借服务。

从威海图书馆联盟服务的不断推进中，我们看到了高校图书馆在区域联盟中的优势，我们也深感高校图书馆在基层建设中的责任和为科技创新提供信息服务的重要性。现有联盟对威海市区各企事业单位的信息需求有了基本保障，随着市域一体化建设不断展开，社区、乡镇、村一级信息资源并未很好解决，我们希望在现有基础上，将联盟范围继续扩大，通过联盟服务缩小威海市城乡信息差距。

三　市域一体化发展中信息资源保障体系建设的主要内容

市域一体化发展中信息资源保障体系建设内容主要包括建立科技信息资源保障体系和服务平台建设。

为了确保市域一体化建设中城乡居民信息资源利用，根据近几年来对图书馆信息资源共建共享与服务创新研究，威海市图书馆继续牵头以协议方式扩建威海市图书馆联盟，联盟威海市高校馆（含威海市各类高职院校、独立学院图书馆）、公共馆（含乡镇、村服务网点）、科技信息机构，组织建立威海市信息资源保障体系；以商用系统作为联盟信息资源共享平台，平台建设和维护费用力争通过市政文化宣传部门的支持解决；以高校馆为服务中心统筹合作，共享实体资源，整合数字资源，实现跨地域信息服务；建立科技信息资源数据库，高校专家信息数据库，企业基本信息数据库；联盟威海市高校馆学科服务团队，按学科成立"一对一"的专业服务团队，一个专业学科服务团队对应一个产业链企业。

服务平台建设最终以网页的方式呈现，信息服务中心设立在山东大学（威海）图书馆，网站日常维护由山东大学（威海）图书馆信息技术部承担。通过网络将信息资源、服务团队、用户联系起来。将政府的政策与导向信息、用户需求信息、高校专家信息整合于一个平台，用户既是被服务对象，又是平台的建设者。

（一）图书馆区域联盟实现城乡信息资源同步发展

威海市第十四次党代会提出市域一体化发展，全力开发建设东部滨海新城、好运角旅游度假区、威海南海新区、乳山滨海新区、双岛湾科技城、里口山风景名胜区六大重点区域，进一步拓展城市发展空间，打造区域发展新的增长极。其中 6 个区域的信息资源保障能力非常有限，通过联盟的方式提升社区、乡镇、村服务网点的服务能力是最有效的解决方案。在现有联盟的基础上，借助网络平台进一步扩大联盟范围，将乡镇一级以及荣成、乳山独立学院图书馆纳入联盟组织，通过文献传递和馆际互借的方式提升区域内各类图书馆的服务能力，保障区域内居民的基本信息需求，为乡镇企业提供科技查新服务，满足小型民营企业的产品升级与研发信息需求。

对于规模型企业用户，省科技文献共享服务中心基本能够满足需求，但是对于产品创新性研发来说，高校馆的专业数据库更权威、更专业，是很有效的补充，而且高校馆有一对一的学科服务团队，学科馆员了解高校专家的研究方向与研究实力，在对本地企业信息有所了解后，建立企业研发需求与高校专家研究信息对接，推进高校专家的理论知识与企业一线研发团队的密切合作，促进产学研结合，为地方经济建设做出贡献。

（二）加快农村信息服务基础设施建设

威海市市域一体化信息保障体系建设面临的最大问题是农村信息服务基础设施薄弱。2012 年底，农村用户带宽接入能力仅 4M，导致许多的信息服务无法开展。基础设施是诸多信息服务项目的物理载体，没有硬件设备，没有大型的数据库，没有网络，信息服务就无从谈起。要完善农村信息服务，加快城乡信息一体化进程，首要任务就是加快农村信息服务基础设施的建设步伐，加大政府投入力度，想方设法吸引多方投资，尽快改变农村信息服务基础设施薄弱的现状。

（三）拓展建设社区、乡、村图书馆

社区图书馆与乡、村级图书馆一样都是市域一体化信息保障体系中公共馆的基层建设。而且社区、乡、村级图书馆的建设又与县、市级公共馆有所区别，除了提供书刊报纸的阅读与信息服务外，社区、乡、村级图书馆更具有便民性，围绕文化、休闲、娱乐开展活动，具备一定的活动场地，且交通方便。无论是老人、孩子还是上班族都能在这里各取所需，多功能社区、乡、村级图书馆的建设，以无形的文化氛围与信息素养影响和改变市民的生活习惯，提升市民的综合素质与修养，提高城市软实力，缩小城乡差距，促进市域一体化建设。

（四）加强专业数据库建设

威海市是蓝色经济区的重点区域之一，海洋生物产业也是威海市的一大经济支柱，围绕海洋产业升级与开发，山东大学（威海）海洋学院一直与地方有密切合作，针对市域一体化发展，建立海洋生物专业数据库，为海洋产业技术研究与创新提供信息服务，在服务不断推进中，为适应威海市电子、节能、环保等新型产业发展与创新，继续完善科技信息资源数据库，同时建立高校专家信息数据库，企业基本信息数据库，为威海市企业用户提供服务。

（五）"一对一"专业服务团队建设

高校图书馆近几年来重点开展学科服务，为高校各专业院系提供更加具体专业的学科服务，每个院系配备一组专业馆员，为院系开展文献检索、数据库培训、嵌入式课程等服务。对常规性服务顺利开展后，高校图书馆学科服务都注重特色化创新。2011 年山东大学（威海）与哈尔滨工业大学（威海）图书馆建立区域联盟学科服务，两馆服务相同学科的学科馆员建立服务小组，联合为两校师生用户提供服务。在此基础上，学科服务小组面向区域内企事业单位和科研工作者服务，以信息服务为契机，了解企业发展与需求，走出高校为校内专家寻找合作伙伴，让高校研究型人才与企业实用性人才密切结合，加快企业产品研发与创新，这既是市域一体化建设中的科技信息服务，也是威海市高校馆学科服务的有效创新。

四 区域联盟资源共享与整合平台系统架构解决方案

2013年4月，成立威海市图书馆联盟理事会，联盟成员馆包含4所公共馆和6所高校馆，宣布了威海市图书馆联盟服务宣言，但是并未启动联盟共享平台建设。联盟成员馆分属不同主管系统，各自都有日常工作，资金、技术、人才等方面都需组织协调，所以威海市图书馆区域联盟在进行资源整合和共享平台的建设中不能单纯依靠参建图书馆的自身力量，而应该按照社会化分工的规律，依靠市场与社会力量。把平台建设、导航体系建设以及书目数据整合等技术性的工作外包给专业化公司，使图书馆从耗资耗时的联合书目共享体系建设中解放出来，着重深化信息服务，为区域内各类科研人才、企业科技创新提供服务。同时，为了方便城乡居民中智能手机网民的信息资源畅通无阻，同步开发基于android的应用系统。因此，在建设区域联盟资源整合与共享平台时选择商用资源整合系统作为联盟服务平台。

商用系统构建区域联盟服务平台由成员馆技术人员与系统开发商协作完成。区域联盟资源共享与整合平台将电子资源的导航与检索、馆藏书刊目录查询、馆际互借和文献传递、虚拟参考咨询以及网络搜索引擎等扩展服务有机地整合在一起，使读者可以远程访问、无缝获取信息资源，能够有效共享区域联盟图书馆间提供和揭示的信息资源。该系统底层是资源整合层，整合的资源为联盟内各图书馆的馆藏纸本资源、本地镜像电子资源、远程可访问资源，包括图书、期刊、会议论文、学位论文、报纸、专利、标准、互联网免费资源、联合目录等。中层为应用系统整合层，平台商需要做好元数据的挖掘、存储和管理工作，做好资源的调度和分发。整合联盟内各图书馆的OPAC检索系统、参考咨询系统及馆际互借系统等。高层为读者服务表现层，为用户提供统一入口、一站式检索、全文获取、个性化定制等服务。

该平台系统包含门户发布模块、资源统一搜索模块、资源调度模块、统一认证结算管理模块、文献传递模块及个性化服务模块（见图1）。

（一）门户发布模块。此模块应支持XML/XSL、ODL、HTML、JSP、Web Services等多种整合模式，实现多种应用集成。门户发布模块除了能提供信息的展现功能，还具备内容管理、多应用系统集成、个性化定制等功能。因此，该模块需设置个性化定制服务及数字图书馆应用服务接口，并能与其他的模块进行有机集成。通过该门户，用户可以获取个性化定制、信息推送等多种知识服务。

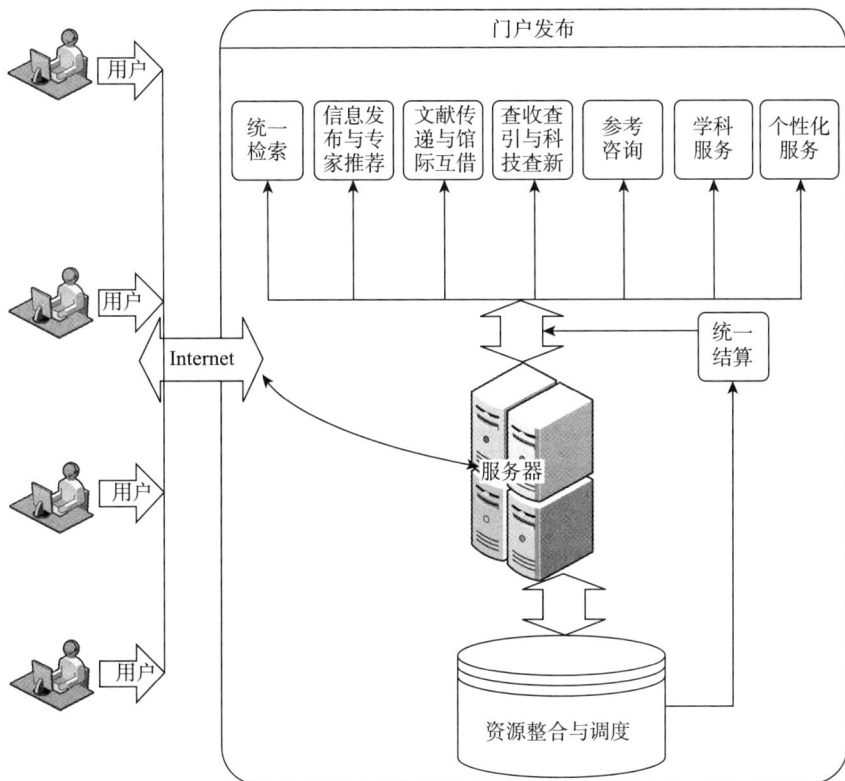

图1　威海市信息资源共享平台架构

（二）统一检索模块。该模块通过与资源调度模块及馆际互借模块的集成，针对各种异构数字资源进行应用检索整合。该模块需为用户提供统一的检索界面和统一的检索语言，实现用户对本地和异地资源的同时检索，对多种异构系统联合检索，对各种资源元数据联合仓储的跨库检索等。针对目前信息检索技术的发展趋势，该模块不仅要实现对文章题名、主题、作者、文摘的分析型检索，还可实现对文章内容的全文检索，并且能通过先进的知识组织体系和语义检索获得更为精准的检索结果。

（三）资源整合与调度模块。该系统要解决图书馆文献服务中上下文敏感帮助和原文链接服务等问题。该系统是基于 Open URL 标准的多级调度系统，能够自动更新调度知识库，允许自定义本地调度规则并定制个性化调度服务，向第三方提供资源注册标准和接口，方便数据商批量更新资源注册信息。

（四）文献传递与馆际互借模块。这是一个很重要的业务模块，随着联盟的推广，业务量会大幅增加。实现与联盟内各图书馆的 OPAC 系统、中外文数据库系统的集成，用户能够直接检索所需资源的馆藏情况，并能通过网络提交馆际互借申请，实时查询申请处理情况。

（五）查收查引与科技查新模块。查收查引与科技查新模块实现各成员馆用户可以直接通过此门户在线提交申请，查收查引业务用户可以任意选择山东大学（威海）或哈尔滨工业大学（威海）。目前威海市各类图书馆仅山东大学（威海）具有查新资质。

（六）学科服务模块。学科服务模块实现用户通过此门户直接进入各专业学科服务的 Libguids 平台，这里有学科服务的资源，用户也可以直接和学科馆员取得联系，以便获得更加专业的服务，学科馆员也可根据用户的反馈信息再度整合资源，将学校专家和用户所需结合起来，深化服务。

（七）信息发布与专家推荐模块。这是一个需要不断更新的模块，资源来自各学科服务平台为各院系建立的专家库，所以该模块要实现对各成员馆学科服务平台的专家信息库进行整合，威海市也只有山东大学（威海）图书馆和哈尔滨工业大学（威海）图书馆开展了学科服务，其他高中院校图书馆和公共馆均未开展此业务。信息发布主要包括政策新闻、资源动态、用户需求，政策新闻和资源动态都有网站管理维护者通过 RSS 定阅来实现。用户需求是为用户开通的需求信息发布渠道，注册用户都可以将文献信息需求和人才需求信息申请发布，管理员审核后发布。

（八）个性化服务模块。这个模块具有以个人为中心的自定义功能，包括建立我的图书馆和专题图书馆，制作个人学术门户和知识库，获取多种个性化辅助研究工具，如定制资源列表、保存检索历史、检索结果集合等。

（九）统一认证结算管理模块。统一认证结算管理模块应无缝集成到门户系统中，凭账号登录系统，实现用户的统一管理、计费与结算。

五　市域一体化发展中信息服务内容与流程设计

网站建设完成后，所有联盟内成员馆主页都有链接，各成员馆用户都可以正常访问网页浏览其专家信息、企业信息和新闻资讯，在统一检索页面检索到所有联盟成员馆的文献资源，可以在线向咨询馆员提问，申请馆际互借、文献传递、查收查引查新、学科服务、个性化定制都需通过借阅证号登录后提交申请，服务馆收到申请后即可判断申请来源，并与用户所在馆取得联系，部分费用是需要用户所在馆就近代收，定期统一结算（见图2）。

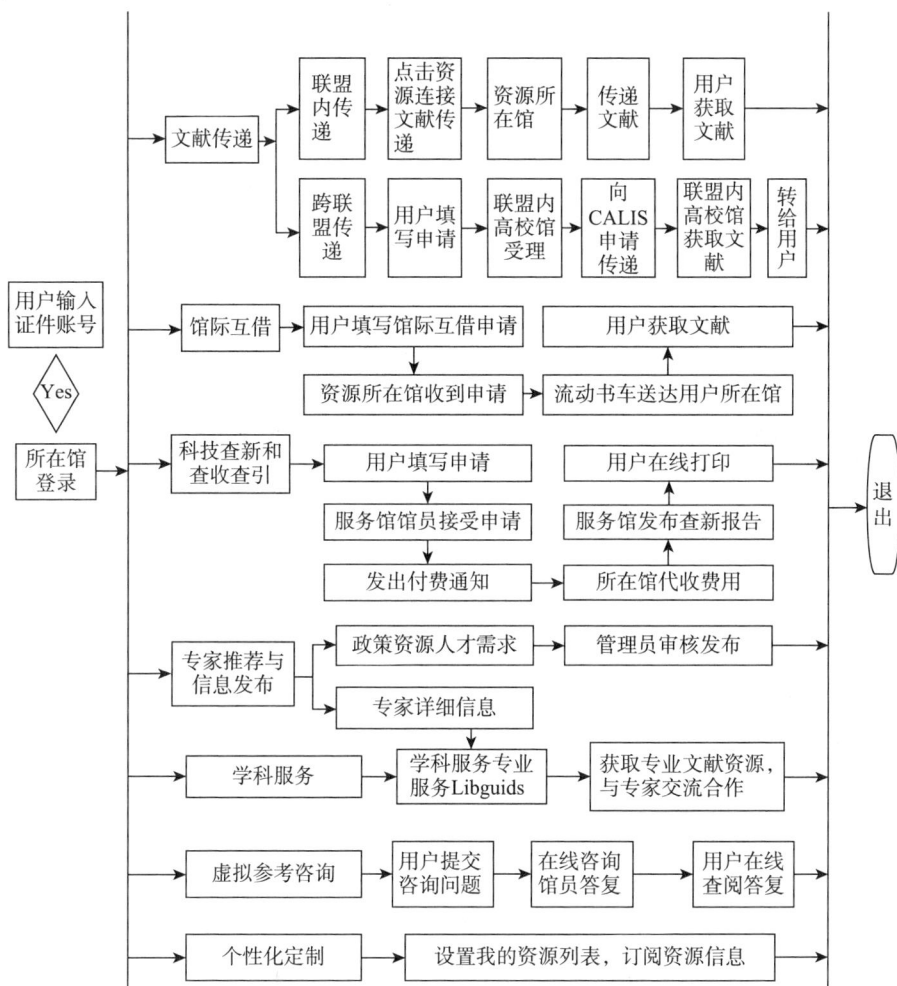

图 2 威海市信息资源共享服务流程图

（一）馆际互借服务

市区的 3 所高校馆早在 2009 年就已经开通馆际互借服务，特别是哈尔滨工业大学（威海）与山东大学（威海）图书馆的馆际互借为用户带来很大便利，借阅量也占相当比例。联盟范围扩大到县、乡镇图书馆和村级服务点，联盟成员馆全方位互相开放，通过彼此在自己的读者数据库添加对方读者信息来实现，每个馆的在册读者在各成员馆均享有与本馆读者同样的借阅权限。这就意味着在威海市任意一个图书馆办理借阅证后，均可凭本借阅证在区域内所有图书馆借阅图书。高校馆在文献资源方面具有突出优势，市区用户可直接凭借阅证出入各图书馆借阅所有文献，县、乡镇、村级用户可以在就近的服务网点提出借阅申请，由所在图书馆负责向文献拥有馆提出馆际互借申请，通过流动书车将用户所需文献送达申请图书馆，负责馆际互借的馆员通知用户办理借阅手续，用户归还文献也只需在所在馆办理手续即可。

（二）科技查新和查收查引服务

目前，联盟各成员馆只有山东大学（威海）图书馆和哈尔滨工业大学（威海）图书馆开展查收查引服务，其中仅山东大学（威海）图书馆拥有查新资质，开展科技查新服务，且山东大学（威海）图书馆正在开发用户网络在线提交申请系统，系统正式投入使用后，不受空间位置和时间限制，用户可以通过共享平台在网上提交申请，在线缴费，在线打印查新报告。

（三）文献传递服务

这里所说的文献传递包含两个层次的服务。首先用户在区域性资源共享系统统一检索平台检索到的资源都显示馆藏所属，用户所在馆本地拥有电子资源可以直接下载，而其他馆藏电子资源因版权的关系，只有访问权，没有下载权限，这时用户可以向拥有该馆藏的图书馆提出文献传递申请，由该馆负责文献传递馆员下载后发送至用户的 Email。

另外，文献传递是中国高等教育文献保障中心（CALIS）为高校馆开展的资源共享服务模式，因威海市区域图书馆联盟是跨系统联盟，包含高校馆，所以开展文献传递服务进一步扩大了文献资源的共享，用户所需文献资源如果在区域性资源共享统一检索平台无法检索到，可以进一步向高校馆提出文献传递申请，高校馆再向文献拥有馆提交文献传递，获得文献后转交用户。

（四）学科服务

学科服务是高校馆针对院系开展的深层次服务，山东大学（威海）图书馆为各院系建立了专业文献资源推荐平台，并配备了有学科背景的学科服务小组，为用户做更细致的服务，用户根据所需专业文献与学科馆员取得联系，获取专业资源会更加方便、快捷。另外区域性资源共享平台专门设计了专家推荐，这些专家信息也来自于学科服务平台，是学科馆员对院系专家的遴选，而专家信息里只有个人的简单履历、研究方向与成果，所以用户如果有意和某位专家立项合作，点击专家详细信息就会连接到该专家所属院系学科服务

libguides，这里有学科馆员的联系方式，通过学科馆员与专家取得联系，进一步建立合作关系。

（五）个性化定制服务

个性化定制是指统一检索的一个附加功能，可以根据用户的检索习惯和对相关文献的关注频率，自动保存检索记录，自动挖掘相关文献资源，推荐给用户。用户也可直接设置订阅自己感兴趣的资源信息，建立"我的图书馆"，制作个人知识门户，设置个性化页面。

（六）虚拟参考咨询

区域内联盟成员馆所有参考咨询馆员汇集在此平台，整理出 FAQ，为区域内所有用户共享。用户遇到文献资源利用相关问题都可以直接点击门户网页中的"虚拟参考咨询"，填写问题表单，值班咨询馆员就会收到信息，及时回答，并告知用户在门户网站查阅。

（七）专家推荐与信息发布

专家推荐主要是发布高校各专业院系的科研突出的教授、博导和一些青年教师中的科研佼佼者的科研信息，比如研究方向，已有成果，讲授课程，正在研究的各类国家、省级及各类项目。另外在此栏目还有相关的企业基本信息查询，政策信息，用户资源需求信息，人才需求信息，商业信息等，经管理员审核后发布。高校专家和企业用户均可在此页面获得适时更新的信息资源，初步建立合作意向。

市域一体化建设中，威海市图书馆区域联盟是保障城乡居民信息资源公平建设。搭建联盟共享服务平台，提供信息服务，缩小城乡信息差距，促进城乡交流，推动科技创新，加快新型产业建设，为建设大威海智慧城市做智力支撑。

[作者单位：山东大学（威海） 课题组成员：陈　静　姜玉晶　贺　红]

推行"1+X"改革促进学校文化的深度建构

于艳丽

国学大师钱穆说过,一切问题,由文化问题产生;一切问题,由文化问题解决。这句话很好地阐释了为什么近年来许多学校开始重视自身文化建设。但当文化建设从硬件走向软件,从眼花缭乱的外表走向无形的内核时,学校文化建设就更需透过热气腾腾的表象,走向"深度建构"。要想深度建构学校文化,我认为三点认识至关重要,即明确学生发展的目标;突出课程文化的主体;抓住文化自觉的关键。基于上述思考,结合实际,我们尝试"1+X"改革,期望能在学校文化的核心地带播种,在教育的灵魂深处开花。

"1+X"文化体系:建设学校的核心价值观

有学者认为,学校核心价值观从性质上说不是一种个体的核心价值观,而是一种组织的核心价值观。它不是学校目标(目的或使命)或学校目标的一部分,而是实现许多学校目标必须遵循的若干价值原则。学校的核心价值观是学校文化的核心,是学校文化的灵魂,它体现在办学理念、校训和学校愿景中,统领着不同领域不同层面的文化,决定着学校的品味与气韵、境界与高度。我们紧紧围绕核心价值观"1",建立文化体系"X",以此凝"心"聚"力",在共同的价值追求中铸就出校园群体"和而不同"的文化人格。

"做最好的自己"是我们的校训,其目的就是尊重师生个体的差异,为广大师生提供更为广阔、宽松的发展空间。秉承着这一校训"1",在全校师生中推行"1+X"多元评价,激励师生多元发展,逐步实现"一师一格,一班一品,一生一长"的特色办学目标。

教师评价"1＋X"。在学期绩效评价的基础上，深入挖掘教师文化人格的美丽侧面，坚持开展"'做最好的自己'特色教师评比"，鼓励教师善于发掘自身潜质，张扬自我个性，在求同存异中感受自我价值，挖掘自我潜力，超越自我能量。

学生评价"1＋X"。在学业评价的基础上，依据孩子年龄特征推行"'做最好的自己'七彩少年评价体系"，以"赤橙黄绿青蓝紫"七种色彩代表皇小学子的七种独特文化气质，红色阳光进取少年、橙色勤思好学少年、青色文明自律少年等等，没有最美的色彩，只有最动人的风景，每一位孩子都是一抹绚烂的彩虹！此举帮助学生认识自我、建立自信，从而激发内在发展动力。

班级评价"1＋X"。在规范日常管理的基础上，开展"'做最好的自己'特别班级"创建活动，从班名、班训、班级成长愿景到班诗、班歌、班级仪式、班级课程的建构，寻找班级文化的独特密码，彰显班级文化管理的核心价值，让班级成为学生心灵生长的乐园。

"1＋X"成长模式：培植教师的文化自觉

教师文化是教师在教育教学活动中形成与发展起来的价值观念和行为方式，它渗透在教师的一切活动之中，是一所学校的核心竞争力。教师的"文化自觉"至少有两个要义：一是自觉地固守已有的先进文化基因；二是主动地开放和接纳，不断地实现文化的拓展和生长，这主要体现在自觉服务于学生发展和专业成长两个方面。

校本培训从"校内"的"1"走向"校外"的"X"。以"外学内竞"活动为载体，不断完善教师苦练内功的业务比武机制，以"赛"促"学"，以"赛"促"研"。同时，与省内外优秀学校、学术团体、教育专家联谊，通过承办具有影响力的教研会议、走出去、请进来、项目合作等方式，以扩大学校对外知名度，拓展教师视野，搭建"校外"教研平台，促进教师专业成长走向深处。

名师培养从"个体"的"1"走向"团队"的"X"。以"名师工程"为载体，组建各种研究型学习共同体，使学术维度不同但有着同一兴趣和需要的教师结合到一起，充分发挥团队的合力，激活团队的自主能动性。开展"百家争鸣"学术活动，以思想点燃思想，以智慧启迪智慧，营造开放且有深度的学术氛围。在名师、骨干教师的带动下，在共同的项目管理和课题研究中，通过"以点带面，以面促点"的方式，打造名课程团队，成就卓越教师。

班主任发展从"管家"的"1"走向"专家"的"X"。以课题研究和班级管理"小问题"研究为载体，以班级文化建设为突破口，关注班级的内涵发展，尤其是人性化、个性化管理，着眼于学生心灵的成长。通过研究，引领班主任在营建充满生机活力的"完美教室"的过程中，不断提升班主任的专业化水平，使之在与生共"舞"中享受职业的幸福，成就富有特色魅力的"专家"型班主任。

"1＋X"育人方式：延展学生的成长时空

学校是学生全面成长的最好哺育场，却不是唯一的摇篮。受时空限制、物质条件、外部环境等因素制约，学校在诸多方面无法满足学生成长的各种需求。拓宽育人渠道，延展教育时空，就是以"学生成长"为圆心，夯实学校教育的根基"1"，集合家长、社会资源"X"，构建"家庭、学校、社会"三位一体的教育"同心圆"，共同促进学生身心健康成长。

促"新干线"家教讲师团"1"的建设，推动家庭教育"X"的发展。聘请在家庭教育中掌握科学育人方法的家长和专业人士，组成家教讲师团。该社团以"做智慧父母"为行动宗旨，通过组织"讲座、沙龙、书评、咨询"等活动，提高全体家长的育人素养，推动家庭教育的发展。

促"360°"综合实践活动导师团"1"的发展，推动社会教育"X"的建设。聘请在某一领域具有较高专业素养或拥有独特教育资源的家长和社会人士，作为学校综合实践活动导师团导师，直接领导班级的"'小不点·大脚印'亲子社团"。社团活动的主题是"见识360行"，途径是"走出去　请进来"。走出去——利用校外时间开展广泛的社会实践活动；请进来——开设"360°"讲坛。集丰富的社会教育之资源，促学生在"天地"这个"大课堂"中羽翼自丰。

促爱心义工团、家长教师团、法律宝典团、社区服务团等多个家长社团"1"的建立，带动社会力量的加强。以此为平台，鼓励更多家长参与到学校教育的阵营中，带动社区和社会力量"X"的加强，共同担负起教育孩子的重任。

"1＋X"课程模式：提升课程内涵文化

"1＋X"课程体系的建立。"1"指国家课程、地方课程，"X"指基于学校办学理念所开设的特色校本课程。有什么样的课程，就有什么样的师生生活。"实践与创新"是我们的办学特色，也是课程文化的一张亮丽的名片，我们依据"实践与创新"日常化、课程化、实践化的原则，全方位构建学校课程。学校开发了以培养学生想象力、创造力、动手操作能力、团队合作能力为主的"七巧板""机器人""童绘""数学思维"等必修课程。与此同时，继续完善和巩固"小记者""陶艺"等20多个社团的建设，为学生提供多元可选择的课程体系。为了推进课程的开发和实施，我们对现有的课程进行了分类：植入式课程，即把课程列入课标，每班每周全体学生进行活动，如低年级的童绘课每周两节，依据学校制定的童绘阶梯阅读书目有序地开展教学活动；渗透式课程，即把办学特色渗透在各个学科的教学之中。如不同学科教师的教案编写、教学过程的实施处处有"实践与创新"的影子；节庆式课程，就是利用固定的节日或具有学校鲜明特色的仪式开展的课程。如每学年的"开学第一课"，每学期的"民俗文化节""科技体育节"等，学生在活动中学习，在学习中体验，在体验中提高。

"1+X"教学模式的建立。"1"指以"学生自主学习"为主线，"X"指各学科、各年级根据本学科和本年段特色所展开的课堂学习方式。践行"先学后教、以学定教"的教学理念，通过质疑、合作、探究等"主体发展"策略培养学生的自主学习能力。语文学科以"有效预习"为切入点，数学学科以"问题导学，思维发展"为核心，英语学科以"单词自然拼读法"和"愉快交际"为突破口，科学学科以"实验操作"为重点，音乐学科则以"乐器试奏"为主要辅助学习方式等等。不同"学科气质"的教学模式共同以激发学生"内动"为目的，通过生生动、师生动、小组动三种形态，促进学生心动、身动、神动，实现教学方式和学习方式更新下的富有生命的高效课堂。

"1+X"学习习惯的培养。"1"指学生学习的通识习惯，"X"指基于学科特点的学科学习习惯。建立《学生学习习惯养成阶梯目标》，拓展习惯养成内涵。从"通识习惯培养"达标工程开始，通过对坐姿、读写、倾听、发言、合作等一系列基本学习习惯的训练，为学生良好的学习品质奠定坚实的基础。在此基础上，结合学科特点，开发基于学科素养提升的"学科学习特质"。如数学学科开展的"速算""创新思维"习惯的培养，语文学科开展的"预习""阅读""观察"习惯的培养，体育学科开展的"每晚健身一刻钟"等，不但促进学生"乐学"，帮助学生"会学"，而且实现了"能学"的"X"种能力的增长。

"1+X"学习评价的变革。"1"指期末质量检测，"X"指学校特有的学科素养考查。改变传统的评价方式，注重过程性评价，采用内容分类、考试分项的方式，评价主体包括教师、学生、家长及社区人士等。以语文学科为例，除期末考试以外，学生日常的作业、课堂表现、单元测验等都占有相应的分值。与此同时，也将进行背诵、朗读、讲故事、演讲等多个门类的素养考查，促进学生全面发展。过程性评价和终结性评价将以定性和定量结合的方式，记录在学生的成长手册《小不点·大脚印》中。

苏霍姆林斯基说，学校是学生的精神家园。如果没有了文化，精神何从谈起？文化，学校的"命脉"，是一所学校精、气、神的融合。一种成熟的学校文化，就像一轮太阳，照射到学校生活的每一个角落，无论是学校管理，班级文化，教研风气，乃至于各种活动，都是这个灵魂的体现与实现，是朝向这个灵魂的一种努力。为了文化深处的绚烂，我们就努力行走成风景吧！

（推荐单位：威海经济技术开发区工委宣传部）

对乳山市医药分开改革的研究

张立东　刘家强

近年来，解决"看病难，看病贵"已成为医改关注的焦点。《中共中央国务院关于深化医药卫生体制改革的意见》中已经明确规定，"推进医药分开，逐步取消药品加成，不得接受药品回扣。逐步将公立医院补偿由服务收费、药品加成收入和财政补助三个渠道改为服务收费和财政补助两个渠道"。医药分开作为缓解"看病贵"的一种手段，在国内理论界及医疗卫生行业基本上达成了一种共识。

乳山市作为卫生部确定的全国 311 个、全省 30 个改革试点县之一，以实现"医药分开"为改革核心的综合试点工作于 2012 年 12 月 30 日正式启动。作为威海市唯一一个试点市区，为做好试点工作，乳山市坚持"顶层设计"与"改革实践"相结合，紧紧围绕"保基本、强基层、建机制"的要求，坚持以惠民利民回归公益性为方向，以破除"以药补医"机制为切入点，按照"患者总体负担不增加、医疗合理收入不减少、政府和医保可承受"的原则，统筹推进补偿机制、管理体制、人事分配、价格机制、医保支付制度、采购机制、监管机制等综合改革，着力解决体制和机制的深层次问题，实现从单项改革向综合改革、从浅水区向以"医药分开"为标志的核心区迈进，建立起富有活力、保障可持续的县级医院运行新机制。本文对乳山市医药分开、取消药品加成改革的进展进行梳理，尝试提出可行性建议，以期为县级公立医院顺利实现医药分开改革与创新提供借鉴和可推广的经验。

一　乳山市"医药分开"改革现状

根据上级统一部署，乳山市的人民医院、中医院、妇保院、康宁医院和结核病防治所等 5 家县级医院于 2012 年 12 月 30 日正式启动县级公立医院"医药分开"综合改革试点工作。在改革方案设计中，乳山市多措并举，多环联动，即医疗服务价格调整、医疗保险支付制度、财政投入保障政策、医疗服务行为监管、医院内部精细化管理等同步推进，使改革的措施可复制、可持续、可发展，形成了群众、政府、医院和医务人员多赢的局面。

（一）主要做法

1. 注重顶层设计，确立改革切入点

针对药品收入占医院总收入半壁江山的现象，以药养医机制是群众、医生不满的问题，乳山市把取消药品加成，破除"以药补医"机制作为县级公立医院"医药分开"改革的切入点，努力做到试点公立医院摒弃利润最大化以破除以药养医机制为突破口。目前 10 个试点病种已经确定，市卫生局积极组织相关人员做好试点病种费用测算工作，同时，切实规范控费工作，把门（急）诊次均费用、住院床日费用、出院者平均医疗费用、自费药品控制率、总费用增长率等纳入公立医院岗位目标责任制考核，尤其是对市人民医院、市中医院，规定总费用控制率必须保持零增长，确保患者总体费用不增加。从试点效果看，逐步破除以药补医机制，力争县域内就诊率提高到 90% 以上，基本实现大病不出市，切实缓解看病难、看病贵的问题。

2. 确立"四项改革"为综合改革内容

为取消药品加成，破除"以药补医"机制顺利实施，切实减轻群众就医负担，乳山市确立了"四项改革"为县级公立医院改革的综合内容。

一是改革补偿机制。通过试点改革，全市县级公立医院的补偿机制将由服务收费、药品加成收入和政府补助三个渠道改为服务收费和政府补助两个渠道。

二是改革医疗服务收费政策。按照医药费用"总量控制、结构调整"的原则，调整治疗费、护理费、床位费和手术费等。住院诊疗费由原来的每天 3 元上调至 5 元，占服务价格调整总额的 7%；三级、二级、一级护理费分别由原来的 3 元、6 元、9 元上调至 5 元、9 元、12 元，占服务价格调整总额的 12%；床位费由原来的每天 15 元、20 元分别上调到 30 元、40 元，占服务价格调整总额的 60%；患者手术费较原来上调了 26%，占服务价格调整总额的 21%。

三是改革财政、医保投入政策。在财政压力紧张的情况下，顾全大局，权衡利弊，兼顾供需双方，通过资金预付和定额补偿的资金调度方式，加大财政保障力度和投入比例，把床位费纳入医保范围，确定较长周期的政府投入规划，市财政局筹集资金，按月拨付试点医院，每年增加财政投入 400 万元。其中，市人民医院年补助资金 206 万元、市中医院 135 万元、市妇保院 6 万元、市康宁医院 14 万元、市结核病防治所 39 万元，为医院注入了生机和活力。

四是完善政府监管机制。针对公立医院公益性淡化的突出原因是政府责任的缺失和错位，要求明确责任，采用多种措施主导公立医院的公益性与效益性制衡，强化政府对公立医院的主导地位，用好政府市长热线和物价局价格举报热线，及时了解和掌握群众的看法，开好卫生系统内部医改动员大会、县级公立医院改革试点启动会议、医改政策解读会议和医改座谈会四层会议，明确责任、强化督导，建立了面向社会开放的医院公用信息平台，增强院务的透明度。

3. 提高服务水平，改进考核体系

患者最关心两件事，一是尽可能少花钱，二是尽可能买到合意的服务。针对这个问题，乳山市把提高医疗服务水平作为县级公立医院改革的重点，启动了公立医院综合改革绩效考核工作，改变了以往只重视医院经济指标和数量而忽视服务质量和社会效果的旧考核体系，通过"服务与效率相挂钩"来提高医疗服务水平的新考核体系。新考核体系把群众满意不满意作为评判医院绩效的最重要标准，通过推行"先诊疗后付费"模式、实施临床路径管理、实施分级负责诊疗机制、开展惠民利民服务等措施来解决"看病难、看病贵""看病不安全"等问题。

4. 定期监测评估，及时评判改革成效

目前县级公立医院改革是试点期，没有现成的科学改革模式，正在"摸着石头过河"。各项改革措施处于探索阶段，这就要求真实、全面、系统地对改革进行定期监测，及时评判改革成效。市卫生局会同市发改委、市人保局、市财政局、市物价局等部门共同制定了《县级公立医院综合改革评估方案》，于 2013 年 7 月重点围绕改革推进情况、群众医药费用负担、试点医院运行、医务人员收入水平、医保（新农合）基金情况等内容，对实行改革的 5 家公立医院进行客观公正科学的评估，开展定量分析和定性研究，进一步对下阶段改革工作进行了合理有效部署。

（二）初步成效

通过改革试点探索，全市公立医院改革形成了上下推动、左右联动的良好态势，改革总体平稳有序，各项政策措施较好地协同，初步达到了改革的阶段要求，主要表现在以下几个方面。

1. 医药分开直接带来"三升三降"

药品零差率的实施，有效遏制了医药费用上涨的势头，根据对试点 5 家医院的监测和进展情况调查，实施试点以来，各试点医院门（急）诊诊疗 56464 人次，与 2012 年同期同比上升 28%；住院 3978 人次，同比上升 17.9%；门（急）诊次均费用同比下降 2.2%；每床日费用同比下降 12 元，下降幅度 3.9%；药占比同比下降了 8.02%；基本药物使用（销售）比例同比上升 4.5%，总体看呈现"三升三降"。取消了医院药品加成，同时提高的劳务价格多数通过医保给予报销，这样既控制了医保基金支出总额，又减轻了患者负担。

2. 医药分开带来管理和运行机制的改变

从监测数据看，患者次均费用及个人负担下降的部分来自于管理效益。医院在管理上出现了"三个变化"：一是医院管理观念转变。取消药品加成后，医院的药品销售从收入变为成本，使医院从关注创收转变为关注有效控制成本，落实对医院的精细化和专业化管理。二是医院管理重点转变。控制药费不合理增长的意识明显增强，切断了"以药补医"的链条，医院采取了处方审核点评、不合理处方公示、限制跨科开药、高值药品分级开药等措施，通过抗菌药物分级管理、特殊用药审批，医生科学诊治、合理用药基本形成制度化，节约了有限的药物资源，确保患者安全用药。三是医院服务流程和服务质量出现变化。医药分开，医院将更多的精力放到了提高对患者的服务方面，出台了以服务质量和患者满意度为重点的综合绩效考核办法，对医生起到了正向引导作用。

统计数据显示，自试点以来，乳山市人民医院药品零差率销售 3942 万元，让利群众 591 万元，医院卫生信息化建设投入 150 余万元，医保、新农合用于"先住院、后结算"服务垫付资金 700 多万元，市财政用于综合医改投入市人民医院全年 206 万元。开展"先住院、后结算"医疗服务 2000 余人次，每月占住院总人数的 12% 左右，实施临床路径 25 个病种，基本药物使用比例达 30%，药占比控制在 36% 以下，患者满意度保持在 95% 以上。乳山市对县级公立医院综合改革进行绩效考核的主要原则就是要给县级公立医院发展定位方向，细化考核办法，真正"考"出实绩、"核"出活力。小财政办大民生，有限的钱花的最有效。

3. 医生、医务人员技术劳务价值得以认可

改革启动以来，医改试点创新模式，完善服务。首次体现多劳多得，把

服务效率和劳务价值相结合。长期偏低的一些基础服务性劳务项目得以提高，如护理、诊查费等价格得到合理调整，体现了医务人员的劳务价值，是对医护人员专业知识和劳动付出的尊重，回归传统医德，从而激发医护人员不断提高自身的医疗技术服务水平，提高医疗质量，增强医院活力。通过医疗服务价格调整，多年累积的价格矛盾得到缓解，医务人员的技术劳务价值得到较好体现。在此基础上，试点医院更加注重学科和专业能力建设，注重完善内部管理机制，合理调整绩效考核办法，考核指标突出服务数量、质量和病人满意度，调动医务人员参与医改的积极性。

二 乳山市"医药分开"改革存在的问题研究

综观改革历程，乳山市"医药分开"改革已经取得了一定成效。通过推进改革，进一步调动了医务人员的积极性，提高了医院的运行效率，提升了基本医疗服务能力和质量，建立了有一定活力、可持续发展的医院运行新机制。但随着改革的推进，出现很多制约改革发展的问题，如若不加以科学分析，重点解决，势必会影响改革的持续性。

（一）基层医疗服务发展滞后

县级公立医院实行药品零差率后，基层医疗机构原有的基本药物零差率优势不复存在，县域主要的医疗服务集中在县城，基层医院医务人员专业知识和医疗服务水平不高，综合素质低下，得到的认同感不是很强；硬件设备实力弱，检验设备的使用效率、投入产出的比例都很低；人员结构层次低，分配进来的一般院校的大学生比较少，一些名校进来的优秀人才基本没有，再加上年龄老化（特别是农村的赤脚医生基本在50岁以上）等，使基层医疗成为医疗工作中的"短板"，基础薄弱，发展滞后，难以满足群众的健康需求，导致人民群众对基层医疗服务缺乏信任，对患者的吸引力势必减弱，使病人由农村往城市跑，小病往大医院跑，导致了医疗服务体系整体效益不高和无序竞争，市公立医院拥挤不堪，农村基层医院门庭冷落。这种情况使医疗改革一直倡导的"小病在基层"的就医秩序和模式受到影响。

（二）整个医疗体系未形成协同趋势

县级公立医院"医药分开"改革的方向是在公益性的条件下提高县级公立医院的能力，把取消药品差价作为改革的切入点，从改革的进程看，虽然有所突破，但在当前政治经济体制环境下，公立医院机构过于庞大，公立医院的床位占总体的 70% 左右，服务床位数占 90% 左右，公立医院的过度垄断，实行药品零差率后，更加过度增强公立医院的吸引力，势必影响民营医院的日常运行和生存发展，造成公私医疗机构之间未形成协同趋势，不利于引导新的社会闲置资本投入医疗卫生行业。而鼓励和引导社会资本举办医疗机构，也是深化医改的重要内容，如不形成协同趋势，必将阻碍改革和社会经济的全面发展。

（三）医务人员素质有待进一步提高

从当前财政体制和分配导向看，近年来，各项医改和卫生投入虽逐年增加，但由于财力有限，按照量入为出的原则，取消药品加成减少的收入，地方财政只能给予既定的保障，其他的部分医院只能通过医疗服务价格的上调，增加业务收入来维持生计和运转，形成市场化的运行机制，导致公立医院在经营上不可避免地仍有趋利性，加之尚未建立起完善的岗位责任制和合理的绩效考核机制，医务人员对公立医院"医药分开"改革持怀疑态度，或感受不到改革与自己息息相关，因此工作的积极性不足，缺乏活力和竞争力。

从整个外界环境看，一方面，医患关系日益紧张，冲突频繁发生。另一方面，老百姓对医疗需求的质量要求越来越高。因此，医务人员面对这严峻的医疗环境，需要超负荷运转才能勉强维持当前的医疗服务。另外，医疗服务价格的上调，远远不能体现医务人员的劳务价值，同工不同酬的情况没有从根本上得到有效改善，严重影响医务人员积极性，医务人员流失严重，人才匮乏。

（四）分级负责诊疗需进一步精细化

分级负责诊疗，差异性补偿是为了方便百姓就近就医，力争做到小病不出村，常见病不出乡，较重疾病不出县。实行分级责任医疗，必须科学分级，精细责任，分级时是否以公立医院的公益性为主导，各级的医疗服务能力和技术水平以及硬件设施与自己分的病种是否真的匹配，患者在既定的级别就医是否有安全和保障感，这些都需要进一步精细化。

三 推进乳山市"医药分开"改革的几点建议

随着县级公立医院"医药分开"改革步入"深水区"，改革已由过去的

"摸着石头过河"的初步探索阶段，进入部分工作的实质性推进和全面推开的阶段，为使改革有实质性突破，笔者认为需重点把握以下几点：

（一）建立现代医院管理体系

县级公立医院"医药分开"改革应根据公立医院的社会功能定位着手完善自主化的治理，加强政府对公立医院的问责，规范和完善两权分离的操作办法。同时，由于实现公立医院的法人治理对地方政府的治理水平要求更高，因此可在有条件的地区逐步探索法人化的治理。

加大药品、医药耗材政府定价政策的执行力度。一是对列入国家基本医疗保险药品目录的药品以及其他生产、经营具有垄断性的少数特殊药品（包括国家计划生产供应的精神、麻醉、预防免疫、计划生育等药品），政府要依据社会平均成本、市场供求状况和社会承受能力，合理制定和调整价格，实行政府定价和政府指导价的管理形式；二是对除列入政府定价和政府指导价范围的药品，可实行市场调节价，由生产经营企业自主定价，但政府要加大监管，引导企业遵从等效等价的药品定价原则，真正做到质价相符、价格合理。

规范药品和医用耗材采购供应，重塑药品供应保障体系。一要提高试点医院基本药物配备使用比例，通过合理使用基本药物，既治好老百姓的病，又降低了药品费用，从而减轻群众的疾病负担。二要各试点使用的基本药物，全部纳入统一招标，通过省药品集中采购平台采购，以减少药品的流通环节，进一步降低药品价格。三要规范高值医用耗材的采购供应，可以市为单位来进行集中招标采购，以此来压缩高值医用耗材中间采购环节和费用，解决价格虚高的问题，待省级集中采购工作启动后纳入省级集中采购，进一步降低医用耗材的价格，减轻患者的经济负担。

（二）强化监管机制，加强对医生行为的监管

完善公立医院综合监管体系，着力推进依法准入监管、利益群体间契约制约、社会和媒体舆论监督以及行业协会等非政府组织自律管理等机制的建设，重点考核公立医院发行社会责任、承担基本医疗服务、执行医疗服务价格、落实医院财务管理制度和遵守医疗服务相关法律法规方面内容，使公立医院在医疗服务提供中真正发挥主导性、体现公益性。探索"政府宏观管理——行业协会自律管理——公立医院自主管理"的管理新体制，在这个体制中，政府部门、行业协会、公立医院扮演着各自不同的角色，承载着各自不同的使命。行业协会作为联结政府与公立医院的桥梁纽带和政府与公立医

院的参谋助手，对业内经营活动的道德规范和行为准则作出规定，并采取各种有效手段加以落实，实际上是在行业领域内建立一种类似于法律的秩序，构成了行业协会自我治理的核心。

建立以公益性质和运行效率为核心的科学公平县级公立医院绩效考核体系，制定具体的绩效考核指标，建立严格的考核制度，由政府办医主体与院长签署绩效管理合同，合理确定具体的量化指标，考核结果与院长履职评价、机构编制调整、财政经费预算、医院领导班子和相关人员聘用、奖惩及绩效工资总量核定等挂钩。

（三）明确功能定位，提升医疗服务效能

公立医院提供较高质量的医疗服务是其基本职责。明确县级医院功能定位，完善基本医疗卫生服务功能，建立政府举办基层医疗卫生机构公益性的管理体制，强化对基层医疗机构的分级分类管理，明确提供服务的范围和功能。县级试点医院要为城乡居民提供基本医疗服务，包括推广应用适宜技术；为基层医疗卫生机构提供培训和技术指导；开展危急重病人救治和部分重大、疑难疾病的接诊、救治、转诊等；承担部分公共卫生服务，对自然灾害和突发公共卫生事件医疗救治等。

加强县级医院医疗服务能力建设。建设以电子病历和医院管理为重点的各试点医院信息系统（乳山市人民医院、乳山市中医院已建立），努力推动远程医疗（乳山市人民医院已经开通了与北京大医院远程会诊网络对接），组织制定实施一批试点医院临床路径。同时，要认真落实优质护理、便民门诊、先诊疗后付费等便民惠民措施，提升县级医院服务水平。

整合对口支援帮扶资源。对口支援和帮扶，要对资源进行整合，有针对性开展支援帮扶，争取帮一个成一个，帮一次就要见到效益，（省卫生厅确定城乡对口支援乳山的三级医院是青岛海慈医疗集团），确保在人才、技术、管理、重点专科等方面给予帮扶，提高县级医院的综合服务能力。同时，通过技术支援、免费人才培养等方式，加强县级医院对镇级医疗卫生机构的支持，建立县级医院与基层医疗卫生机构相对紧密的分工协作机制，实施精细化的分级负责诊疗，使一般常见病、慢性病、康复患者下沉到基层医疗卫生机构，危急重病人到县级医院就诊，逐步形成基层首诊、分级医疗、双向转诊的医疗服务模式。

（四）强调政府责任，加大补偿力度

全面取消"以药补医"涉及重大利益调整，改革补偿机制是公立医院改

革的核心、重点和难点，其承担的社会功能和政策性亏损应该得到合理与足够的补偿。首先必须建立以政府投入为主的合理分级补偿机制。由于长期的财税体制问题，造成地方政府的财权和事权不匹配，取消药品加成政策后，稀缺的地方财政资金在短时期内可能能够补偿到位，随着百姓对医疗服务质量和水平需求的提高，这种靠地方政府补偿的持续性难以维持，更加增加了县级财政的压力，本着公共服务均等化的要求，改革财政对县级公立医院建设和发展的投入方式，加大中央和省级财政转移支付的力度，确保县级公立医院发展的平衡和可持续性。所以要明确补偿项目、标准，在资金投入和财政分担比例上向财政困难县倾斜。另外，还可以实行多渠道筹集医院基本建设资金制度，鼓励民营资本和社会力量办医，形成多元化办医格局，通过民营医院来补充医疗资源的不足，培育具有一定规模的优质民营医院。制定促进民营资本和社会力量办医的优惠政策，以促进形成公立医院良好运行的公平竞争环境。

其次要充分发挥医保补偿作用，推进新农合从扩面提标向提升质量转变。取消以药补医，如果完全依靠财政补偿，政府"背不动"也"兜不起"，应发挥医保支付补偿的作用，随着筹资水平的加大，资金管理的压力和风险也在加大，新农合应发挥更大效益。着力提高统筹层次，全面推进新农合统筹工作，扩大医保保障范围，提高补偿比例，降低管理成本，保障基金安全，提高运行效率；积极推动医保、新农合支付方式改革，发挥其对规范医疗服务行为、合理控制费用的作用；充分提高医保、新农合信息化服务水平，通过完善信息系统建设，推行电子病历、建立居民健康卡等工作，加快推进异地结算，规范基金管理，建立多渠道的补偿机制。

（五）提高医务人员社会地位，调动从业积极性

要想稳步推进"医药分开"改革进程，提高改革效率，目前调动医务人员的积极性成为当务之急，这个不突破，医改就会进入死胡同。现在，医疗服务人才培养在源头上形势就不容乐观，很多优秀的高中生在报考大学时会"知难而退"，不选医学专业，一是学制长，学习压力大；二是待遇低，高风险高危职业。要调动医务人员积极性，必须坚持"以人为本"的原则，尊重医务人员，尊重他们的劳动价值，激发他们的热情，从而进一步调动他们的积极性、主动性和创造性，才能有效地将新医改工作进行到底。

具体措施：一要注意合理确定医务人员工作负荷，扩充编制，壮大各级医疗机构服务队伍。根据医院的功能定位和工作负荷，重点解决医务人员的

编制问题，缓解医务人员超负荷工作的状况。二要提高医务人员收入待遇。主要是通过完善人事和分配机制，实行岗位绩效工资制度，重点向关键岗位、业务骨干和做出突出贡献的工作人员倾斜，提高临床一线护士和医师工资待遇水平，适度拉开收入差距。目前，乳山市人民医院已着手进行了这方面的改革，如实施的"基本工资＋岗位工资＋绩效工资"制度，保证了医务人员的利益，从而增强医务人员改善服务质量和提高效率的积极性。三要维护公立医疗卫生机构公益性，提高医务人员的社会地位和社会认同，为他们创造良好的职业环境。加强正面宣传引导，在全社会形成尊重医学科学、尊重医务人员的社会氛围，营造和谐的医患关系。四要为医务人员提供良好的职业发展空间。通过多种形式加强医务人员的培训，为提高医务人员的素质和能力提供机会。

（作者单位：中共乳山市委党校）

城市化进程中农村土地流转的对策思考

——基于威海市文登区的调查

王术忠

土地是决定经济社会发展的最重要资源，是民生之本、发展之基。随着城乡一体化进程的发展，必然伴随着农村人口、土地等要素分布的调整，作为农业生产最重要的物质基础，土地资源的合理利用成为促进我国城镇化健康发展的关键因素，而农村土地承包经营权流转在很大程度上影响着土地利用的效率，进而影响我国城镇化水平。党的十八届三中全会提出：我国土地流转改革目标是建立两种所有制土地权利平等、市场统一、增值收益公平共享的土地制度，促进土地利用方式和经济发展方式转变。依法引导农村土地市场化流转，有利于提高农业产业化水平和土地利用率，对促进农村劳动力的转移、农民收入的增加、农业和农村经济的发展、农村社会的稳定具有重大意义。本文基于威海市文登区农村土地流转的实际，通过第一手资料，对调查数据进行详细分析，总结农村土地流转的主要做法、基本经验及不足，借鉴外地先进经验，对城镇化进程中如何加快推进农村土地市场化流转提出对策性建议。

一 农村土地流转的现状

（一）土地流转总体情况

截至 2013 年年底，威海市文登区土地流转面积累计 17 万亩，占家庭承包耕地面积的 27.22%；流转出承包地的农户数 39390 户，占家庭承包经营农户数的 27.37%。其中，签订流转合同份数为 26943 份，签订流转合同的面积

10.1 万亩，占流转总面积的 59.41% 。调查结果见表一所示。

表一　土地流转基本情况表

单位：户，万亩

类别	家庭承包经营面积	家庭承包经营农户数	流转总面积	流转出承包地的农户数	签订流转合同份数	签订流转合同的面积
合计	62.45	143941	17	39390	26943	10.1

（二）土地流转情况分类

为了进一步了解土地流转情况，我们分别从流转期限、流转方式、流转去向、流转实现形式及流转后的用途 5 个方面进行了分类，结果见表二。

表二　土地流转情况分类表

单位：万亩

分类	按流转期限分（面积）			按流转方式分（面积）					按流转去向分（面积）				
	5年以下	5～10年	10年以上	转包	出租	转让	互换	股份合作	流转入农户		流转入合作社	流转入企业	其他
									总面积	其中：流转入家庭农场			
合计	7.4	3.4	6.2	3.18	6.56	1.16	5.74	0.36	12.31	0.05	1.16	2.15	1.38

表二续　土地流转情况分类表

单位：万亩

分类	按流转的实现形式分（面积）			按流转后的用途分（面积）						
	农户间自发	基层政府及村级组织协调	通过土地流转服务机构办理	粮食	蔬菜	果茶	生态休闲农业	经济林	养殖	其他
合计	10.01	6.28	0.71	7.75	1.36	1.85	0.75	1.37	1.52	2.4

从表二及表二续可知，按流转期限划分，5 年以下的亩数最多，所占比例为 43.53% ；其次是 10 年以上，比例为 36.47% ；最后是 5～10 年，比例为 20% ，呈两极分化现象。按流转方式划分，出租的方式最多，比例为 38.59% ；其次是互换，所占比例 33.76% ，这两项比例合计达 72% 以上；转让和股份合作的比例相对较少。按流转去向来看，流转入农户占的比例远远高于其他情况，占比达 72.41% ，其中流转入家庭农场的比例很少。按流转的实现形式划分，农户间自发的面积最高，比例为 58.88% ；其次是基层政府及村级组织协调，比例 36.94% ；通过土地流转服务机构办理最少，仅占

4.18%。按流转后的用途分类，用于种植粮食的最多，所占比为 45.59%；其次是果茶、养殖、经济林和蔬菜，比例在 10.88% ~ 8% 之间；用于生态休闲农业的最少。

（三）土地规模经营情况分析

加快农村土地市场化流转，实行适度规模经营，是提高农业产业化经营水平和农村土地利用率的有效方式，对于促进农村劳动力转移就业，维护农民的权益和农村社会的稳定，形成城乡经济社会一体化新格局具有重大的意义。为此，我们对土地规模经营情况进行了调查分析，结果见表三所示。

表三 土地规模经营情况分布表

单位：个，万亩

分类	30 ~ 50 亩					50 ~ 100 亩				
	一般农户	合作社	家庭农场	企业	小计	一般农户	合作社	家庭农场	企业	小计
个数	458	13	0	4	475	224	13	5	9	251
面积	1.71	0.05	0	0.01	1.77	1.17	0.12	0.04	0.09	1.42
分类	100 ~ 500 亩					500 ~ 1000 亩				
	一般农户	合作社	家庭农场	企业	小计	一般农户	合作社	家庭农场	企业	小计
个数	130	11	1	27	169	3	0	0	8	11
面积	1.5	0.54	0.01	0.54	2.59	0.17	0	0	0.42	0.59
分类	1000 亩以上					总计				
	一般农户	合作社	家庭农场	企业	小计					
个数	1	1	0	2	4	910				
面积	0.1	0.11	0	0.32	0.53	6.9				

从表三可以看出，在土地规模经营分布中，从个数来看：30 ~ 50 亩的个数最多，占总个数的 52.2%；其次为 50 ~ 100 亩，占总个数的 27.58%；再次为 100 ~ 500 亩，占总个数的 18.57%；然后为 500 ~ 1000 亩，占总个数的 1.21%；最后是 1000 亩以上，比例仅为 0.44%。

从面积来看：100 ~ 500 亩的面积最高，占总面积的 37.54%；其次为 30 ~ 50 亩，占总面积的 25.65%；再次为 50 ~ 100 亩，占总面积的 20.58%；然后为 500 ~ 1000 亩，占总面积的 8.55%；最后是 1000 亩以上，比例为 7.68%。

再细分发现：30 ~ 50 亩、50 ~ 100 亩、100 ~ 500 亩这 3 个类别中，均是一般农户所占比例最高；而在 500 ~ 1000 亩和 1000 亩以上这两个类别中，均是企业所占比例最高。表示随着土地规模的增加，土地流转开始流入企业。

二　农村土地流转的主要做法及基本经验

（一）主要做法

近年来，威海市文登区围绕"守住一条底线"，即充分保障农民土地承包经营权，对农村土地承包经营权流转机制、方式等方面进行了大胆有益的探索，促进土地向农民专业合作社、农业龙头企业、种养大户集中，提高了土地流转效率和农业规模效益。

一是完善运行机制，建立多样化流转模式。坚持把政府引导、市场调节、农民自愿、依法有偿和规范操作有机结合，制定了土地流转工作制度，设置了申请、信息登记、合同、纠纷受理调解等流程，建立起流转机制和转包、出租、互换等多种流转模式。

二是健全服务体系，规范流转行为。引导所有涉农镇全部成立了土地流转信息服务中心，村设立了土地流转信息员，定期上报、发布土地流转信息，为流转提供有关法律政策宣传、流转信息、流转咨询、价格评估、合同签订指导、利益关系协调、纠纷调处等服务。同时，涉农镇建立了土地纠纷调解中心，及时解决土地流转过程中产生的矛盾纠纷，为土地流转创造良好的环境。

三是培育经营主体，大户引领流转。把培育规模经营主体作为推进土地流转、规模经营的重要抓手，着力培育扶持农业龙头企业、农民专业合作组织和专业大户，并在项目建设、资金支持、营销平台建设等方面给予倾斜与扶持。截至2013年底，全区承包土地面积100亩以上的大户发展到134户，承包面积1.77万亩；合作社12家，承包面积0.65万亩；企业37家，承包面积1.28万亩，大大提高了农业的规模效益。例如，宋村镇姚山头村为威海北良工贸生态园、燕尊种貂、东来生猪养殖等多个农业项目流转土地1500亩，涉及农户230户，人口600余人，年可为村集体增加收入15余万元，并为100多名村民提供了就业岗位，每人每年至少可增加务工收入6000多元。

（二）基本经验

一是必须坚持依法自愿有偿原则，着力推进机制创新。创新土地流转机制政策性很强，也需要突破，必须严格按照土地承包法律法规办事，不改变土地所有制性质、不改变土地承包关系、不改变农用地属性。要尊重农民意愿，把农民满意不满意、拥护不拥护作为推进流转的重要标准，同时积极鼓励流转方式创新，充分调动基层的积极性、主动性和创造性。

二是必须向规模经营、优势产业集中。衡量土地流转的成效，关键要提高产业化带动能力和规模化经营的效益。要按照企业化运作，产业化经营的思路，一方面做大做强农业产业化龙头企业，一方面大力引导龙头企业、农民专业合作组织和种养大户连片开发流转土地，加快特色优势产业发展。宋村镇先后引进了用地近 1000 亩的威海北良工资生态园项目、用地 1500 亩的淳元供港蔬菜基地项目、用地 1200 亩文泰食品地瓜出口基地、用地 100 亩的东来养猪项目、用地 120 亩的燕尊养貂项目、用地 140 亩的华兴花卉项目、用地 300 亩青岛中宝公司的有机农业生产基地、用地 170 亩的赛博迪种猪养殖项目等。这些项目土地利用率高，提高了农业的规模化、集约化水平，促进农民收入的增加，成为威海市最大的无公害蔬菜生产基地，蔬菜种植年可实现收入近 2 亿元，人均增收 1000 元左右。

三是必须严格规范土地流转行为。稳定农户承包经营权长期不变，是农村土地流转的重要前提。要搭建土地流转交易平台，镇级土地流转服务中心要统一窗口设置、工作流程、流转交易、合同文本，完善信息提供等服务。要以实施流转合同制和备案制为重点，健全流转交易机制，完善土地流转竞价机制和风险调控机制，形成包括协商、调解、仲裁、诉讼等多渠道调处土地流转纠纷的工作机制。

三　农村土地流转工作中的不足

威海市文登区农村土地流转虽然取得了一定的成绩，但是，从调查的情况看，仍然存在一些不足之处：

（一）土地流转服务中心力量较弱。从调查中，我们发现，现有的土地流转由农户间自发的面积最高，为 10.01 万亩，占总面积的 58.88%；其次是基层政府及村级组织协调，为 6.28 万亩，占总面积的 36.94%；通过土地流转服务机构办理最少，仅有 0.71 万亩，占总面积的 4.18%。其主要原因是镇级机构改革后，经管站、审计站、财政所合并成立了财政经管服务中心，超过三分之二以上的镇办从事经管工作的人员仅有 1~2 人，负责农村三资管理、土地承包、农民专业合作社、审计、农民负担、土地流转等工作，从事土地流转等业务工作的时间、精力不足，导致土地流转服务中心作用没有得到应有发挥。

（二）土地流转面积份额多面积小。从威海市文登区土地流转情况来看，到 2013 年底，100 亩至 500 亩的规模经营主体有 169 家，面积 2.59 万亩，占流转面积的 15.2%；500 亩至 1000 亩的规模经营主体仅有 11 家，面积 0.59 万亩，占流转面积的 3.5%；1000 亩以上的规模经营主体只有 4 家，面积 0.53 万亩，占流转面积的 3.1%。土地流转特别是大规模土地流转困难。从调查情况看，其原因主要是：1. 国家基本农田保护政策规定，禁止任何单位和个人占用基本农田发展林果业和挖塘养鱼，而投资粮食等种植业生产效益不高，经营主体积极性不大。2. 威海市文登区土地流转价格偏低。土地流转价格大多集中在 600~800 元之间，与农户自种收益差距不大，土地流转的吸引力不足。3. 涉及的农户多，每个农户想法不一致，协调难度大，许多合作社、农业龙头企业不愿意直接与农民打交道。4. 缺少强有力的农业产业化项目支撑，难以形成成片流转，无法适应规模化生产和产业化生产的需要。

（三）土地流转行为不规范。1. 多数土地流转没有签订书面合同或协议。大部分农民嫌麻烦，不愿签订书面合同，有的根本就没有签订书面合同的想法，多是口头协议，没有通过签订土地流转合同来规范双方的权利义务，极易发生纠纷。2. 土地流转合同不规范，内容简单、责任不明、程序不全。3. 土地流转市场尚不成熟，大部分处于无序状况，没有建立统一的用地有偿流转制度和土地投资补偿制度，利益分配不均，遗留问题多。

（四）乡土情结限制了土地流转。一是农民进城务工存在许多不确定因素，外出务工后衣、食、住、行等生存成本比农村高，在没有解决好其住房、就业、医疗、教育和养老等各方面的保障前，农村土地仍然承载着农民基本生活保障的功能，被农民视为"保命田""退路田"，即使外出打工、经商，也要保留承包田，"不敢"流转其土地承包经营权。二是全面取消农业税后，农民种地不仅不用交税费，而且还享受国家支农惠农政策补贴，多数农民普遍存在"不占白不占"的心理。同时，由于农业机械化的普遍实施，不少农民把耕种土地当成休闲娱乐、自供粮油的好项目，"不愿"流转其土地承包经营权。三是由于受农村地理位置、区位、交通和历史等因素影响，大部分农民存在着"小富即满、小康即安"意识，特别是沿海及经济发达地方的农民宁愿粗放式经营也不愿意流转。而城郊村和经济发达的村，随着城镇化的推进，农民期盼土地被征用一次性买断，可获得眼前短期高额收入和补偿，因此也不愿意流转土地。一些丘陵地带的农民，因地块零碎、地质好坏不均，难以形成规模生产，即使农民想流转土地，也流转不出去。

（五）土地流转纠纷解决机制缺失。一是土地流转纠纷调解中心依附于财政经管服务中心，没有自己独立的机构和专业人员，且由于干业务时间不足等原因，没有发挥其应有的作用。二是处理土地纠纷的规范化制度尚未形成，农村土地承包仲裁机构不健全，缺乏强有力的执行能力，无法保障仲裁书的有效性，使得农村中许多土地流转纠纷无法得到及时合理的解决，从而阻碍了土地的顺利流转，也影响了农村的稳定。

四　加快土地市场化流转的对策思考

（一）积极稳妥地推进集体经济组织产权等制度改革，保障农民土地承包经营权、集体收益分配权等合法权益

一是积极推行农村集体经济组织产权改革。将非地资产（即村级经营性资产，不包括公益性资产和资源性资产），通过清产核资、股权界定，股权量化等程序，量化到户到人，建立经济股份合作社，实现"资产变股权，村民当股东"，颁发股权证书。成立的经济股份合作社，参与市场竞争，促进集体资产的保值增值，发展壮大集体经济实力。二是稳妥开展农村集体土地承包经营权确权登记颁证工作。依据法律规定，将农户承包土地的地块、面积、空间位置等信息及其变动情况记载于登记簿，颁发土地承包经营权证，以进一步明确农民对承包土地的各项权益，强化农民承包土地经营权的物权属性，维护农民利益。

（二）尊重农民意愿，实现土地的市场化流转

一是必须尊重农民意愿，让利于民。农民是土地流转的主体，任何单位和个人不得强迫农民流转土地或无理阻碍农民依法自主流转，流转收益全额返还给流出土地的农民。二是考虑农民的长远生计，把集体建设用地和集体公用非农土地的流转收益以一定比例分配给农民，切实保障农民土地权益。三是建立健全中介服务机构。建立包括农村土地流转评估机构、委托代理机构、法律咨询机构、土地融资保险机构等一系列的服务机构及相关制度，为供需双方提供流转平台，使中介服务社会化、专业化，为实现土地承包经营权市场化流转创造有利条件。同时借鉴外地先进的中介服务组织模式和经验，建立培育土地信托金融服务中介机构。将农村土地使用权（包括农用地的土地承包经营权、集体建设用地使用权以及宅基地使用权）作为信托财产，委

托给信托金融服务中介机构进行经营管理。信托金融服务中介机构通过适当方式，将农村土地使用权交给具有较强生产经营能力者去经营，实现土地的增值，农民凭证定期领取收益。农民作为委托人向受托人转移了承包土地经营权，同时获得了信托受益权，使农民对土地的依赖逐渐转化为对信托的依赖。

（三）加强土地流转机构建设，搞好服务工作

城镇化进程中农村土地市场化流转工作是一项系统性工程，必须有一个强有力的机构，负责城镇化进程中农村土地市场化流转相关工作的规划、协调、督导、管理等，以降低成本和风险，提高流转效率。同时，借鉴武汉经验，整合与土地流转相联系的农业类知识产权、农村房屋所有权、农村闲置宅基地使用权、农业生产性设施使用权，探索建立农村要素市场交易平台。做到统一交易规划、统一交易鉴证、统一信息发布、统一收费标准、统一监督管理、统一平台建设，实行全区农村土地承包与流转管理信息化网络系统，搜集和发布土地流转的供需、市场价格等信息资料，并加以统计、分析和预测，公开对外进行发布，使农户和有意投资农业的经营主体能及时、准确获得可靠信息，提高农村土地管理与流转的效率。建立健全农村土地承包纠纷仲裁委员会，配备专职人员、专门经费，负责土地承包合同和土地流转纠纷的调解和仲裁，建立健全民间协商、镇村调解、区级仲裁、司法保障的农村土地承包纠纷调处机制，为依法搞好土地纠纷工作提供有力保障。

（四）规范土地流转行为

一是要规范土地流转合同。要在协商一致的基础上签订统一印制的土地流转合同，土地流转合同应报各镇办备案，需要公证的，应到公证机关办理公证手续。二是镇级农村土地承包管理部门要做好土地流转合同鉴证工作。三是要建立健全流转合同档案管理制度。镇级农村土地承包管理部门要对流转合同及有关资料登记造册，归档保管，将土地流转情况及时进行登记并予以公示。四是要坚决纠正和查处违背农民意愿强迫流转等侵害农民土地承包权益和非法改变流转土地农业用途等行为。

（五）制定扶持政策，建立奖励约束机制

一是制定农村土地流转的相关优惠政策、措施。大力奖励符合现代农业发展规划的单位和个人。每年安排一定额度专项奖补资金，用于流转服务平

台建设和运行经费。鼓励大专院校等利用科技研发等形式参与农村土地流转。鼓励对农田基础设施和现代农业设施进行投入，对受让面积较大、流转期限较长的经营主体，符合相关条件的，优先安排农业项目。二是要制定出台配套的法律法规政策，明确土地承包经营权流转市场各个行为主体责、权、利。各级党委政府制定现代农业发展规划，对土地的流转要作出合理的规划要求，在土地承包经营权流转市场化的进程中发挥引导、扶持、推进作用，主动推动土地承包经营权流转市场的健康、有序运行。

（六）积极探索、创新土地流转新模式

在采取法定的转包、出租、转让、互换、股份合作等方式进行流转的同时，鼓励有条件的地方可以探索发展农户委托村流转土地或农民以土地承包经营权入股的方式组建土地股份合作社，发展多样化的联合与合作。鼓励以村为单位将农户流转土地集中连片和适度整理包装，由镇、村或土地流转中介服务组织统一对外进行招商，引进现代农业项目，推进农业规模经营和现代农业发展。

（七）建立农民的基本生活、就业和创业的保障机制

一是实行土地换保障，"保障"不仅仅是离土农民基本生活的"社保"，还要为离土农民提供就业、创业、子女教育等保障。二是鼓励、引导农民以入股方式流转土地承包经营权，农民作为股东，参与农业开发经营。农民在流转土地后，仍然可以获得地租收入、农业政策性贴补收入、务农工资收入以及股权分红收入，维护农民利益，为走出土地的农民解除后顾之忧。

（作者单位：威海市文登区农业局　课题组成员：董智勇 杜鹏飞　于清香）

关于社会养老服务体系建设的探索

——以乳山市为例

杨绍平

2013 年 12 月 26 日，中国社科院发布了《社会蓝皮书》，蓝皮书指出，当前中国迎来了人口转型的拐点，人口红利将进入逐渐收缩时期。全国 2013 年 60 周岁及以上老年人口达到 2 亿人。预计到 2025 年和 2033 年将分别超过 3 亿人和 4 亿人，平均每年增加 1000 万老年人口。山东省 2013 年 60 周岁以上老人占山东总人口数 16% 左右，高于全国平均水平。威海市 60 周岁以上老年人有 52 万人，占人口总数的 20.5%，是全省乃至全国人口老龄化程度最高的城市之一，而且平均每年还在以 3% 的速度增长。面对如此严峻的人口老龄化压力，解决养老问题，探索建设社会养老服务体系建设，应该是全域城市化的重要课题。

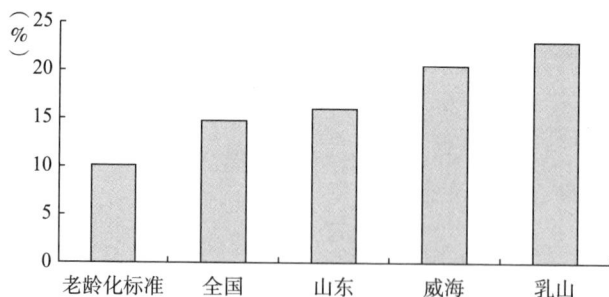

图 1   60 周岁以上老年人口所占比例

一   社会养老服务体系建设的必要性和可行性

国务院 2011 年出台的《社会养老服务体系建设规划（2011～2015 年)》

中将社会养老服务体系定义为：与经济社会发展水平相适应，以满足老年人养老服务需求、提升老年人生活质量为目标，面向所有老年人，提供生活照料、康复护理、精神慰藉、紧急救援和社会参与等设施、组织、人才和技术要素形成的网络，以及配套的服务标准、运行机制和监管制度。主要由居家养老、社区养老和机构养老等3个有机部分组成，以居家为基础、社区为依托、机构为支撑。

第一，加强社会养老服务体系建设，是应对人口老龄化、保障和改善民生的必然要求。目前，我国是世界上唯一一个老年人口超过1亿人的国家，且正在以每年3%以上的速度快速增长，是同期人口增速的5倍多。预计到2015年，老年人口将达到2.21亿人，约占总人口的16%；2020年，老年人口将达到2.48亿人，约占总人口的18%。随着人口老龄化、高龄化的加剧，失能、半失能老年人的数量还将持续增长，照料和护理问题日益突出，人民群众的养老服务需求日益增长，加快社会养老服务体系建设已刻不容缓。

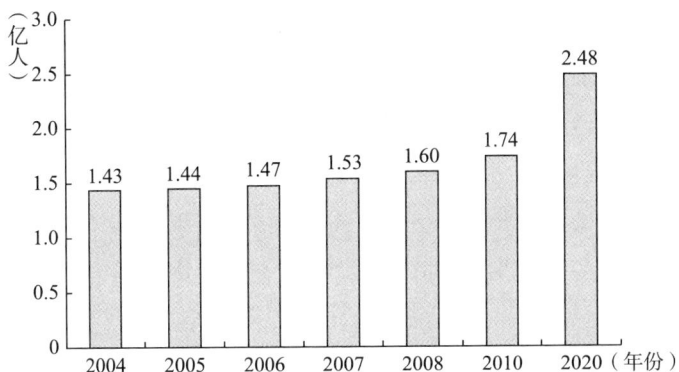

图2　2004~2020年中国60岁以上老年人口状况

第二，加强社会养老服务体系建设，是适应传统养老模式转变的必由之路。长期以来，我国实行以家庭养老为主的养老模式，但计划生育的基本国策，以及经济社会的转型，家庭规模日趋小型化，"4~2~1"家庭结构日益普遍，空巢家庭不断增多。家庭规模的缩小和结构变化使其养老功能不断弱化，对专业化养老机构和社区服务等社会养老服务的需求与日俱增。

第三，加强社会养老服务体系建设，是解决失能、半失能老年群体养老问题的当务之急。目前，我国城乡失能和半失能老年人约3300万人，占老年人口总数的19%。由于现代社会竞争激烈和生活节奏加快，中青年一代正面临着工作和生活的双重压力，照护失能、半失能老年人力不从心，迫切需要通过发展完善社会养老服务体系来解决。

第四，加强社会养老服务体系建设，是扩大消费和促进就业的有效途径。

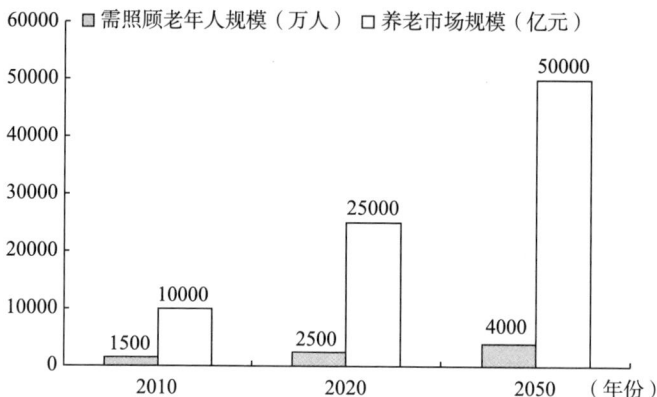

图3　中国养老产业市场规模预测

庞大的老年人群体对照料和护理的需求，有利于养老服务消费市场的形成。目前，我国生活不能自理、需要照料的老年人为1500万人，2020年该数字将超过2500万人，2050年将达到4000万人。庞大的老年人群体对照料和护理的需求，有利于养老服务消费市场的形成。未来，中国养老产业市场规模2010年1万亿元到2050年要增加到5万亿元。其中，护理、医疗、服务等领域受益最大。据推算，2015年我国老年人护理服务和生活照料的潜在市场规模将超过4500亿元，养老服务就业岗位潜在需求将超过500万个，2020年将超过1000万个。而目前我国养老机构的全部工作人员共有40万人左右，其中养老护理员不足30万人。可见，伴随着老龄化社会的到来，养老服务业将面临前所未有的发展机遇，能够挖掘出的就业潜力着实巨大。

二　目前乳山市社会养老服务体系建设的主要做法

从乳山市来看，目前，乳山市辖14个镇，1个街道办事处，两个省级开发区。乳山全市共有57万人口，其中60周岁以上老年人超过13.1万人，占人口总数的23%以上，这个比例高于全市全省平均水平。面对如此严峻的人口老龄化压力，乳山市做了以下努力：

（一）创新政府引导机制，构建科学化的目标责任体系。为解决社会养老体系建设缺乏引导的问题，乳山市坚持政府主导的产业发展模式，实施了健康养老养生十大产业体系，出台了《关于加快发展健康养生产业的意见》，为产业发展理清了思路、明确了方向。成立了由分管副市长任组长，宣传、民政、财政、劳动保障、卫生、老龄等部门主要负责人参加社会化养老服务体系建设工作领导小组，定期调度工作进展，发现问题，总结经验，确保养老工作各项目标落到实处。在此基础上，制定了《关于加快社会养老服务体系建设的意见》，确立了"建立一个体系、完善一个网络、达到三个比例"的工作目标。所谓一个体系，就是力争在"十二五"末，形成高、中、低档配套，养、护、助功能齐全，公办、社会兴办、合作经营等多种形式共同发展的养老服务机构体系。一个网络，就是健全完善各类养老机构信息管理系统，并纳入市级数据库管理，完善居家、社区和机构养老三级服务信息网络建设，实现全市养老服务信息资源的有效衔接，及时向社会提供养老服务需求和资源供应信息，实现养老服务信息化管理运行。三个比例，就是到"十二五"末，全市养老机构床位数达到5000张，每千名老年人拥有35张以上，其中社会投资兴办的养老机构床位占养老床位总数的比例达到50%以上，护理型床位占养老床位总数的比例达到30%以上，养老护理人员持证上岗率达到90%以上。

（二）健全社会参与机制，构建立体化的社会保障体系。为了解决社会养老体系建设投入不足的问题，乳山市坚持政府公办与社会协办相结合，引导整合社会资源，鼓励社会力量参与养老事业，形成社会养老体系建设多元投入格局。一是鼓励社会主体参与建设。采取政府、企业、集体、个人等多渠道投资方式，形成以公办养老机构为示范、其他多种形式养老机构共同发展的新格局。通过政府投资的敬老院改扩建工作，带动一些经济条件较好的村集体、企业及个人，主动投资兴办养老机构，有效地缓解了老年人养老服务设施的需求矛盾。近年来先后引导了白沙滩镇大陶家村、城区街道办事处夏东村、南黄镇南黄村等村集体经济条件较好的村投资建设了百合老年公寓、幸福苑老年公寓、南黄村老年人颐养中心等养老机构；引进了福星老年公寓、东方国际养生园、老年人养护中心等一批外商投资建设的高中端养老机构。二是满足不同对象服务需求。在养老机构的规划建设中，充分考虑不同老年群体的消费能力和健康状况，公办养老机构主要收纳低收入群体，主要包括"三无人员""低保"等生活困难的老人和对生活做出特殊贡献的老人；中等收入和高收入这两个层次群体主要通过引入中、高档养老服务机构为其提供养老服务；失能群体主要依靠城区、农村老年人养护中心。通过多层次发展养老机构，实现养老服务对象的全面覆盖。三是实现服务队伍多样构成。建立一支专业护理人员为主、志愿者为辅、义工为补充的养老服务队伍。专业护理人员由民政、人力资源和社会保障部门共同负责进行培训，逐步提高养老护理人员持证上岗率；志愿者队伍由民政、教育、机关工委等单位负责，通过借鉴潍坊苇湾社区志愿服务"时间银行"模式，鼓励学生、机关工作者、社会爱心人士积极参与到养老服务活动中来。四是实现管理模式多样化。创新养老服务机构管理模式，引进高端养老机构，利用其科学化管理与服务，打造乳山养老管理服务模式，并与银滩地产有机结合。引进北京万通投资有限公司与百合老年公寓合作，联合第二人民医院，打造医养结合的典范；引进北京太阳城与乳山市幸福苑老年公寓（夏东村）合作，打造高标准老年公寓；引进北京太阳城与乳山市老年人养护中心合作，实行 24 小时养护与监护，打造集中收养半自理和不能自理老人的典范。

（三）创新产业运行机制，构建多元化的养老服务体系。为了解决社会养老体系建设过程中形式单一的问题，乳山市拓宽发展思路，通过鼓励本地机构创新和引进新型理念，建立种类多样化、功能全覆盖的养生养老产业发展格局。目前，已初步形成 5 种养老模式：一是居家养老。通过发展公共养生养老服务设施，引进兴建有偿养生养老服务机构，让业主居家享受各项养生养老服务。设立乳山市居家养老服务中心（12349 居家服务呼叫平台），将200 余家涉及家政、餐饮等行业的服务类企业和商户纳入管理系统，为社区居家养老提供生活照料、康复护理等服务；培育起了一批家政公司，为老年人提供居家照料、上门送餐、取衣洗衣等服务；完善公共基础设施，主要设施全部做到无障碍化；大力扶持老年社团发展，组建太极拳、自行车、冬泳、象棋等爱好者团体，定期组织开展丰富多彩的交流活动，加大人文关怀和心理疏导，为老年人营造出健康、幸福、安逸的宜居环境。二是社区养老。城市社区方面，在西馨园、怡园、府苑等城市社区建设日间照料中心，打造以社区卫生室专业医护人员为重点的康复护理中心、以海天餐饮为主的日配餐中心、以社区工作人员为基础的娱乐照料中心；引导银滩区域新建、在建楼盘房产开发企业对存量和待建小区改造，融入养生养老元素，使居民在社区内就可以享受到各项公共养老服务。目前，已引导银滩山水人家等 5 个小区对建而未售的楼盘进行了改造，开工建设了香港平远养生养老度假公寓、东方国际养生园等养生养老项目，各个小区都配套了康体中心、中药保健、营养配餐、管家服务等养生养老服务设施。农村社区方面，在南黄镇南黄村、下初镇胡家口村、河南村等建设老年人互助颐养中心，探索农村社区老年人互助养老模式；对农村不能自理、半自理的老年人，依托农村敬老院或选择条件较好的农村社区，建设农村老年人养护中心。三是机构养老。主要是加强养老机构硬件设施建设，提升养老服务功能。在 14 处镇级敬老院设立社会养老服务中心，增加社会养老服务内容，提升农村敬老院服务功能；建设乳山市社会福利中心，收购百合老年公寓部分产权，打造成承担政府职责、社会职责、市场功能为一体的综合型社会福利中心；在经济开发区建设面积6700平方米、床位200张的乳山市老年人养护中心，引进北京太阳城科学的管理经验，打造成集养生文化、康复理疗、医疗护理、休闲娱乐等功能为一体的老年人养护中心；新建乳山市幸福苑老年公寓，床位180张，用以解决城区标准化养老问题；在南黄镇新建建筑面积4000平方米、床位110张的南黄社区老年公寓，以满足周边农村社会养老需求。四是专业养老。利用滨海新区已出售的闲置房屋，引导开发企业引进养生养老机构整栋返租、统一改造，与专业酒店管理公司、健康管理公司和物业服务公司联合经营，挖掘房产二次利用价值，实现房地产企业多元发展。目前，已引进建设了福星老年公寓、爱之源国际养老中心、百合老年公寓等3家大型专业养生养老机构，总床位3000多张，平均入住率达到60%；达成了香港鑫明国际养生园、宏福老年公寓、上海华怡会所等3处健康养生机构合作协议，预计3年内专业养生养老机构将达到10家，总床位数可突破1万张。福星老年公寓设立了康复中心、理疗中心以及书画室、健身房、电影院、生态餐厅、老年大学等综合服务机构，按照五星级度假公寓标准设计，吸引了来自全国16个省、区的400多名老人入住，入住率达到70%以上。五是健康养生。主要是完善医疗卫生体系，结合养生养老人群特点，开发医疗康复项目，引进发展高端医疗卫生机构，提供专业化、一流的医疗保健养生服务。目前，正在探讨与北京武警总医院、齐鲁医院、慈铭体检、美年大健康等知名康体机构合作，并在乳山市第二人民医院加强了慢性病专科的人员配备，完善社区卫生服务站，推广了家庭医生公共服务，社区医生免费上门提供血压、血糖检测，使老龄人群享受到相应的医疗保健服务。

三　乳山市社会养老服务体系建设过程中存在的问题

尽管近年来乳山市在社会养老服务体系建设方面成绩斐然，但我们要清醒地看到目前乳山市在社会养老服务体系建设方面总体水平较低，养老服务产业整体还处于认知和起步阶段，还远不能满足日趋增长的养老需求。主要存在以下问题。

（一）缺乏更为先进的新型养老观念和具有推广价值的养老模式。目前，乳山市的养老产业结构不平衡造成供需矛盾巨大，无法应对老年社会的巨大压力。养老产业大多集中在收养半护理、全护理、五保户、智障、残障人群体方面，面对老龄化社会和身体基本健康、生活基本能自理的庞大老年群体以及社区众多的空巢老人以及威海市健康养老养生产业的发展，现有养老方式和产业结构是无力承受这一日益严重的养老压力的，所以调整改变旧有养老模式和树立新型养老观念，探索发展新型养老模式迫在眉睫。

（二）缺少有品位的公共服务平台和高品位的游玩娱乐场所。目前，由于乳山市人民政府资金投入不足，政府保障扶助政策不健全，养老服务设施建设相对薄弱。主要表现在新建小区养老设施建设不足和老旧小区养老设施不完备。到目前为止，尚未实现社区养老服务中心的全覆盖，特别是在新建小区建设时，社区养老服务站点还没有完全像卫生和文体设施那样，做到同步规划、同步建设和同步投入使用。服务设施的不足，直接导致公共服务资源的紧缺和区域发展的不平衡，养老服务项目不能深入实施。银滩一些小区还面临供暖、交通、娱乐、医疗等问题。

（三）缺乏适宜养老的配套环境和特色鲜明的可行性统一规划。威海市投资养老事业过度依赖旅游事业和银滩房地产事业的发展。各地产开发企业开发无序，导致社区养老产业发展缺乏自律和行业管理办法，无法实行标准化管理和规范化运行，明显缺乏行业自律规范准则和可参照执行的、统一的行业管理标准。

（四）缺少专业的养老管理理念和职业的管理团队、养老护理人员。各房产开发企业，没有先进的养老理念，一味地为建设而开发。养老专业人才和养老护理人员严重不足，素质良莠不齐。其中护理人员和医疗康复人员匮乏是一个普遍的问题，且都存在难招人、留不住人的困境。产生困境的主要原因是因为护理人员的工作强度大、压力大、工资低。另外，现有养老机构护理人员的专业化程度普遍不高，许多人员不具备养老服务护理员的专业资质和执业资格。

四　今后乳山市社会养老服务体系建设的努力方向

近年来，为破解养老难题，乳山市初步建立起与人口老龄化进程相适应、与经济社会发展相协调的养老服务体系。但要进一步解决日趋加大的人口老龄化压力，今后应该在以下几方面下功夫：

（一）进一步强化规划引领。要把社会养老服务体系建设纳入经济社会发展规划，在编制实施城乡规划、土地利用总体规划、新农村建设规划和基本公共服务规划时，充分考虑养老服务发展需要，合理规划布局养老服务设施；要组织编制养老服务设施专项规划，并纳入城市总体规划。城市新建住宅小区开发建设和旧城改造要将养老服务设施建设纳入公建配套实施方案同步规划、同步建设、同步竣工、同步交付使用，同时要引导开发商在运营中积极引入健康养生元素，延伸产业链。已建住宅小区没有养老服务设施的，要逐步补建或利用闲置的设施改建。对银滩区域的住宅小区，要引导其按照高端养生养老社区标准进行改建，根据各类人群的不同需求对房间设备和公共设施进行人性化改造，积极拓展医疗护理、社区服务、餐饮保健等服务项目，进一步改善社区绿化、园林景观和居住环境，打造融居家、休闲、娱乐、社交、商务、医疗于一体的高品质健康养生养老社区。

（二）进一步保障土地供应。要将养老服务建设项目用地纳入年度建设用地计划，非营利性老年人社会福利设施，经民政部门审核确认后，按照《划拨用地目录》依法划拨用地。对其他经营性养老服务建设项目用地，按照项目具体建设用途和有关政策规定，以土地有偿使用方式供地，并在地价方面给予适当优惠。支持农村集体经济组织利用村级建设留用地兴办养老服务设施；工业企业因不适应城市功能定位退出的土地，在符合城市规划的前提下，要优先用于发展养老服务业；城乡规划确定的养老服务设施用地，非经法定程序不得改变用途；养老服务设施因城市建设需要依法拆迁时，要优先安排同等面积的回迁或异地建设用地。

（三）进一步鼓励多元投资。设立社会养老服务体系建设财政专项资金，持续加大对养老服务设施建设投入。"十二五"期间，财政每年安排专项补助资金，用于社会养老服务体系建设。用于发展服务业的资金重点向养老服务业倾斜。留成使用的福彩公益金要重点用于养老服务体系建设。扶持企业发展资金要对符合条件的养老服务业企业给予支持。同时，鼓励个人、企业、社会团体以及外资，以独资、合资、合作、联营、参股、特许经营等方式，依法建设各类养老服务机构和设施。运用专项补助资金对养老服务机构建设和运营、社区养老服务设施建设以及居家养老服务等方面予以补助。

（四）进一步实行税费减免。对符合条件的养老院类养老服务机构，免征营业税、城市维护建设税和教育费附加；对符合条件的非营利性养老服务机构，免征企业所得税；对其自用房产、土地，免征房产税、城镇土地使用税；养老院占用耕地的，免征耕地占用税。对企事业单位、社会团体和个人等社会力量通过公益性的社会团体、基金会或者县级以上政府及其部门，向非营利性的养老服务机构和组织的捐赠，在计算所得税应纳税所得额时按规定标准予以税前扣除。非营利性养老服务机构免缴征地管理费、水土保持设施补偿费、水利建设基金、残疾人就业保障金；在达标排放污染物并经环保部门核准的情况下免缴废水排污费，适当减免环境监测服务费。对经工商部门登记的养老服务组织和机构，还可按规定享受国家对中小企业、小型微利企业和家庭服务业等其他相应的税费优惠政策。高校毕业生、失业人员、农民工、转业退役军人创办养老服务业机构的，自首次注册登记之日起 5 年内免收各类行政事业性收费。

（五）进一步鼓励养医结合。鼓励在规模较大的养老服务机构内设置护理院，有条件的可以申请设置康复医院等医疗机构。规模较小的养老服务机构可与周边医院、基层医疗卫生机构合作开展医疗服务，实现资源共享。在养老服务机构内设置的医疗机构，符合条件的，纳入城镇职工（居民）医疗保险、新型农村合作医疗定点范围。鼓励和引导基层医疗卫生机构转变服务模式，主动为长期卧床、70 岁以上和独居等行动不便老年人提供上门服务，开设家庭病床。民政、卫生、人力资源社会保障部门要按职责分工，加强对养老服务机构和医护人员的管理、培训和业务指导监督。

（六）进一步加强养老队伍建设。采取分级培训、政府补贴的方式，加大养老护理员培训力度。对参加市政府组织的初级护理员培训的人员，每人补贴 1000 元。对养老服务从业人员，按规定落实国家有关补贴政策，探索建立民办养老服务机构护理员特殊岗位补助制度，核定公办养老服务机构绩效工资总量时给予适当倾斜，逐步提高养老服务人员的工资福利待遇。在威海机械工程高级技工学校设置老年服务与管理等相关专业，加快培养老年服务管理、医疗保健、护理康复、营养调配、心理咨询等方面的专业人才。推行职业资格认证制度，提高养老服务从业人员的持证上岗率。通过政府购买服务的方式，在养老服务机构中开发设置社会工作者岗位，鼓励专业人才从事养老服务行业。在社区和老年人日间照料中心购买公益性岗位，充实社区养老服务队伍。实行志愿者注册制度，加快培育从事养老服务的志愿者队伍。制订养老服务从业人员技能培训计划，进一步加大对养老服务从业人员的专业技能培训，提高养老服务队伍的专业技能水平。

（七）创新养老服务产业政策。制定养老服务产业政策，大力推进养老服务产业发展。着力培养一批大型老年服务龙头企业，打造一批老年服务知名品牌。积极探索养老护理保险，推行养老服务意外保险。进一步完善产业发展模式，积极研发老年服务产品、项目，形成养、疗、研、学、乐等一条龙产业结构，并大力发展所有关联产业，全面满足老年人多种需求。

（八）加大信贷支持力度。金融部门要积极支持养老服务业发展，增加对养老服务机构及其建设项目的信贷投入，适当放宽贷款条件，并提供优惠利率。对规模较大、前景较好、市场急需的养老服务项目，有关部门应给予优先立项、优先审批。对登记失业人员、残疾人、军队退役人员、军人家属、海外留学归国人员、大中专毕业生和外出务工返乡创业人员开办养老服务机构，自筹资金不足的可申请小额担保贷款。

（九）创新运行机制。在确保国有资产不流失、养老用途不改变、服务水平不降低的前提下，积极推行养老服务机构公建民营，激发公办养老服务机构发展的生机和活力。鼓励养老服务机构连锁运营，探索将非营利性养老服务机构作为公益性岗位，鼓励各类居家养老服务机构优先择用下岗失业人员、被征地农民和"4050"等从业困难人员，符合条件的，落实好岗位补贴和社会保险补贴。鼓励保险机构以商业化运作模式参与养老服务机构和养老社区建设，鼓励社会力量捐资设立养老服务类非公募基金会。采取政府购买服务等方式，鼓励社会组织参与养老服务，开展培训、研究、交流、评估、咨询和第三方认证等服务。

（十）建立长效监管机制。建立具有组织协调、监督指导、培训教育、供养服务等功能的市级养老服务指导中心，加强对养老机构和居家养老服务的行业管理和指导。一是健全养老服务监管体系。建立健全养老服务准入、监管、退出制度，认真执行养老服务设施建设标准和老年人社会福利机构基本规范，细化生活照料、康复护理、医疗保健、心理关爱等各项具体服务项目的内容和标准，进一步规范养老福利机构服务行为，促进养老服务业健康有序发展。二是建立养老服务评估考核体系。制定养老服务机构管理办法，加强对养老服务机构的监督管理，切实维护养老服务机构和服务对象的合法权益，每半年对养老服务机构标准建设、规范管理、优质服务、队伍建设和运行管理等方面进行综合考评，对工作落实到位、服务质量评价高的单位给予奖励，并予以优先扶持。三是发挥行业协会作用。成立养老服务机构行业协会，制定行业协会发展规划，加强行业规范与指导，不断提升行业监督和服务水平。

（作者单位：中共乳山市委党校）

威海市工商局关于 2012 年全市各类市场主体登记注册情况的报告

孙 民

2012 年，在严峻复杂的经济形势下，在市委、市政府的坚强领导下，全市各级各部门紧紧把握稳中求进的工作主基调，围绕中心、服务大局，全面落实扶持实体经济发展的优惠政策，加大工作力度，采取有力措施，实现了全市各类市场主体整体平稳发展。

一 全市 2012 年市场主体登记注册整体情况

2012 年，全市新登记各类市场主体 29463 户，同比增长 11.71%，新注册资本（金）117.97 亿元人民币（其中外商投资企业注册资本按 1：6.25 汇率折算为人民币）、同比下降 23.05%，其中企业 4649 户，同比下降 10.51%，注册资本 106.44 亿元，同比下降 24.5%。截至 12 月底，全市各类市场主体总量 128946 户，同比增长 7.66%，注册资本（金）1414.52 亿元人民币、同比增长 11.66%。其中企业类市场主体 35725 户（含分支机构），同比增长 5.14%，注册资本 1373.5 亿元，同比增长 11.55%。截至 12 月底，全市平均每万人拥有各类市场主体 460.36 户、平均每万人拥有各类企业 127.54 户、平均每万人拥有各类民营经济 433.25 户，均居全省第 3 位。

二 2012 年各类市场主体登记注册情况

（一）新登记内资企业户数减少，注册资本实现同比增加。2012 年，全市新登记内资企业（指国有、集体企业及其控股企业，下同）309 户、同比下降 20.97%，注册资本 10.09 亿元，同比增长 22.87%。截至 12 月底，全市实有内资企业 5619 户，同比增长 1.85%，注册资本 341.82 亿元，同比增长 8.96%。虽然内资企业增速放缓，但注册资本未降反升，呈现向电力、燃气、公共交通等大型企业集中的趋势。

（二）新登记外资企业户数减少，户均注册资本增加。2012 年，全市新登记外资企业 90 户、同比下降 25.62%，注册资本 39436 万美元，同比下降 11.76%。截至 12 月底，全市实有外资企业 1974 户，同比减少 8.27%，注册资本 43.30 亿美元，同比增长 7.59%。虽然外资企业户数持续减少，但外资企业注册资本总额和户均注册资本均保持增长态势，外资企业资本质量进一步优化。

（三）新登记私营企业户数、注册资本均同比下降。2012 年，全市新登记私营企业 4250 户、同比下降 9.25%，注册资本 71.70 亿元，同比下降 31.60%。新登记的私营企业户均注册资本 164.5 万元，同比下降 30.85%。截至 12 月底，全市实有私营企业 28132 户，同比增长 6.93%，注册资本 754.57 亿元，同比增长 14.33%。

（四）新登记个体工商户户数增加、注册资金小幅下降。2012 年，全市新注册个体工商户 24556 户、同比增长 17.33%，注册资金 9.15 亿元，同比下降 7.62%。截至 12 月底，威海市实有个体工商户 91689 户，从业人员 178165 人，注册资金 30.96 亿元，分别同比增长 8.5%、9.3%、8.5%。

（五）农民专业合作社户数增长、注册资金同比下降。2012 年，全市新登记农民专业合作社 258 户、同比增长 3.2%，注册资金 2.37 亿元、同比下降 1.64%。截至 12 月底，全市实有农民专业合作社数量及成员总数、出资总额分别为 1532 户、29323 个、10.04 亿元，同比分别增长 19.69%、24.28%、44.93%。

（六）新登记企业主要集中在第三产业，制造业企业同比下降。2012 年，全市新登记企业在三次产业间的户数分别是 129 户、1246 户、3274 户，比例为 2.77：26.80：70.43，注册资本分别是 3.99 亿元、24.84 亿元、78.21 亿元，比例为 3.73：23.21：73.06。截至 12 月底，全市实有企业户数在三次产业间的户数分别是 931 户、12873 户、21921 户，比例为 2.61：36.03：61.36，注册资本分别是 65.37 亿元、627.76 亿元、680.37 亿元，比例为 4.76：45.71：49.53。从产业分布情况看，2012 年全市新登记企业主要集中在第三产业，全市新登记服务业企业 3321 户、占新登记企业总数的 71.25%，注册资本 78.07 亿元，占新登记企业注册资本总数的 73.24%，发展势头强劲。2012 年，全市新登记制造业企业 864 户、同比下降 11.48%，注册资本 18.36 亿元，同比下降 27.0%。

（七）新登记房地产、建筑业企业户数、注册资本增幅下降。2012 年，全市新登记房地产企业 451 户、同比下降 16.64%，注册资本 13.74 亿元，同比下降 48.69%。受房地产市场持续低迷的影响，全市新登记建筑业企业 352 户、同比下降 35.41%，注册资本 3.46 亿元，同比下降 65.37%。截至 12 月底，全市实有房地产企业 2123 户、同比增长 14.39%，注册资本 212.89 亿元，同比增长 9.47%。全市实有建筑企业 3031 户、同比增长 4.27%，注册资本 90.04 亿元，同期增长 8.88%。

三 市场主体发展存在的问题

2012 年，在严峻复杂的经济形势面前，全市市场主体发展虽然实现了整体趋稳，但也存在一些不容忽视的问题，主要表现在以下方面：

一是新设立企业数量同比减少。2012 年全市新设立企业 4649 户，仅占新设立市场主体总量的 15.78%。新设立内资企业、外资企业、私营企业比 2011 年同期均有所下降，2012 年全市新设立企业户数，比 2011 年同期减少 546 户，同比下降 10.51%。截至 12 月底，全市实有企业户数 35725 户，居全省第 8 位，同比增长 5.14%，低于全省平均 8.27% 的同比增长。

二是新设立企业注册资本规模同比减少。2012 年全市新设立市场主体注册资本（金）117.97 亿元人民币、同比下降 23.05%，其中新设立企业注册资本 106.44 亿元，同比下降 24.50%，除新设立内资企业的注册资本实现同比增长外，外资企业、私营企业注册资本均出现同比下降。截至 12 月底，全市实有企业注册资本 1408 亿元，居全省第 10 位，同比增长 11.68%，低于全省 16.31% 的同比增长。

三是新设立的支柱企业同比减少。2012 年全市新登记注册资本 1000 万元以上的企业 278 户，比 2011 年同期减少 54 户，同比下降 16.27%。其中新登记注册资本 1 亿元以上的企业 26 户，比 2011 年同期减少 6 户，同比下降 18.75%。目前，全市企业以中小企业为主，缺少具有较强辐射带动作用的大型骨干企业。

四是户均注册资本反映威海市企业资金实力较弱。截至 2012 年底，各类市场主体的户均注册资本金，全省平均为 112.47 万元，威海市为 109.19 万元，居全省第 5 位，比全省平均水平低 2.92 个百分点。各类企业户均注册资本，全省平均为 481.69 万元，威海市为 382.65 万元，仅为全省平均水平的 79.44%，居全省第 10 位；各类民营经济户均注册资本，全省平均为 60.22 万元，威海市为 65.56 万元，列全省第 6 位，略高于全省平均水平 8.87 个百分点。从数据对比看，虽然威海市民营经济户均注册资本高于全省平均水平，但是各类市场主体和各类企业户均注册资本均低于全省平均水平，反映出威海市缺少注册资本多的大企业，企业的资金实力普遍较弱。

四　促进全市市场主体发展的几点建议

一是营造更加宽松的投资发展环境。积极实施中小微企业"百千万"梯次成长计划，加紧研究出台加快各类市场主体培育发展的扶持政策，进一步鼓励和引导各类资本、特别是民间资本通过多种形式参与法律法规未明确禁止的各领域项目建设，推动个体私营经济向更广领域、更深层次发展，壮大威海市民间投资规模，提升民间投资发展水平，充分发挥民间投资对扩大内需、稳定增长、调整结构、改善民生的促进作用。

二是推动全市经济加快产业结构调整。突出工业带动战略，围绕全市蓝色经济区建设，加大产业结构调整，大力发展具有威海特色的产业。将打造产业集群作为核心支撑，突出抓好船舶制造、汽车及零配件等产业集群建设，加快发展电子信息、食品医药等新兴产业，改造提升轻纺服装、渔具制造等传统产业。以实施 45 个高新技术项目和 58 个升级改造项目为核心，吸引落实一批创新能力强、规模效益好、带动作用大的支柱型产业项目，充分发挥其辐射带动作用，进一步改善全市企业结构。

三是鼓励企业加快转型升级步伐。出台优惠政策，鼓励有条件的企业通过兼并、联合和资产重组等形式，实现膨胀发展和规模扩张，支持有实力的企业加快组建企业集团，推动传统工业企业细化专业分工，实现二、三产业分离，培育和发展一批生产性服务企业。充分利用中小企业私募债这一金融创新措施，在有效缓解企业融资难题的同时，推动全市中小企业转型升级为股份公司，提高广大企业，特别是中小企业发展的质量和效益。

四是着力改善中小企业的融资环境。积极落实小额担保贷款贴息等优惠政策，以多种形式组织金融机构深入开展银企对接活动，增加对中小企业贷款投放比例。深入落实市政府《关于促进民间融资规范发展的意见》，积极开展民间融资服务公司试点工作，大力发展面向中小企业的小额贷款公司、担保公司、典当公司、基金管理公司等新型金融服务机构，大力推行股权出质、动产抵押、商标权质押等融资方式，切实帮助中小企业拓宽融资渠道，缓解资金压力。

五是不断优化外商投资发展环境。加强对国际产业布局的研判，增强招商的针对性，提升招商工作的效能。加强与境外股权基金、投资公司、私募基金的合作，促进利用外资方式多样化。增强外资企业发展信心，切实关心和重视外资企业的生存发展环境，帮助解决外资企业在生产经营中遇到的实际问题，促进外资企业转型升级，推动企业增资扩股。

六是加强对市场主体发展的服务。着力提高各类市场主体服务机构的质量和水平，加强投资信息平台建设，及时向社会公开发布国家产业政策、发展建设规划、市场准入标准、国内外行业动态、投资管理规定等相关信息。引导各类投资者正确判断宏观经济形势和行业发展趋势，减少盲目投资、减低投资风险，提高投资决策的科学性，不断提升市场主体发展水平，增强经济发展内生动力，保持经济持续平稳增长。

（作者单位：威海市工商局）

市域一体化的生活垃圾分类管理研究

杨 毅

威海市在 2003 年 10 月获得全球人居领域最高奖项"联合国人居奖"，2006 年获得联合国"最适合人类居住城市"的称号，这些荣誉充分体现了威海的城市发展建设取得的成绩。作为威海人，在成绩面前不是骄傲，而是更加珍惜与进取。在党的十八大提出全面建成小康社会目标的指导下，威海市委、威海市人民政府提出加快推进威海市域一体化，实现人的城市化，建设现代化幸福威海的奋斗目标，提出发展工业化和城镇化两条路径，这充分体现了市委、市政府大力提升威海城市化和现代化建设的决心和信心。

城镇化（城市化、都市化）是指以农业为主体的乡村社会向以工业和服务业为主的现代化城市社会转化。城镇化的内容非常丰富，包括职业的转变、产业结构和地域空间的变化等。2011 年 12 月发布的中国社会蓝皮书中指出，我国城市化率首次突破了 50%。随着城市发展建设的深入，城市生活垃圾处理问题越来越突出。纵观历史，在世界范围内城市的现代化发展进程中都面临城市生活垃圾如何管理的问题。人是创造世界的主力军，同时也是产生垃圾的主要来源。垃圾问题解决不好会阻碍威海市域一体化发展进程。因此，本课题的研究具有重要的现实意义。

一 国内外城市生活垃圾分类回收与处理的背景

城市生活垃圾分类回收与管理项目是一项城市发展建设的系统工程，任务艰巨责任重大，需要认真研究科学设计。

在 19 世纪 70 年代，美国、英国、法国、德国、瑞士、日本等发达国家就开始实施城市生活垃圾分类回收。经过研究发现，生活垃圾分类回收处理是根治城市生活垃圾污染的根本途径和发展循环经济的前提条件，实施垃圾分类回收与国家或地区的经济发展水平、国民的文化素养以及政府的大量资金投入等因素相关联。发达国家通过大力开展垃圾资源化、减量化工作，垃圾增长率不断降低，甚至出现垃圾总量负增长。

（一）国外的城市生活垃圾分类回收与处理的背景

美国注重垃圾再生能源的开发与利用，把城市生活垃圾污染防治与再生利用视为一项重要的社会发展战略，以此推进改善城市形象，提高城市环境质量，促进经济增长。美国的措施主要有保持环境的可持续发展，对产生垃圾的源头进行有效控制，从生产阶段开始抑制城市生活垃圾的产生，限制使用可能成为污染源的物质，最大限度地减少资源的使用，实施城市生活垃圾资源再回收、再利用，通过堆肥、焚烧等方法对城市生活垃圾进行回收利用，实现城市生活垃圾资源化、能源化的再生利用，最后将不能再利用的剩余部分进行无害处理填埋。

英国注重保护环境，伦敦的垃圾分类回收是利用不同颜色的垃圾袋来加以区分，红色表示有毒垃圾，用黄色表示医院垃圾等。专门用收集车到酒吧、宾馆等收集，伦敦设立300多处分类收集点，垃圾转运由公路、铁路、水路三结合的垃圾收集转运体系，及时有效地将垃圾运到垃圾处理厂，减少污染保护了环境。

日本注重垃圾回收处理的立法，兼顾垃圾再生能源的转化。1970年就制定了《废弃物处理法》，1989年开始实行垃圾分类回收。对垃圾分类非常细，一共分类150多种，体现政府对垃圾分类回收处理的重视。同时，日本对垃圾分类回收的教育是从娃娃抓起，用不同的垃圾箱收集不同垃圾，垃圾箱上详细说明了垃圾如何分类，小学课程中有资源循环等相关内容。

国外的经验值得我们参考与借鉴。

（二）国内的城市生活垃圾分类回收与处理的背景

我国关于城市生活垃圾分类回收与处理的研究与方案实施起步晚，处于初级阶段，法律依据还不完善，可操作性有待提升。真正实行垃圾分类回收的城市很少。2002年在北京、上海、广州、深圳、杭州、南京、厦门、桂林8个城市作为生活垃圾分类收集试点城市，取得了一定进展，积累了不少经验，但由于法律依据不健全、协调机制不完善、分类系统不匹配、资金投入不足以及宣传力度不够等原因，总体效果并没有达到预期目标。

广州市人民政府 2011 年 1 月发布《广州市城市生活垃圾分类管理暂行规定》，垃圾分四类：可回收垃圾、餐厨垃圾、有害垃圾和其他垃圾。《规定》明确指出：不按规定分类投放城市生活垃圾的，责令改正，拒不改正的，对个人处以每次 50 元罚款，对单位处以每立方米 500 元罚款。还强调对广州市的广播电台、电视台、报纸、期刊等宣传媒体不按本规定安排城市生活垃圾分类公益性宣传内容的，由市文化市场综合行政执法总队处以 1 万元以上 2 万元以下罚款。

青岛市人民政府 2013 年 3 月发布《青岛市城市生活垃圾分类管理办法》，从 2013 年 5 月 1 日开始实行垃圾分类管理。垃圾分六类：餐厨垃圾、有害垃圾、可回收垃圾、装修垃圾、大件垃圾和其他垃圾。在《管理办法》中明确指出市民要按照分类回收方法投放垃圾，行政主管部门及其工作人员若违反本办法规定，不依法或者不正当履行生活垃圾分类管理有关职责的，由主管机关或者监察机关责令改正，对部门给予通报批评，对负有直接责任的主管人员和其他直接责任人员依法给予处分；构成犯罪的，依法追究刑事责任。体现了青岛市人民政府贯彻执行《管理办法》的决心。

2003 年威海市人民政府下发过《关于推行垃圾分类收集处理的意见》，2007 年出台了《威海市环境卫生专业规划（2007－2020）》，作为威海市环境卫生工作的指导性文件，对垃圾分类收集等都提出了详细的管理意见，提出逐步建立起科学完善的垃圾分类收集处理体系，威海市环卫部门投入了人力物力，在中小学校设立垃圾分类宣传栏、制作垃圾分类架、分类袋和垃圾分类桶，学生参与到垃圾分类体系中，取得了有目共睹的初步成果。这些努力对目前开展此项工作具有指导意义，是以后的工作基础。

垃圾分类回收处理的主战场在居民社区，需要市民的积极配合，更需要管理部门组织对该项规划进行落实，但是由于缺乏必要的管理，致使这项工作没有得到扎实有效开展。只要威海市人民政府有决心，经过全面规范单位和居民垃圾分类投放行为，大力推进垃圾分类收运和处理产业化，不断提高垃圾回收利用率，垃圾分类回收与处理的目标就一定能实现。

（三）关于城市生活垃圾分类回收与处理的经济效益研究

垃圾分类回收与科学处理可以带来经济效益，这是很多国内外学者研究论证并得到实例证实的结论。但是，很多市民都有不同程度的疑问，在没有看到垃圾分类带来的效益的时候，需要做的是思想认识工作。研究发现，以问卷的形式与实际行为对比可以了解到居民对于城市生活垃圾回收的态度。开展心理、社会经济因素对人的行为影响的研究，有利于了解市民对垃圾分类的理解认识程度，预测其行为。例如，从社会经济学角度研究，认为人的消费方式、教育程度、性别、年龄和收入水平都是与垃圾分类回收相关的因素；从生态学经济学角度研究，可以运用指数函数方法能够分析城市生活垃圾管理系统的经济成本。运用系统动力模型能够预测城市生活垃圾产生量。许多学者对城市生活垃圾填埋和焚烧带来的各种污染和机能障碍问题与外部性成本作了关联研究，能够为市委、市政府决策，提供有效支撑。通过建立模拟模型，用运筹优化方法确定的垃圾处理成本与收益能达到的理想值，依此确定决策方案。

研究发现，城市生活垃圾处理产业化是解决垃圾回收与处理问题的有效产业途径，产业化涉及经济、文化和政治等多个层面，影响城市生活垃圾处理的转型。把环卫部门管辖的属于公有公益性服务事业转化成服务产业和物质生产的基础产业，能够为社会带来巨大的经济效益、社会效益以及环境效益。城市生活垃圾产业市场具有好的发展前景，实现城市生活垃圾市场化、产业化，把垃圾变为资源既可以保护生态环境又可以减少人类对自然资源的索取，是实现可持续发展的重要途径之一。

无论从解决城市生活垃圾分类处理的现实问题的角度，还是从城市经济发展机制转型的角度，同时参考国内外的相关背景，结论只有一个，威海市生活垃圾分类回收与处理势在必行。

二 威海市生活垃圾回收中存在的问题分析

从前面的研究介绍不难发现，垃圾分类回收方式多种多样，这主要与后续的垃圾分类回收与处理密切相关。根据《城市生活垃圾分类及其评价标准 CJJ/T102－2004》城市生活垃圾分为以下几类：可回收垃圾、大件垃圾、可堆肥垃圾、可燃垃圾、有害垃圾、其他垃圾。从再生能源与再利用的角度考虑，生活垃圾分为可回收垃圾和不可回收垃圾。城市生活垃圾并没有统一的定义。通常把市民在日常生活和工作中产生的废旧物统称为生活垃圾。废物中有的是可以再利用的，例如，包装纸箱、废纸、旧书、农作物秸秆、有机食物废料，以及玻璃、金属、塑料、纤维、旧家具、废旧电器等。有些垃圾是不能再利用的，是有害、有毒的废物废料。例如，药品废料、生产药品的有毒、有害废料等，应予以专门处理。还有建筑装修垃圾，如废砖石、水泥炮块等也需单独处理，这类废弃物通常可根据具体情况统一收运和处理，可以重新利用。

生活垃圾是动态的概念，随着人们的工作条件环境的变化、市民生活水平的提高，生活垃圾的内涵会不断充实与更新。

目前，威海市的生活垃圾尚未实行分类回收，因此也无法获得分类回收的效益。垃圾经过分类回收和科学合理地处理是可以带来经济效益和社会效益的。

（一）混合回收与个人收购方式降低了垃圾的再生价值

通过调查了解，长期以来威海市居民生活垃圾的回收主要有环卫工人用专用车日常回收和个人回收两种方式。环卫部门专业收集垃圾的机动车，每天按时到各个垃圾存放站进行收集，并将垃圾运送到垃圾处理厂进行处理，大约占95%；另一种回收方式是由个人收购废旧物，大约占4%。还有少数市民把积攒的包装纸皮、塑料等有价值废旧物直接送到废品收购站，可以换来微薄收入，占1%。

对于有再生价值的垃圾，包括纸皮包装、废旧塑料制品、酒瓶以及废旧家电等，由个人收购之后，转手卖给更高一级别的废品收购站，能赚取差价。废品收购站又将批量的有再生价值的垃圾转卖到企业或者更高一级别的废品收购中心。由此可见，只是一些垃圾，经过两次、三次的转卖，还有利可图，垃圾真的这么值钱吗？比如，在广州废旧纸的报价1500元/吨，而个人收购大约0.2元/公斤，里面的利润很大。根据智研数据研究中心数据显示，2012年1～12月，我国累计进口废纸3006.92万吨，用汇62.72亿美元，较上年同期分别增长10.22%和－9.98%。其中12月进口废纸268.71万吨，较上年同期增长－3.77%，进口废纸平均单价199.27美元/吨，同比增长－15.14%，环比增长6.55%。2013年1～6月，我国累计进口废纸1492.38万吨，用汇30.61亿美元，较上年同期分别下降0.65%和5.88%。其中6月进口废纸226.99万吨，较上年同期下降3.24%，进口废纸平均单价204.89美元/吨，同比下降6.96%，环比下降1.95%。

废旧纸和包装纸箱只是有再生价值垃圾中的一种，更多的有再生价值的生活垃圾都可以通过垃圾分类回收，创造经济价值。政府接管废旧物品回收站和回收中心，可以为市民和政府创造更大的经济收益。

混合回收的垃圾，给垃圾处理企业增加了资金的投入。资料显示，垃圾分类后，将可燃垃圾与不可燃垃圾分离，将金属垃圾与非金属垃圾分离、玻璃分离，焚烧可以提高热值40%。目前，威海垃圾焚烧热值大约为1100大卡，与预期的1500大卡有一定差距，而垃圾热值对垃圾焚烧产生的经济效益影响较大，垃圾热值越高焚烧会越充分，发电量越高，相应的垃圾焚烧处理工程中的渗沥液以及焚烧后产生的飞灰、炉渣量都会减少。在垃圾处理过程中，需经过3~5天的发酵，将水分控出，垃圾分类如果做得好可缩短此周期。夏季垃圾焚烧受气温影响比较好焚烧，而冬季严寒，垃圾焚烧气温低，直接焚烧若炉膛温度低于850摄氏度便会产生二噁英、呋喃等有毒气体。为确保炉膛内温度采用天然气助燃，威海供给威海市垃圾焚烧厂的天然气价格是4.51元/立方米，对于严寒天气一天的天然气使用量便是3500立方米，这笔费用大约为15785元/天。垃圾分类能较好解决诸多垃圾焚烧问题。

（二）混合回收垃圾与随机投放造成环境污染

进入炎热的季节，持续高温，市民的日常垃圾总量也会增多，特别是蔬菜水果垃圾和海鲜食品垃圾明显增多，由于垃圾存放站的垃圾混在一起，臭味不断随风飘逸，苍蝇围绕垃圾团团转。当拾荒者在混合存放的垃圾桶（箱）寻找垃圾时，使得平静下来的垃圾气味又开始活跃在空气中，这些情况对周围居民的身体有害，对环境产生严重的污染，对整体市容市貌造成直接影响。根源在于垃圾站的垃圾没有分类是混合存放，形成污染源。如果对日常生活垃圾实行分类回收，用封闭的垃圾箱分别存放不同类别的垃圾和科学安排垃圾转运时间，就可以避免对环境的污染。

目前，市民投放垃圾是无约束的随机投放。根据调查结果，大约80%的居民习惯于早上上班时，携带家中的生活垃圾投放到垃圾存放点的垃圾桶内。有10%左右的居民习惯于晚上在出门散步时携带垃圾投放到垃圾存放点。还有10%左右的居民投放垃圾时间不确定，随机投放。由于垃圾投放时间的随机性，造成垃圾在存放处的时间或者长达10多个小时，或者几个小时不等，特别是投放的食物垃圾已经具有不同程度的腐败状态，致使垃圾存放处形成污染源，给居民的生活带来不同程度的危害。

投放垃圾的时间如果统一在时间段以内，可以减轻垃圾对环境的污染。一些食物垃圾，例如，蔬菜水果和海鲜垃圾容易腐败变质，如果定时投放，或者放入密封容器内等待垃圾运送车的到来，就不会产生有害气味，就会消除或者减少垃圾对空气和环境的污染。但是，这些措施只有在垃圾分类回收的前提下才能实现。

（三）生活垃圾混合回收与分类回收的成本与收益分析

在全球能源短缺、资源匮乏的时代，垃圾分类回收和再利用是城市发展面临的课题。随着生活水平的提高，被当作垃圾的废物中隐藏着丰富的价值。通过分析比较，便可以看到垃圾的分类回收与混合回收的收益差别。混合回收垃圾的做法，方便了一时，而失去的是经济效益。我们通过以下的图示具体分析垃圾回收成本与收益关系：

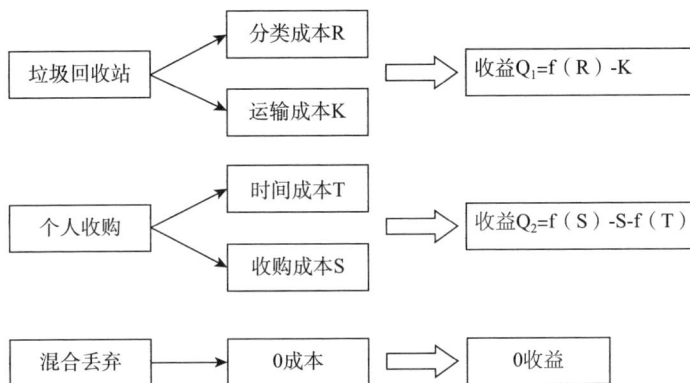

```
垃圾回收站  ┌──→  分类成本R  ──┐
            └──→  运输成本K  ──┘  ⇒  收益Q₁=f（R）-K

个人收购    ┌──→  时间成本T  ──┐
            └──→  收购成本S  ──┘  ⇒  收益Q₂=f（S）-S-f（T）

混合丢弃  ──→  0成本  ⇒  0收益
```

图 1

传统的混合垃圾回收是政府主导的由环卫部门指派工作人员完成的回收工作。混合回收的成本 R = 0，运输费 K 是固定成本，收益 $Q_1 = f（R） – K$. 其中 f（R）是分类产出价值，不分类 f（R）= 0。垃圾回收阶段的分类成本 R 是比较低的，R 可以转化为居民的简单分类投放和定时投放垃圾，还可以获取分类产出价值的提成。f（R）是可再生价值的垃圾如包装纸箱、塑料、金属、废旧电器等能获得再生价值的收益，这项收益是很可观、可持续的。政府的投入是需要制作分类垃圾的存放容器，以及相关的管理费用。个人收购者和拾荒者可以加入政府主导的分类回收工作中。实行垃圾分类回收后，居民和政府多方受益。

三　威海市生活垃圾处理中存在的问题分析

目前，国外发达国家的生活垃圾处理方式主要有填埋、焚烧、堆肥和生物分解等。美国、德国、日本等发达国家在垃圾处理技术方面具有一定的优势。随着我国城市化进程的加快，解决日益突出的城市生活垃圾处理问题已经迫在眉睫，我国在 20 世纪 90 年代初就一直致力于城市及大型生活社区生活垃圾综合处理成套技术及设备的研究，根据垃圾处理技术的不同，现已形成城市生活垃圾综合处理成套系统和生活垃圾填埋处理综合工程系统。

填埋、焚烧、堆肥的垃圾处理方法各有利弊。焚烧垃圾发电，是垃圾再利用的垃圾处理方法之一，在国内外得到迅速发展。填埋处理需占用大量土地，不可取。同时，垃圾中有害成分对大气、土壤及水源也会造成严重污染，不仅破坏生态环境，还严重危害人体健康，且土地资源很长时间将无法恢复，污染后的土地只能荒废，不可耕种和居住。相比之下，垃圾焚烧发电是比较合理的选择。

（一）垃圾焚烧发电、供暖处理方法的利弊

目前，威海市的垃圾处理主要以垃圾焚烧发电、供暖为主。堆肥处理需要对垃圾进行分拣、分类，要求垃圾的有机含量较高。而且堆肥处理达不到减量化，需要占用大量土地，该种方式与垃圾填埋类似，对于垃圾质量要求较高，且进行垃圾分类需要投入较大人力物力。

生物分解主要依靠自然界微生物对有机垃圾分解，如：烂蔬果、剩菜等可以被大自然中的细菌、真菌分解。分解是把有机物转化为无机物（无机盐）。随着科技发展，人们生活水平的提高，较多垃圾无法采用生物自然分解，需要用培养菌株对垃圾进行处理。

垃圾焚烧发电、供暖是垃圾再利用的有效方法。垃圾焚烧厂可将垃圾燃烧后产生的炉渣用于造砖，炉渣的排放是需要经过检测符合国家规定的各项指标的。

焚烧的实质是将有机垃圾在高温及供氧充足的条件下氧化成惰性气态物和无机不可燃物，以形成稳定的固态残渣。首先将垃圾放在焚烧炉中进行燃烧，释放出热能，然后余热回收可供热或发电。烟气净化后排出，少量剩余残渣排出、填埋或作其他用途。其优点是迅速的减容能力和彻底的高温无害化，占地面积不大，对周围环境影响较小，且有热能回收。因此，实行焚烧处理是无害化、减量化和资源化的有效处理方式。随着人们环境意识的不断增强和热能回收等综合利用技术的提高，世界各国采用焚烧技术处理生活垃圾的比例正在逐年增加。垃圾焚烧行业将会是中国乃至整个世界未来采用最多的处理技术。

相比之下，投入基础设施建设垃圾焚烧厂，进行垃圾焚烧发电和供暖是一举多得的选择。投入资金解决垃圾处理问题，通过焚烧发电和供暖获得

收益。

但是，垃圾焚烧温度低于850摄氏度便会产生二噁英、呋喃等有毒气体，这是需要特别重视的问题，控制垃圾焚烧产生有害物质的排放量，达到设计标准。

最好的办法是在垃圾分类回收的基础上，逐步实现生物分解与垃圾焚烧相结合。

（二）混合焚烧垃圾减少垃圾处理厂经济效益增加资金投入

威海市生活垃圾焚烧厂是威海市人民政府为了改善和保护城市环境，发展循环经济，按照BOT方式运作的城市生活垃圾处理项目。威海环境再生能源有限公司主要完成本市垃圾处理焚烧发电的任务。公司的投资、建设、运营从属于上海环境集团有限公司。目前，实际每天可处理生活垃圾800~900吨，可以处理威海市区的全部生活垃圾，可使原生垃圾减量80%以上，节约了宝贵的土地资源。同时，利用垃圾焚烧产生的蒸汽供热，实现了资源的循环利用，达到了绿色环保的要求。为威海市生活垃圾处理"无害化、减量化、资源化"发挥了积极作用，为实现党中央提出的"构建和谐社会"的目标贡献了力量。

前面提到垃圾焚烧温度的控制最关键，混合焚烧热值达不到标准要求（只有1100大卡，标准值是1500大卡），从而减少了垃圾焚烧发电的经济效益。经过调查了解到，威海环境再生能源有限公司每处理一吨垃圾市政府给予一定数额的补贴。如果实行垃圾分类回收处理，从资金投入产出收益的平衡关系考虑，市政府对垃圾处理的补贴资金可以从提高垃圾焚烧发电热值的收益部分获得，从而减少政府的资金投入。

表1 威海环境再生能源有限公司垃圾焚烧排放标准与国际标准比较

序号	污染物名称	单位	国标 GB18485 – 2001	欧盟 标准	本公司设计值
1	烟尘	Mg/Nm^3	80	30	20
2	HCL	Mg/Nm^3	75	50	40
3	HF	Mg/Nm^3	—	2	2
4	SO_X	Mg/Nm^3	260	300	200
5	NO_X	Mg/Nm^3	400	—	300
6	CO	Mg/Nm^3	150	100	100
7	TOC	Mg/Nm^3	—	20	20

续表

序号	污染物名称	单位	国标 GB18485 – 2001	欧盟　标准	本公司设计值
8	Hg	Mg/Nm^3	0.2	0.1	0.1
9	Cd	Mg/Nm^3	0.1	0.1	0.1
10	Pb	Mg/Nm^3	1.6	—	1.6
11	其他重金属	Mg/Nm^3	—	6	6
12	烟气黑度	林格曼级	1	1	1
13	二噁英类	ngTEQ/Nm^3	1.0	0.1	0.1

注：本表规定的各项标准限值，均以标准状态下含 11% O_2 的干烟气为参考值换算。

威海环境再生能源有限公司的垃圾焚烧排放标准，高于国际标准，达到了欧盟的排放标准水平。焚烧混合垃圾温度低，为了控制产生二噁英等有害物质的排放量，使 13 种排放量物达到设计值的排放标准以内，消除有害物质的产生，需要采取措施，投入更多的资金来保护环境，避免垃圾处理对环境造成的污染。

四　威海市生活垃圾分类回收与处理建议

随着威海城镇化建设的发展和市民生活水平的提高，混合回收垃圾产生问题日益突出，到了下决心实现垃圾分类回收科学管理的时候了。有一种观点比较准确地表述了垃圾的含义。认为垃圾，在混在一起的时候才是垃圾，一旦分类回收就都是宝贝。

威海是最适合人类居住的城市之一，全国各地来威海旅游、居住的人数越来越多，给威海的发展带来了机遇。威海市委、威海市人民政府准确地抓住了发展机遇，提出加快推进威海市域一体化进程，建设现代化幸福威海的奋斗目标。根据威海的实际情况，借鉴国内外的经验，对垃圾分类回收与处理提出以下建议。

（一）向市民广泛宣传垃圾分类回收与处理的科学知识

目前，威海市民对垃圾分类回收与处理的相关知识和好处了解不多，对垃圾的再生价值以及政府在处理生活垃圾方面的投入了解的更少。因此，市委、市政府需要通过广播电台、电视、报刊、媒体等渠道，向市民宣传垃圾分类回收与处理的相关知识。按照政府倡导、公众参与、企业运作、科技支撑的原则，结合威海的实际，推进垃圾分类回收的前期准备工作。同时要健全法律法规、政策引导、政府调控。政府在整个城市生活垃圾管理和分类收集进程中扮演着主导的角色。鼓励大家切身投入到垃圾分类活动中，并深刻地意识到垃圾分类的意义，用我们的双手打造我们美好的未来。

（二） 研究实施垃圾分类回收管理的具体方案

城市生活垃圾分类回收与处理项目是系统工程项目，涉及多个市政部门之间的统一思想、统一步调、相互协调、责任共同分担、收益合理分配等多方面的工作。对于分类回收管理方案要从政策法规层面和工程技术层面进行科学的分析与论证，选择最优方案执行。

国内外城市的经验值得威海借鉴。青岛市对垃圾分类回收与处理经过多年的研究考察和专家科学论证，终于在 2013 年 5 月 1 日开始实行了垃圾分类回收管理。威海与青岛的文化、地理自然条件相近，都是山东省的沿海城市，青岛的经验对威海有重要参考价值。

（三） 研究建立垃圾分类回收管理信息系统

在确定了垃圾分类回收与处理的实施方案基础上，需要研究建立垃圾分类回收与处理项目的管理信息系统。现代化的管理是信息的管理。面对威海市 280 多万人口的生活垃圾分类回收与处理是庞大的系统工程，需要建立管理信息系统。

北京市的 NET 平台生活垃圾分类管理信息系统比较成功，值得借鉴。NET 平台是北京市在 1800 个试点居住小区开展的生活垃圾分类投放、收集、运输和处理体系的管理信息系统，试点小区覆盖 16 个区、县。

为加强垃圾分类管理工作，要进一步做好威海市垃圾分类信息统计工作，加强垃圾分类统计信息管理，将垃圾分类工作落到实处，做好垃圾分类单位基础档案的建立和数据统计分析工作，建立长效管理机制，促进威海市垃圾分类管理自动化、信息化、数字化建设发展，建立威海市垃圾分类信息管理系统。

通过该系统能便捷有效地对垃圾分类小区进行信息化管理，并减少管理环节的人力、物力成本，与此同时垃圾分类网的开通也为普通市民提供了一个监督工作和反馈问题的平台。

相信在威海市委、威海市人民政府提出的威海市域一体化发展目标指导下，实现生活垃圾分类回收与处理为期不远。

[作者单位：哈尔滨工业大学（威海）　课题组成员：
刘永前　焦　龙]

市域一体化旅游交通服务体系
构建与品质提升策略研究

王 权

一 一体化旅游交通服务体系的定义和发展背景

(一) 基本定义

旅游交通服务是指以基本或特殊的运输设施和交通线路为基础,有效完成旅游空间连接,满足旅游者出行、游览和审美活动的需要,带有特定功能和特殊条件的旅游运输服务产品。旅游交通服务属于基础性旅游公共服务范畴。

旅游交通服务应该以系统的观点加以研究,而不应该把旅游交通简单地看作服务于旅游业的相互分离的若干交通方式的组合。良好的旅游交通服务体系能够提高旅游交通运输的效率和管理水平,满足全体旅游者出游的基本需求。

一体化交通是指交通各子系统之间以及与外部因素的高度协调。大都市一体化交通具体表现在交通体系内部整合和外部关联两个方面。内部整合包括"设施平衡、运行协调、管理统一"三层含义。外部关联是指充分重视交通与城市功能提升的互动作用。交通发展必须与土地使用、社会、经济和环境等诸多城市发展领域紧密结合在一起,从而推动城市全面发展。

一体化旅游交通服务体系是指旅游交通内部各子系统之间以及与外部经济、社会、环境等因素高度协调,以各种运输设施和交通线路为基础,以信息业、旅游业、交通业深度融合为特征,以实现安全、便捷、准时、舒适地将游客运送到旅游目的地为目标的先进的旅游交通服务理念,将旅游交通从单纯的交通工具与交通基础设施发展，延伸到旅游交通规划、设计、建设、组织、运营、管理等整个过程中，是旅游交通服务发展的高级阶段。

（二）国内外旅游交通服务发展动态

1. 国外旅游交通服务发展动态

旅游交通对旅游业的发展有着至关重要的影响，交通状况的好坏也直接影响到旅游者对旅游目的地的选择。很多国家、地区的旅游业及旅游区建设都是在解决了交通瓶颈的基础上得到迅速发展。

（1）完善的旅游交通规划

早在 20 世纪 20 年代，美国的交通调查就注意到了旅游交通需求，并开始在道路交通规划上融入了旅游交通规划的概念。此后，美国相继开通了多条以游客为主要对象的收费道路。进入 20 世纪 90 年代，旅游交通规划在美国各级政府的交通规划中均居于重要的地位。

日本在 1962 年制定的"全国综合开发规划"中首次提到了旅游交通的问题。此后，日本开展了旅游交通规划理论、旅游道路设计方法等方面的研究，建立了较为完善的旅游交通规划理论体系。

（2）四通八达的旅游交通网络

在旅游业发达的国家与地区，普遍形成了由航空、铁路、公路、水路、地铁等组成的立体化及由地区、全国及周边国家组成的网络化交通服务体系格局，最大程度地适合了旅游经济流动性大的需求。例如韩国首尔有两个国际机场：仁川国际机场和金浦国际机场。在首尔火车站乘火车可以方便地到各城市旅行。首尔地铁年运送乘客数为 22 亿人次，居全球第 3 位。首尔公交路线十分发达，大部分出租车都可以用信用卡或交通卡付费。国际出租车可提供英语、汉语和日语服务。市内环游巴士可提供英语、日语、汉语导游服务。

（3）先进的交通设施、设备

新加坡地铁系统（SMRT）是全球最为整洁的运输系统之一，几乎可以前往新加坡的任何角落。新捷运公司（SBS Transit）所提供的巴士路线遍及新加坡，甚至可以到达岛内的偏远目的地。新加坡还在全岛多个地点设有出租车站，出租车司机服务态度良好而且经验丰富。

（4）便捷的旅游出行服务

在法国巴黎的地铁站，可以免费索取地铁交通图，在每个站内靠近出入口处，都张贴着较大的交通图，不仅方便市民乘地铁，而且便于外来旅客在迷路时能够就近查阅交通图。为了方便乘客，巴黎地铁还在地铁站附近的咖啡馆和香烟店也出售地铁票。

在首尔，使用首尔游一卡通，不分距离和交通工具，可自由搭乘首都地区的地铁和首尔市公共汽车，1日限乘20次，可不限次数地搭乘首尔城市观光巴士的古宫路线及城市循环路线。购买T-money交通卡，可用于首尔、仁川等多个地区的汽车和地铁等。

2. 国内旅游交通服务发展动态

我国的旅游交通服务与国外发达国家相比、与日益增长的旅游交通服务需求相比，还存在较大的差距。近年来各地方政府和有关部门加大了建设力度，下面是吉林省、青岛市、苏州市的一些经验。

吉林省建设了旅游集散中心，包括旅游集散功能、旅游咨询功能、旅游换乘功能和旅游服务功能。运营上与龙嘉国际机场和航空公司联手，为游客提供出发地到目的地的一条龙运输服务，逐步实现"门票＋交通"的套票制。

青岛市建设了"旅游公共服务系统"，让游客和市民借助旅游服务热线、网站、触摸屏、手机wap获取旅游信息，12301旅游服务热线面向公众提供中、英、日、韩4种语言旅游咨询、投诉等24小时人工服务；沿滨海大道开往温泉镇开通免费双层观光巴士"中国红"，青岛市将建设海上旅游集散中心吸引世界豪华邮轮。

苏州市公共自行车服务项目，最具安全性的是实心车胎设计和人性化车身设计。使用最新的物联网技术，对整个公共自行车租用系统进行智能化管理。系统远程实时监控和实时调度，也可以进行远程维护和故障处理。方便游客和当地市民，可以根据情况选择出游的交通工具，同时绿色环保，提升当地旅游形象。

（三）威海旅游交通服务突出问题

多年来，威海市旅游交通规划和旅游交通服务内容仅以有限的篇幅出现在威海市人民政府职能部门的报告、文件中，缺乏科学系统的规划或专题研究。目前，威海市尚未形成完整的一体化旅游交通基础设施和服务体系，主要问题有以下几个方面：

旅游交通服务集成化不高。航空、铁路、码头、汽车站等枢纽旅游集散功能不强，尚未达到真正的无缝化换乘。缺少一站式旅游咨询服务中心、游客集散中心。旅游交通企业的服务理念和服务意识不强。

旅游信息咨询体系不完善。道路交通的旅游引导标识体系不健全，面向自驾车游客的引导标识体系比较滞后。旅游交通咨询和信息发布体系尚未形成。

威海市旅游执法队伍建设有待加强。综合服务环境评价机制，旅游市场联动执法监管、旅游企业信誉等级评估、重大信息公告和违规记录公示制度亟待建立。旅游汽车租赁市场缺乏有效管理和规范。旅游行业协会所发挥的作用不强。

2014 年五一劳动节假期，项目组在威海市区主要旅游景点开展了问卷调查，游客反映的典型问题有：旅游旺季购票难、航班少、停车难、换乘不便、缺少旅游景区的直达班车、公交缺乏人性化服务、观光游船数量少、没有公共自行车、景区门票比较贵。

（四）威海旅游交通服务发展机遇

《旅游法》实施、党的十八届三中全会召开等为旅游行业体制、机制创新提供了新动力，山东省人民政府出台《关于提升旅游业综合竞争力加快建设旅游强省的意见》，提出了一系列支持旅游业发展的政策措施。在多层利好政策的驱动下，威海市旅游业发展驶入了快车道。

预计于 2014 年底开通的青荣城际铁路，将实现山东半岛"1 小时生活圈"，威海旅游可进入性显著提高，旅游客源市场将极大拓展。烟台机场的搬迁和威海机场改造复航，威海对外交通联系将更加紧密。

国内旅游需求愈加个性化，自驾游、自助旅游逐渐成为出行的新方式。威海生态环境优良、旅游资源丰富，在新兴旅游市场竞争中具有独特优势。

山东半岛蓝色经济区重点发展以海洋文化旅游业等为主题的高端服务业；中韩（威海）经济合作示范区和全域城市化、市域一体化发展，为旅游业态创新、产业融合发展构建了重要平台。

二 构建市域一体化旅游交通服务体系
助推威海旅游业发展

威海市域旅游交通服务体系一体化的构建过程，是城市空间拓展、旅游产业升级、交通体系完善、服务意识发生深刻变化的过程，创新驱动和转型发展是促进旅游交通服务体系发生变革的内在动力。

首先是旅游出行决策的变化。

伴随着经济飞速发展和高速铁路时代的到来，旅游出行决策发生了根本性的改变。基于旅游出行链的理念，构筑威海市域一体化的旅游交通服务体系。旅游出行链是指游客在参观游览的途中为完成一项或多项活动在一定时间顺序排列的出行目的所组成的往返行程，包含了大量的时间、空间、出行方式和活动类型等信息。一体化旅游交通服务能让游客从客源地出发开始就享受到完善的旅游出行信息服务，通过旅游公共信息服务平台帮助游客安排参观游览的顺序；根据游客参观游览的顺序提供便捷的交通服务，使游客从出发到返回整个过程中的各项活动之间形成良好的衔接。为游客出行提供科学决策，节省了旅行时间和出行成本。

其次是游览方式的变化。

这里强调的是快旅漫游，随团观光的比例降低，自游行游憩和休闲娱乐相结合的比重日益增加。一体化旅游交通服务体系建立后，人们不必因旅游信息不全及某些景区交通不便而依赖于旅行社，人们可根据自己的休假时间自行安排游览计划，更加注重旅行过程中的自我享受与放松。一体化旅游交通服务的实施，使游客信息来源充分，景区可达性提高，能自我安排行程；快旅漫游游览方式的兴起对旅游交通服务的一体化构建提出了更高的要求，这是一个良性循环的过程。

再次是服务方式的变化。

从本质上看，一体化的旅游交通服务体系与传统旅游交通服务体系的区别就在于信息化与交通业、旅游业的深度融合。随着信息革命和通信技术的发展，各种信息化手段在旅游交通服务和管理中得到应用，不仅可以极大地改善政府处理旅游交通及其服务问题上的能力，还有助于推动跨部门的业务协同和资源整合，促进政府与非政府组织之间的交流与合作，使旅游交通管理和服务规范化、精准化和智能化得到显著提升，甚至是质的飞跃。

三 加快构建市域一体化旅游交通服务体系的现实意义

（一）建设一体化旅游交通服务体系，将有力推动威海市域综合交通系统的协调发展

一体化旅游交通体系的构建，涉及各种交通方式之间的衔接与配合。高效的一体化旅游交通服务体系，要求各交通方式之间形成有机的整体，打破各种界限，服务旅游产业发展大局，实现客流、物流、信息流、技术流的协

调高效运行。旅游业作为威海市的支柱产业,对各产业发展具有一定的示范带头作用,一体化旅游交通体系的构建在服务游客出行的同时,也将带动全市综合交通系统的协调发展。

(二)建设一体化旅游交通服务体系,将有力提升威海旅游公共服务系统的运行效率

旅游交通服务与旅游公共服务是从属关系,旅游交通服务是旅游公共服务五大内容体系之一。旅游交通服务是城市面对游客的第一扇窗口,决定着游客能否快捷、安全、方便地抵达旅游景点。威海市建立市域一体化的旅游交通服务体系,将有效地整合旅游公共服务资源,为旅游公共服务的运行提供基本保障,显著提高交通系统的运行效率。

(三)建设一体化旅游交通服务体系,将有力改善威海旅游景区服务品质

一体化旅游交通服务体系不仅包括从游客出发地到旅游景点之间的交通服务,也包括景区内的短距离交通。景区内短距离的交通更加注重舒适性及体验性,采用的交通方式也多种多样,如索道、游船、滑竿、马匹等。据统计资料显示,在游览泰山的游客中,仅有62.5%的游客对泰山景区内的交通便捷程度评价为满意,在选择不会重游景区的游客中,半数以上是对景区内交通服务不满意。威海通过构建一体化旅游交通服务体系,提高景区内交通服务质量,无疑将大幅提升景区服务品质,吸引更多游客来到威海。

(四)建设一体化旅游交通服务体系,将有力提高各地游客的满意度水平

据统计资料显示,2013年威海市旅游客源中,山东省外游客占比达62.38%,加上山东其他地、市游客,外地游客占比预计可达90%以上。外地游客不同于威海本地居民,对威海市交通状况了解不足,且所需交通花费巨大。据统计,在2013年旅游收入构成中,长途交通费用占16%,而市内交通费用仅占1.17%。威海市构建一体化旅游交通服务体系,不但能够解决各景区可达性的问题,而且作为旅游公共服务体系中的重要一环,将大幅提升游客的满意度。

四　威海建设一体化旅游交通服务体系具有良好的硬基础和软环境

（一）威海市域综合交通运输体系日趋完善

2012 年底，威海市陆域综合交通网络总里程达到 9900 公里，综合交通网络密度为 167 公里/百平方公里。按人口计算，公路网密度达 27.2 公里/万人，高于全省 25.6 公里/万人的平均水平。铁路营运里程 138 公里，青烟威荣城际铁路也将于 2014 年开通。威海市现有中韩班轮运输企业 5 家，客箱班轮 5 艘、4001 客位、1202 箱位，中韩客箱班轮运输规模居全省乃至全国首位，拥有国内第一艘"安全返港"客滚船"生生 2"号。近年来，威海海上旅游运输发展迅猛，现有市内水运企业（海上旅游公司）10 家，拥有旅游客船、游艇 44 艘、4089 客位，主要从事辖区陆岛旅客运输和海上游览观光业务。预计 2014 年 10 月，威海机场改造复航后，各系统将更加先进，安全性能更高，服务流程更加合理。安检通道增至 4 个，国内候机座位数量翻番，停车场比之前扩建一半。威海市综合交通网络布局不断优化，干线公路、铁路、航空、海运等运输方式共同构筑起对外开放、对内辐射的现代化立体交通网络，有力地支撑了威海市域旅游空间格局。

（二）威海市旅游产业基础较好

2012 年，威海市成功入选全国旅游标准化试点城市，旅游美誉度日趋提升，游客满意度指数排名全省前列。2013 年全市旅游总收入占全市 GDP 和第三产业增加值的比重分别为 13.2% 和 32.7%。全市 A 级景区发展到 35 处，农业旅游示范点达到 37 处，工业旅游示范点 20 处，旅游强镇 23 个，旅游特色村 26 个，星级饭店总数达到 82 家，旅行社数量达到 111 家，已形成了多点支撑、融合发展的产业体系。旅游宣传促销取得突破，形成了影响力与日俱增、不断扩大的旅游品牌。打造"蓝色休闲之都，世界宜居城市"的城市品牌和"千里海岸线，一幅山水画——走遍四海，还是威海"的旅游品牌，入境旅游位居全省前列，是全省接待韩国游客和俄罗斯游客的主要旅游目的地。

（三）信息化与交通运输业、旅游业加速融合

威海信息产品制造能力和经济总量位居省内前三甲，连续三届荣获"中

国城市信息化 50 强"称号。2013 年，威海市成为住建部和山东省智慧城市建设双料试点城市。威海市启动了道路交通技术监控项目，涉及专线 500 余条。2013 年威海市启动了"智慧公交"项目，在 14 路、47 路进行智能公交调度系统试点，完成了 30 条线路站点信息采集和自动报站测试。2014 年 1 月，威海启动了智慧旅游基础项目，包括：基于威海目的地数字旅游服务系统的网站、移动手机软件和语音导游系统等；威海旅游外文网站及海外网络营销平台；威海旅游应用二维码推广等。

（四）交通运输业和旅游业服务意识不断增强

威海自开展创建全国文明城市工作以来，十分注重对交通运输业及旅游业的综合整治工作，着力提升其服务意识。在公共交通方面，威海公交公司提出"打造国内一流公交""建设公交服务品牌"等口号。建立驾驶员星级服务管理体系，设立驾驶员服务档案，综合评定驾驶员的服务星级。2013 年，威海公交社会总体满意度达 93.1%。目前，威海出租车日运送乘客 13 万余人次，投诉率不足万分之三；先后涌现了"全国爱国拥军模范单位""全国见义勇为英雄司机""山东省道德模范"等一批全国、全省先进典型。在旅游市场方面，威海市旅游行业协会认真贯彻落实《好客山东服务标准》；开展了诚信旅游、优质服务年、细微化服务和平安旅游建设活动。建立威海旅游资讯网、威海旅游政务网，开设微博微信，实时听取游客意见。

五 市域一体化旅游交通服务体系构建的指导思想、发展原则和目标

（一）指导思想

以提升旅游整体竞争力为导向，以一体化交通系统为基础，以市场需求和创新发展为驱动力，加快推进旅游交通便捷服务体系、智慧旅游和智能交通基础设施建设，强化交通基础设施对旅游空间布局的支撑作用，以智慧城市试点建设为契机，促进旅游业与信息化、市域一体化、机动化、低碳化的良性互动和融合发展，实现对管理决策者和旅游者的高效和透明，旅游产业发展的转型和升级，交通发展的高速和绿色，旅客出行的安全、便捷、准时和舒适，促进威海服务型政府的建设，显著提升威海旅游业综合竞争力。

（二）发展原则

一是要体现战略性，坚持政府主导。旅游交通服务体系建设事关城市旅游整体规划战略，要坚持以政府为主导、企业和市民为主体、市场为导向，不断增强旅游交通发展的综合竞争力。

二是要体现整体性，具备全局观念。旅游交通服务体系的构建，要以整体利益为重，不仅要立足于旅游产业发展，更要符合社会经济发展、环境保护和土地资源有效利用等要求。

三是要体现融合性，强调资源整合。旅游交通服务体系的构建需要旅游业、交通业及信息产业的协调配合，只有充分整合利用现有资源才能提高体系运行效率，为旅游产业提供有力支撑。

四是要体现互补性，体现分类分层。一体化旅游交通服务体系要充分体现各种运输方式的技术经济特征和比较优势，合理配置、集约利用运输线路资源，优化各种运输设施空间布局，提高互补性，针对不同需求层次配置不同交通服务。

五是要体现和谐性，实现竞合共赢。旅游交通服务企业，不但要积极参与到一体化体系建设中，更要加强同其他企业之间的合作，在不妨碍整体利益的前提下进行合理竞争，提高整体运行效率。

（三）发展目标

争取通过 5 年的努力，初步建成一体化旅游交通服务体系，提升威海旅游服务品质，形成具有一定影响力的服务品牌，一体化旅游交通服务体系建设取得显著成效；通过 10 年的努力，把威海建设成为旅游交通服务设施完善、旅游交通服务水平领先、国内一流、国际知名的海滨休闲旅游度假目的地。与威海市旅游业发展规划相对应，到 2016 年威海市域一体化旅游交通服务体系建设的目标初步设定为：

旅游交通信息服务体系建设取得重大进展。初步建立旅游交通信息平台和管理系统，使交通网络信息实现全面智能化，实时发布旅游交通相关信息，初步完成机场、车站、码头、高速公路服务区以及城市商业区、景区景点、宾馆等处的旅游咨询服务中心建设。

旅游交通条件得到显著改善。旅游交通网络建设取得重大成果，初步形成威海至主要客源地的旅游快捷通道，建成无障碍旅游区，各景区可达性得到显著提高。

旅游交通服务品质大幅提升。在各主要交通枢纽处建成旅游集散中心，为游客提供景点咨询、客房预定、交通指南等咨询服务，旅游交通服务标准建设取得初步成效，旅游交通标准及规范实施覆盖率达到90%以上。

旅游交通服务监管体系取得重大进展。旅游企业信誉等级评估、重大信息公告和违规记录公示制度、旅游应急突发事件处置体系、社会监督体系基本建成。12301旅游热线与政府部门服务热线形成联动。

游客满意度明显提高。一体化旅游交通服务体系建设初显成效，境外游客形成新的增长点，游客满意度提高10%，外地游客和"回头客"的数量显著增加。

六 一体化旅游交通服务体系构建的总体框架和主要任务

（一）总体框架

一体化旅游交通服务体系建设的总体框架包括：旅游交通基础设施、旅游交通运营、旅游交通管理、旅游交通服务产业四部分，其逻辑关系就像是一棵树，旅游交通基础设施是树根，旅游交通运营是树干，旅游交通服务是树枝，旅游交通服务产业是树叶。应通过旅游交通基础设施完备化、旅游交通运营管理规范化、旅游交通信息发布智能化、旅游交通衔接无缝化、旅游交通服务品牌化等途径，稳步推进威海市域一体化旅游交通服务体系的构建，不断提升服务品质。

（二）一体化旅游交通服务体系构建的主要任务

建设一体化旅游交通服务体系的主要任务可概括为"四项承诺、三业融合、两手齐抓、一个品牌"体系（简称为"4321"体系）。

四项承诺是指：安全、便捷、准时、舒适。三业融合是指要积极促进旅游业、交通业、信息业这三大产业的深度融合。两手齐抓是指：一手要抓硬件设施，带动威海旅游资源开发；另一手要抓服务理念，提升建设旅游强市的软实力。一个品牌是指创建一个旅游交通服务品牌。

1. 创建一流的旅游交通服务品牌

根据威海旅游局创建"幸福威海"国际化旅游品牌战略，旅游交通服务行业必须形成品牌服务意识，打造"幸福之旅、一流服务"的旅游交通服务品牌。规划期内的主要任务有两个方面，一是主要从"延长观光线路，完善服务设施，提升服务质量"等方面入手，将"幸福海岸"观光线路做成真正的市内精品旅游观光线，打造一条龙式旅游交通服务，以点带面，以其示范作用带动威海市旅游交通服务的品质提升。二是以威海市创建全国文明城市为契机，深入践行社会主义核心价值观，以落实《好客山东旅游服务标准》为手段，采取切实有效的措施，倡导广大旅游交通企业和全行业的干部职工以个性化、细微化的真诚服务，树立威海文明旅游新形象。

2. 推进旅游交通服务"硬件 + 软件"两方面的建设

（1）加大交通基础设施的投入。在对外交通方面，大力推进威海至主要客源地的旅游快捷通道，搞好机场扩建和复航，增辟至国内重点旅游客源地的航线航班，争取开通至俄罗斯、日本及东南亚地区航线。发展区际快速公路交通，改善铁路交通水平，开通直达内陆省份的旅游专列，打造山东半岛蓝色经济区一小时旅游交通圈。加快威海港国际客运中心建设，增加至韩国的航线班次，开辟至日本的海运航线，开通海上公交航线。加快荣乌高速公路荣文段、沿海高速公路乳山段建设。加强交通标识建设，提高交通服务水平。提升滨海旅游景观公路功能，开通城市中心城区、交通枢纽至八大主要旅游组团的旅游客运专线，串联沿途景点，丰富游览内容。加强威海机场、威海港国际客运站、城铁车站等地的旅游集散中心建设。大力发展旅游观光巴士，提供新能源汽车、节能环保车、公共自行车等旅游交通工具租赁服务，在有条件的景区设置自驾车营地及自驾车加油、维修呼叫服务等。

（2）推进服务理念建设，提升建设旅游强市的软实力。威海市应以市政府下发的《关于提升旅游业综合竞争力建设旅游强市的意见》为指导，以旅游标准化城市试点为机遇，创新服务理念。强调企业核心价值观建设，重视服务理念创新，提升建设旅游强市软实力。大力推进旅游交通服务平台建设，积极实施智慧旅游战略，完善旅游交通信息化服务体系，为旅游消费者和经营者提供及时全面的资讯服务。鼓励并扶持优势企业进行集团化经营，鼓励管理经验成熟的企业采用灵活方式输出管理，促进全市旅游服务质量的全面提高。坚持以标准化、规范化管理为抓手，以提高产品质量和服务水平为目的，全面推动旅游交通服务业建立标准体系，以威海市创建全国文明城市为机遇，加大对旅游交通文明服务、游客文明旅游的宣传力度，制定奖励措施，奖励文明旅游交通服务形象的标杆企业和先进个人。

3. 大力推动旅游、交通、信息三大产业的深度融合

构建一体化旅游交通服务体系需要旅游业、信息业、交通业三大产业的

合力支撑，高效的旅游交通服务体系离不开信息业的支持。具体来讲，在规划期内的主要任务有以下几点：

（1）大力推进旅游"一卡通"，对持旅游"一卡通"的游客给予乘车费用上的优惠，引导旅游企业联合推出惠民旅游线路。在机场、车站、码头、高速公路服务区以及城市商业区、景区景点、宾馆等设立旅游咨询服务中心及网络化布点，提供旅游信息触摸屏服务。

（2）加强旅游信息提示，推行公共信息图形符号国家标准，设置多语种旅游标识和醒目的交通指示标志，为自助游客提供优质服务。积极推进旅游信息化建设，加快构建全市旅游电子信息网，建立完善全市旅游公众信息网、旅游电子商务网，构建旅游交通信息查询体系。

（3）大力推进旅游交通的智能化建设，加快推进综合交通服务和管理系统、交通诱导系统、智能出行服务系统、交通应急指挥系统等智慧交通应用系统建设，搭建一体化的智慧旅游交通体系，提高旅游交通的科学管理和组织水平。在公共交通方面，推进智能调度系统的建设，开辟智慧旅游公交线路，优化现有观光巴士，加快建设智慧公交；在出租汽车方面，全面推行行车记录仪等录像录音设备，保证交通服务质量；在旅游汽车租赁方面，鼓励大型汽车租赁公司开展异地还车服务，优化企业网站，实现网上交易功能。

4. 积极促进旅游交通服务"安全、便捷、准时、舒适"四项承诺的建设

（1）构建旅游交通安全保障体系，建立健全事故应急救援系统。第一，建立健全省、市、县（区）三级旅游交通应急预案报备制度，明确职责；依托公安、消防、医疗等部门，加强部门协作与区域联动，形成信息畅通、协调有力、应对高效的旅游交通安全与应急管理工作机制。第二，加强旅游交通安全宣传教育与培训，提高安全风险防范意识和自救互救能力。第三，对威海市旅游业的高危旅游项目进行风险评估、预警，逐步推进交通事故救援信息系统建设。

（2）加强旅游交通的通道、节点、服务设施建设，构建旅游交通便捷服务体系。重点加强威海市域各景区内的风景道、旅游步道、无障碍通道建设。开通由威海市区至主要旅游景区的旅游专线专列，在千里黄金海岸线，分批分段开通旅游观光巴士。加强机场、车站、码头等枢纽的旅游集散中心、旅游信息咨询中心、旅游停车场的建设。加强管理，促进旅游汽车租赁服务，自驾车（房车）营地的发展。

（3）加强交通管理协调力度，提高交通服务准时性。一是加快推进智能公交调度系统的建设，通过借鉴国内外相关项目的试验成果及国内外相关系

统建设的先进经验，编制专项规划，建成以智能营运调度系统为核心的综合公交信息管理系统，有效提高公交的准时性。二是加强管理协调力度，建立应急管理机制。通过旅游交通服务的标准化建设，强化从业人员服务意识，以游客利益为出发点，针对突发事件建立多部门协调体系，提高交通服务准时性。

（4）推进特色旅游线路开发，提升游客舒适度和满意度。以游客需求为导向，提升服务标准，建立人性化服务体系，加快制定《威海市旅游观光交通服务规范》，推进公交品牌线路建设，加强司乘人员培训，强化管理机制，提升公交舒适度，提高公交分担率，充分发挥城市公交的窗口作用。加大海上旅游项目的投入，逐步放开对游艇的管制，制定《威海市海上旅游交通服务等级划分与评定》，增强海上旅游交通的旅游服务和观光体验功能。针对威海市出现的海钓旅游，加快推进刘公岛、双岛湾等6处省级休闲海钓示范基地的基础设施建设。借助《爸爸去哪儿》在威海鸡鸣岛拍摄外景带来的游客，加快全市海岛旅游开发建设进度，实现主要岛区轮渡通航，提高乘坐舒适度和满意度。

七　市域一体化旅游交通服务体系品质提升策略及对策建议

（一）贯彻落实国家、省、市关于旅游交通发展的方针政策

市域一体化旅游交通服务体系的构建是一个长期的过程，必须坚决贯彻落实国家相关旅游产业发展的方针政策。在山东半岛蓝色经济区的大框架下，根据《国民旅游休闲纲要》和山东省《关于提升旅游业综合竞争力加快建成旅游强省的意见》中的相关要求，结合威海市旅游发展规划和工作重点，科学制定《威海市域一体化旅游交通服务发展规划》，突出重点，有计划、分步骤地推进旅游交通服务体系建设。

（二）一体化旅游交通服务体系的构建应体现威海特色

突出海洋特色，开通海上公交线路，开发海上观光项目。抓住威海机场改造复航的机遇，做强做大"威韩连线"旅游品牌，开发远东和日韩旅游市场。借势青荣城际铁路，开通旅游专列。加快实施威海公交品牌线路创建活动。出租车是展示城市文明形象的"流动窗口"，作为旅游交通服务中不可缺

少的一个组成部分，出租车驾驶员按"威海优秀的宣传员、旅客称职的导游员、技术过硬的交通员、威海义务的治安员"等"四员"标准，打造行业品牌，成为最美的流动窗口。

（三）建立强健的组织领导和协调推进机制

构建威海市域一体化旅游交通服务体系，涉及交通、旅游、信息三大产业，受体制和机制方面问题的制约，推进难度较大。借鉴国家旅游综合改革试点城市经验，强化旅游发展委员会的职能，加强对旅游交通服务体系建设的统筹协调和监督管理。加强与威海市当地高校合作，推动专家咨询系统和智库支撑体系的建立，加强和深化理论和实践的研究和创新，发挥专家学者和技术人员的集体智慧。

（四）建立强有力的政策支持体系

市域一体化旅游交通服务体系，要纳入威海市"十三五"及中长期经济社会发展规划。加大建设投入，设立一体化旅游交通服务体系建设专项资金，重点支持旅游交通服务基础设施建设，对社会影响面广、示范带动力强的重点项目给予补助或奖励，形成以政府为主导、社会投入为主体、积极吸引外资等多渠道的投融资机制。

（五）加强行业管理，建立健全管理体制

加强行业管理，实现行业良性发展。威海市应明确各行业主管部门，避免出现多头管理，行业内恶性竞争等不良现象。建立汽车租赁行业协会，制定行业规范，促进旅游汽车租赁行业健康发展。以旅游标准化试点为契机，加快制定《威海市旅游观光交通服务规范》《威海市海上旅游交通服务等级划分与评定》，推进服务品牌建设。

（六）编制专项规划，建立评估考核体系

加强校企合作，成立一体化旅游交通服务体系专家咨询小组，充分调研考察后制定初步规划方案，并向市级有关部门、各县（市、区）、重点企业和社会民众征求意见，不断完善，集中民意民智，编制科学规划，加快推进体系建设。研究建立一体化旅游交通服务体系，建设评估考核体系，定期对体系建设按责任分解要求进行评估，定期进行游客满意度调查，及时发布评估信息，检查和督导体系建设规划、方案和年度计划的落实情况。

（七）一体化旅游交通服务示范工程建设

推进住建部和山东省智慧城市重点示范工程建设，以智慧旅游、智慧交通、智能交通和一卡通等领域，加快实施威海公交服务品牌线路创建活动，"提高认识、加强领导；精心组织，有序推进；创新载体，丰富内容"，力争用 2~3 年时间取得显著效果，促进全市旅游交通服务质量的全面提高。

（八）加大舆论宣传力度，鼓励公众参与

一体化旅游交通服务体系的构建不仅事关政府和企业的形象，而且深受游客和广大人民群众所瞩目。在编制规划之初，应当在当地媒体加大舆论宣传力度，积极宣传其重要意义；编制规划之后，针对具体规划方案广泛征求意见建议。积极开展智慧旅游交通相关知识的科普宣传，增强广大人民群众认知度和参与度。

[作者单位：哈尔滨工业大学（威海）　课题组成员：
孟令宏　李水富]

强化科技创新对威海城市发展的支撑作用

李从生

当前威海城市发展正处于经济和区域结构调整、发展方式转变的关键时期，从威海经济状况、地理位置、资源条件、环境因素、人力资源等来看，科技创新是加快威海城市化进程和增强威海城市竞争力的主要动力，是威海城市长期可持续发展的战略要求。站在新的历史起点，威海城市发展也要依靠科技创新的支撑作用，以科学发展观为指导，深入贯彻市第十四次党代会提出的"中心崛起、两轴支撑、环海发展、一体化布局"战略部署，以提高威海科技创新能力为主线，强化高校对科技创新的引领，构建一套科学、合理的科技创新体系，打造威海城市又好又快发展。

一 科技创新对于城市发展的重要意义

在经济全球化以及城市发展日趋严峻的大背景下，科技创新对于推动城市经济转型、产业升级和可持续发展具有至关重要的作用，很多城市已经意识到科技创新的重要性，把科技创新提升为城市战略，把科技创新作为城市发展的一个突破口，加快调整经济和产业发展战略，力求扩大城市自身的竞争优势。

在全球范围内，科技创新在城市发展建设中的驱动力量已被连续不断地证实。科技创新作为城市可持续发展的动力源泉为提高城市的核心竞争力增加了砝码，培育一个城市的科技创新能力，也就意味着该城市获取了科技进步、经济繁荣的引擎。科技引领未来城市的发展方向，同时城市的发展与科技创新相互促进、互为依托。目前城市发展的竞争日趋加剧，而城市的竞争特别是核心实力的竞争决定着一个城市的兴衰，在科技飞速发展时期，科学技术创新能力已经成为经济发展的重要推动力，影响和决定着城市的核心竞争力。在全国新一轮城市发展大潮下，城市要发展进而跻身前列，必须依靠科技创新的动力，抢占制高点，把握核心竞争力，才能在改革浪潮中腾飞发展。

国内外很多城市已经意识到科技创新的重要性，纷纷制定城市科技创新发展战略和规划。在威海市域一体化及经济和区域调整的关键时期，更应该把科技创新作为城市发展的驱动力量，深化科技创新体制建设，弘扬科技创新精神，培育科技创新意识，建立科技创新平台，促进产业结构升级和改造，加速传统资源产业的分化和重组，增强城市自主创新能力，促进城市的发展和建设。

二　国际、国内依靠科技创新促进城市经济发展的经验

当今世界国家综合实力的竞争，在很大程度上取决于科技综合实力，把范围缩小到城市而言，一座城市竞争力高低的衡量标准之一，就是要看该城市高新技术产值占这个城市 GDP 的比重大小，比重越大城市竞争力越强，反之亦然。世界发达国家的许多城市正是依靠科技创新推动并调整了产业结构，促进了城市经济的快速发展，取得了令人瞩目的成就。

例如美国的硅谷所在地圣何塞市，早期以硅芯片的设计与制造著称，后来其他高新技术产业蓬勃发展，如今该市已是世界上高科技企业最多、经济发展总量最大、各类经济服务组织最全、经济发展势头最强的城市。据 2011 统计，硅谷 GDP 总额约为 0.731 万亿美元，约占中国总 GDP 的 12.71%，占美国总 GDP 的 5%。类似被誉为"韩国硅谷"的大田市，原是一个土地贫瘠、资源匮乏、面积不大的小城市，20 世纪 70 年代韩国政府投入 15 亿美元在大田市开发大德大学城，依靠大学城科研实力打造城市高新技术产业化，重点培育汽车、化工、机械、能源、造纸、环保、农副产品加工、物流等八大支柱产业和新兴产业，目前大田市的国民经济总额占韩国的 20%，高新技术产业产值和增幅一直保持韩国前三位。

国内而言，党中央提出了建设创新型国家的重大战略决策，为我国经济社会可持续发展指明了方向。同时创新型国家战略的颁布，带动越来越多的城市把加强科技创新，加强人才培养，加快培育和发展新兴产业，作为新一轮技术革命和产业发展的重点，把科技创新作为城市的重要发展战略，而且制定了一系列科技创新条例和科技创新目标，确保科技创新在城市发展建设中的地位和作用。在我国提起科技创新城市，首先想到的就是深圳。改革开

放以来，深圳市经济快速发展。从 1979 年到 2008 年，深圳 GDP 年均增长率达到 33%。据有关数据统计，深圳市 2013 年生产总值为 14500.23 亿元，人均生产总值为 137476.82 元，折合 22198.03 美元，超过中等发达国家收入水平标准，居全国大中城市第一位。深圳之所以取得如此辉煌的成就，在于其对科技的重视，高新技术产业目前已成为深圳市第一经济增长点，长期坚持不懈的创新，使深圳取得了令人瞩目的成就。近 10 年来，深圳高新技术产品产值以年均 50% 的幅度递增，显示出强劲的发展后劲，高新技术产业成为该市发展的支柱产业。目前，深圳市已成为一个名副其实的科技创新型城市，创造了我国城市在科技创新领域快速发展的奇迹。深圳经济高速发展和规模扩张速度如此之快，离不开国家政策扶持以及其毗邻香港的优越地理位置，但是深圳自己建立的科技创新城市体系也起着至关重要的作用，可以说深圳科技兴市战略已经成为其他城市发展的样板和榜样。

国内其他城市，如广州市、重庆市、宁波市、青岛市等近年也正式颁布实施了《科技创新促进条例》，通过立法形式明确提出了"本市将以科技创新作为城市发展的主导战略"，确立科技创新在未来城市发展中的地位，指出城市将深化科技创新体制建设，制定科技创新发展规划，弘扬科技创新精神，培育科技创新意识，加强协调创新能力，促进城市科技创新与经济发展的紧密结合。

三 科技创新是威海城市发展的战略要求

威海市作为沿海第一批开放城市，与国内其他城市相比较，威海的经济投资环境较好，并且综合经济实力较强，市场化程度高，城镇化环境资料指数位居全省前列，但威海矿产资源、能源相对短缺，经济发展所需的煤、石油、天然气等几乎全部需要依靠外部输入，因此威海市不能作为资源型城市快速膨胀发展，并且威海市人力资源、土地资源和水资源也有限，也不能依靠人口密集型产业推动城市的发展，因此威海城市的发展必须重视科技创新驱动力量，重视科技创新平台的建设，秉承"环境优先、生态立市"的城市发展理念，依靠科技创新推进全域城市化进展，实现威海经济增长方式转变和经济结构的调整。

可以说"强化科技创新对威海城市发展的支撑作用"不仅是一个口号，而是从威海经济状况、地理位置、资源条件、环境因素、人力资源等城市发展要素分析，以及威海城市发展所处的历史时期分析得出的结论，也是威海城市发展的迫切需求。目前，威海城市发展正处于经济和区域结构调整、发展方式转变的关键时期，且青烟威城际铁路即将贯通，三座沿海城市将形成一个城市群，对于威海来说，既是机遇又是挑战，要么威海和青岛、烟台两个大市齐头并进，甚至如美国的硅谷、中国的深圳那样快速膨胀发展，要么成为两座城市的后花园。因此，可以说科技创新是加快威海城市化进程和增强威海城市竞争力的主要动力，是威海城市长期可持续发展的战略要求。因此威海必须先人一步，制定完善的科技创新促进条例，科技创新环境，做到科技创新、管理创新、服务创新，提升现有产业，发展新型产业。

四 构建科学、合理的科技创新体系

威海城市发展正处于城市区域和经济结构调整的关键时期，必须对城市科技资源进行深入的分析，摸清底数，准确把握世界科技发展趋势，结合城市特点和科技创新环境构建科学、合理的科技创新体系，最终把威海建设成为科技创新型城市。

科技创新型城市是指市依托自身科技创新实力，有效地利用区域内科技资源，实现人才、知识、技术、文化等高效配置与结构优化，推动城市新科学、新技术和新知识转化成为实际生产力，并对其他区域具有辐射与引领作用。

在一个城市的科技创新体系中，科技创新的主体是企业，科技创新的主导力量是市场需求，科技创新的推动者是政府相关管理部门，科技创新的知识来源于高等院校和各级各类的科研机构。城市科技系统结构如下图所示。

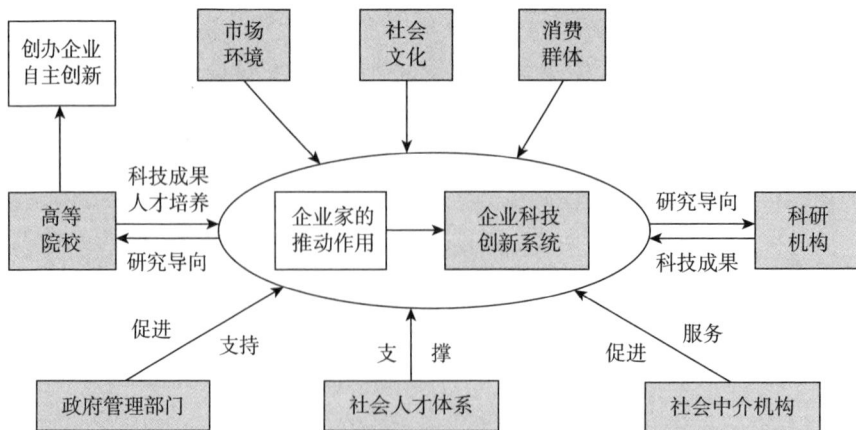

图1 城市科技系统结构图

以上因素共同构成了城市科技创新系统，并使之包含了科学子系统、技术子系统、经济子系统、政治子系统和文化子系统 5 个构成部分。其中，科学子系统的构成要素主要包括所在城市的大学、地方各种类型的科研机构及其科学研究人员，他们为科技创新活动提供知识和动力；技术子系统主要由各种类型的技术开发部门、工程师、技术人员以及各种发明专利的拥有者等构成，他们是城市科技创新的主力军；经济子系统为科技创新提供市场、消费群体、资源、能源等等；政治子系统的构成主要是指与科技创新活动相关的政府管理部门及其制定的各种促进科技创新发展的政策与对策；文化子系统主要为科技创新提供价值导向和消费观念等等。

以上分析了科技创新的构成要素，一座城市要想转变成为科技创新城市，须要营造良好的科技创新环境，而科技创新环境需要从以下 3 个层面构建：首先是精神层面，包括科学价值观、科学发展观，以及科学创新意识；其次是政策层面，包括政府扶持政策，规章制度和发展规划；第三是硬件层面，包括科技园区、骨干企业及高等院校和科研机构基础设施建设、硬件投入、项目配套研发基础平台等等。3 个层面的具体说明如下：

1. 解放思想，树立科技创新的观念和意识

科技创新体系从精神层面来说，就是要树立科技创新的观念和意识。"思想的领先是最重要的领先，观念的落后是最致命的落后"，必须坚持解放思想不停步，树立创新思想，改变传统的思维模式，用新思想、新思维破解城市发展难题，通过培养、树立意识上的创新观念，做到思想观念先行，转变不思进取、看摊守业的思维定式，从思想意识上充分认识到创新的重要性，在行动上用创新的理念进行指导。

树立科技推动城市的发展观，不只是一人，也不只是一个群体树立科学发展观，而是整个城市树立全局科技创新意识。树立科学创新观念，政府和领导的导向是关键，首先城市管理者要清醒地认识到科技创新是未来城市发展的重要驱动力量这一观念，认真落实科技兴市这一发展战略，把增强本市科技创新能力的意识落到实处；其次企业管理者更要重视科技创新，加大科技创新投入力度，及高科技人才的引进；最后是整个城市都要培育科技创新文化氛围，营造尊重知识、尊重人才，尊重探索、尊重首创，宽容失败、兼容并包的人文环境和科技创新氛围。

2. 加大政府对科技创新的政策支持力度及管理

政策层面就是政府为促进科技创新而制定的一系列保障措施、法律法规以及各项促进条款。在科技创新城市建设中，政府既是科技创新体系的最高

管理者，又是城市科技创新体系的引导者。政府作为管理者角色，具有干预、调整城市各项科技创新能力，以及营造和谐创新环境的职责。政府对科技创新最大的影响是制定和落实一系列鼓励创新的财税、人才流动、技术市场、技术奖励、知识产权保护及高新技术产业政策规定等，从而使得一种新的创新体制得以建立。法律制度是规范人们行为的规则体系，是科技创新活动顺利进行的关键因素，它决定了区域和城市科技创新的原则和利益分配关系，决定了创新主体经营行为和方式。

3. 加大科技创新基础设施和硬件平台的投资建设

硬件层面是指从事各类科技创新活动的一切平台，它是一个城市科技创新的基础和孵化器。对于硬件平台的建设，首先政府要加强科技创新服务平台建设，营造良好的创新创业基础环境，由政府主导在城市每个市区建立一到两座高新技术产业研发中心，并建立与之对应的高新技术产业园，用于加快科技成果的转化速度和转化效率，做到以科技中心驱动产业集群发展，以产业投资促进科技的创新；其次重点培育和支持一批高新技术企业，鼓励规模化企业建立市级研发技术中心、省级研发中心，对于重点龙头企业加大扶持力度，促使建立国家级重点研发技术中心，研究开发拥有自主知识产权的高新技术产品，提升企业的核心竞争力；第三，努力引导高校与企业的对接，做好校企联合服务工作，鼓励企业联合高校科研院所的科研力量，开拓新产品、新技术的研发，重点扶持省级以上重点实验室、重点研究院所的建设，加大投资力度和奖励政策。

科技创新城市的建设与完善从某种程度上要依赖于科技创新体系的建设与完善，因此必须要有一个全面、和谐、运作高效的科技创新体系，才能发挥最大的创新效能，才能最大程度地提高城市的创新力和竞争力，才能使科技创新目标不断得以实现。

城市科技创新体系是一个复杂工程，体系建设要着重以下方面的建设和规划。

1. 建立城市科技创新促进委员会

城市科技创新的开展，需要城市各管理部门相互协作和配合，这些管理部门包括科技局、财政局、经贸委、国资委、工商局、税务局、政府采购部门等等，这些部门必须协调配合，形成联动机制，搭建一个统一的服务平台，才能更好地支撑科技创新体系的开展。具体做法是，市委、市政府要高度重视，选拔工作能力强、创新意识强的副市长全面负责科技创新委员会的工作，规划和协调以上政府管理部门科技创新工作的开展，并随时向市长汇报工作。

城市科技创新促进委员会功能是促进城市科技创新工作的开展，而不是科技创新的主力和生力军，科技创新的主体是企业和高校科研院所，科技创新促进委员会的职责是对科技创新主体的管理与服务。以往政府各管理部门分布于城市各市区，各有分工、各司其职，委员会的建立将打破地域和分工限制，将各管理部门主要领导纳入促进委员会，形成一个有机整体，统一管理和规划城市各项科技创新工作的开展。

2. 建立城市科技创新促进条例

政府的法律和政策保障是科技创新体系规范化、健康发展的必要条件。政府可以通过制度，用行政或法律的手段，保障创新受益，完善法律体系，维护创新活动的正常秩序，培育和健全有序、规范的技术市场体系，建立全面、高效的创新资源社会配置机制。政府除了通过制定发展规划支持和推动技术创新外，还应该通过颁布完善健全而又切实可行的城市科技创新促进条例来规范和保护技术创新。科技创新条例应坚持政府为主导、企业为主体、产学研联动、以市场为导向的原则，规范城市科技创新环境，制定科技人才引进政策，建立科学技术奖励制度，对在科技创新活动中做出突出贡献的集体和个人进行奖励，加大企业科技创新融资力度，并从政策和资金方面鼓励科技人才创办高新技术产业等等方面，促进城市科技的创新。

3. 完善政府在科技创新体系中的服务与保障功能

政府在科技创新体系中不仅仅起着管理者的角色，更应该在整个城市科技创新体系中做好服务工作。要做到：一是在服务内容上，要突出政策服务、项目管理服务，营造良好的服务环境；二是在服务方式上，要坚持依法行政，注重主动服务；三是在服务原则上，要公开科技管理的工作程序，简化办事程序，提高办事效率。同时政府要做好城市科技创新的保障工作，建立健全科技创新服务平台，这些平台包括技术展示与交易平台、公共信息平台、科技交流平台、教育培训平台等等。

4. 加大对于科技创新工作的财政扶持力度

城市财政部门应加大对于科技创新型企业，以及企业内部自身科技创新研究的资金支持，采取多渠道、多元化、分重点财政扶持方式，确保财政科技投入增幅明显大于财政经常性收入增幅。企业要开展科技创新，面临的首要困难就是资金问题，充足的资金是科技创新的必要条件，资金解决与否直接关系到企业科技创新的开展，以及企业科技创新效率，甚至企业科技创新的成功与否。为此，政府应从以下3个方面为企业做好金融扶持政策：一方面政府专项资金扶持，政府的财政部门与科技管理部门联合起来，共同制定企业科技创新财政扶持政策，做好有计划、分步骤、有侧重点的金融资金扶持方案；另一方面鼓励金融机构加大企业科技创新信贷支持力度，同时可以为有实力、有信誉、有发展潜力的三类企业提供银行借贷担保；最后是鼓励企业广泛募集社会闲散资金，政府为企业提供更多信息和融资渠道，做好企业与天使投资等资本市场对接工作。

5. 构建企业创新基金和创业基金

政府机构应尽快为高新技术企业构建创新和创业两类基金，促进城市科技创新工作的开展，确保城市科技创新活力的旺盛。企业创新基金不以营利为目的，资金来源多为中央拨款及银行存款利息，是用于支持科技型中小企业技术创新的政府专项基金，通过拨款资助、贷款贴息和资本金投入等方式扶持和引导科技型中小企业的技术创新活动，促进科技成果研发进程，加快高新技术产业化进程。创新基金优先支持拥有自主知识产权、高技术、高附加值的科技型企业和科研机构。创业基金主要用于支持高技术科研人员将自己的新产品、新专利、新工艺等研究成果转化为产品，并帮助和扶持科研人员创办自己的科技型企业。城市科技创新促进委员会负责这两类基金的筹措和管理工作。

6. 高新技术产业园区的建设

随着我国经济的快速发展，国内很多城市都建立了自己的高新技术产业园区，园区的建设在很大程度上推动了城市经济发展，以及传统产业的升级改造。在城市实施科技创新发展战略时，一个重要的环节就是高新技术产业园区的建设。园区的建设既要结合本市市情，又要立足长远规划，合理布局。园区建设需重点开展两方面工作，首先是加大园区内各片区硬件基础设施以及配套设施建设，再就是做好招商引资项目的建设和协调工作。随着园区内基础设施和投资环境的完善，以及大批知名企业的入住，园区的集群效应就会愈加明显。

7. 加大重大科研项目、专项的投资建设

企业的发展必须要有自己的特色产品，同理城市的发展更要有自己的支柱产业。在城市科技创新体系建设中，必须结合城市市情，明确城市的关键技术产业。在城市重点产业的选择上，必须是国内知名，且发展潜力巨大。同时，对于企业重大科技攻关项目，按照有所为有所不为的原则，做到重点项目重点支持，集中优势力量全面协助企业科技重大专项的攻关，协助解决重点领域企业发展的关键技术难题。最后形成以龙头企业来带动集群产业的局面，延长产业链，实现高新技术产业的蓬勃发展，最终使城市拥有一批具有国际先进水平、国际竞争能力的特色产业群。

8. 积极引进国际、国内科技资源实现自我发展

目前威海无论是工业技术创新体系，还是科技人才数量都落后于国内一些大中城市，大多企业科技技术开发能力较低，科技研发投入占销售额的比例较低。要解决这些问题，必须以政府为主导联合企业积极引进国际国内科技资源，加强与国内外的科技交流与合作，积极引进国内外先进科技成果，引进新兴技术产业，以此推动本市企业的科技含量。威海在引进国际科技资源上拥有一些内陆城市所不具备的优势，威海与韩国、日本隔海相望，水路、航空交通便利，因此很有必要提高与这两个国家科技交流与合作的层次和深度。韩国的造船业世界第一，造船技术也是世界领先，造船业又是威海的重大产业，加强韩国先进造船技术的引进是下一步的工作重点，同时也要加强引进日本先进制造技术以及广泛开展与日本世界知名大学的科研合作和交流。

9. 加大对城市自主品牌产品的采购力度

制定相应的政策法规，确保政府机关采购产品时，在保证基本产品功能、产品质量的基础上，优先采购城市内具有自主知识产权、自主创新的企业产品，如果这些产品都能满足自主创新要求，政府就采购科技含量更高、自主创新能力更强企业的产品。通过自主创新优先采购政策的实施，确保本市企业不会因为创新成本高而丧失政府采购的机会，通过政府的采购使得企业有更多的资金投入到科技创新环节，通过对企业创新能力的自主要求，使得城市同一类型企业相互竞争，各自加大自身企业科技创新投资力度，增加产品的科技含量，提高市场占有率。

10. 打造城市科技创新的人文社会环境

城市的人文社会环境直接影响着城市的科技创新氛围，政府必须认识到良好的人文社会环境对科技创新的重要性，必须加大培育创新文化和鼓励人们的创新意识，大力宣传科技创新先进事迹和先进人物，通过网络、电视、报纸等舆论媒体传播科学思想与科学文化，营造出尊重知识、尊重人才的社会氛围。同时，政策上对于科技创新人才采用宽容失败的政策，鼓励科技人才的创新与探索，充分发挥人才科技创新的积极性和能动性，营造宽松和谐的人才生存环境。

11. 全面实施人才战略、加大人才引进力度

人才战略的定义是指国家或某一团体为实现经济和社会或者集体发展目标，把人才作为一种战略资源，对人才培养、吸引和使用做出的重大的、宏观的全局性构想与安排。城市人才战略的实施就是把人才作为城市科技创新

体系的重要因素，在某种程度上，城市经济转型以及科技创新的成败，取决于城市是否有一批高素质拔尖人才，以及具有一定规模、结构合理、素质较高的科技和技术人才，这些人才具有一定的专门技术知识和较高的业务能力，能在各自领域创造性地开展各类科技创新工作。

城市人才战略的实施要重点关注以下几个方面：一是实施顶级拔尖技术人才的引进政策，这类人才主要是指国家院士，某一行业领域的领军人物，这类人才的引进能有效地带动一个行业的建立和崛起，哪个企业拥有了顶级拔尖人才，哪个企业就抢占了竞争主动权和制高点；二是加大拥有高素质、高技能人才的引进力度，一个城市重点行业的科技引领需要顶级拔尖技术人才，但是企业高科技的研发，以及新技术、新工艺的研究更需要中等科技人才，一个企业中等科技人才的数量从某种程度上反应该企业科技竞争力；三是做好城市已有科技人才的培养工作，提高企业科技创新能力不能单单依靠源源不断的人才引进，更应该做好已有人才的培养工作，政府应积极与地方高等院校联合为企业做好人才培养工作，努力提高现有专业技术队伍知识水平和创新能力，才能更好地保持城市的科技创新活力。

12. 重视大学对城市科技创新的意义和推动作用

前面我们提到科技创新的领军城市美国硅谷，该城市之所以最具全球科技创新竞争力，以及城市科技创新层出不穷，其驱动力量的重要来源就是斯坦福大学。斯坦福大学对硅谷起着重要的作用，不仅仅在于斯坦福大学较高的科研实力水平，更在于斯坦福大学重视产学研的紧密结合。硅谷企业积极借助斯坦福大学各研究机构新理论、新技术、新专利等研究成果，迅速转化为企业产品。同时斯坦福大学也为硅谷培养了大批的科技创新人才，当地政府也积极为这些人才提供良好的科技创新环境，在这种科技创新体系下，学校的教授，甚至学生都很容易建立自己的科技企业，并能迅速募集到资金，很快成为一颗耀眼的明星。据统计，硅谷与斯坦福大学有关的企业（即斯坦福的师生和校友创办的企业）产值占硅谷产值的 50% ~ 60%。

威海目前有哈尔滨工业大学（威海）、山东大学（威海）、哈尔滨理工大学荣成校区、北京交通大学威海校区等 4 所国家 211 重点院校，而且各高校都具有一定的科研实力，以哈尔滨工业大学（威海）为例，2013 年度科研到账经费 1.15 亿元，其中横向经费 4366 万元，纵向经费 7180 万元，33 项课题获国家自然科学基金项目资助，经费 1336 万元。其中，面上项目 10 项，经费 768 万元。市政府应重视大学所具有的科技创新能力对城市发展建设的支撑作用，明确"大学——政府——社会"三螺旋关系，市政府应加强主导作用，在城市发展建设关键时期，应努力把强化高校对城市科技创新的引领、支撑作用作为城市发展建设的中心任务来抓。

结　论

总之，强化科技创新对威海城市发展的支撑作用，是从威海经济状况、地理位置、资源条件、环境因素、人力资源等城市发展要素分析得出的结论，更是从国际、国内城市的发展经验，以及威海发展所处的历史时期分析得出的结论，因此政府应统筹协调，部门联动，构架一套完整的城市科技创新体系，以此推动威海经济的快速发展，把科技创新作为城市发展的一个重要突破口，加快科技和产业的升级，提高威海市的核心竞争力。

［作者单位：哈尔滨工业大学（威海）　课题组成员：
杨慧力　何中兵］

自贸区建设背景下威海扩大对韩
开放策略研究

姜玉娟

多年来，中日韩三国就建立自由贸易区展开了多轮的研究，今年3月，终于在韩国的首尔市举行了第一轮谈判。如果能顺利推动自贸区建设，将能极大提升三国的国际竞争力，实现互利共赢。

国内已有许多学者分别从中日韩自贸区可行性研究、地方经济合作示范区建设的必要性和迫切性等宏观层面来关注中日韩自贸区，但是，从政治层面看，由于日、美的影响，中日韩自贸区建设很难在短时间内完成，最有可能率先达成的是中韩自贸区。

在中韩自贸区建设的背景下，威海将扮演怎样的角色，未来威海对韩开放应当置于什么样的地位，如何调整发展策略来应对。本专题从微观层面出发，着重分析了威海扩大对韩开放的优势、劣势，提出了整合四项资源，推动威海对韩开放在高层次、多领域上实现新突破，并对中韩自贸区建设背景下的产业承接和产业升级的路径选择作了重点研究。

一 威海对韩开放优势分析

（一）威海对韩开放现状

威海与韩国毗邻而居，是中国大陆距韩国最近的沿海城市。强烈的地缘优势、经济发展的共同愿望再加上两地源远流长的友谊，使得威海与韩经济互补性很强，合作潜力巨大，前景十分广阔。

早在1990年中韩两国尚未建交的情况下，威海首先开通了与韩国仁川的海上客货运输航线，架起了今天两地来往合作的"金桥"。1992 年 8 月，中韩两国建交后，威海与韩国的合作与交流得到进一步加强。1993 年至 2000 年，连续 8 届中韩经贸洽谈会在威海成功举办，2001 年 7 月又在汉城举办威海投资贸易洽谈会，威海已经成为中国对韩经贸交流的"桥头堡"。韩资企业的许多物资和产品都从威海口岸进出，威海已成为韩国商品的重要集散地，同时已成为韩国重要的产品加工基地、装配基地和农副产品供应基地。到去年底，对韩贸易额达 55.9 亿美元，年均递增 17.4%；对韩出口产品发展到 10 大类 1965 个品种；对韩进口产品发展到 10 大类 1088 个品种；韩资企业发展到 1159 家，实际到账韩资存量达 16.3 亿美元，年均递增 26.3%；年出入境人数 90 多万人次，平均每天有 2400 多人往返于威、韩之间；韩资企业实现的工业增加值、提供的税收、吸纳的就业人数，分别约占全市的 12%、11% 和 10%。在到威海投资的国家和地区中，韩国投资企业的个数、合同外资和实际外资均列其他国家和地区之前，居首位，一水之隔的韩国已成为威海最大的投资国。

（二） 威海对韩开放优势分析

近年来，韩国对华投资增长迅猛，中国成为韩国海外直接投资第一大户。韩国《每日经济》报道，韩国企业对中国的投资"正进入一个高峰期"。有关方面调查显示，韩国 30 万家向国外转移的企业中 80% 首选中国。从产业看，韩国的汽车、船舶、机械、半导体、通信器材及电子产业等产业技术先进，实力雄厚，国内市场竞争激烈，成本居高不下，向海外转移的要求迫切。这为威海加强与韩国的经济对接提供了非常好的机遇。

1. 拥有地缘优势，构建了最为便捷的立体交通网络

威海是中国大陆距离韩国最近的城市，从地理位置看，威海处于环渤海经济圈与东北亚经济圈的交汇点，同时又是山东半岛与东北亚经济合作的"桥头堡"，是山东半岛面向韩国，走向东北亚的重要通道，在山东乃至中国的对外开放中占据重要的位置。从 1990 年，威海在全国率先开通了中韩间第一条国际海上客货运输航线后，到目前为止，已经开通了到韩国的海上航线 16 条，每周有 30 个航班，开通了空中航线 2 条，每周有 25 个航班。逐步发展成以威海港为核心，海陆空资源统筹发展、结构合理、功能完善的东北亚国际航运物流枢纽城市。这为威海成为韩国企业的加工基地、生活旅游的后花园提供了必要的条件。

2. 拥有商缘优势，打造了中韩产业转移的最佳平台

（1）威海是一个新兴的工业城市。到 2012 年为止，拥有规模以上工业企业 2118 家，其中销售收入过 10 亿元的 80 家，初步形成了机电工具、运输设备、电子信息、轻工纺织、海洋食品、化工医药等骨干支柱产业，是全国最大的渔具、轮胎、地毯、医用高分子制品、专用打印机、手工工具等生产基地。有中国名牌产品 19 个、山东名牌产品 124 个，中国驰名商标 16 个、山东著名商标 78 个。规模以上工业增加值达到 1156.1 亿元；高新技术产业产值占规模以上工业比重达到 34.73%，比年初提高 2.82 个百分点。在制造业，有三星、大宇等上千家韩国企业；"中韩信息技术产业园"正在建设；威海 40% 以上的外资来自韩国，30% 以上的外贸进出口贸易与韩国有关。

（2）威海是海洋优势突出的城市。海岸线长达 1000 公里，约占山东省的 1/3，有 300 多种海产品、60 万亩海水养殖面积，海产品产量 230 万吨，具有巨大的加工增值潜力，海洋产业增加值占国内生产总值 25% 以上，是我国最大的渔业生产基地之一。威海还是山东省重要的商品粮基地和花生、水果重点产区。

（3）在商贸物流业，威海有与韩国建交之初以交流互换的小商品，到后来发展为一定规模的带工贸易。有全国性的对韩鲜活水产品的集散地；韩国纺织、服装、日用品、化妆品等小商品集散地；中韩陆海联运已实现常态运行。在休闲旅游业：每年约 30 万人次韩国游客来威海旅游，每个周日约 100 多名韩国人坐飞机过来打高尔夫。

3. 拥有文缘优势，构筑了中韩之间人流物流、文化交流的重要通道

威海与韩国有着深厚的历史文化渊源和悠久的交往历史。早在唐朝时期，韩国使者张保皋曾在威海从事商贸、文化交流活动。现在威海境内的赤山法华院张保皋纪念馆、纪念碑，既是中国人民怀念张保皋这位韩国民族英雄的标志，又是中韩两国友谊的象征；目前，威海市和韩国每年约有几十位政府官员和高校的专家、学者相互交流。交流的内容涉及经济发展、儒家文化、跆拳道、中国古文字等多个主题；双方公务员交换任职呈现常态化；日常有 3 万多名韩国人常住威海，每年有 30 万人次韩国人来威海旅游，节假日有近万名韩国游客在威海过节，韩国的华侨中 80% 是韩国人，说韩语，听韩语歌，谈韩国人的生活，满街的韩国语广告，韩国文化已经渗透进威海的每一个角落；韩国人和威海人在一起共同享受生活；仁川亚运会组委会把威海市作为重点宣传城市和亚运火炬在中国传递的首站。

二　威海对韩开放存在的问题分析

尽管成绩斐然，但是由于国内外环境的变化，威海对韩开放二十几年后的今天也面临着一系列的挑战，主要表现在以下方面。

（一）先发优势已退化

随着两国建交，沿海城市对韩开放步伐加快，竞争日趋激烈，威海的先发优势开始下降并逐渐丧失，从省内看，各项经济指标远远落后于青岛和烟台。

项目	1996 年	2011 年
利用韩资（万亿元）	2.3	16
占全国比重（%）	7.8	4.4
对韩贸易额（万亿元）	7.5	56
占全国比重（%）	7.4	2.4

数据来源：威海市统计局。

（二）陆上交通劣势抵消了海上优势

威海处于陆路交通"末梢"的位置，物流成本过高，一直是制约威海发展的"瓶颈"之一。近年来，威海市加大了对高速公路、港口、机场、铁路等交通投入力度，已建起了立体化、高密度的内外交通网络，区域内外时空上的距离大为缩短，客观上降低了威海的对外交通成本，同时市内基础设施建设、通信网络建设也在不断完善，服务价格也在不断降低，但是，比照烟台、青岛与韩国贸易往来的运输成本，威海还是高出很多，所以，威海陆上交通劣势抵消了海上距韩国最近的优势。

（三）港、铁联运不畅制约了海上优势

港口和铁路相辅相成，相互促进，才有可能形成大的物流。而威海各港区内长期不具备火车装卸能力，货物装卸只能在到发线上进行；再加上港、铁联运不畅，更加制约了海上优势，导致了各港口和铁路都出现"既吃不饱、又吃不了"的恶性循环。目前，威海市港口吞吐能力闲置约50%，铁路运能闲置约70%。

（四）临港工业区的缺失削弱了港口优势

威海具有 3 个国家一类港口，但是至今没有临港工业区。威海发展临港产业有其得天独厚的优势，但是这些优势并没有得到有效地发挥，目前，威海港口发展与经济强市的地位很不相称，"以港兴市"并没有真正落到实处，与城市经济的迅猛发展相比，威海市的港口发展相对滞后，港口对城市的拉动作用不是很明显，城市的发展并没有有效利用港口的天然优势。依据先进港口城市的发展经验，优越的港口条件带来城市发展的加速度，城市反过来巩固港口的规模和功能。这种港城互动模式在威海还没有得以实现，大大削弱了威海的港口优势。

（五）韩资的非正常撤离，对威海经济、社会带来很多的影响

韩资企业的"半夜逃逸"近些年在威海屡见不鲜。韩国进出口银行发表的《威海地区投资企业非法撤离现状》报告书中指出，2000 年至 2010 年，共有 206 家韩资企业从中国非法撤离，仅 2010 年就有 87 家韩资企业非法撤离，形成了非法撤资的高峰，到去年底，这种情况还在持续。威海由于韩资企业的集中度高，如果有些韩资企业开了通过非正常清算程序撤离而获益的先河，则必然会对那些经营遇到困难，希望撤资摆脱困境的企业起到示范作用，从而加剧韩资企业的非正常撤离。当前我们必须关注外资企业撤离背后的原因，以及非法撤资给威海居民权益造成的侵害、就业压力的骤升带来的一系列连锁反应，而且韩资企业的撤资不单单是资本的流动，经济行为，也是社会问题。

（六）服务环境优势急需强化

威海在招商引资的审批体制虽经改革，但仍比较繁琐和复杂，各部门缺乏有力的协调配合，有关部门重视项目的审批，忽视项目审批后的管理，韩资管理出现漏洞，致使一些韩商在项目启动后不履行合同；另外部分韩商还反映在生活服务环境方面的一些问题，如在购物、上学、就医、娱乐、签证、交通等方面比较优势差；对韩资企业收费、罚款不规范，挫伤了韩商投资、创业的积极性。

三　中韩自贸区建设背景下威海扩大对韩
开放的发展策略

在中韩自贸区建设的背景下，威海将扮演怎样的角色，未来威海对韩开

放应当置于什么样的地位，是摆在威海人面前的最具挑战性的问题，我们认为当务之急是要打好优势仗。总的原则是：概念要清、定位要准、思路要新。

（一）加强园区建设，实现产业对接

对韩开放是威海的优势，成就了威海的昨天，发展了威海的今天，也将主导威海的明天，对韩开放是威海的出路和希望。威海要实现与韩国经济对接，充分利用韩国的资金、技术、自然资源，最大限度地发挥比较优势，必须加大对韩国的招商引资力度。通过对韩国的大招商促进大开放，以大开放促进威海经济的大发展。目前，韩国正处在产业大转移的时期，据有关资料介绍，韩国现在有超过30万家企业有向外转移的倾向，威海要紧紧抓住这一机遇，瞄准大公司、企业集团和行业协会，通过登门招商、产业招商、网上招商、委托招商、广告招商等有效的招商方式，做好"借韩兴威"大文章。

1. 加强园区建设

园区是招商引资的重要载体，其承接产业转移的功能也越来越突出，对区域经济的辐射和拉动也越来越显著。

（1）对低水平的园区进行整合，撤销不具备条件的园区，提高园区的聚集度。重点要突出两个大投入，建成承接韩国产业转移的主园区。

（2）园区要突出特色，要按照产业聚集的要求，合理引导项目的适度集中，着力培植产业特色和优势，建设专业园区。

（3）要坚持政府扶持、社会参与、市场化运作的原则，拓宽融资渠道，积极吸引韩资、民营资本和社会资本投入园区建设，高起点建设基础设施，完善各类基础配套，提高园区的承载力。

（4）积极创造条件，尽快实行园区"税外无费"，进一步降低园区门槛，增强园区的吸引力。

2. 实现产业对接

（1）探讨与韩国水产养殖和加工业产业的合作。韩国海岸线5259公里，水产品年产量300多万吨，海上捕捞、养殖和水产品加工、包装水平位列世界前十强，销售网络完善，且与多个国家签订了自由贸易协议，水产品出口基本不受限制，主要供应日本、欧美市场，但随着韩国34万名渔业从业人员老龄化加剧，生产供应能力呈下降趋势，这是韩国渔业对外合作的主要原因之一。威海作为国内海产品第一大市，水产品加工储藏能力很强，与韩国对接资源基础、产业基础雄厚，双方在水产品养殖、加工及蓝色经济方面的离岸作业、绿色航运、海洋展览、海底世界等合作潜力很大。

（2）探讨与韩国水果、蔬菜、畜牧业等产品的合作。韩国人均耕地 0.5亩，只有威海的 1/2。过去，韩国政府对农产品执行严格的贸易保护政策，不断提高农产品价格，使韩国成为世界农产品价格最高的国家之一。近几年，世界贸易自由化促使韩国政府不得不减少对进口农产品的限制，而对中国等邻国的农产品贸易依赖程度越来越高，目前韩国已基本放开了大麦、小麦、大豆、玉米的进口。威海与韩国在农业方面的合作刚刚破题，水果、蔬菜、畜牧产品等方面的投资合作机会大大增强。

（3）探讨与韩国电子产业的合作。业内有三星、LG 等国际巨头，这些企业依靠技术和资金优势，推出了宏大的对外扩张计划。其中三星计划到 2020年对外投资 202 亿美元，LG 计划投资 174 亿美元。威海应发挥韩资电子配套企业较多的优势，加强沟通，构建平台，争取让他们把更多的产业投资放到威海。

（4）探讨与韩国温泉旅游娱乐业和医疗美容业的合作。国内已开发的温泉 30 多处，其中有"韩国温泉之冠"称誉的釜谷温泉，年接待游客达 500 万人次；韩国医疗美容业技术世界领先，世界追求美丽的女性趋之若鹜，据韩国统计，韩国医疗旅游 2011 年创收 1.16 亿美元，同比增长 20%；韩国向中国发放签证 107 万份，其中公开申请医疗旅游签证的 1073 人，同比分别增长了 22.6%、386%，呈现倍增趋势。韩国医疗美容企业非常看重中国市场，有着强烈的投资愿望。威海如能引进此产业，将会起到集散中心的作用；威海有省地矿部门认证的温泉 9 处，且都极具开发价值。如果能使这两个领域对接韩国，深度合作，将会对提升威海旅游城市档次，特别是解决冬季旅游"半年闲"问题发挥极大的促进作用。

（5）探讨与韩国造船、汽车产业的合作。韩国造船技术全球第一，在船舶设计、船用发动机、海洋工程设备等关键技术环节和液化气运输船等特种船型上处于垄断地位。世界船企前十强有 8 个是韩国企业，其中现代重工、三星重工、大宇造船和 STX 四大船企手持新订单超过 100 亿美元，几乎全部是大型集装箱船、海上平台、特种船等高附加值船型，但有限的岸线资源和劳动力资源，迫使韩国造船巨头向外扩张；韩国汽车工业发展迅速，现代汽车综合实力已跃居世界第六位。我国作为世界最大新兴汽车市场，对他们极具吸引力。威海有优质的岸线资源，有较强竞争力的 3 个本土造船企业，是国内最大的轮胎生产基地，有极强的曲轴、轮毂等关键部件的生产配套能力，应借助这些优势，积极与韩造船、汽车产业对接；虽然引进造船企业受国家整船政策的限制，但可以通过合资、合作、并购等方式，探索在造船领域的合作新模式，推动威海造船产业上档升级。

（6）探讨与韩国文化产业的合作。2000年以来，以亚洲为中心，迅速扩展到有游戏王国之称的美国及欧盟，形成一股席卷全球的"韩流"。目前，韩国网络游戏产值跃居世界第一位，手机游戏产值居世界第二位，超过了他们引以为豪的汽车工业；威海可以发挥地域临近、习俗相通、文化传承一脉的优势，借助国内文化产业发展机遇和政策，大力发展服务外包业，提升文化创意产业合作层次。

另外，金融保险、电子商务、现代物流、节能环保等新兴产业以及新农村建设、城市化建设、社会管理等社会事业，威海与韩国的对接也都有较好的基础和广阔的前景等等。对适合威海发展的各项重点产业和事业，应搞好科学策划、规划，开展专题研究，有针对性地拟定行动方案，逐个进行对接、公关和突破。

（二）建设临港工业区，协调港、铁联运

港口是威海市重要组成部分，临港产业是威海经济发展的驱动力和发力点。首先，从产业链的发展来看，港口是临港产业发展的枢纽，也是威海市经济发展的着力点。港口及临港产业带动内陆腹地经济的发展，进而带动城市的发展。其次，从港口城市资源配置来看，临港产业日益成为城市经济、区域经济各种要素的聚集中心，港口可以依托其天然的地理优势，作为国内市场和国际市场的接轨点，国内经济与国外经济的交汇点，威海市与其他地区的经济平台。临港产业可以实现从传统货流到人流、货流、商流、资金流、技术流、信息流的全面大流通。再次，腹地广阔和现代城市的依托条件也必然促进港口建设，拓展临港产业发展空间，港口和临港产业的加快发展必然增强港口城市辐射效应，实现"陆向腹地、海向腹地"双赢。威海市地处山东半岛的龙头地带，地理位置优越，临港产业潜力巨大，城市经济能力的跨越会起到巨大的联动作用，带动整个烟威地区，甚至山东半岛地区的经济增长。

1. 统筹协调港城规划

（1）要完善港口规划，形成"港城联动"的良好城市规划架构。在对未来的城市规划、产业规划、道路规划的同时，也要充分考虑港口规划，在产业布局、集疏运、水电及通信等配套设施建设上能与港口规划相衔接，最终实现港城共荣、协调发展。

（2）因地制宜，打造精品港口。威海市的港口及临港产业发展应该从自身优势出发，因地制宜，开发特色项目，建设精品海港，在学习先进城市的

发展经验时，应该充分认清自身优势和发展劣势，合理定位港区发展方向，港口发展走"小而精"路线。建设特色港口城市，威海港口的发展方向是做精品港，做优质港口，不要和青岛港、烟台港口一味地拼规模，比大小，而是要避其锋芒，形成错位发展格局，充分发挥港口对城市的拉动作用和城市对港口的支撑作用，形成良性循环，真正实现"港城联动"。

2. 开展"区港联动"

临港工业区有着独特的优势：首先是产业集聚程度高，临港工业区大多数是以形成完整的产业链作为发展目标，着力引进一批投资规模大、关联度强、科技含量高、带动作用强、产品附加值高的项目，最终形成了明显的产业集聚优势；其次是产业影响深，临港工业具有典型外向型经济特点，选择产业结构层次相对较高，产业关联度高具有较长的产业链的资源型产出口龙头产业可作为临港经济的主导产业；再次是经济拉动强，临港工业一般是当地经济最重要的助推器。临港工业不仅要以大型骨干企业为重点发展对象，还要在园区内大力发展大批不同产业类型的工业企业，这些企业可为港口产生大量稳定的运输货源，它们之间具有十分密切的连带发展和促进关系，即所谓"区港联动"。

3. 实施港城可持续发展战略

在港城之间进行一体化建设、共同发展经济的同时，要坚持合理使用各种资源，防治污染，保护环境；要在积极开发建设新港区的同时，采取扶持政策，推进老港区功能的调整、改造，开发和功能置换，全面提升港口整体素质；并进行港口城市旅游开发，大力发展第三产业，创造就业机会，注重社会稳定，实现可持续发展。另外，发展临港工业要特别注重生态环境保护和区域经济可持续发展，尽可能地从环保的角度遴选项目，引进一批环保人才和相关领域的专家，对重大工业项目认真进行环境评估，优先发展高科技、高投入、低污染的项目。

4. 协调港、铁联运

威海市目前缺乏高效快速的综合运输体系，不利于临港经济优势的充分发挥。临港产业园区本身是资源相对缺乏的经济体，很多资源依赖外界的供给，相对薄弱的运输系统加深了资源供给矛盾。威海目前的港、铁联运不畅在很大程度上割断了工业园区对内陆腹地的经济辐射作用。工业园区发展对内陆腹地经济的拉动作用体现于园区产业链的上游或者下游向内陆腹地的延伸，而这种延伸又必须依靠顺畅的交通系统方能实现，国内知名大港，无一不是依靠港、铁的密切协作做大做强的。大连港依托沈大铁路，将腹地拓展到东三省；日照港依靠亚欧大陆桥将腹地贯通东西大陆，实现快速崛起；烟台港吞吐量过亿吨，其中铁路疏港货物 1200 万吨。而威海去年港、铁疏港货物只有 6.7 万吨，仅占港口吞吐量的 0.2%，为烟台的 3.7%，其他城市成功的经验值得我们借鉴。首先，要加大港、铁协作力度，建设完善疏港线，规划建设物流线和货场，联通威海港的三期码头，实现港、铁联运畅通；逐步将威海港国际物流园、石岛港、龙眼港与铁路联通，形成市内港、铁一盘棋；其次，要做好港口和铁路拓展腹地工作，采取有效政策和办法，推广威海港异地建港发展外贸内支线等经验和做法，积极探索在省内、国内其他物流枢纽城市拓疆扩腹的可行性，使威海由陆运末梢变为中韩贸易的重要物流枢纽。

（三）强化优惠政策，增强吸引韩资的区位优势

在全球经济下滑的大背景下，各国各地区面临的招商引资的压力无形中增大，威海要想继续与韩资企业合作下去，就必须继续提供具有吸引力的引资政策。

1. 进一步降低准入门槛，放宽市场准入条件，积极鼓励和支持韩商投资企业增加在威海投资

首先进一步放宽韩商投资企业名称使用限制。其次是进一步放宽韩商投资企业投资主体限制。再次是进一步放宽外商投资企业出资限制。最后还要进一步鼓励韩商扩大投资规模。

2. 进一步支持韩资企业做大做强，促进利用韩资结构优化

首先是大力支持利用韩资方式多样化和优化利用外资结构。支持韩资以参股、并购等方式参与威海企业改组改造和兼并重组，积极参与韩资并购联合审查。其次是大力支持韩资服务业企业加快发展。鼓励韩商投资现代物流、金融、广告、会展、信息、文化创意等现代服务业。再次是大力支持发展总部经济。大力支持跨国公司在威海设立地区总部以及研发、营运、采购、财务管理、结算、成本利润核算中心等功能性机构和外商投资服务外包产业。最后大力支持拓宽韩商投资企业投融资渠道。鼓励和支持发展信用担保公司、融资性担保公司、再担保公司、小额贷款公司。

3. 进一步简化登记注册手续，完善登记服务机制，力促韩商投资企业快速落户

首先是简化外国（地区）投资者主体资格证明手续。其次是简化对韩商投资企业批准文件的审核手续。再次是提升韩资业务"网上银行"服务水平。

4. 进一步提升服务能力，拓展服务空间，促进外商投资企业的发展

首先加强信息公开服务，充分发挥工商电子政务平台作用，为外商投资企业提供更为便捷的基本信息查询服务。其次加强行政指导，完善外商投资企业登记注册行政指导服务。再次减少审核环节，推行格式化审批，打造一流的工商业务窗口。最后是保护外商投资企业合法权益。强化公平竞争执法，严肃查处侵犯外商投资企业权益的不正当竞争案件。

5. 强化优惠政策，吸引更多的韩资企业到威海及下属市、区投资

目前，威海下属市、区的韩资企业数量相对较少。为实现威海区域经济的协调发展，应该提出更多的优惠政策来引导韩商到下属市、区投资。通过降税，给予优惠补贴等措施，大力引进韩资，并带动下属市、区的发展。

6. 优化生活服务环境，吸引更多韩商家庭入驻威海

要创造条件，争取外交部的支持，尽早设立韩国驻青岛总领事馆威海办事处，这样韩商就不需往返青威之间办理签证手续，既有利于加强政府间的沟通，也有利于民间交往。另外，尽快打造若干国际特色商住区、韩乐坊等建设项目，引进、建设适合韩商需求的医疗卫生服务机构和子女教育机构；多途径为韩商及子女在威安居乐业提供指导，努力为韩商营造仿真的居住、购物、饮食、医疗、教育等环境。

（作者单位：中共威海市委党校　课题组成员：李　红　郑玉婵）

威海市关于加快提升远洋渔业
产业层次的建议

  远洋渔业是具有战略意义的重要产业，随着我国近海渔业资源的逐步枯竭以及人民群众对海产品需求的日益增多，向远洋进军、大力发展远洋渔业产业成为必然趋势。近年来，党中央、国务院和省委、省政府高度重视远洋渔业发展，出台了一系列政策措施扶持、壮大远洋渔业。在国家和省的强力支持下，作为全国渔业大市的威海，远洋渔业发展步入快车道，目前全市拥有农业部远洋渔业资格企业21家，占全省78%、占全国18%；专业远洋渔船发展到313艘，占全省78%、占全国16%；远洋渔船功率16.3万千瓦，占全省82%、占全国14%，成为全省最大、全国重要的远洋渔业船队。远洋渔业作业领域拓展到太平洋、大西洋、印度洋公海以及印尼、斯里兰卡和利比里亚等20多个国家的专属经济区。

  当前，渔业企业走向远洋的愿望非常迫切，渔船规模也在不断壮大，但是阻碍和制约远洋渔业发展的困难和问题也逐步显现出来，特别是远洋渔业产业化程度低，仍处在价值链条的低端，在捕捞生产环节上用力较多，而产业前端的高质量渔船修造、渔业资源探捕等，后端的产品回运、冷藏加工、市场销售以及配套服务等非常薄弱，造成渔业企业经济效益普遍较低，无法与国外同行业竞争。如威海在斐济的远洋渔业，虽然产量约占整个区域的1/3，但渔货销售、后勤补给等基本被中国台湾丰群公司垄断，大部分渔船处于微利状态。造成这些问题的主要原因：（1）科技支撑偏弱。长期以来，我国在远洋渔业科技方面投入较少，缺少科技创新和成果转化的研发平台，探捕技术和捕捞设施装备落后，对渔船、船用设备、网具、捕捞技术、渔情信息缺乏研究，在国外捕鱼要花钱购买国外的渔情信息。国际渔业组织调查表明，我国的金枪鱼钓船年产量不足中国台湾的一半，大型拖网船不足韩国的

60%，大型鱿鱼钓船只有日本的70%。（2）缺少海外基地支撑。威海市远洋渔业项目在全省、全国是较多的，主要集中在斐济、印尼、斯里兰卡和阿根廷的外海作业，但基地建设明显不足，且这4个国家的渔业基础设施极为落后，渔港码头少、规模小，渔船修造厂、冷藏加工厂等其他基础设施严重缺乏，不仅无法满足渔业产品冷藏加工的需要，而且远洋渔业所需要的生产生活物资补给以及渔货销售严重受制于国外。（3）新资源新渔场开发不力。随着新建远洋渔船的不断投产，原有的远洋渔场已达到了"船满为患"的状况，急需开发新的作业渔场。但我国对国际远洋渔业资源等基础调查研究不足，对主要渔业资源分布、变化规律掌握不准，渔业企业依靠自身的力量开辟新渔场、开发新资源困难重重。（4）支持和保障力度不够。目前，我国远洋渔业管理和服务工作主要集中在国内，境外没有相应的行业管理和服务机构，在境外基地建设、资源探捕、渔场开发等关键环节上缺少统一有效的组织、协调和服务；我国远洋渔业企业大都属民营企业，规模小、实力弱，缺乏龙头骨干，包括中国农业发展集团等央企在内的龙头企业都实力不足，没有起到应有的带动和引领作用，往往出现盲目跟风、扎堆布局、无序竞争等现象。

要从根本上提升我国远洋渔业产业的国际竞争力，关键是要从战略角度高度重视远洋渔业的发展，根本途径是像抓工业转型升级一样狠抓远洋渔业产业的结构改造。远洋渔业发展作为一个系统工程，处于产业"微笑曲线"低端的捕捞能力提升主要是企业行为，靠市场机制就能解决，而处于两端的渔船修造、渔业资源探捕、产品回运、冷藏加工、市场销售等单靠企业自身的力量很难解决。同时，从战略意义上讲，在全球布局建设远洋渔业基地有利于国家在国际上建立"隐性战略据点"，一旦出现局部冲突，可作为我国在异域的后方基地。正是由于远洋渔业发展涉及经济、政治、国防、外交等大局，所以很多工作需要国家、省层面来推动解决或提供支持、保障。目前迫切需要国家权威部门牵头对相关问题进行深入研究，对远洋渔业发展的薄弱环节责成有关部门实行政策倾斜、集中突破，对重要海外渔场的配套设施责成相关省份分工建设、资源共享。

（一）进一步完善远洋渔业发展政策。建议在现有优惠政策措施的基础上，进一步调整完善财政、金融、税收、保险等多种政策，形成有利于支持远洋渔业发展、推进渔业产业升级的大环境。财政政策方面，由以支持远洋渔船建造向以支持远洋渔业基础性、公益性领域为主转变，重点在资源探捕、基地建设、渔场和配额争取、科研开发、渔获物回运和冷藏加工、市场销售等方面加大专项资金投入。金融保险政策方面，鼓励支持发展渔业银行，增加远洋渔业信贷投入比例，提高远洋渔业企业中长期贷款额度；创新金融产品，探索建立远洋渔业投资基金，综合运用海域使用权抵押贷款等产品，拓宽融资渠道，解决融资难问题；行政政策方面，进一步简化远洋渔业项目审批和境外投资审核手续，再造工作流程，提高工作效率。多年来，我驻外使领馆、商务处、民间组织等在远洋渔业发展过程中发挥了很大的作用，建议在远洋渔船较集中国家的使领馆设立专职的渔业参赞或渔业使团，及时解决各种问题，增强远洋渔业企业的海外竞争优势。

（二）积极推进技术创新。建议设立远洋渔业专项基金，组建国家级远洋渔业科研团队，加快建设科技创新和成果转化研发平台。进一步提升远洋捕捞装备的研发制造能力，积极推动远洋渔船和船用设备的更新、改造和升级，发展符合国际渔业管理规则和双边入渔协定的新型专业化渔船。增加探捕经费，持续开展远洋渔业资源探捕，加强对全球大洋渔业资源的预测预报和国际行为规则等方面的研究，建立相应的渔场资料和信息数据库。把北斗导航、物联网技术应用在远洋渔业上，增强渔船探捕及安全生产的信息化水平，不断提升远洋渔业的管理能力。完善国内职业院校专业设置，大力培养远洋渔业发展所需要的技术、管理人才，有组织、有计划地培训船员，提高远洋渔业船员素质。

（三）着力拓展远洋渔业发展空间。建议将远洋渔业资源和渔场调查列入国家经常性基础调查工作，组织和引导有条件的企业参与远洋新渔场、新资源的开发，多渠道争取捕捞配额。对尚未实现捕捞配额管理的渔业，国家应积极介入区域性渔业管理组织的筹建工作，尤其要在制定规则中争得主动权。将远洋渔业与对外交往和对外援助结合起来，用足用活外交政策和援外资金，通过政府间的谈判、合作，签订双边远洋渔业合作协议，取得合法、稳定的入渔权。

（四）加快布局建设海外远洋渔业基地和产业园区。建议对远洋渔业基地建设进行统筹安排，根据远洋渔业项目布局、渔船数量、基地辐射服务半径等，结合援外计划，支持在渔业资源丰富、具有发展潜力的国家建立海外远洋渔业基地；在有条件的国家或地区，加强合资合作，打造海外渔业产业园区，逐步由捕捞生产向产业链条的两端延伸。按照"政府推动、市场引导、协会和企业运作"模式，积极吸纳社会资金参与渔业基地项目开发。远洋渔业基地建设具有很强的公益属性，面临着自然、政治等多重风险，建议对远洋渔业基地建设实施补贴，对每个远洋渔业基地给予30% ~50%的配套资金。

（五）不断提升远洋渔业组织化程度。建议国家、省成立远洋渔业工作领导小组，建立由发改、财政、公安、农业、商务、海洋、海关以及外交等部门参加的联席会议制度，研究制定远洋渔业发展规划，及时解决发展中出现的问题。按照扶优扶强的原则，以海外远洋渔业基地和大型渔业企业为依托，整合远洋渔业资源，抱团发展，培植集远洋捕捞、回运、加工、销售、补给于一体的大型远洋渔业集团，靠实力赢得远洋渔业配额和话语权。充分发挥中国远洋渔业协会的作用，赋予其一定的组织管理职能，对全国远洋渔业的基地建设、区域布局、船队规模等进行统筹管理，提高规范化、组织化水平。依托境外远洋渔业基地，设立境外渔船检验机构，实现远洋渔船就地就近检验，降低检验成本，提高检验效率。

（作者单位：中共威海市委办公室）

《威海经区民间文化志》内容提要

刁瑞福

　　民间传统文化是广大人民群众在长期生产劳动和生活实践中共同创造、积累、传承的文化遗产，是不可再生的文化资源，是世代相传的文化财富，是发展先进文化的民族根基和重要的精神资源。它以富有地方特色的具体形式存在于我们身边，以潜移默化的强大力量影响着我们的思想观念，规范着我们的行为习惯，并且在塑造社会风尚和社会形态方面起到至关重要的作用。然而随着时代变迁、社会发展和外来文化的影响，传统文化受到冷落、损坏乃至消失，这种现象非常令人惋惜和痛心。深入挖掘和加强保护民间传统文化，让宝贵的历史文化资源留存于世、得以传承，显得尤为重要，这既是现实发展的迫切需要，也是历史传承的使命所在。

　　本着对历史负责、对子孙后代负责的态度，遵循习近平总书记在全国宣传工作会议上关于"中华优秀传统文化是中华民族的突出优势，是我们最深厚的文化软实力"的重要指示，为了更全面系统地挖掘整理民间文化资源，2013 年初，经区启动了民间传统文化保护工程，组织专门力量，对辖区崮山、泊于、桥头 3 个镇，皇冠、凤林、西苑 3 个街道办事处所属村居的历史沿革、名人名胜、传说记忆和民风民俗等民间传统文化资源进行全面收集、挖掘、整理和保护，并致力于编撰《威海经区民间文化志》丛书。为此，经区工委、管委把编写《威海经区民间文化志》工作纳入本区文化建设的重要议事日程，决定由区工委宣传部牵头，成立领导机构，组建工作班子，开展区域民间文化的调查摸底、挖掘采访、整理编撰工作。编写《威海经区民间文化志》系列丛书，旨在深入挖掘和保护经区村居文化、历史沿革、民俗风情、传说典故等宝贵文化资源，进一步丰富经区人文内涵和文化底蕴，传承和弘扬历史传统文化，打造经区文化品牌，为全区经济、社会又好又快发展提供浓厚的人文环境和文化支撑。工委宣传部接受任务后，立即行动起来，多次召开专题会议，广泛征集各方建议和意见，制定出既切合实际又行之有效的工作方案，成立领导小组和工作机构，全面进入工作状态。从 2013 年年初开始，调查小组工作人员不顾天寒地冻，冒着风雪走进村居民户，挖掘、调查民间文化资料。历经半年的时间，至 2013 年 6 月底，写成了 130 余万字的初稿。随后，领导小组又数次召开会议，与编写人员一起，商讨、研究接下来的编撰工作，把初稿复印成讨论稿，分送给地方老干部、学者、业内人士及资深编辑等相关人员征求意见。7 月至 8 月，领导小组又数次召开评议会，对讨论稿从观点到体例，从篇目到内容，从资料到文字等方面，提出了许多具体的建议，对《威海经区民间文化志》的成书工作给予了指导意见，决定根据掌握的资料情况及实际需要，将该书分为"传说记忆""民风民俗""历史沿革""名人名胜"四大部分，分门别类整理编撰，交由出版社正式出版。9 月，编撰组正式展开编撰工作，同时与专业性较强的山东大学出版社取得联系，将本书列入年度出版计划，上报国家相关出版管理部门审批。9 月至 11 月 3 个月，编撰组工作人员不分昼夜紧张工作，同时与出版社保持密切联系，按照出版要求随时规范编写内容和编写体例，少走弯路提高效率。经过出版社严格的三编三审，最终于 11 月底通过终审定稿。12 月，《威海经区民间文化志》通过了国家新闻出版管理部门的审批，正式出版。

经过一年多努力，该书顺利面世。该书选题精当，体例别致，资料丰富，内容充实，形式活泼，雅俗共赏，从不同侧面、以不同手法翔实记录了近代经区民俗风情事象及其传承变化，可谓是一套追溯本土根源、揭示文化基因、展现区域文化精神的故事书和资料库。丛书内含《历史沿革》《名人名胜》《传说记忆》与《民风民俗》四大部分。

《历史沿革》部分，以严谨的纪实手法，将经区辖区的崮山镇、泊于镇、桥头镇、皇冠办事处、凤林办事处、西苑办事处的 108 个村庄、27 个社区的来龙去脉，全方位、多角度、客观地呈现。其中，崮山镇有 24 个村庄，泊于镇有 33 个村庄，桥头是大镇有 51 个村庄；皇冠办事处有 10 个由原来村庄改造而成的社区，凤林办事处有 7 个社区，西苑办事处有 10 个社区。编委会成员对上述各村庄和各社区进行了全面调查采访，在掌握大量资料的基础上，进行认真写作与对材料的取舍。在写作上形成统一风格要求：一是对每个镇或每个办事处，在前面要拿出大篇幅给予全面的介绍，比如这个镇所处的地理位置，其历史演变之情况、其物产情况、其工业农业渔业的情况，其矿产资源与旅游资源情况、其在改革开放之后飞速发展的情况等，首先让读者对这个镇或这个办事处有全面的概括的了解。此为概述。二是对每个村庄或社区的写作上，遵循从全面到具体的原则，先是对各村庄有个总体介绍，指明其村庄所处的位置，从何时开始建村，有什么特别突出的物产，然后再具体罗列出其村庄出现的有名人物与事件，还将各村最早的党支部及涌现的革命烈士、劳动模范、能工巧匠等体现出来。三是对采访村庄后所形成的文字材料必须严格把关，比如某村的革命烈士是哪些人，最后要经村和镇两级及民政部门的盖章认可。四是原则上对于大村庄，历史久远、故事多，那就相对多写一点，而村庄小的、建村历史短的、没有太多内容的则篇幅相对少一点。这里面没有千篇一律的要求。在调查采访与整理写作的过程中，我们发现，威海的村落，以经区为例，多是在明清时期建村的，也有金元时期的。而村庄的名称或以姓氏而起，或因地形地势而来，五花八门，各有来历。村庄的建立者，或是从云南而来，或是自山西或其他地方而来，也难寻规律。从各镇与各村的从属沿革来看，经区较为复杂，尤其是桥头与泊于两镇，可谓几经变化，历史上曾是原来老威海市所管之地，以后归于荣成所辖，后来又归经区地界；而崮山有些村庄，也出现类似情况，故在写作的表述上，必须将这些变化一一道出，让读者能看出明显的区划来。而这一些，我们都小心地做到了。所以，这《历史沿革》部分，最可让人们清楚地了解各镇各村之大致情形与变化的过程，起到了一种"统揽全局"与"纲举目张"的作用。

《名人名胜》部分分两大块，一是名人，一是名胜。在名人栏目里，又细分了这样几大类：一是历史名人，包括古代与近代在历史上有名气的人物，大多为清代。比如在清朝曾任山西巡抚的桥头人梁萼涵，在京城为官的丛日琼，还有进京从挑水起家的邵万一等；近代则有反英起义的英雄刘荆山、著名航海家邹学颜等。二是乡村名流，这里面的人物较为复杂，凡在乡间的某一方面有突出成就，有一番作为，有过人技能，有艺术本领的人物都收集在此栏目名下。比如：平民教育家夏丛之、20世纪30年代考上清华大学的邹本令、工艺美术大师孙克杞、农民收藏家曲衍山、根雕名人宋文柱等。他们虽然地位不高，但在乡村都是具有影响力的人物，是值得被记录于案的。三是政界人物，这部分原则上只收录曾经或正在任职的厅级以上领导干部，不做任何评说，只是简明扼要地对其各自的基本情况给予介绍。这里面有的是出生并从威海长大的，在山东省境内任职的干部，比如邓向阳、夏耕等；有的则是祖籍在威海经区，在外面长大上学任职的干部，如夏德仁、周群英等。四是军界将领，这里面的人物多数已从军界退役，只是简略介绍他们曾经的军旅生涯和曾经所任的职务，比如中国人民解放军总政治部组织部原部长刘其人、广西军区原副政委车学藻、江西省军区原副司令员刘德奎等；有些现在仍在军界任职，如曾任中国人民解放军驻澳门部队首任司令员的刘粤军等。当然，军界人物也如同上面所说的政界人物一样，有些是土生土长的威海经区人，有些是祖籍在经区。对他们的介绍也是简略客观不带评价。五是革命英雄，是要介绍那些在抗日战争和解放战争时期勇敢向前、英勇杀敌的英雄。这里面的人物，大多在战争年代献出了宝贵的生命，成为烈士。六是文教精英，集中介绍在经区历史上那些从事文化与教育方面的著名人物，比如祖籍为经区的著名作家梁晓声等。七是劳模名商，这里面包括那些在全省和全国获得劳动模范称号的人，还有全国三八红旗手，也包括从经区老家走出去到外面做生意的一些著名商人。在名胜栏目里，我们经过认真分析，也进行了大致的分类，主要包括如下几个方面：一是山脉河流；二是滩湾险地；三是寺庙塔碑；四是古墓军事；五是谱志古遗；六是古树老井；七是其他无法入类的杂物。所谓名胜，在我们的理解中经区的名胜与世界性全国性全省性，甚或是全威海市性的名胜是不可同日而语，是有很大差别。但是，不能因为在更大的范围内没有什么名气就不能收录于此书中，因为我们是站在威海经区这个层面上编书，在别的地方看，这里面的某个山头或老树或古墓，根本算不上什么名胜，但放在经区这个小层面上看，在这里的老百姓眼里，那些地方或许就是"名胜"，就值得载入"史册"。

《传说记忆》这部分又分两点：一是传说，在写作上完全不同《历史沿革》，这部分多是收集民间百姓的口头故事，还有过去一些相关书中所记载的神话传闻的事件，这些故事，有些有点考究，而大数则没有什么考究。如秦始皇与马石山、人参娃娃与两个和尚、神奇的虾湾、娘娘送灯指路、刘世显当官修庙等；二是记忆，这与传说有极大的区别，这是根据历史事实与采访到的人们所讲述的真实故事而整理出来的。如：威海梁氏发祥地、孟家庄梁氏祠堂、民国精英钟寿海、宋家洼民兵"各路精神"等。"传说"中的故事，多是美好美妙的，是对美好生活的向往与对真善美的歌颂，反映了人们的美好愿景；而"记忆"则是鲜活生动真实的历史史实，记忆着重寻找挖掘那些时代并不太久远、多是近现代发生在人们身边的人与事。我们感觉，这些民间的传说故事与老百姓记忆深层的东西，将其整理出来，保存下去，让后代们看一下，对于了解本地历史文化与民间艺术，都有极大的作用。

《民风民俗》可谓面面俱到地介绍了发生在经区或与经区有关的民间风俗习惯，这里面又细分为"人生礼俗""日常生活""节日节气""信仰与禁忌""生产劳动及商贸""社会百俗""文体娱乐"等几个大的方面。通过这些民风民俗的介绍，足以让人们清楚地了解到胶东半岛、特别是我们威海地区民间的风俗习惯与生活状态，而这些习俗无疑都是这里的劳动人民在长期的生产与生活的实践中慢慢形成的，都是有一定的道理，并能自觉与不自觉地影响着从这里出生长大的人们的生活习惯。一方水土养一方人，威海人自古以来的勤劳刻苦自励诚实善良坚韧勇敢的性格，既是这些民风民俗形成的原因，也是这里的民风熏陶出来的一种自然结果。有何样的民风，就有可能打造培养出何样的人来。有些民风民俗中的东西，即使放在今天来看，还是有一定科学道理的，还可能用于指导人们生产与生活的。比如，观潮水而出海打鱼，现在虽有了定位仪，但对老渔民而言，好定位仪的使用，也还是要讲究潮水与风流的，否则就违背了原理。还有民间的一些禁忌，是劳动人民在长期生活中积累下来的经验总结。比如，什么东西有毒不能吃，到今天也没有人敢去冒险尝试。《民风民俗》配有许多有趣的图片，让人们在轻松自如中就可从容地得到好多威海民间常识，这对民间文化的传承与传播都是很有意义的事情。

（作者单位：威海经济技术开发区工委宣传部）

知识分子写作：作为思想方法的
叙事与其修辞形态

孙基林

按照结构主义的理解，所谓"叙事"，即叙述事件或存在物；而"叙事性"，则是指对事件或存在物进行叙述的能力、方法与特性。"叙事"或"叙事性"作为 20 世纪 90 年代知识分子写作的主要特征，它首先被认为是一种能力、写法和技艺，也即一类写诗的手段和技巧。其实，这仅仅是说基本的艺术手法问题。既然知识分子写作的叙事性，是他们认知和处理历史、现实与个人经验的一种方式，是所谓"及物性"或"历史性诗学"的基本实现形式，那就不仅仅只是一个技术能力问题，它内在里一定潜存着更深刻的美学或哲学意涵。从另外一个角度说，其实那些看似表层的所谓艺术技法，事实上都不仅仅只是些简单的手法问题，它潜在地蕴涵着某些逻辑因果，包括艺术之于人生、事物或历史的某些特定关系、抵达路径、功能效应、审美态度，甚或思想的方式、方法等等。对此，程光炜曾从宗旨和功能层面论及叙事性的效用与价值，他说，"叙事性的主要宗旨是要修正诗与现实的传统性的关系"，而它的功能主要体现在：一、借此打破规定每个人命运的意识形态幻觉，使诗人不是在旧的知识—权力的框架里思想与写作；二、在此前提下的叙事不只是一种技巧的转变，而实际上是文化态度、眼光、心情、知识的转变，或者说是人生态度的转变；三、叙事的任务毕竟需要叙事的形式和技巧来承担，这种形式和技巧包括了经验利用、角度调换、语感处理、文本间离、意图误读等等更加细屑的工作，以及每个人显然不同的创造力；四、叙事意图的实现有赖于写作之外的高水准、对话性和创造性的阅读。由此可见，程光炜所谓"修正诗与现实的传统性的关系"，无非就是从一种被给定的"旧的知识—权力的框架"和"被叙述"的宏大叙事中解放出来，以求彻底"打破决定个人命运的意识形态幻觉"，从而获得个人的主体性，以及思想与写作的充分自由、自在、自觉。在他看来，要实现此一修正和解放，就须通过"叙事性"这一路径、方法或者技巧的转变来达成。而"在此前提下的叙事"当然与技巧的转变相关，但又绝不只是个"技巧"问题，归根结底它关涉到"文化态度、眼光、心情、知识的转变，或者说是人生态度的转变"。他把"叙事性"放在社会转型期一种新的知识型构、文化态度和人生处境中加以观照，从而揭示了"叙事性"这一诗学方法、技巧所蕴涵的时代、历史以及诗人的内在经验等等诸多深度所指。而这一叙事性话题在臧棣那里，则更多是作为一种"新的想象力"来认知和阐释的。他认为，20 世纪 90 年代诗人对叙事性的运用，"主要不是把它作为一种表现手法"，"而是把它作为一种新的想象力"，由此，"它显形为一种新的诗歌的审美经验，一种从诗歌的内部去重新整合诗人对现实的观察的方法"。显而易见的是，这已然超越了单纯的诗歌表现手法的限度，从而上升到了美学观照和审美创造性等现代诗学经验及认识的高度。诗人孙文波则在谈及"叙事性"时，更愿意"将'叙事'看作是过程，是对一种方法，以及诗人的综合能力的强调"。他于此所讲的"方法"，实际是指叙事作为处理经验的一种方式；而所谓"综合能力"，则包括"对个人经验、知识结构、道德品质的全面要求"，这明显是指向作为叙事者的主体的。无论程光炜将"修正诗与现实的传统性的关系"当作叙事性的一种主要宗旨，还是臧棣把叙事性看作"新的想象力"和对现实的观察方法，或者如孙文波把它作为处理复杂经验的一个方法、过程等等，虽然均已超越了对单一的写法、技巧的理解和认知，但实质上依然将之视作一种功能性形式，是为了表现或达致某个目的而采行的施用工具、载体和方式，还无法走出"内容决定形式"的传统功能主义和艺术方法论视域，因为它首先设定了一个前提，即时代变了，表现时代内容的艺术方式也不得不随之发生改变。显然，此一观察路径和思维逻辑均是基于对其 20 世纪 90 年代现实、时代、知识、文化的变迁这一基本认知和判断的基础之上，也就是说他们将 20 世纪 90 年代社会、历史的变化看成了叙事性技巧或方式变化的根据、原点或轴心。而在我看来，20 世纪 90 年代虽曾有过短暂的迟疑，但本质上不过是 20 世纪 80 年代现实、历史状况的某种延展、继续而非断裂。即使说到有"变化"，那也不是历史的文化的所谓"质"的变化，而是知识分子写作者眼光、态度、判断、意识或者说观察角度、立场选择的变化。这种变化比之于客观本然的存在，显然更具有一种内在性和认识论的倾向。说到底，它与某种个人主体性的确立、自我期许与身份认同有关。所以相对于仅仅把叙事性看作单纯的技巧、手法或者为达致某种目的、表达某种内容而施行的一种功能性方式，我更愿意将"叙事性"称作一种由内而外具有必然性的思想方法。就像朦胧诗人的自我认识、人道启蒙主义思想和对抗性主题必然内在于一种客观对应物所指喻的意象深度一样，隐喻、象征这种话语结构形态也必然地成为朦胧诗意象思维方法的基本形式；也如第三代诗歌回到事物和生命本身的现象学、过程主义哲学必然地呈现为一种叙述本体论的思想方法一样，语感或语象也因此成为了以自身为本体的基本话语形态。

本来，从知识谱系学、家族相似性与历史承续的角度看，知识分子写作与朦胧诗有着一脉同体的涌动姿势和倾向。深度、意义、理性、承担、历史、主体性等基本概念或诸般现代性的精神戳记本是他们共有的胎记和标识，只是因为一种情势、状况的变化和不一样的精神气候，使得他们改变了既有的审美认知结构，重新以一种新的修辞构型，将传统对抗性主题的外显触角潜在地内化为一种倾诉和寓言。对于一些相向而行作为对应物的世界和事物，那群体的威权和革命的气息退隐、消淡了，也不再是由主体的心灵将世界和事物变形、揉碎之后重构成的一朵从来"不存在的花"，一如杨炼的"智力的空间"一样；它不是一个被智力完全变形了的世界，当然也不是什么镜中之影像，就如客观呈现着的本相或"在那里"存在的事物一样。事实上这个世界已然变成一个与作者平等的对话者，于交流、互否、吸收、熔铸中成为了一种被改造了的现实。这正如诗人孙文波在《我的诗学观》中所说："诗歌与现实不是一种简单的依存关系，不是事物与镜子的关系。诗歌与现实是一种对等关系。但在这种对话中，诗歌对于现实既有呈现它的责任，又有提升它的责任。这样，诗歌在世界上扮演的便是一个解释性的角色，它最终给予世界的是改造了的现实。"诗人从诗与现实的关系层面揭示和规定了诗歌叙事的可能性与其方向。因为诗与现实的平等、对话关系，就使之必然地超越了朦胧诗役使事物的绝对大写的人和抽象主体的意象象征方式：因为"对等关系"便由之揭示了呈现它的那部分责任，而"对话"则又蕴涵着提升它的意向；因为"对话"强化了主体与现实双方在场、参与、互渗、修正、变化、生成的一连串细节和过程，为叙事提供了必要的场景、事件等等基础性元素。这便与朦胧诗"世界即是我的意志的表象"那种直奔意图、看重终极意义目的的意象结构方式不同，它在看重终极目的、意义的同时重视了过程、细节与目的一体同构的关系而呈现为叙事性特征。当然，这种叙事方法与意象修辞虽然殊途却又有着相同的质性，那就是对于目标、意义或时代、历史的价值指向性及物性的追求。只不过朦胧诗是在隐喻、象征的背后去追索另外一个事物或意义，那多是一种宏大的历史符码或关于历史的集体记忆、思考；而知识分子写作则希望是在一种日常的个人化的生活事件叙述之中，寓言式的隐指向某些历史的遗存、印迹以及个人的内在记忆、认知。这是其潜存的意识形态幻觉破灭和对抗性主题失效之后，于新的时代状况下知识分子写作者内心世界所衍生的一种强大而又隐秘的表现需求、新的思想方法和策略选择，事物和历史的质性因素，责任、使命的担当和良知是不变的、永恒的，变的只是新的意识形态境遇中的思想以及修辞的方式而已。与此同质异向的诗学本性不同，知识分子写作与第三代诗歌的思想方法和其修辞方式则是同向异质的，他们虽同样采行叙述的方式但因思想倾向上质的不同，便出现了不同的叙述形态或有关叙述的不同修辞类型。就其基本倾向和形态而言，第三代诗歌回到语言、回到事物、回到生命也即回到本身的叙述和显现，所以偏于"叙"的质性层面；而知识分子写作虽在"叙述"的路上，也将过程视作达此目的的路径，但其价值落脚点却是远处的目标和终极目的地，所以它偏于"事"以及所隐指的历史与意义，尤其指向个人的历史化肌理层面。如果前者是回到本身又基于本身、拒绝了隐喻或象征意旨的本体式叙述，那么后者则是逸出本身之外而指向别一事物或意义的寓体式叙述（或喻体式叙述）、主体性叙述。这里姑且将后者以"寓体式叙述"统称之，由此既可揭示出此一叙事形态思想上的个人主体性特质，又能体现修辞上的寓言化倾向。

作为知识分子写作思想方法的叙事或叙事性是一种"寓体式叙述"形态，在其思想层面其"寓体"内在于一个个人化、历史化了的主体，所寓之意则是对其社会、历史、文化与现实存在状况的经验、审视和沉思，这也是叙述话语作为寓体形式的一种本性所在。如果说朦胧诗的意象主体是一个大写的人或具有普遍性的群体主体性，那么知识分子写作的叙事主体则是一种个人主体性，这也是知识分子写作者在某种程度上乐于自称或被人称作"个人写作"的内在原因。孙文波对个人化写作的诠释具有合理的辩证性和清醒的诗学自觉。在他看来，"个人写作"的提出，一方面"使得一些诗人在写作的过程中，始终保持了以历史主义的态度，对来自各个领域的权势话语和集体意识的警惕，保持了分析辨识的独立思考态度，把差异性放在了首位"，同时还"防止了将诗歌变成简单的社会学诠释品，使之成为社会学的附庸"；另一方面，虽然它"不再是强调代言，是诗歌的抱负的缩小，是在为写作建立起一个有限的、与个性和风格有关、而不是与无限膨胀的占有欲有关的范围，但它并没有因此放弃和无所承担，也没有自闭性地将写作放置在狭隘的、与其他人的交流隔断的境地"。这实际上是在指明个人化写作的两个基本面向和内涵：一是坚持"个人主体性诗学"，从而揭示诗人个体从集体主体性的狂欢、宏大主题与主流权势话语中解放出来，由此获得一种独立面对、思考和处理社会、历史经验的态度及能力，进而追求个体的差异性；再就是个人主体性虽不再代言，但并不意味着"放弃和无所承担"，这是因为知识分子写作者所抱持的历史主义态度，决定了他们必然坚守那种个人与历史交融一体又并不失去个人主体性倾向的所谓"历史性诗学"。王家新在其《群岛的对话》一文中也曾如此论及"个人写作"："它意味着更为自觉地摆脱、消解意识形态对于写作的控制和干预，同时又意味着在一种给定的语境中如何处理与它的多重关系；它意味着一种既不同于对抗也有别于逃避的'承担'，同时又意味着给自身留下一个更大的回旋余地；……总之，'个人写作'并不把自己固定在某一点上，它揭示的仅为一种写作的精神和品质……"这里所说"精神和品质"，其实最具核心的意涵便是个人的主体性和历史性，"个人""历史"……这些看似充满对立、悖谬意蕴的语词及存在领域，在"担当就是自由"及个人主体性诗学观念的统驭下，颇具正当性或合理性地获致了交融与统一的态势。由此，他们义无反顾地遁入个人的历史化或历史的个人化场域，在如此特殊的时代境遇和诗学境遇中，以"个人主体性"与"历史性诗学"两面一体的旗帜，高高擎起了另一片诗学天空。不可否认，这一奠定于个人性基础上的历史主义诗学观，至始即存在着如何看待并处理个人与历史二者关系的核心问题。在知识分子写作者看来，个人并不与历史发生对立或矛盾，他本身即是一个历史化的存在。不独个人必然地处在历史当中并与当下发生的重要历史事件产生关联，就是日常生活中的个人，也是历史地存在着的一个特别的影像，它同样构成了个人历史化存在的一个部分。正如王家新所说，与20世纪80年代一句颇为响亮的宣言"诗人不是作为某个历史时刻的人而存在着，他是上帝或神的使者"不同，"而我不幸正相反。我只是感到自己在历史中才存在着，才获得自己的感知、痛苦以及'更高认可'的冲动。（当然，历史不应仅被理解为'大事件'；当你挤上北京的公共汽车，或是到托儿所接孩子时，你就是在历史之中。）"当然具有悖谬意味的是，这群有着经典现代性气质的知识分子写作者，由"个人写作"开始，最终抵达的却是一个艾略特式的"非个人化"世界。与韩东们告别政治、历史、文化三个世俗角色而回到原色的生命本身不同，因为在他们那里，"个人"本就不是一个孤立绝缘于历史中的纯粹个体，他们将每一个个体存在的人看成了历史、文化甚至政治意识形态作用下多元混生的社会存在体，是一个具有历史特殊性的个人，所以建立在个人历史化基础与前提下的所谓"个人写作"，最终必然地成为时代与历史的一个镜像与缩影。这种"个人写作"的"非个人化"归旨或"个人的历史化"倾向，本来就是知识分子写作者"历史性诗学"所应含蕴的核心要义，因此在此向度上，"非个人化"的"历史化的个体"并不必然地消减或湮灭"个人的主体性"。

正是"个人的历史化"或"历史化的个人"构成了知识分子写作者"叙事性"思想方法与其"寓体式叙述"形态的基础。陈晓明曾就西川所提出的"诗歌的叙事性"概念发表看法，在他看来，"80 年代诗歌的歌唱性意味着把个人情感转化为时代宏伟叙事的冲动；而 90 年代的叙事性，则是把公共事物转化为个人的直接经验的努力。叙事性看上去强调了外部社会，但公共历史被个人经验重新编码，公共历史变成个人内心生活的一部分"。所以重要的是，历史不再是"在那儿"的历史，它已经被充分地内在化和经验化为一种内心的生活及思想。公共历史与个人经验的相互进入、融合，成了诗歌叙事性地处理内心生活与外部世界的一种基本的思想方法与宗旨、目的。以王家新的《回答》为例，它倾诉式叙述的主线虽表面看不过就是个人私领域的生活史或历经家庭变故的悲喜剧，但与一个时代的历史过程和宏大叙事相连接，使之成为了历史的摹本、镜像或寓体形式，由此映现出时代转捩过程中的精神变迁及情感表征，同时体现了 20 世纪 90 年代知识分子写作者鲜明的清洁精神、坚守意识以及对物质的拒绝情怀。"个人生活的起源和变故与历史本身的政治学叙事交织在一起，怀旧的追忆，都具有了民族寓言的史诗特征。"即使抛开陈晓明所谓第三世界知识谱系的理路，仅从我们时代历史的变迁和现实存在状貌而言，王家新的个人生活书写也确具有寓言式的"史诗特征"。这已不是一个人或一个家庭的私领域生活史，它已把时代、历史内在化或经验化为一种个人生活，从而使之成为民族命运、历史发展以及所衍生的时代精神症候的一个标本和象征。或许正因为如此，王家新方才作为一个诗人叙述者这样说："……我不去辩白。我也几乎不再关心/自己是谁，而只是想说：这就是我们的时代/——你的痛苦，你的生活，你的真实/只是这部伟大传奇中的一个细节。"（《回答》）

其实，这种寓体式叙述方式及其潜在的意义在朦胧诗写作中也曾出现过，只是不作为其主要修辞形式而已。那种以事件全象征为本位的所谓整体性象征修辞，事实上即具有寓体式叙述的形态特质，比如梁小斌的《中国，我的钥匙丢了》《雪白的墙》等等即是。《中国，我的钥匙丢了》，以"中国"和"钥匙"的非配称组合所形成的语境压力构成一个象征，而通篇又是通过叙事的方式在讲述这个事情：中国，我的钥匙丢了。这显然是主观虚构的一个事件，其深度意旨远比"钥匙丢了"这件小事要重要得多。诗人叙述者讲述十多年前，他曾"沿着红色大街疯狂地奔跑"，"跑到了郊外的荒野上欢叫"，可后来发现，他的"钥匙丢了"。接下来便讲述钥匙丢失后寻找的过程、细节：苦难的心灵不愿再流浪，他想回家，想打开抽屉，翻翻儿童时代的画片，看看夹在书页中翠绿的三叶草；还想打开书橱，抽出一本《海涅诗集》，拿着它去约会，并向她高高举起，用以发出爱情的信号……可因"钥匙丢了"，这一切都无法实现。他在广大的荒野上行走和寻找，天下雨了，他担心钥匙会受到腐蚀，变得锈迹斑斑；所以他急切地召唤太阳，让它的光芒把钥匙照亮，使他远远就能瞧见，尽早把它找到……诗歌叙述者围绕钥匙丢失与寻找这一线索，向受述者讲述了一个相对完整的故事情节和行动过程，加之语境所构成的压力以及多种语素的暗示（比如"红色大街""荒野"所暗指的那个年代；"狂叫"也可指向"我"曾经的迷茫狂热等等），由此便形成了以事件全象征为本位的寓体式叙述，从而以此象征着青春或理想（也或许有其他什么）的失去，继而寻找这一心灵事件。显然，诗人叙述者将如此虚拟而又确曾经历过的主观事件，放置在了那个特定的公共历史场域中，使个人与历史在有机交汇融合的前提下，既获得了存在的质感，又达致了心灵的深度。

显而易见，知识分子写作相对于朦胧诗的象征性修辞，显然它更倾向于反讽式、隐喻性或具寓言倾向的叙事性；而相对于第三代诗歌的本体式叙述，它则体现了一种寓体式叙述的特质。所谓寓体式叙述，可看作虽叙述话语在此，事物或事件在此，可重心却指向了别处的事物或者意义。就如朦胧诗的"象征"可以被粗略地定义为"一个东西的含义大于其自身"一样，寓体式叙述中的寓体，包括话语、意象、事件或者事物等，其背后均隐指着更大或更深的意义或别的什么，它或许就是时代、历史和现实存在的一个隐形的感官与触角，喻指或揭示显在的话语和事物背后一种隐潜的价值和意义。诗歌叙事始终处在相链接的两端：一边是显在的，一边是隐藏的，一边是个人直接的经验现实，一边又是历史的潜在结构和意义。陈晓明在谈及 20 世纪 90 年代知识分子写作时曾说："90 年代的诗人依靠某个特定的时间标记，依靠历史本身给定的意义作为不尽的思想资源和叙事的历史潜本文（subtext），在眼花缭乱的修辞策略中不断以暗喻的方式意指这个超级的思想库。"的确是这样，它似乎已成了知识分子写作那个不变的一眼即明的永在的定势。这里再以西渡的《一个钟表匠的记忆》为例进一步说明和论述。《一个钟表匠的记忆》被称作知识分子写作的经典式代表作品，诗中所写这个钟表匠的记忆显然均与"某个特定的时间标记"有关，也一定不脱那个在远处隐藏着的"历史潜本文"。请看第一节：

> 我们在放学路上玩跳房子游戏
> 一阵风一样跑过，在拐角处
> 世界突然停下来碰了我一下
> 然后，继续加速，把我呆呆地
> 留在原处。从此我和一个红色的
> 夏天错过。一个梳羊角辫的童年
> 散开了。那年冬天我看见她
> 侧身坐在小学教师的自行车后座上
> 回来时她戴着大红袖章，在昂扬的
> 旋律中爬上重型卡车，告别童贞

　　"一阵风一样跑过"，"世界"在"加速"，"红色的夏天"，"大红袖章"等等，这些概念或象征性语词，或明指或暗示，一如标签、符号那样指向一眼即明的那个特定的年代，甚至成为那个特定年代难以挥别、剥除的胎记或公共记忆。后面的章节中还有"仿佛在谋杀的现场，血腥的气味/多年后仍难以消除。……"等等，明显暗指将"玩伴分批送往乡下"的上山下乡运动，让城市街头"只留下沉寂的阳光"，犹如历史的屠场，肃杀凄冷！而"某些伟大事物"则是以反讽的笔法讽喻此类荒唐的事件，以表达那种"无法言喻的敌意"。整首诗以第一人称视角，叙说自己曾经的玩伴、恋人，一个梳羊角辫的姑娘，是如何被那个"快"的疯狂的世界裹挟、异化，从一个如花的童年迅速衰老、颓败，后来又如何在另一个"快"的年代风光再起，结果却又不幸自残殁命的悲剧人生；而"我"正是因为"慢"，错过"快"的时代，得以呆呆地"留在原处"，滞留阳台或窗前，观察、审视那个"快"的年代和世界，看它在生命和事物上留下如何的纹理、痕迹，而生命又是如何于时间的"快"与"慢"中流逝、走过，进而揭示了一种既关乎个人与历史命运的兴衰存亡，又于感时应命的细节和距离面前如何处理"快""慢"命题的历史认知与人生哲学。除了与那个特定的公共历史的记忆年代有关，尤其在对于一个崇尚"快"的物质时代的认知方面，似乎一如既往地体现了知识分子写作者秉持的清洁精神、坚守意识和批判性立场。这是一则关乎时间的寓言故事，总体上基于某些特定的记忆年代，可在个别细节、场景中却也体现了辩证思维意识，为"快"与"慢"的时间哲学保留了一些空间和张力，事实上也是为整个诗歌结构增加了变化的诗性。

由此可见，叙事性在此已经成为知识分子写作者实现其寓言式或隐喻式思维的基本思想方法，而寓体式叙述则成为其主要修辞形态。也就是说寓体式叙述不仅仅是他们一种写诗的叙事技巧、艺术表达方式，同时更是诗人触及和处理历史、现实、个人经验，并实现其主体性思维过程，达致其历史性诗学的认知目的必然采行的思想方法与修辞行为。这在其具体的文本叙事和话语修辞中，均让我们明显感受到了此一固有的叙述基质和品性。

[作者单位：山东大学（威海）]

德占青岛时期中德双语报刊研究

周　怡　刘明鑫

一　资料来源

1897 年 11 月 14 日，德国以"巨野教案"为由，强占胶州湾。一周之后，登陆青岛的德国人创办德文报纸《德国亚细亚报》，以便向柏林报告青岛战况，该报成为青岛报业的开端。直至 1914 年第一次世界大战，德国在青岛统治 17 年，从政治、经济到文化领域，快速投入城市建设，新闻报业也达到一个高潮，出现德文报、英文报、中文报、中德双语报等多语种报纸形态。另一方面，殖民统治下的青岛，处在纵向历史变革与横向多元文化碰撞两个维度的节点上，独特的时代经历，书写出稀有的报业史，中德双语报刊成为德占时期特定的媒体产物。目前已发现中德双语报刊三种，即《青岛官报》《中德法报》和《自西徂东》。

所谓"中德双语报刊"是指使用中文与德文两种文字的报刊，主办方是德国在华殖民统治者，受众主要是在华的德国人和租借地的中国人，还涉及德国本土的相关政府机构以及与租借地有关的人员。其办报主旨除传播信息与言论之外，兼有德语学习与中德文化交流之目的。因此，中德双语报刊的内容经常是重复和交叉关系，中文与德文的选择，视内容的受众而定。德语始终占有报刊的主导地位。中德双语报刊在中国始于青岛，以《青岛官报》1900 年 7 月 7 日创刊为开端，以 1914 年 11 月日本占据青岛为终点。

根据国内图书馆、档案馆的报纸存世原件统计，仅有中德双语报刊《青岛官报》一种馆藏，是 1907 年至 1909 年期间的部分报刊原件和复印件，其中复印件为 2004 年青岛档案馆赴德国联邦档案馆所复制，而原报是中国政府收回青岛主权时转移的档案文件。这些资料时间跨度从 1907 年 4 月 17 日至 1909 年 12 月 17 日，中间有大量残缺，总数不足 50 份。得益于互联网技术和对外开放交流的扩大，笔者从日本神户大学网站查到《青岛官报》1901 年、1904 年、1905 年、1907 年、1908 年、1909 年文章目录，从德国收集到 1900 年少量报纸原件。这些成为《青岛官报》研读的全部资料，基本能够展现出报刊的总体面貌。

此外，在德国国家图书馆发现中德双语《中德法报》《自西徂东》原报，都是由青岛特别高等学堂主办，属以推广西方文化和德语学习为宗旨的知识类中德双语期刊。现已获得全部扫描复制品，此前国内尚无任何记载与实物资料。其中，《中德法报》获得原报全本第 1 期至第 10 期共 8 份（第 3、第 4 期与第 9、第 10 期分别合刊出版），1911 年 11 月为创刊号，最晚一期的出版时间为 1914 年 2 月。《自西徂东》属于德语学习类期刊，1913 年 10 月刊布发行，笔者目前占有的资料为《自西徂东》第 1 至第 7 期（第 4、第 5 期与第 6、第 7 期分别为合刊）以及第 9 期共 6 册，最晚出版时间为 1914 年 6 月。

二 《青岛官报》

《青岛官报》概况

《青岛官报》（*Amtsblatt fuer das Deutsche Kiautschou Gebiet*）是中国境内第一份中德双语报纸，是德占时期最具权威、持续时间最长的周刊。

需要澄清的一个问题是，《青岛官报》与《德属胶州官报》是完全不同的两种报刊。《德属胶州官报》（*Deutsch-Asiatische Warte*）直译过来是"德亚瞭望"，又名《德华汇报》，此前研究者普遍将其与《青岛官报》相互混淆。近期获得的原始报纸可以证实，《德属胶州官报》为独立全德文周刊，1899 年 11 月 21 日创刊。

《青岛市志·新闻出版志·档案志》记："德国自 1897 年侵占青岛后，为了扩大影响和'晓谕'华人，便于其征地征税，由德国总督府于 1900 年 7 月 7 日创办《青岛官报》。文稿多为德文，其中有需要华人知晓的布告、通知、告白之类，用德文和中文对照刊出，每星期六出版一号。从 1908 年 11 月 2 日起，改为每星期五刊出。每期八开，书页式 4～8 页，间有出到 12 页的。该报发行到 1911 年 2 月 17 日，改称《胶澳官报》。"

由图一的德文说明里可以明确，报纸由青岛德商阿道夫·豪普特（Adolf

Haupt）负责，报纸出版发行却在德国柏林菩提树下大街 47 号名为"Berliner Aktionhrs"的出版社。《山东出版志资料　第八辑》提到："1901 年，德国人在青岛创办教会印刷所，……德国印刷出版社停业之后接印《青岛官报》。后期发行的《青岛官报》报头下方注明：'每年的订阅价是 2 美元＝4 马克，所有的德国邮政机构都接受预定。'"由此可见，《青岛官报》发行可以遍及全德境内，便于普通德国群众能够时刻关注远东这片殖民地的情况。笔者从以上信息推测，《青岛官报》的出版地点应该经过了德国柏林、青岛当局出版社和青岛天主堂印书局等处的演变。

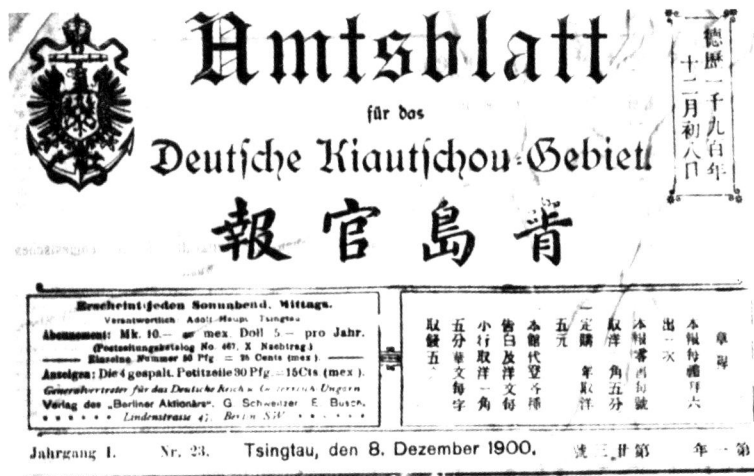

图一　1900 年 12 月 8 日《青岛官报》

版式和宗旨

《青岛官报》每页八开，整册出版，每期从 4 页到 12 页不等，德文部分横排。中文部分竖排，通用文言文，后来加入了顿点以作断句。德文名称直译为"德属胶州半岛地区政府公报"。中文题名"青岛官报"采用自右向左横排格式，这是清末中文竖排版式向横排版式过渡时期的特有形态。其下有"胶澳总督府发行""对德国所有邮局发行"等德文字样。报纸左上角印有鹰状徽章，是德国殖民统治的官方象征，右上角标有德国历法纪年。

德国官方文件《胶澳发展备忘录》1899～1900 年度报告《行政当局采取的措施技术和文化成就》一节中写道："创办一份德文和中文公报，有助于中国民众进一步接近德国当局。过去一年，尽管经历动乱，殖民地的科学工作并非毫无作为。"这段文字比较明确地表明《青岛官报》被作为殖民地科学文化工作的重要组成，目的在于管理和笼络中国民众。

《青岛官报》早期报名下方印有报纸信息的德文说明以及中文章程。其中德文部分介绍出版信息，对应的中文"章程"告知售价和广告资费，针对华人读者和商业机构，说明华人已成为该报的重要读者和广告客户。该报兼具官方文件和大众报纸的双重性质。后期发行的《青岛官报》报头下方注明："每年的订阅价是 2 美元 = 4 马克，所有的德国邮政机构都接受预定。"表明《青岛官报》发行可以遍及全德境内，向德国政府以及德国境内民众宣传胶澳政府在青岛殖民地的各种业绩，以得到德国政府和民众的认可和支持。同时也便于远在欧洲的德国群众了解他们在古中国的殖民地，吸引他们来华发展。

栏目设置及特点

《青岛官报》早期设置"公告""官方通讯""本地""德国报纸摘录""电报""功能""中国古典文章""文艺栏""礼拜信息""船舶信息""天气记录"等栏目。

后期随着"公告"栏目登载的法规条例的逐增，设"法规"栏。形成"法规与通告""天气记录""交通运输信息表""物价表""与欧洲诸国的电报通信"等 5 个固定栏目，"文艺栏"时有刊出，不定期刊登汇率信息，其他栏目先后消失。与广告置前的风尚不同，《青岛官报》广告主要集中于后版。早期《青岛官报》并无中文，后来短篇布告、通知、告白等栏目改为德中对照，以晓谕华人。

综合前后期内容来看，《青岛官报》栏目主要有如下三个特点。

第一，官报文件色彩浓厚，具有官方文件的组稿风格，很少出现评论文章，从版面栏目到报道内容均围绕这一主题展开，"法规与通告"体现得较为明显。该栏目一般位于首页，划分为官方通告、官方广告、官方通知等子栏目，每版一般刊登四个到六个通告，左右两栏，这一部分通常要占去整份报纸的四分之三。中德双语的通告文章也主要出现在这一部分，包括各种法令法规、市政建设、土地竞价、人事任免、政务活动，涉及军事、财政、民政等各个领域，年初还会以中德双语登载胶澳政府就上一年度商业收支状况，向中德两国读者的告知。各类民事性公告也集中刊登于此，包括寻物启事、婚礼预告、出生通知、死亡布告、生日会通知等等。

比如下面一则 1908 年 4 月 11 日刊发的中德双语招领启事：

启者　兹将本局据报拾获各物分别列左：西四月初三日，在山东街

Amtsblatt

für das

Deutsche Kiautschou-Gebiet.

青島官報

Herausgegeben vom Kaiserlichen Gouvernement Kiautschou.

Der Bezugspreis beträgt jährlich $ 2=M 4.
Bestellungen nehmen sämtliche deutsche Postanstalten entgegen.

Jahrgang 8   Nr. 3.   Tsingtau, den 19. Januar 1907.   第三號   第八年

Amtliche Anzeigen.

Bekanntmachung.

Als verloren wurde angemeldet: ein weiss gezeichnet E.E., eine silberne Damenuhr mit goldenem Zifferblatt.

Tsingtau, den 16. Januar 1907

Kaiserliches Polizeiamt.

Bekanntmachung.

Im hiesigen Handelsregister Abteilung A ist heute unter Nr. 42 folgendes eingetragen worden:

Die frühere Firma Komajiro Menju in Tsingtau lautet jetzt Komajiro Menju Nachflg. Takaji Tsuyoshi. Als Inhaber ist der japanische Kaufmann Takaji Tsuyoshi in Tsingtau eingetragen worden.

Der Übergang der in dem Betriebe des Geschäfts bis zum Tage der Anmeldung, den 11. Januar 1907, begründeten Forderungen und Verbindlichkeiten ist bei dem Erwerbe des Geschäfts durch Takaji Tsuyoshi ausgeschlossen.

Tsingtau, den 12. Januar 1907

Kaiserliches Gericht von Kiautschou I.

白 告

列左白布被窃有 E.E. 一個錶，以上各物切勿輕買如見本局此佈。
啓者茲將本局裸獲失各物開明。
枚係綠合布面，女人銀表一，外國字 E.E.，有白布被窃一個錶。

青島巡捕局敬 德一千九百零七年正月十六日

Bei der in Abteilung B unter Nr. 14 des Handelsregisters vermerkten Firma

Hamburg-Amerikanische Paketfahrt-Aktien-Gesellschaft

ist folgendes eingetragen worden:

Julius Emil Maximilian Zeigmeister und Dr. jur. Emil Max Gotthold Augustus Mumssen sind zu Prokuristen mit der Befugnis bestellt worden, in Gemeinschaft mit einem Vorstandsmitgliede die Firma der Gesellschaft zu zeichnen.

Tsingtau, den 9. Januar 1907

Kaiserliches Gericht von Kiautschou I.

图二　1907 年 1 月 19 日《青岛官报》原报

大马路遗失五元德华钞票一张；西四月初四日，在北码头第一堤上遗失金表一枚带有链子一条；以上两物可赴本局具领。西四月初二日，在济南车站第一号火车站内拾获手棍一根，外洋铁床架一个，该架可叠可伸；西四月初二日在坊子车站第八号内拾获华式蓝色眼镜一副；西四月初二日在南泉附近一带铁路上拾获洋式黑色毡帽一顶，以上各物可赴青岛铁路公司且领此布。

1908 年 1 月 25 日《青岛官报》首页登出一则中德双语对照的公共医疗信息：

大德钦命管理中华事宜辅政司单：为援案出示通行晓谕华民，种痘

事照德中华人民分投青岛李村两处医院。种痘并无费项，历经办在案。兹由议定除逢星期及佳节日停种外，其余每日早自十一点钟起至十二点钟，其居住青岛一带者，可赴大包岛花之安医院请种。……凡有婴儿者切勿错过，特谕通知。

青岛曾发生大规模瘟疫，德占青岛之后，建立海军野战医院，制定现代公共医疗卫生制度。《青岛官报》刊载大量关于公共卫生医疗的通告和消息。该文为通知青岛居民免费"种痘"的信息。说明《青岛官报》是胶澳政府管理公共事务、传递政务信息的重要媒介渠道。

值得一提的是《青岛官报》定期登载政府工作会议记录，内容之详细，几乎达到有闻必录的程度。如 1908 年 1 月 11 日刊登胶澳总督府 1907 年 12 月 21 日政府会议记录，开头详列参会名单，接着陈述会议讨论的四个方面内容——新港口秩序、新港口商船管理、医药价目、土地新估价，并详尽叙述讨论过程。这种大篇幅刊载政府会议记录的形式，中国报纸罕见。文章以德文刊印，限制华人读者知悉殖民地政府内部事务。

第二，商业服务功能齐备。欧洲现代报纸产生的动力来自于商人对商业信息的巨大需求。德占青岛之后，德国以及欧美商业资本大量涌入，商业活动增多，《青岛官报》担负承载商业信息服务功能。土地竞价、商品招标等信息都以"告白"形式出现，采用德文或双语刊布。如 1908 年 1 月 20 日报纸的一则招标告白。

启者：青岛兵队自西历四月初一日起至明年三月三十一日止，需用各样食物。现拟包出一切详细章程，缮就一纸。准赴水部队营盘第一百四十六号房购买阅看。兹定于西本年二月初十即中明年正月初九礼拜一日早九点钟，在一百四十一号房拍包。凡有欲包者，先期应具函信投递本部队营盘，该函封固外用火漆粘好，函面应有 Angebot auf Proviantartikel 字样。函内应有写具函者认明详细章程办理，仰各周知，切切，特启。

"拍包"即公开招标的意思。告示以中德文刊出，说明针对的商家包括中德两国商人。

"天气记录""交通运输信息表""物价表"等栏目后期多采用表格形式，使读者一目了然，便于查询比对。其中天气记录表格尤为详尽，图表分为温度、气压、风云、降水几类，在各项下又包括小类，像温度一栏中又分为干温、湿温、气温最大最小值。如此精细的气象记录在同时代报纸中独树一帜。20世纪初，德国殖民者在青岛建造了先进的气候和海洋观察设施，对当地的天文、地磁、地震、潮汐等现象进行科学观测，当时已经处于世界领先水平。

第三，具有部分社区报功能。据青岛档案馆资料记录，1901年到1903年间，青岛登记在册的外国籍人口约1200人。殖民者已拥有一种共同体的社区观念，服务该群体的报刊媒体自然要担负起维系群体的纽带功能。如1908年1月25日报纸就集中登载了四则德语结婚预告，显示出报纸对德国居民日常生活的关注。天气预报、教堂信息这些常设栏目，为方便社区居民的出行和生活。报纸还经常采用"读者来信"的形式与读者互动交流。

广告

1900年12月8日出版的《青岛官报》已经拥有了4个广告版面，占据该期总版面的2/5。其广告图文并茂，表现形式多样。

1901年1月5日在《青岛官报》登载广告的客户包括：酒店、电气设备公司、杀虫剂、进口业务、日本产品批发、香槟和矿泉水厂、时钟店、印刷出版商、杂货店、文具店、家具店、地毯店、烟草等，涉及领域广阔，体现出非常浓厚的商业色彩。广告设计与策划达到国内较高水平，并吸引国外企业的投入。德国柏林的一家机动车厂商从1900年秋到1901年春连续半年在《青岛官报》登载广告，推销汽车。可见其影响力之深远。

传播与影响

《青岛官报》社会影响力不仅在本地区，而且波及德国。德国殖民者通过这样的官方媒介，有效地加强城市管理。《青岛官报》作为双语报刊，对青岛的德文报、中文报以及双语报刊都发生了开拓和借鉴作用。

《青岛官报》几乎贯穿德国在青岛的整个殖民时期，记录了那个时代各种法令、法规、市政建设、人事任免、政务活动、船舶消息、天气报告以及各类告示告白等，成为研究历史的重要依据。清末山东地方官员佚名所著《筹笔偶存》特别提到《青岛官报》：作者曾收到对方寄来的《青岛官报》，要求他将关于"日俄战争"的消息"抄行沿海各州县一体知照"，并且上报中央政府。由此可见《青岛官报》的影响范围已经超出青岛，所登载有关德国的讯息得到山东地方官员乃至中央政府的重视，成为他们了解德国情况的重要媒体。

《青岛官报》发行可以遍及全德境内，向德国政府以及德国境内民众宣传胶澳政府的各种业绩，以得到德国政府和民众的认可和支持。同时也便于远在欧洲的德国民众了解他们在古中国的殖民地，吸引他们来华发展。《胶澳发展备忘录》记录："政策规定，银行每月向帝国总理和帝国胶澳总督汇报一次钞票流通情况，每季度将此情况在帝国总理指定的三家报纸上发表一次。（帝国汇报、上海德文新报和青岛官报。——原注）"与《帝国汇报》《上海德文新报》两家在华德文报纸同时列为德国官方指定报纸，足见《青岛官报》对德国政府的影响力。从青岛档案馆的统计数字来看，在1901年到1903年间，登记在册的外国籍人口1200人，到1907年，增加到2500人。其中有德商企业48家，资金2.09亿马克，还有大量的日、法、英等国的商号登陆。在这些变化的背后，《青岛官报》发挥着信息沟通作用。

三 《中德法报》与《自西徂东》

《中德法报》（*eutsch-chiesische Rechtseitung*）、《自西徂东》（*Der West＝örtliche Bote*）属中德双语知识学术类期刊，由青岛特别高等学堂主办。

《中德法报》概况

1907年12月，德国政府向清驻德公使提出在青岛设立一所高等学堂的建议，清政府派张之洞为代表，与德方代表奥托·弗兰克（Otto Franke）就办学问题展开谈判。1909年10月5日，青岛特别高等学堂（德华大学）正式开学。学堂突出中西结合的办学特色，采用德国大学通用教材，由学校专设的译书局译成汉文。美学家宗白华和历史考古学家王献唐就曾就读于此。1914年11月，日本守军接管青岛，学堂师生并入同济大学。

《中德法报》的编辑工作由学校法政科担当，法政科是学堂高级班的四大专业之一，学制三年。晚清立宪修律中，德国法学思想对当时的法律改革产生了非常巨大的影响，大量德国法律被翻译，多部重要法律均以德国法为蓝本。法政科成立两年之后，胶澳德国高等法院的前任法官库尔特·劳睦贝（Kurt Romberg）担任了法政科的负责人。《中德法报》是劳睦贝和法政科普及德国法学努力的重要体现，而整个学校中西结合的办学思想在刊物中也有突出体现。

《中德法报》属中国境内最早的学报之一。以中德双语整册出版，中文部分竖排，德文部分横排，中文通用文言文，后来加入了顿点以作断句。主编劳睦贝在刊物中介绍，主要文章由德文写成，翻译工作由学校代理稽查窦学

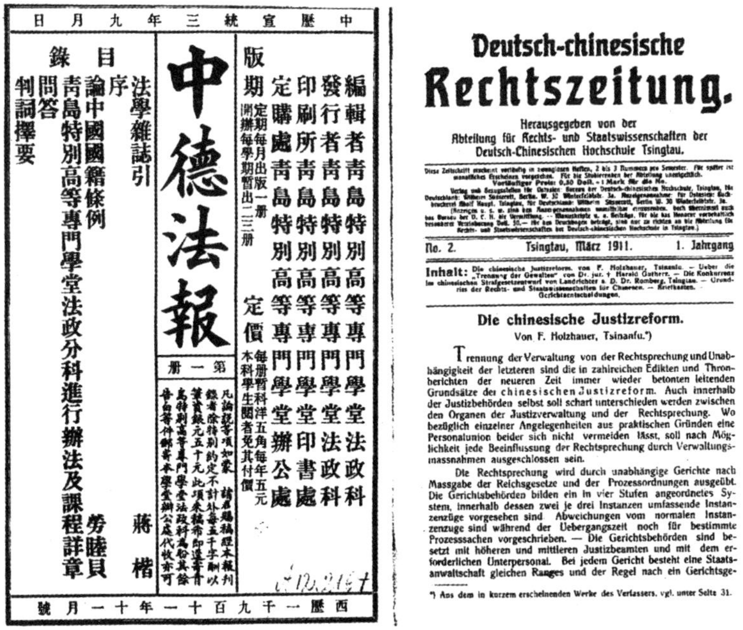

中歷宣統三年九月日

中德法報

編輯者 青島特別高等專門學堂法政科

發行者 青島特別高等專門學堂法政科

印刷所 青島特別高等專門學堂印書處

定購處 青島特別高等專門學堂辦公處

版期 定期每月出版一册 開辦每學期暫出二三册

定價 每册暫科洋五角每年五元 本科學生閱者免其付價

第一册

凡論說等項如蒙　諸君賜稿經本報刊錄者除特別約定不計外每五千字酬以筆資銀元五十元此項來稿希即逕寄青島特別高等專門學堂法政科爲盼其餘告白等件郵寄本學堂辦公處代收亦可

目錄

法學雜誌引　蔣楷

序

論中國國籍條例　勞睦貝

青島特別高等專門學堂法政分科進行辦法及課程詳章

問答

判詞擇要

西歷一千九百十一年十一月號

Deutsch-chinesische

Rechtszeitung.

Herausgegeben von der Abteilung für Rechts- und Staatswissenschaften der Deutsch-Chinesischen Hochschule Tsingtau.

No. 2. Tsingtau, März 1911. 1. Jahrgang

Inhalt: Die chinesische Justizreform. von F. Holzhauer, Tsinanfu. — Ueber die „Trennung der Gewalten" von Dr. jur. † Harald Gutherz. — Die Konkurrenz im chinesischen Strafgesetzentwurf von Landrichter a. D. Dr. Romberg, Tsingtau. — Grundriss der Rechts- und Staatswissenschaften für Chinesen. — Briefkasten. Gerichtsentscheidungen.

Die chinesische Justizreform.

Von F. Holzhauer, Tsinanfu.*)

Trennung der Verwaltung von der Rechtsprechung und Unabhängigkeit der letzteren sind die in zahlreichen Edikten und Thronberichten der neueren Zeit immer wieder betonten leitenden Grundsätze der chinesischen Justizreform. Auch innerhalb der Justizbehörden selbst soll scharf unterschieden werden zwischen den Organen der Justizverwaltung und der Rechtsprechung. Wo bezüglich einzelner Angelegenheiten aus praktischen Gründen eine Personalunion beider sich nicht vermeiden lässt, soll nach Möglichkeit jede Beeinflussung der Rechtsprechung durch Verwaltungsmassnahmen ausgeschlossen sein.

Die Rechtsprechung wird durch unabhängige Gerichte nach Massgabe der Reichsgesetze und der Prozessordnungen ausgeübt. Die Gerichtsbehörden bilden ein in vier Stufen angeordnetes System, innerhalb dessen zwei je drei Instanzen umfassende Instanzenzüge vorgesehen sind. Abweichungen vom normalen Instanzenzuge sind während der Uebergangszeit noch für bestimmte Prozesssachen vorgeschrieben. — Die Gerichtsbehörden sind besetzt mit höheren und mittleren Justizbeamten und mit dem erforderlichen Unterpersonal. Bei jedem Gericht besteht eine Staatsanwaltschaft gleichen Ranges und der Regel nach ein Gerichtsge-

*) Aus dem in kurzem erscheinenden Werke des Verfassers, vgl. unter Seite 31.

图三 《中德法报》创刊号

光和本科学生焦继宗等完成。第 1 期封面下注明发刊日期，上方用清年号“中历宣统三年九月日”，第 2 期改为“中华民国新纪元年历三月日”。封面右侧注明刊物编辑发行、印刷和订购信息，依次为青岛特别高等专门学堂法政科、印书处和办公处。版期标示为“定期每月出版一册，开办每学期暂出二三册”，另标示定价“每册暂科洋五角，每年五元，本科学生阅者免其付价”。参照同时期学术刊物价位，《中德法报》的售价要高出许多。当然其稿酬不菲，民国初期，商务印书馆稿酬最低 2 元，最高 5 元，1912 年，鲁迅《怀旧》发表于《小说月报》，稿费 5 元。《中德法报》开出千字 10 元的稿酬，可见资金雄厚。

第 1 期开篇为学堂总稽查蒋楷撰写的《法学杂志引》，文章认为德国法学家的成就非凡，“东西法学派皆仰之如山斗”；对劳睦贝编撰的《德华法律汇编》给予高度称赞。希望借助这份杂志可以和京师及各直省的法政法律学堂加强中西法律交流，推动法律制度的变革。

首期第二篇文章是以“法政科”为署名的序文，对刊物宗旨作如下陈述：

本报之刊在中国砥砺法学起见，敝科先取以授课焉，其用意尤欲使中国少年法律学家得以探悉泰西法理学之门径，富有立法之学识。速为

中国编订维新之法律也。其所取才者，一则特选泰西精要法案以及德国
深奥法理之切合中国时势以为论说；一则近取东西洋各国立法前式与中
国新法问题互相考证；一则注意于中国新设审判庭之进步，特将有意味
而增学识之案件以及德国审判庭之判断刊载报中藉资比较。以上各端皆
所以达本报之目的也。本报既出，凡属海内法学士子及诸法学家，有以
关于实用之问题函致敝科者，定当详细答复……

文章指出创办目的在于使接受法学教育的中国学生能更深入地了解西
方法学知识，以促进中国法律维新事业。然而主张以官吏为法制变革的基
础，"不贵学生之干预政界事宜"。对中国海外留学生（特别是留日本学
生）政治激进态度进行批评。对宏观政治话题采取回避态度，以纯粹法
律技术角度进行论说。联系当时辛亥革命的历史背景，其用心昭然可见。

统观各期刊物，选题基本都秉承上述宗旨，与劳睦贝以及法政科的学术
思想一脉相承。民国建立之后，《中德法报》也有文章从法律角度对时事问题
发表评论。如第 7 期《紧急命令》，劳睦贝从宪法学角度对临时大总统袁世凯
未经参议院议决发布地方官制命令进行评论，认为从法律上解释，袁世凯在
特定情况下有此权力。

《中德法报》栏目设置与选题

《中德法报》每期总字数不等，首期约 10000 字，字数最多达 30000 字。
分别设置了"法律论说""问答""判词择要"三个栏目。

按照第 1 期"序"中阐述，法律论说"一则特选泰西精要法案以及德国
深奥法理之切合中国时势以为论说；一则近取东西洋各国立法前式与中国新
法问题互相考证"。第 1 期之法律论说发表《论中国国籍条例》，通过与德国
同类法条比较，对当时清政府新奏准的国籍条例进行了学术性评论。该栏目
是学报重点，篇幅占总字数的三分之二左右，每期会有 2~4 则长文，以法政
科负责人劳睦贝和德国教师密西森等为主要作者。根据现有资料的统计，第
1~10 期共刊发 32 篇法律论说，其中国新法评论 13 篇，中国古代法律评论
2 篇，德国新法评论 4 篇，为纪念去世的法政科教师赫善心，刊载其文章《论
三权分立》。同样为纪念去世的学堂前总稽查蒋楷，第 7~8 期连载其文章
《亲族总论》。此外第 8 期刊载《货币》一文，以支持当时民国政府向列强银
行借款的决策。

"问答"则是编者与"海内法学士子及诸法学家"的互动，探讨关于法
律"实用之问题"。该栏目采取一问一答的方式，每期 2~4 个问题，依据问

题长短不等，短不足 200 字，长达 2000 余字。内容主要为法律专业知识的解释。第 6 期始，该栏目开始登载篇幅较短的论说以及编者评论。

"判词择要"栏目的稿源来自"德国大审判院判词""大理院刑庭""山东高等审判庭""上海地方审判庭"，一般按照"呈诉事实""判断理由""判决主义"的结构编辑，每期刊发这些法院的判决书并对其进行简要解释，篇幅在千字左右。

第 8 期出现"评论"栏目，该栏目由四则评论组成，均由劳睦贝撰写。其中三则分别为他对《世界经济杂志》、顾维钧《中国境内外人之位置》（顾维钧哥伦比亚大学博士论文）和时任中国司法总长许世英《司法计划》的书评。一则是建议北京政府司法部或教育部尽快将对新法律的解释集结成册。

对清末民初司法改革的论说

在清末民初的司法改革中，德国法学思想对司法改革产生了重要的影响。作为普及德国法学思想的一个重要平台，"司法改革"无疑成为《中德法报》论说的重要话题。法政科诸位教师以德国法学思想为参照，对中国该时期新颁行的法律和改革思想进行评说。奉行"纯为实学，绝少虚理，不事浮夸，务求简当"的方针，主要从法律角度针对法制的实际操作问题发言，虽然"于政治解决之问题付诸阙如"的宗旨有所放松，但宏观政治话题一直没成为论说重点。

第 2 期《论中国司法改良》指出，观察当时中国国情，司法独立存在缺乏充足资金支持、新法典尚未完善、维新法学理论不成熟等问题，认为"中国之法学法院现尽在幼稚时代，其成立发达能自为动作长途悠悠，尚需再历年月焉"。

《论大清新刑律所载俱发罪》借对该法案的评论提出近代司法改革的一个重要问题，即中国司法改革一方面必须植根于"旧有法律之理想"，另一方面中国传统法律系统不能容纳西方法律知识，必须重新编订法学名词。因为法律本身即文化的一部分，传统中国法系和德国代表的现代大陆法系存在巨大差异，文章表达了传统中国在引进西方法律制度过程中的困难与矛盾。

第 5 期劳睦贝《解辜鸿铭之理说》批评辜鸿铭所著《支那辟西学》（另译为《中国对于欧洲思潮的反抗》），阐述他对中国引进西方法学思想的总体看法。辜鸿铭认为中国道德礼仪高于西方，西方技术文化并不增进人生道德，它们的入侵损害了中国传统秩序。劳睦贝以"君子之道体用兼备"驳斥辜鸿铭论点，他认为国家之间的开放竞争有利于工艺进步和政治完善。他指出中国应通过重整政治秩序来收回治外法权，通过引进西方的先进技术实现领土独立。

第6期问答栏目所选的两位中国学者的论说——《法律与道德之关系与国家之立法》和《裁判不干涉主义不宜中国说》，是对上诉问题的回答，倾向于对传统礼教秩序的保守。

第3～4期《论中华民国各司法衙门之官吏问题》颇具史料价值。作者通过对清末民初法律人才的教育培养机制的一番梳理，认为政府应该继续加强对法学人才的培养。后面续刊《论普鲁士法官养成之新政策》，为问题的解决提供了参照。

总体来看，《中德法报》积极支持中国法治改革，但否定照搬欧美法律制度，强调把法律作为一种政治治理的技术手段，针对具体法律条文发言，希望从这一层推动面对中国的司法改革，在文化层面则主张保守中国传统。而在司法改革的整体方案方面，如宪政民主、法治国家这些现代法律理念，除为纪念去世的法政科教授赫善心而刊载的遗作《论三权分立》以外，鲜有积极宣扬。

值得一提的是，第6期"判词择要"栏目关注"天津广仁堂敬节所管理员强傅氏"起诉"新天津报馆编辑人华学涑"侵犯其名誉权案件，该案中《新天津报》败诉。第7期法律论说刊载《上海会审烟土案书后》一文，从专业角度对上海某烟草公司起诉《共和报》官司进行解读。此案件起因是《共和报》在登载抵制印度鸦片商贩文中提到"烟草商会曾以重金赂买各报俾为掩护"一事。文章从法律适用角度对该案进行评论。《中德法报》连续两期关注这类与媒体有关的法律纠纷，属于平等民事主体之间的诉讼，从一个侧面反映出当时报业所处社会及法律环境的基本情况，说明当时媒体的新闻操作已经得到法律的实际规范。

《中德法报》广告为纯文字广告，文言文书写，德文广告比中文广告更加精致。第一册中只刊载青岛印书局的一则广告，至第9、第10期已经达到十余则，行业也扩展到旅游铁路、洋行、轮船公司等行业。除对本校译书处外，客户有青岛印书局、山东铁路公司、德华银行、瑞记洋行、亨宝轮船公司、礼和洋行、柏林古腾塔贺印书公司等。柏林古腾塔贺印书公司在广告中提出免费书目邮寄服务，在当时是一种营销上的创新。

《自西徂东》概况

青岛特别高等专科学校建校初期，中国学生德语学习困难突出。历史资料显示："语言问题严重妨碍了学校的教育工作——这使得那些来自德国并且功名心切的青年教师大为不满。"这成为《自西徂东》出版发行的重要因素。

1913 年 10 月，《自西徂东》正式刊布发行，德文刊名直译为"沟通中西的信使"。中文刊名"自西徂东"，语源出自唐玄奘所著《大唐西域记》，早期青岛传教士德国植物学家埃－福柏（花之安）博士曾以"自西徂东"为名，自 1879 年 10 月起在《万国公报》连载东西文明比较的著作，长达 5 年，产生过广泛影响。

刊名下有小标题"绍介德国学术语文之杂志"，封面底部标注订购价为"每年三元零售每册三角邮费在内"，售价比《中德法报》较低，出售地点为"青岛德华高等学校"，由青岛福昌书局承印。学校中方总稽查汪森宝为杂志作序文，指明创办者为学校监督罗善伯和编译处总办魏理慈两位德国人，罗善伯为学校负责人，由学校负责人创办，可见学校对这份刊物的高度重视。

罗善伯在第 1 册中强调"亚东之营业，尤以德文为最要"，"各门重要有根据之著作，未有不以德文载籍者也"。他写道："德文远胜于其他洋文，而较英文法文意文日文尤为优美。大诗词家与大理学家之著作与今日之文言相通。而其他洋文则不然。"同时在文学与哲学方面，搬出歌德与康德，说"德人对于英人从未有驳议佘司伯（莎士比亚）之彪炳者。然据台（歌德）视之，殊有加焉。以富丽堂皇而论，佘司伯之著作，恒不逾英国教化一定之范围，而据台之《否司》（《浮士德》）则不可限量也。否司者，既不限于地"，"康德非国人，乃天下之才也；非十八世纪之人乃亿万世纪之人也"。借以贬抑英文褒扬德语。

《自西徂东》以整册形式出版，主要文章为德文，双栏排版，下部为重点德语单词的中文注释，显示出刊物作为语言学习读本的鲜明定位。重要文章和诗歌采用中德双语对照，中文通用文言文，以顿点断句。

特别的发现是：第 1 期中文部分采用左起横排的文字排列方式。这种新型版式首先出现于清末出版的翻译书籍中，最初曾受到保守力量的排斥。1917 年，钱玄同在《新青年》上发表文章大力提倡横排版式。改变书刊竖排的文字排列方式成为新文化运动中的一项重要主张。此前，有研究者认为，1915 年中国留学生在美国康奈尔创办的《科学》杂志是中国最早的横排期刊（最早横排报纸有记载的是上海 1876 年 11 月创办的《新报》，该报以中英文并排，非中文独立排版。所以，次年《新报》取消了英文，横排又改为直排）。戈公振在《中国报学史》中说："其印法旁行上左，兼用西文读点句，盖便于插写算学物理化诸方式也。"然而《自西徂东》出版于 1913 年，时间上远早于《科学》，笔者认为它应该是中国近代最早采用中文左起横排版式的期刊。

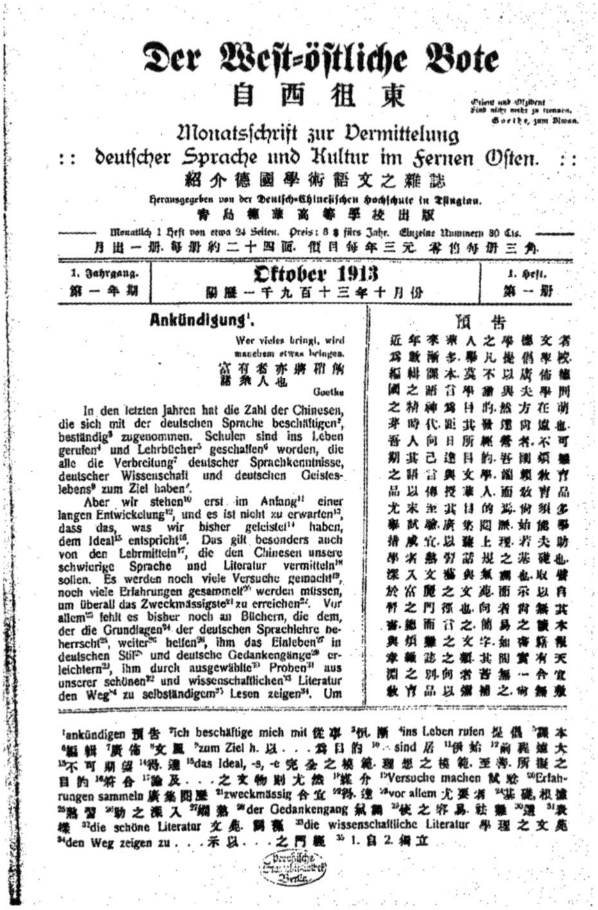

Der West-östliche Bote

自西徂東

Orient und Okzident
Sind nicht mehr zu trennen.
Goethe, zum Diwan.

Monatsschrift zur Vermittelung
:: deutscher Sprache und Kultur im Fernen Osten. ::

紹介德國學術語文之雜誌

Herausgegeben von der Deutsch-Chinesischen Hochschule in Tsingtau.

青島德華高等學校出版

Monatlich 1 Heft von etwa 24 Seiten. Preis: 3 $ fürs Jahr. Einzelne Nummern 30 Cts.

月出一册.每册約二十四頁.價目每年三元.零售每册三角.

1. Jahrgang. 第一年期	Oktober 1913 陽曆一千九百十三年十月份	1. Heft. 第一册

Ankündigung[1].

Wer vieles bringt, wird manchem etwas bringen.
富有者亦將稍餉諸衆人也
Goethe

In den letzten Jahren hat die Zahl der Chinesen, die sich mit der deutschen Sprache beschäftigen[2], beständig[3] zugenommen. Schulen sind ins Leben gerufen[4] und Lehrbücher[5] geschaffen[6] worden, die alle die Verbreitung[7] deutscher Sprachkenntnisse, deutscher Wissenschaft und deutschen Geisteslebens[8] zum Ziel haben[9].

Aber wir stehen[10] erst im Anfang[11] einer langen Entwickelung[12], und es ist nicht zu erwarten[13], dass das, was wir bisher geleistet[14] haben, dem Ideal[15] entspricht[16]. Das gilt besonders auch von den Lehrmitteln[17], die den Chinesen unsere schwierige Sprache und Literatur vermitteln[18] sollen. Es werden noch viele Versuche gemacht[19], noch viele Erfahrungen gesammelt[20] werden müssen, um überall das Zweckmässigste[21] zu erreichen[22]. Vor allem[23] fehlt es bisher noch an Büchern, die dem, der die Grundlagen[24] der deutschen Sprachlehre beherrscht[25], weiter[26] helfen[26], ihm das Einleben[27] in deutschen Stil[28] und deutsche Gedankengänge[28] erleichtern[29], ihm durch ausgewählte[30] Proben[31] aus unserer schönen[32] und wissenschaftlichen[33] Literatur den Weg[34] zu selbständigem[35] Lesen zeigen[34]. Um

預告

图四 《自西徂东》创刊号

第1期《预告》，中德双语介绍刊物宗旨与定位。开首引用歌德的名言——“富有者亦将稍饷诸众人也”，显示出编者传播德语文化的自信态度：

近年来华人之学德文者，为数见多。举凡提倡学校，编辑课本，莫不广布德国之语言学识与夫学问之精神为目的。然方在萌芽时代，距其发达尚远也。吾人向日所经营者，不可期其已达目的，吾国烦杂之语言与文学，端赖教育品以传授华人，而教育品尤未至其目的焉。尚须多学试验，广集阅历，始能学措咸宜，以臻上理。若夫助学者熟习话规之基础也，深入文艺与气调也。取譬于富丽之文苑，而示以自习之门径也。……

于德国之精神上能引人入胜。国务而科学而文学而美术而工艺而商务而经济各门至要之事故，凡足引起中土士大夫之青睐者，本杂志无不论及之。且亦筹备丛谈笑林俾交游之语言亦曲尽其妙。翻译习题，讲明方法，以补习方言学识。……

《自西徂东》的编者希望他们创办的刊物能"作为教授学习二者之用"，"广大其学识而深造之"。文章内容有"国务而科学而文学而美术而工艺而商务而经济各门至要之事故"、"丛谈笑林俾交游之语言"以及用于"补习方言学识"的习题和方法。《预告》末尾还有征稿启事和著作权注意事项等内容，声明"倘有编辑论说，仅可载于本杂志，以本杂志，以备周知者，祈声明清楚。盖凡于著作权无违碍之论说，可作教授之用者，即行付诸教授之人，多为刷印也"。这是当时著作权保护制度具体运作的重要表现。晚清时期，现代版权制度在中国逐渐形成。1908年3月《大清报律》颁行，成为现代版权保护的开端。在华外报特别看重并认真履行之。

《自西徂东》栏目设置与选题

《自西徂东》封面刊明"月出一册，每册约二十四面"，不过实际刊发页数多在30页以上，第9期达267页。每期字数一般在1万~3万字不等。刊物设置"总论""学术""文苑""异国人物""国务"五大栏目，其中前三项为固定栏目。

"总论"主要介绍德国文化，如《德文之关要》《德国圣诞节》《戴面具舞戏及衣冠滑稽》，多期连载介绍歌德文学作品的文章。"学术"涉及领域广泛，话题包括哲学、政治、自然科学、最新科技等。

《自西徂东》第6~7期"学术"采用中德双语对照，刊发青岛林业局局长赫司《栽培森林之利益》一文，是刊物重点推荐的文章。赫司分析德中两国林业发展的现状，对中国发展林业提出具体建议。即政府应设立专门林业官员和林业开发制度，通过订立合同附加条款，强令"外国承顾修路开矿之权者"在工程建设项目中栽种树木等先进的运作方法，以求达到"不费分文而年久自得森林之益"的效果。尤其值得注意的是，文章提出设立全国性植树节的倡议："政府宜于各省设立树园制，定每年三四月间之国庆节，令全国黎庶各植一树于相连之地，而计四百兆人所共栽之地面每年至少亦有四百海格塔。"本文刊发于1914年5月间，当年11月，中华民国颁布了我国近代史上第一部《森林法》，次年7月，政府又规定将每年"清明"定为植树节。

总体上看，"文苑"栏目占篇幅最大，每册刊发均在10页以上，第9期全部为"文苑"，大有发展为纯粹文艺期刊的趋势。"文苑"刊载诗歌、寓言、散文等文学作品，设置"译题""杂俎""评书""问答"等子栏目。"译题"分德译中和中译德两种题目，在下期刊登参考答案，中文译题既有古代散文如《爱莲说》，也有一些时政短文。"杂俎"收录杂谈类文字，"评书"介绍最新出版翻译的中文或德文图书，"问答"针对德语教学的问题进行解答。

插图与广告

《自西徂东》为文章配发种类各异的插图，分为摄影图片与手绘图片，摄影在中国尚未普及，就此而言，已在前列，于青岛当属唯一。手绘图片其精致准确，大大超出国内中文报刊。内容包括物理模型、生物模型、人物肖像、风物景色、天文地理、科学公式等等，图文并茂，为期刊增彩。

《自西徂东》广告为纯文字广告。多为学校内部的书籍广告，后期在目录一侧有开始刊印"哈利洋行"等商业机构的广告。

《中德法报》《自西徂东》的影响

上海《协和报》对《中德法报》的文章进行多次转载。1913 年 1 月 11 日，《协和报》以"青岛特别高等学堂之法学研究"为题，登载《中德法报》第 6 期学生高钟谦的文章。文章认为欧美司法上的不干涉主义不适于中国，批评"游学欧美诸文明士子"醉心于欧化，呼吁"诸同胞亦勿徒事斤斤于此表面上之伪自由"。之后，蒋楷的《亲族总论》于同年 7 月 19 日被转载。

《协和报》是上海德文报刊《德文新报》的中文周刊，而《德文新报》是上海第一份德文报刊，主要面向上海及远东地区的德语读者。1910 年 10 月 6 日增刊中文周刊《协和报》，向中国读者宣传介绍德国建设，并在天津、青岛等地扩大德文报纸的发行。《中德法报》文章的转载，证明其影响不仅局限于青岛，与德国在华报纸有充分的交流互动。

《自西徂东》后期在目录一侧刊印"哈利洋行"等商业机构的广告，说明刊物的影响力已经超出学校范围扩展到社会。前文所提到的《栽培森林之利益》来自于青岛林业局局长，可见该刊已经得到企业、文化界和政府部门的关注。

后来就读于青岛特别高等学堂的知名校友——现代著名的历史学家王献唐和美学家宗白华在青年时代都有报业经历。毕业于该学堂土木工程系的王献唐，1917 年为天津《正义报》翻译德文作品，后担任《山东日报》和《商务日报》编辑，1929 年起任山东省立图书馆馆长兼山东通志局筹备主任，创建山东省图书馆协会，创办《山东省立图书馆季刊》。宗白华在 1916 年 8 月受聘上海《时事新报》副刊《学灯》，先后任编辑和主编。他将哲学、美学和新文艺的新鲜血液注入《学灯》，使之成为"五四"时期著名四大副刊之一。由于政治意识形态的制约，他们对这段学习经历讳莫如深，但母校学报对于他们的启发与影响显而易见。

[作者单位：山东大学（威海）]

转喻能力的构建及应用性研究

——以英语阅读教学为例

李　克

1　引言

语言学习是一个漫长而复杂的过程。以英语为例，中国人从小学甚至从幼儿园就开始学习英语了，到博士生阶段还在学，经过十几年的英语学习，结果却差强人意。当然，在这个复杂的过程中，很多因素导致了这种学习效果。本文认为，除外部语言环境外，内在的认知能力是一个重要影响因素。王寅指出，语言能力不是独立于其他认知能力的一个自治的符号系统，而是人类整体认知能力的一部分。如同隐喻能力一样，转喻能力也是语言学习者应该具备的一种认知能力，这种能力主要基于人类的根本认知经验。Panther & Radden 指出，与隐喻相比，转喻更具本源性，即语言本质上是转喻的，其他学者也持类似观点。可见，转喻能力是人类的一种基本认知能力。目前，国内外学者对转喻能力着墨较少。本文将基于隐喻能力与批评转喻分析构建转喻能力，并以英语阅读教学为例阐述转喻能力与其之间的重要关系。本文中的转喻能力不仅仅是一个笼统的概念，而是基于隐喻能力与批评转喻分析构建的一种层次分明的认知能力。针对英语阅读教学，转喻能力的形成有助于引导学生在阅读过程中识别、解释与评价语篇中的转喻现象，更可以培养学生在微观与宏观层面理解语篇的能力。

2　转喻能力的构建

鉴于转喻与隐喻之间存在的密切关系，转喻能力的形成一方面应借鉴与参考隐喻能力的构成。另一方面，转喻能力的组构主要基于批评转喻分析这种语篇研究范式。

2.1 隐喻能力

一般来讲，隐喻能力（metaphoric competence）是由 Flahive 与 Carrell 首次使用的。他们在 1977 年美国中部语言学年会上宣读了"Lexical expansion and the acquisition of metaphoric competence"一文，这是隐喻能力一词首次在学界被提及。但较为详尽地论述隐喻能力的主要有 Gardner 与 Winner、Danesi、Low、Littlemore 等。尤以 Gardner 与 Winner 与 Littlemore 的观点较具代表性。心理学家 Gardner 与 Winner 对隐喻能力做了更为详尽的界定与阐述。他们认为，隐喻能力应包括以下四个方面：（1）改述（paraphrase）隐喻的能力；（2）解释隐喻有效性的能力；（3）生成符合特定语境的隐喻表达的能力；（4）评价同一语境中若干竞争性隐喻表达的适切性（appropriateness）的能力。上述界定包括了改述、解释、生成与评价等四个阶段，符合逻辑性，也较为全面。但也存在一定缺陷，比如没有包括隐喻能力的基本组成部分——识别与描写隐喻的能力。Littlemore 认为隐喻能力由四部分组成：隐喻产出的原创性、隐喻阐释的流畅性、发现隐喻意义的能力以及挖掘隐喻意义的速度。这个界定主要局限于发现、产出与理解隐喻等方面，没有提及评价隐喻的能力，因此也不够全面。

结合以上研究，改述与发现隐喻意义的能力可归纳为识别与描写隐喻的能力，这是隐喻能力所包含的第一种能力，因为这也是定性研究的首要步骤。其次，解释隐喻有效性的能力、隐喻阐释的流畅性以及挖掘隐喻意义的速度可归纳为解释隐喻的能力；再次，生成符合特定语境的隐喻表达的能力和隐喻产出的原创性可归纳为生成合适的隐喻的能力；最后，评价隐喻表达的适切性的能力也是隐喻能力的重要组成部分，可简化为评价隐喻的能力。隐喻能力的这四个组成部分为转喻能力的构建提供了重要的参考价值。

2.2 批评转喻分析

转喻能力的构建还应借助批评转喻分析的研究范式。李克尝试性地提出批评转喻分析模式，并指出，批评转喻分析是用批评性语篇分析的某些方法分析与评价语篇中的转喻现象，以揭示转喻选择所体现的意识形态和语篇构建者的信念、思想和观点，进而对语篇有更深刻的解读。李克进一步构建了一个西方修辞学理论支撑下的批评转喻分析模式，将批评转喻分析分为转喻描写、转喻阐释与转喻解释三个阶段；并指出批评转喻分析旨在通过去除转喻选择构建的辞屏，揭示转喻选择所包含的修辞动机，进而透析其修辞劝说功能。转喻描写主要对应与转喻突显性有关的辞屏，转喻阐释主要对应语篇构建者的修辞动机，而转喻解释主要对应修辞劝说。实际上，批评转喻分析的这三个阶段存在一定的问题。作为批评转喻分析的第一步，转喻描写不应只对应转喻的辞屏特征，还应包括转喻的识别，因为识别是指对表征事物或现象的各种形式的处理与分析，以对事物或现象进行描述、辨认、分类和解释的过程；转喻阐释与转喻解释之间存在某种程度的重合，可整合为转喻解释，旨在解释转喻的意义；除了转喻描写与解释之外，还应包括转喻评价。李克、李淑康指出，批评转喻分析可看作是对转喻的修辞批评研究。修辞批评中的"批评"一般被界定为"系统的分析与评价"，因此，转喻评价是必不可少的一步，旨在依据相关标准对转喻描写与解释的结论进行评价。综上所述，批评转喻分析应该采取转喻描写、转喻解释与转喻评价三个阶段。

由此可见，批评转喻分析涉及的步骤——转喻描写、解释与评价与隐喻能力中的识别、解释与评价隐喻有吻合之处，只不过研究对象不同而已。总体来讲，隐喻能力与批评转喻分析为转喻能力的构建提供了重要的研究思路。

2.3 转喻能力（metonymic competence）

学界对隐喻能力的探索已经日趋成熟，国内外涌现出数量可观的研究成果，但对转喻能力却着墨较少。依据目前查证的资料，"metonymic competence"一词较早出现于台湾成功大学 Scott 的硕士论文——《台湾第二外语学习者对于生命体词中借喻词之理解》（*Body Part Life Form Metonymy and the Comprehension of Taiwanese L2 Learners*）中。但 Scott 将其译为借喻理解能力，主要包括对借喻词的识别与词义的理解。这里的"借喻理解能力"部分地归属于转喻能力，只不过借喻一词的选用突显了此概念在本质上的局限性，无法扩大为一种思维能力。较早明确地提及转喻能力的是蔡晖与李克、李淑康。蔡晖指出，人类认识事物的思维活动是对外界信息进行积极加工的过程，事物间邻近性特征反映在大脑中，经过人类的主动信息加工，相关联的事物能够彼此取代，演化为人类以此代彼的转喻思维能力。以上研究虽然提及了转喻思维能力的形成过程，但没有明确提出转喻能力的构成部分。李克、李淑康认为，转喻思维能力也应包括：（1）理解转喻的概念本质；（2）感知（包括发现、认识与解释）转喻的能力与速度；（3）上升到从宏观与微观看事物的能力；（4）在语言实践中运用转喻的能力。依据上述四条，此处的"转喻思维能力"可理解为"转喻能力"。这种对转喻能力的定位也涵盖了转喻的识别、描写、解释、生成等方面，更为重要的是，"上升到从宏观与微观看事物的能力"的提出扩大了转喻能力的辐射面，把转喻能力提升到了认识世界的层面。当然，以上对转喻能力的界定虽然较为详尽，但也存在一定的重复与错位，逻辑性也不够合理。"理解转喻的本质"与"感知转喻"有些重复，另外，"发现、认识与解释"也不应处在同一层面上。再者，"上升到从宏观与微观看事物的能力"应该是概括性较强的能力，应该处于转喻能力的最高层。

转喻能力的构建可从隐喻能力与批评转喻分析的理论框架中找到恰当的契合点。首先，古典修辞学中，隐喻与转喻一直是"捆绑"在一起的。Aristotle 将转喻看作隐喻一个分支的观点一直延续到 20 世纪中叶。在古典修辞学家与西方新修辞学家（以 Kenneth Burke 为代表）那里，隐喻与转喻一直是共生共存的。鉴于隐喻与转喻之间的密切联系，因此，隐喻能力中的四部分——识别与描写、解释、生成与评价隐喻的能力可选择性转嫁到转喻能力上，转喻能力也应包含这四个参数。其次，批评转喻分析的分析步骤也为转喻能力的界定提供了重要的思路。转喻描写主要包括转喻识别与解读转喻的构建的辞屏，这应是转喻能力的初级阶段；转喻解释主要在于对转喻的意义做出合理的解释，这应是转喻能力的渐进阶段；转喻评价则是依据相关标准对转喻描写与解释的结论进行评价，这应是转喻能力的升华阶段。当然，转喻能力不能仅仅包含这三个方面，结合隐喻能力的构成，转喻能力还应包括对转喻的生成和运用。范开泰也曾指出，语言研究的手段和方法，总的来说，不外乎描写、解释和应用三大类。描写研究是解释研究和应用研究的基础。解释研究是描写研究总结出来的规律和机制上的深究。应用研究是把描写研究和解释研究的成果转化为应用性的理论或工程。因此，在描写与解释转喻的基础上，转喻能力还应包括转喻的运用，具体来讲，即是在语言实践中生成与运用转喻的能力。

因此，结合以往转喻能力研究，本文认为，转喻能力应该包括五个方面，可以提炼为：（1）描写转喻（转喻识别与解读转喻构建的辞屏）的能力；（2）解释转喻的能力；（3）评价转喻的能力；（4）生成与运用转喻的能力；（5）上升到从宏观与微观之间的关系看待事物的能力。对转喻能力的掌握是第二语言教学中不可缺少的环节，这同样适用于英语阅读教学。

3　英语阅读中的转喻能力

Hymes 提出了"交际能力"的概念。Canale & Swan 认为，交际能力由四个重要部分组成：语言能力、社会语言能力、筹划能力和谋篇能力。实际上，转喻能力也应是交际能力的重要组成部分。正如转喻是人类认知世界的必要手段，转喻理解应当是同步的。所谓认知世界，即是个体和社会交流的过程。因此，转喻能力是一种重要的交际能力，融合在人类交际过程中。Goodman 指出，阅读是一个复杂的心理活动过程，是读者逆向解析作者语词编码的心理过程。可见，阅读是一个读者与作者交流的过程。具体来讲，在阅读过程中，阅读者通过目光接触获取语篇中的直观信息，而对隐含信息的处理则同时伴随着复杂的心理活动，如识别、记忆、联想、类比、分析、推理、判断甚至再生成等。转喻能力涉及的转喻的描写、解释、评价分别与生成与阅读中涉及的识别、分析与推理、判断与评估等方面在一定程度上是相容的。再者，概念转喻理论非常有助于英语阅读教学。学生通过了解概念转喻理论，有助于理解概念转喻的认知属性，减少其在阅读过程中的焦虑感，从而增加阅读兴趣，更好地感受语言的魅力。因此，在英语阅读教学中，转喻能力将扮演重要的角色。

具体来讲，涉及语篇的解读，转喻能力中的描写转喻、解释转喻、评价转喻、生成转喻以及上升到从宏观与微观之间的关系看待事物的能力都会扮演重要的角色。识别语篇中的转喻是解读转喻的第一步，为进一步的描写打下坚实的基础；解释语篇中的转喻则是阅读过程中最为重要的一步，这可以帮助学生深度地理解作者选取此转喻表达的修辞动机，并透过转喻选择与修辞情境之间的关系揭示转喻背后潜藏的意识形态意义；而评价转喻则可以帮助学生了解转喻选择的优劣，从而为转喻的翻译与运用做好理论性铺垫；生成和运用转喻虽然与阅读过程不尽相关，但其后续影响到转喻的再生成，即在解释与评价转喻后，需要对原文中的转喻表达译出合理的文本；从宏观与微观角度看待事物的能力则更适用于英语阅读。每一个语篇都是一个整体，包含一个个段落，因而在解读整个语篇时，要充分认识到每一段落与主题之间的关系，这样才能充分地考察语篇的整体意义。

如，在解读《高级英语》第一册第九课"Mark Twain——Mirror of America"（《马克·吐温——美国的一面镜子》）的第 3 自然段时，转喻能力显得至关重要。

（1）The geographic core, in Twain's early years, was the great valley of the Mississippi River, main artery of transportation in the young nation's heart. Keelboats, flatboats, and large rafts carried the first major commerce. Lumber, corn, tobacco, wheat, and furs moved downstream to the delta country; sugar, molasses, cotton, and whiskey traveled north. In the 1850's, before the climax of westward expansion, the vast basin drained three-quarters of the settled United States.

在解读"Keelboats, flatboats, and large rafts carried the first major commerce"一句时，依据转喻识别的基本参数，我们可以识别出"commerce"中蕴含一种转喻关系。结合上下文，可以得知，"carried"一词所需的宾语不应该是"commerce"，而应是"commerce"的具体所指，即"commodity"，这是一个整体代部分的转喻关系（这一部分涉及描写转喻的能力）。作者选用这个转喻的主要动机在于突显密西西比河当时对美国商业发展的重要性，因为"commerce"一词的范围明显大于"commodity"（这一部分涉及解释转喻的能力）。总体来看，这个转喻选择较具艺术性，"commerce"给读者的整体印象要比"commodity"强；同时具有真实性，"commodity"与"commerce"之间的邻近性关系真实地反映了两者之间商业的运作特征；也具有语篇性，下文中的"wood, corn, tobacco, wheat, leather"与"commerce"构成了语篇的衔接性（这一部分涉及评价转喻的能力）。因此，在阅读过程中解读这个转喻表达时，我们一般把这句话译为："龙骨船、平底船与大木筏运载着最重要的商品"（这一部分涉及生成与运用转喻的能力）。当然，要更进一步地理解作者写此段的意图则需要从宏观层面探析这一段与上下段之间的关系（第 2 ~ 6 自然段主要在介绍马克·吐温年轻时的经历），从而在整体上理解作者的真实用意（这一部分涉及从宏观与微观层面看待事物的能力）。

同样的，在解读第 5 段中的"humanity"一词时，情况也大致如此。

（2）Steamboat decks teemed not only with the main current of pioneering humanity, but its flotsam of hustlers, gamblers, and thugs as well.

依据上下文语境，"humanity"转喻地指代"human"，这是一个部分代整体的转喻，因为人性是人的一部分。这个选择也体现了作者突显马克·吐温当时与形形色色的人接触所形成的人生观对其作品的影响；在描写与解释此转喻表达的基础上，例（2）可译为"蒸汽船的甲板上不仅挤满了富有开拓精神的人们，而且载着一些娼妓、赌棍和歹徒等社会渣滓"。如同上例，此转喻表达也符合艺术性、真实性与语篇性标准，是一个较好的转喻选择。转喻能力在英语阅读中的重要性在这两例中可见端倪。

4 思考：英语阅读教学中转喻能力的培养

鉴于转喻能力对英语阅读有着重要的作用，因此，培养学生的转喻能力显得至关重要。教学中，若涉及语篇中的转喻表达，则需要帮助学生有条理地对转喻进行描写、解释与评价；涉及整个语篇的理解，则需要培养学生认识每个段落与上下段落甚至其他段落之间的关系，每个段落与语篇主题之间的表层关系与深层关系，这即是从宏观与微观层面解读篇章的能力。李克、李淑康曾基于《高级英语》的阅读教学提出了一个较为详尽的培养英语专业学生的转喻能力的研究计划。该计划中学生被分为两组：实验组与对照组。大体步骤如下：

（1）实验开始时，教师对实验组学生讲清授课目标侧重于学生对转喻的认知。而对照组则在让学生不知晓的情况下继续进行常规教学。

（2）实验过程中，教师对实验组学生深度详解转喻，包括转喻的本质、特点及应用等方面；同时训练实验组成员对转喻的理解程度，提供给学生一些《高级英语》课程中含有转喻的句子以训练其对转喻的提取速度与解释的准确性。每节课后，让学生从网络文本或课外阅读材料上搜索一些转喻的句子与语篇，并做出合理的解释。

（3）实验结束后，对实验组与对照组学生同时进行终结性评估，以问卷调查与期末测试为主要手段。通过对比进而发现两组学生的转喻能力差异及其对英语阅读的影响。

该实验结果显示，实验组学生经过半个学期的培训基本具备了转喻思维能力；相反，对照组学生则仅仅把转喻看作借代，对转喻的认识停滞在传统修辞学中的借代辞格上，其解读《高级英语》课文中有关转喻语句时不能及时做出回馈。对比来看，两组学生的转喻能力的培养效果是大相径庭的。

当然，这个转喻能力的培养步骤也存在一定问题。它包含了转喻的识别、解释等方面，但未提及生成与评价转喻的能力，也未牵涉从宏观与微观层面看待事物（此处主要指理解语篇）的能力。实际上，如前所示，评价转喻的能力是转喻能力的一个重要组成部分，对转喻的有效评价利于深层次地解读转喻。另外，在英语阅读过程中，每一个段落与整个语篇的"邻近性"关系是不言而喻的，因此，从宏观与微观层面看待事物的能力也应包括在转喻能力的培养方案中。

总起来讲，英语阅读教学中转喻能力的培养是一个相对复杂的过程。我们认为，应该在充分考虑转喻能力涉及的五个方面的基础上采取渗透理论、强化意识、强调应用与注重系统观等四个策略，从而有效地培养学生的转喻能力。

4.1 渗透理论

转喻理论的渗透是培养学生转喻能力的第一步，点滴渗透理论有助于加深学生对转喻的认知，进而为理论的消化与应用打下基础。这些基本理论包括转喻的基本定义及运作机制、转喻的种类与转喻与隐喻的关系。在阅读教学过程中，通过梳理已有转喻研究，教师应充分引导学生对转喻理论的理解与消化。转喻基本理论的输入有利于培养学生描写转喻、解释转喻与评价转喻的能力。只有了解转喻的概念内涵中涉及的理想化认知模式、部分—整体关系、邻近性与语境等重要参数，才能做到描写与评价转喻；只有理解转喻的种类以及转喻与隐喻之间的关系，才能更好地解释转喻。当然，渗透不是一步到位，而是在教学过程中分阶段、分层次、分难度地传授给学生，并引导学生及时反馈转喻理论的学习效果，同时做好强化与巩固效果的准备。单纯渗透理论是不够的，还需要不断强化学生的转喻能力意识。

4.2 强化意识

Carter 指出，语言意识（language awareness）是语言学习者在学习过程中对语言的形式与功能逐步形成的一种高度意识和敏感性。转喻能力也可看作一种语言意识，因而，转喻能力的培养是一个不断强化意识的过程。对意识的不断强化可有效促进语言学习。Kennedy & Trofimovich 曾就语言意识与第二语言习得中的语音学习效果之间的关系作过详尽的研究，结果显示两者成正比关系。本文认为，鉴于转喻能力在英语阅读中的重要角色，强化英语阅读教学中转喻能力的培养，可激发学生的阅读兴趣，丰富教学内容，进而提高英语阅读教学的质量。当然，强化是一个不断反复的过程，是在渗透理论基础上的再加强。在英语阅读教学过程中，教师应根据学生的记忆规律分阶段不断提醒学生，以加深其对转喻基本理论的掌握。具体来讲，强化意识的策略对培养学生的描写、解释与评价转喻的能力是大有益处的。同时，对转喻理论的熟识与强化更利于学生对转喻理论的应用。

4.3 强调应用

理论与应用的关系是辩证的、互为依存的关系。理论学习与研究的最终落脚点在于理论应用。因此，转喻能力的培养不仅仅在于渗透转喻理论与强化意识，还应注重转喻理论的应用。这里的"应用"主要指转喻能力中的生成与运用转喻的能力。描写、解释与评价转喻只是为了深刻认识转喻现象，而不包括生成转喻表达。正如一个专于文学批评的学者可能对于文学创作并不在行。阅读是一种语言解码的认知活动，不太涉及语言编码。针对语篇中的转喻现象，阅读的主要目的在于识别转喻并理解转喻的意义。但阅读与翻译、写作是分不开的。英语阅读中，生成与运用转喻的能力可看作描写、解释与评价转喻能力的后续能力，它们相辅相成，密不可分。因此，英语阅读教学中，教师既要注重渗透与强化，也应强调理论应用。具体来说，既引导学生对语篇中的转喻做出合理的译本，也引导学生在英语写作中注重转喻表达的使用以提高文章的文采。

4.4 注重系统观

一般来讲，系统是由一些相互联系、相互作用的元素或部分所组成的，具有特定功能，能够造成某种结果的有机整体。可见，整体性是系统的一个重要特征。每一个英语语篇都是一个系统，由段落、句子、短语、词等组成。在一个段落或一篇文章中，每一处修辞，都是该段话、该篇文章整体修辞系统中的一个要素或部分。因此，它们都不是简单、孤立的，都与其他处存在着一定的联系。在解读英语语篇时，既要把握语篇的整体性，又要理清各个段落与整个语篇之间的关系，还要梳理每个段落与其中每个句子之间的深层联系，总之，要分清层次，由高层到底层、宏观到微观，逐层地去解读语篇的意义。这便涉及转喻能力的第五个层面——上升到从宏观与微观之间的关系看待事物的能力。英语语篇的构建取决于语篇的表层衔接与深层连贯。因此，英语阅读教学中，教师应从系统观的角度安排授课内容，引导学生注重语篇的整体与部分、宏观与微观层面之间的关联，进而对语篇做出合理的解读。实际上，英语阅读教学中系统观的培养不能仅仅局限于阅读本身，应扩大到认知世界万事万物的层面。

5 余论

转喻能力既是一种交际能力，也是人们认知世界的一种能力。正如蔡晖所说，转喻思维是人类在与客观世界长期互动的过程中逐渐锻炼出来的意识和能力。本文基于隐喻能力与批评转喻分析的研究范式提出转喻能力的概念，并对转喻能力做了详尽的界定。研究表明，转喻能力对提高学生的阅读水平有着重要的作用，因此，在英语阅读教学中培养学生的转喻能力有着重要的实践意义。国内外已有不少学者提出在教学中要注意培养学生的隐喻能力，将隐喻能力、语言能力与交际能力并列为三大能力，实施"三合一"的教学方针。我们认为，转喻能力也应逐步列入教学计划中，在外语教学中培养学生的转喻能力。当然，本文也存在一些不足之处。转喻能力的组构是不是仅局限于本文所提及的五个方面还是值得探讨的；转喻能力的培养方案还应具体化；除对英语阅读教学有所启示外，转喻能力对其他外语教学方法是否有所益处也亟待进一步深入研究。

[作者单位：山东大学（威海）]

值得追问的"中国问题"

——兼与王伟博士商榷

李自雄

我们的文艺理论研究需要有"问题"意识,并且需要有"中国问题"意识,这无疑是正确的,通观王伟博士的《何谓文艺学论争的"中国问题"》一文(可详见《文艺争鸣》2012 年第 7 期,以下简称"王文"),王伟博士和他所批判的"理论家"对此并无意见分歧,他们的分歧概括起来,大致有三:一是什么才是"真正的中国问题";二是西方理论研究"中国问题"的有效性问题;三是具体到对"本质主义"与"反本质主义"的认识问题。

一

对于什么才是"真正的中国问题"这一问题,王文指出其所批判的"理论家"把"立足于现实感受来说的问题",譬如,"下岗工人问题,失学问题,贫富悬殊问题,能源利用高成本问题,医疗问题"等,视为"浮浅的问题"——是有问题的。很明显,在王文看来,"立足于现实感受来说的问题",也是问题,并且也是"真正的中国问题",这种判断显然有其合理性。但值得追问的是,这些"立足于现实感受来说的问题"是不是能停留于"现实感受"?作为理论研究者,我们是否能放弃深层次的理论追问?如果不能放弃,将其经由"穿越"而到达"理论问题"层面的探讨——这种"理论家"的研究套路也就具有了合理性。我们强调对现实的介入,但并不意味着我们的这种介入就停留于"现实感受",更重要的是需要具有某种"反思、批判和超越的品格",这就是它对现实的意义。就此而言,"立足于现实感受来说的问题",不仅是王文所指出的,"必须经由'穿越'而到达'理论问题'才算合格",并且由此形成理论研究的必然过程与应有之义。正如有学者所曾指出的,任何问题的思考,"总是在一般性(也必然是趋于本质性的——作者注)中提取自己的构成,而提取过程又总是遵循着简化原则。它注定要把很多充满生机的东西过滤掉,使留存的东西更适于理论的一般性"。

这一理论研究的必然过程与应有之义是无法否定的,王文也"并不反对把生活的经验加以概括总结,从而上升到理论的高度",其实也是它反对不了的。固然,任何问题的理论思考,都不能离开其现实的经验的维度,否则就丧失了现实基础,但是否能以这种现实的经验的维度而否定其理论概括的应有维度?更何况,不同的人由于看问题的视角和方式不同,在理论思考的路径上,有的偏重于现实的经验的维度,有的偏重于理论概括的维度,但这并不意味一定会由此走向两个不同的极端,更不能由一个极端否定另一个极端,可以说,这种否定本身就是极端化的。我们不能以柏拉图对理论维度的重视,而否定其对现实维度的关注,柏拉图的"理想国"也是有其现实土壤的;同样的道理,我们也不能以亚里士多德对现实经验的重视,而否定其对理论维度的专注,亚里士多德的"形而上学"就是这种专注的理论结晶。就拿王文所批判的"理论家"的观点——"真正的中国问题"是指"在每个人真正的自主能力、创造能力、独特理解世界能力不能具备的情况下,多元和自由还是会呈现世俗的、从众的、低程度创新的状况"——来看,的确没有王文所认为的"真正的中国问题",诸如"下岗工人问题,失学问题,贫富悬殊问题,能源利用高成本问题,医疗问题"等——来得具体可感,但何尝不是一种基于现实维度,甚或包括后者这些具体问题的理论思考?

"真正的中国问题"应是也必然是基于中国现实语境而提出的问题,对此,我们可能从不同的维度看到的是不同的方面,但如果纠缠于、拘泥于某一维度或某一方面,甚至抹杀其应有的理论意义,就难免陷入王文所谓的"被狭隘化的'中国问题'"了。

二

对于西方理论研究"中国问题"的有效性问题,王文认为其所批判的"理论家"一方面否认西方式理论的有效性——"用西方式理论看中国不是'中国问题'";而另一方面,又面临着自身设置的逻辑困境,即"既然承认用西方式理论'看中国',再否认中国问题未受关注从逻辑上就无法讲得通"。一言以蔽之,王文的逻辑是,用西方式理论看中国就一定关注的是"中国问题"。果真是这样的吗？这显然也是一个值得追问的问题。诚如王文所言，"我们曾经在援引西方理论时有过'拿来主义'的热诚而少有批判性反思的经历，譬如新文化运动、20世纪80年代的新启蒙等，即便如此，也不能说投身其中的知识分子关注的就不是中国问题"，但王文似乎没有注意到，中国近现代以来，用西方式理论看中国就一直存在着语境"错位"的问题，西方有那么多理论，并有许多理论不乏"先进"，几代中国知识分子并非没有借用西方理论，但并不意味着都能解决得了中国问题，而几代中国知识分子的痛苦也正在于此（王文所举的林则徐的例子也经历过这样的痛苦），包括新文化运动、20世纪80年代的新启蒙所遭遇的问题也概莫能外，中国"启蒙"的艰难历程，也印证了这一问题。

王文批判其所批判的"理论家"——"忽略了近代以来中国'文学'（西方理论意义上的'文学'）曾经走过的风风雨雨"，却没能意识到自己忽略了近代以来中国"文学"（西方理论意义上的"文学"）走过风风雨雨之后也并未见到期盼中的彩虹。诚如王文所言，我们"不能把多元与自由在中国特殊条件下有可能产生的所谓不良结果作为否定它们的理由"，但值得深思的是，这种结果的出现，是什么原因导致的？我们尽管不能把这种结果仅仅归咎为看问题的理论方式，但显然与此是有关系的。也正如王文所指出的，"中国问题"还关涉到一个"全球问题"，从某种意义上来说，"中国问题"也是一个"全球问题"，"中国问题"不可能置身于"全球问题"之外，并构成我们探讨"中国问题"的题中之义与理论背景，但也正是在这种背景下，有这样一个问题更值得我们深思，即：无论我们如何强调"中国问题"与"全球问题"的密不可分（这种密不可分的确也是事实），我们也无法否定"中国问题"的特殊性，我们既然无法否定"中国问题"的特殊性，那我们用西方理论看到的中国"文学"（西方理论意义上的"文学"）到底有多少是真正意义上中国问题的？诚然，正如王文所指出的，中国"无法逃脱全球版图的'魔掌'"而要面对并思考这样一个问题，即："西方的先行者又有哪些可供借鉴的良好经验及应避开的陷阱等等"。但从另一个角度而言，是否正是面对西方的先行者这种利弊共在的事实而更需要我们不能无视"中国问题"的特殊性？在这一点上，不少人谈论"中国问题"的理论前提，包括王文都存在这样的误区，即：如果忽视西方理论与中国语境可能存在的"错位"问题，用西方理论看到的就只是西方理论虚构中的中国，实质上是远离了真正的现实的中国，在这种虚构中的中国问题，还是"真正的中国问题"吗？更遑论关注什么真正意义上的"中国问题"。

而同时，王文也再次提醒了我们，当我们现在回过头来对近现代以来包括新文化运动、20世纪80年代的新启蒙在内的历史进程进行反思时，如果对上述问题还没有足够清醒的认识，我们就会永远沉迷于西方理论的幻影与幻觉之中，而离真正的现实的中国及其"真正的中国问题"渐行渐远。正是在这种"理论幻觉"之下，我们的文学研究"在术语、概念和措辞的移植和更新方面倾注了过多的热情，而对这些概念术语由此产生的现实根源，对它们指称外在于理论话语的文学实在的确当性问题，常常缺乏严谨的考校和细心的鉴别，因此往往给人以名实错位、似是而非、言不及义、隔靴搔痒的感觉"。这确乎不是个别现象，我们的许多研究，不是从中国的历史语境与现实状况出发，而是从"西来"的话语与概念出发，由这些话语与概念"自生出许多与我们本土文论问题无关的'假问题'"，而"真正属于我们自己的问题并没有从批评研究中生发出来"，或是揭示出来，正如有学者曾形象指出的，"只是借用他人的概念术语衣装演练了一场堂皇而缺乏神采的戏"。

三

具体到对"本质主义"与"反本质主义"的认识问题，王文指出其所批判的"理论家"犯了一个前提性的认识错误，即：认为"一个文艺理论家即便认为自己的文学观是真理，只要不利用权力和势力去要求别人接受而是靠理论本身的力量影响别人，那就是十分正常的"——并由此将当代中国文学理论知识生产的症结作了"权力主义""意识形态"与"本质主义"的切割，并将前者归结为一种"本质化的行为"，认为当代中国文学理论该反的是这种"本质化的行为"，而不是什么"本质主义"。

能否作这样的"切割"？正如王文所分析的，这种"切割"本身就是有问题的，"权力关系"与"意识形态"对"本质主义"的渗透是无法作出这种简单"切割"的。的确，综观中西历史，我们不难发现，对文学本质的揭示与描述，其显然都是基于一种形而上学意识形态的"完美"假设，在这个意义上，历史表现为波林·罗斯诺所说的逻各斯中心，它在造就"神话"的同时，也就成了"意识形态和偏见的源泉"，我们往往以所谓历史的局限性来为它的这种意识形态偏见开脱，并不意味着我们能逃避这种意识形态偏见，它"是一种封闭的方法"，并以这种封闭的方法进行历史特许，"历史特许'这一个或那一个主体为最高的中心……而所有其他的事物必须借助于那些术语才得以被理解和被解释'"，也正是在这个意义上，"该描述法的'意识形态'性之两大特征起了决定作用，它就是'真理性'（其实是'伪科学性'，即'把特殊的东西说成是普遍的东西'）和'权力性'（'把普遍的东西说成是统治的东西'——引自马克思《德意志意识形态》），再加上社会实体力量及其利益需要的强制执行"。简言之，"本质主义"不可能没有"权力关系"与"意识形态"的渗透，更不可能做出水是水油是油的"分离"与"切割"。在这一方面，王文的判断无疑是准确的，但另一方面，值得追问的是，这种渗透和影响是否同样需要考虑一个西方理论方式与中国语境可能存在的"错位"问题？显然，王文沿着其前文的逻辑，是把这一问题排除在其"逻辑"之外了。

对于这一问题，很重要的一点在于不能脱离中国文化传统及其文化理念来理解，以此为出发点，我们认为反本质主义把当代中国文学理论知识生产的症结，简单等同于西方形而上学传统的那种"真理"意识形态元叙事模式（以认知理性意义上的形而上学为基础）的本质主义观念及其思维方式，是一种"错位"的归结，并形成对真正症结，即政治意识形态元叙事模式（以政治伦理意义上的形而上学为基础，尽管也获得西方"知识论"的"逻辑"支持）的本质主义观念及其思维方式的"遮蔽"，而不利于对其进行深刻解构。这是我们反思当代中国文学理论知识状况必须首先予以厘清的，因为若不是对"症"下"药"，其有效性都是值得怀疑的。在此，我们想做些进一步的说明，这种中国文学的本质主义观念及其思维方式，作为一种政治意识形态元叙事模式，是由政治意识形态所主导，并获得政治伦理意义上的形而上学传统的背后支持（尽管在不同历史语境与时代要求下具有不同的特定内涵）。金观涛和刘青峰曾分析过中国传统社会的政治结构和意识形态结构的同构关系，这种同构关系，正如李泽厚所言，它是"通过以伦理（人）—自然（天）秩序为根本支柱构成意识形态和政教体制"，并"由一种不可违抗的天人同一的道德律令展示出来""形成中国式的政教合一"，并提升到"宇宙论"的高度，从而获得某种普遍必然的存在依据，这就是中国政治伦理意义上的形而上学传统的实质所在。而正是由于这种政治伦理意义上的形而上学传统及其政教合一结构，所以要动摇旧的政治秩序就势必需要破除相应的意识形态信仰，并予以重构，而为新的政治秩序的重建提供与之内在一体的支持。而正是在此意义上，中国现代政治革命在事实上只是置换了政治结构和意识形态的时代内容，其现代政治秩序的重构，在政治结构和意识形态结构高度统一的传统模式上，并没有发生根本改变。有不少人论及苏联模式对当代中国文学本质观念从反映论到审美意识形态论的影响，我们认为，这只是外因，而正是这种政治伦理意义上的形而上学及其政治结构和意识形态结构高度统一（政教合一）的传统模式，在国家意志的背景下赋予政治意识形态以其特定的时代内涵的同时，使高度政治化的苏联模式在当时被接纳过来是那么顺理成章。

在当代中国，文学理论知识生产首先需要摆脱政治意识形态元叙事模式（以政治伦理意义上的形而上学为基础）的本质主义观念及其思维方式的束缚，这才是真正的症结所在。但要指出的是，它需要摆脱的是这种本质主义的桎梏，而不是说它与政治意识形态没有关系，相反，文学自主性的诉求正显示了它自身对政治意识形态的一种关系和态度，人文知识分子的身份独立性得以确认，并能从一种公共知识分子的身份与立场，做出基于社会良知及其责任（包括学术良知及其责任）的自我表达，而不是在政治意识形态元叙事模式（以政治伦理意义上的形而上学为基础）下的亦步亦趋表述，用萨特的话来说，就是"对所有他们时代发生的问题，都有权利和义务，只依赖自身理智的力量，表达一个立场"。从这个意义上来说，在当代中国公民社会渐趋形成这一新的历史语境下，文学自主性的诉求，更显示为一个"公共政治"问题，只是这种政治层面的意义，不是再受从于现存政治意识形态元叙事模式（以政治伦理意义上的形而上学为基础）的单一控制，而具有"作为公共领域自由行动"的意义，从而推进当代中国社会文明进步与人的自由健全发展，并呈现出多元发展的开放空间。"和而不同""同则不继"，这样，当代中国文学理论的创新发展才会有更多令人期盼的可能。

追问"中国问题"，是为了解决"中国问题"，所以有了我上面的文字，而我们的"理论"显然也是为着这个目的。理论不是目的，而是为我们解决问题提供某种可能的方式。就"中国问题"而言，无论是历史的教训，还是当今的全球化进程，"与世隔绝"的理论方式显然是不可取的，也是行不通的，对西方理论资源的拒斥无疑是闭目塞听，但这并不意味着我们就可以无视中国问题的特殊性——王文的得与失也正在于此。这也再次提示我们，任何理论，包括西方理论的运用，都必须在"理论"与"语境"的关系及其有效性问题上有足够清醒的认识，否则，就难免胶柱鼓瑟，同样陷入一种理论的僵化，而最终无益于问题的解决。

[作者单位：山东大学（威海）]

传统文化中的愚夫愚妇：平民儒学
语境中的"人"

——基于政治文化立场的考察

贾乾初

中国传统政治文化的基本价值与倾向则是由儒家文化所给出并限定的，其主要载体是士大夫阶层。作为社会政治主体的人，包括士大夫在内的全体社会成员。因而，探究儒家观念当中的"人"对于我们认识传统政治文化的特质具有关键作用。

有研究者认为，"儒家文化中的人并不涵指独立个体的人，而指依照人伦关系网络组织起来的人类群体"。"以儒家文化为主体的传统政治文化所能给出的仅仅是人的类主体意识和理性觉醒。"其结果是，儒家文化中的人"只有社会群体化单向发展的途径，人们的精神归属于道德化的宇宙，他们的血肉之躯归属父母所有，他们的意志和行为被父家长和君权紧紧束缚住。人们越是要成为儒家文化称道的人，就越要泯灭个性，否定自我。沿着儒家的道德不可能导向个人尊严、个性解放、自由意志和独立人格，儒家文化造就了一个顺民社会，从而成为君主专制主义生存的最好的文化土壤"。作为总体的概括与描述，这个结论很有启发。但是，社会生活中的人是由各阶级、各阶层的人共同组成的，他们虽同处于一个社会——文化形态之中，但各自的生活和思维方式、价值追求以及对于身处的社会——文化形态之感受等等均有所不同。那么，在儒家观念中，除了士大夫群体，其他社会成员、处于社会底层的普通民众在政治文化视角下又是怎样一种情形呢？在与社会发展相伴随的传统政治文化变迁过程中，各个阶层，尤其是普通民众关于"人"的观念与历史实践是否有某种程度的"异动"？这种"异动"对于我们认识传统政治文化又有怎样的意义？这是本文探讨平民儒学语境中的"人"——"愚夫愚妇"的思考起点。

一 主流儒家语境与王阳明的转折

"愚夫愚妇"一词的使用，与"匹夫匹妇""小民""万民"一样，都是一种抽象的群体指称，泛指未经教化之男女众人。宣朝庆在研究泰州学派时解释说，"旧解'夫妇'为愚夫愚妇，此愚陋之夫妇不必为夫妻，可泛指一般未经教化之男女，也就是明代平民阶层中的农工商诸人"。

文献中较早见"愚夫愚妇"一词，在《尚书》中"皇祖有训，民可近，不可下。民为邦本，本固邦宁。予视天下愚夫愚妇，一能胜予"。这里的"愚夫愚妇"就是"小民"的意思。《墨子》亦有云："以为当其于此也，天下无愚夫愚妇，虽非兼之，人必寄托之于兼之有是也。"联系上下文，此间所云"愚夫愚妇"盖指"万民"。

稍晚则有《礼记》，以"夫妇"来指称"小民"群体。如其《中庸》篇云："君子之道造端乎夫妇，及其至也，察乎天地。"郑氏注："夫妇谓匹夫匹妇所知所行。"孔颖达等正义云："此一节论夫子虽隐遁之世，亦行中庸，又明中庸之道初则起于匹夫匹妇，终则遍于天地。"后文孔颖达等的疏解中亦多有"夫妇之愚可以与知焉""夫妇之不肖可以能行焉"之类说法。

西汉刘向《说苑》亦记述齐桓公问管仲："吾欲举事于国，昭然如日月，无愚夫愚妇皆曰善。可乎?"

宋人叶适云："愚夫愚妇一能胜予，禹以为民为可畏。"陆九渊曰："天下事理固有愚夫愚妇之所与知，而大贤君子不能无蔽者。"杨简在为陆九渊兄弟所做《二陆先生祠记》中说："道心大同人自区别。人心自善，人心自灵，人心自明，人心即神，人心即道，安睹乖殊? 圣贤非有余，愚鄙非不足。何以证其然? 人皆有恻隐之心，皆有羞恶之心，皆有恭敬之心，皆有是非之心。恻隐、仁，羞恶、义，恭敬、礼，是非、智，仁义礼智，愚夫愚妇咸有之，岂特圣贤有之?"

据上可知，(1)"愚夫愚妇"在宋之前儒家语境中，只是一种抽象的群体指称，用"夫"与"妇"的名目来概括"小民""万民"。相对于"小民""万民"的称呼，这种概括表面上看来更生动些，但实际涵指是一致的。(2)宋以前儒家在以"愚夫愚妇"为话头阐述观点时，多基于两种立场：一是政治立场；二是道德立场。政治立场是站在传统的"保民""重民"等民本思想角度阐述统治方略等，道德立场则是强调道德的普泛性与道德修治起点的遍在性。（3）无论是抽象地指称民众，还是基于政治、道德立场阐述观点，此时"愚夫愚妇""匹夫匹妇"之类的称呼都体现了士大夫精英阶层的等级优越性。

这里"愚夫愚妇"的指称，透露出的是主流儒家认识。这一用法到了近代仍有延用。典型者如谭嗣同在《仁学》中说："吾悲夫世之妄生分别也，犟然不可以缔合。寐者蓬蓬，乍见一我，对我者皆为人；其机始于一人我，究于所见，无不人我者。见愈小者，见我亦愈切。愚夫愚妇，于家庭则肆其咆哮之威，愈亲则愈甚，见外人反畏而忘之，以切于我与不切于我也。"

不过，明代中叶阳明学兴起之后，儒家主流的"愚夫愚妇"观发生了重要转折。王阳明从良知说出发，强调了在良知面前，圣、愚平等："良知良能，愚夫愚妇与圣人同。但唯圣人能致其良知，而愚夫愚妇不能致，此圣、愚之所由分也。"循此"平等性"，王阳明又回答了何为"异端"。他说："与愚夫愚妇同的，是谓同德。与愚夫愚妇异的，是谓异端。"这即是说，在良知良能之起点上，圣人与愚夫愚妇是一样的，双方具有"平等性"。差别只在于后天的"致"的功夫，圣人能"致"，愚夫愚妇不能"致"，于是圣愚可判。

在王阳明看来，圣、愚无间是基于良知良能起点上的平等。如若从"致"的能力而言，圣人与"愚夫愚妇"还是有着明确区别的。也就是说，基于良知说，圣、愚的界限可以逾越，而从现实角度，"圣、愚之间的界限永远是不可逾越的，这种界限还原于社会政治生活中，即表现为统治阶级和被统治阶级的对立"。岛田虔次也认为："在阳明那里，作为也包含愚夫愚妇的人的一般，实际上只不过是一种超脱主义，还没有逸脱士大夫的限制。"尽管如此，王阳明对于"愚夫愚妇"一定程度上的肯认，毕竟为"愚夫愚妇"在儒家语境中的发展显示了一种转折。

经由王阳明的阐释，在传统儒学的政治视野中，作为创制主体的"圣人"有了某种泛化的倾向。"愚夫愚妇"则走出了抽象的群体指称，具有了明确的现实意义。朱承探讨阳明学的"政治向度"时，就认为王阳明构建的政治乌托邦秩序创制主体期待"似乎更具有现实性和可预见性"，这来自于"愚夫愚妇"的真实存在，并且，从理论上说，"王阳明所构建的乌托邦共同体里，独特资质的圣人、贤人并不是必要的前提，满大街良知觉醒的'圣人'（也就是'愚夫愚妇'面貌出现在世俗中的饮食男女）足可以担当构建理想社会的责任"。在王门良知说的构建基础上，"愚夫愚妇"的主体地位呼之欲出。

王艮在阳明殁后开创泰州学派，泰州一脉学者循此转折性路向而有了进一步发展，以至形成了平民儒学思潮。虽然平民儒学并未超越传统儒学范畴，但王艮及其后学颜钧、罗汝芳、何心隐、邓豁渠、李贽等形成发展起来的平民儒学，与统治阶层讲求的官方儒学及士大夫精英儒学有着明显区别，表现出儒学由传统而向近代转化的发展迹象。这在平民儒学关于"人"的观念与历史实践方面得到了比较充分的体现。

二 百姓日用："愚夫愚妇"从身体到实践

1. 百姓日用即道：平民儒学的崛起

王艮以布衣身份的崛起，继承和发展了阳明基于良知说而对"愚夫愚妇"的肯认，将"愚夫愚妇"的"百姓日用"提高到了"道"即本体的层面予以肯定。他直言"圣人经世只是家常事""百姓日用条理处，即是圣人之条理处""圣人之道，无异于百姓日用""愚夫愚妇与知能行便是道"。王艮在认识上突破了"士大夫的限制"，代之以一种明确的平民立场。而他的依据又只不过是王阳明的良知学说："良知天性，往古来今，人人具足，人伦日用之间举措之耳，所谓大行不加，穷居不损，分定故也。"

王艮平民立场的确立，除了赋予百姓日用的平民生活以"道"的意义，强调"愚夫愚妇与知能行便是道"，更强化了那种"为学""学道"的简易性，极力主张"简易之道"，这样即在理念上为"愚夫愚妇"政治社会实践提供了某种的可能性。王艮认为："社稷、民人因莫非学，但以政为学最难。吾人莫若且做学，而后入政。""做学"则当由孝做起，从上到下，"孝"在社会政治生活中的实践与拓展，最终能够实现"人人君子，比屋可封"的理想政治社会局面。这一点，王艮说得很清楚：

> 盖孝者人之性也，天之命也，国家之元气也。元气壮盛而六阴渐化矣，然而天下有不孝者鲜矣。……在上者果能以是取之，在下者则必以是举之，父兄以是教之，子弟以是学之，师保以是勉之，乡党以是荣之。是上下皆趋于孝矣。然必时时如此，日日如此，月月如此，岁岁如此。在上者不失其操纵鼓舞之机，在下者不失其承流宣化之职，至穷乡下邑、愚夫愚妇皆可与知与能，所以为至简至易之道，然而不至于人人君子、比屋可封者未之有也。

以往研究者对于王艮这一认识一般只做伦理学层面的疏解，显然有所不足，其中的政治文化含义显而易见。在这里，"孝"关涉到基本的政治价值、政治教化、政治理想与政治信仰。从这个意义上来看，王艮的"简易之道"其实并不简易。

王艮的"简易之道"在理论上的重要贡献是其对于理学"格物"说的独到解读，史称"淮南格物"。格物之说源自张载，完善于程朱，解说颇为繁复。然而在王艮看来，"格物"的宗旨应落实到"安身"之上，"身"是本，而"天下国家"是末，因而"身"具有衡量标准的意义。他说："格，如格式之格，即后挈矩之谓。吾身是个矩，天下国家是个方，矩正则方正矣。方正则成格矣。故曰物格。"这一解读意义非凡。徐春林认为："王艮一改过去的种种训释，创造性地把'格物'的宗旨解释为'安身'，使'格物'与每一个人的生命、生活紧紧联系起来，而不仅仅是少数圣贤追求者的活动。"由此，在王艮那里，"愚夫愚妇"的"身"具有了某种主体的意涵，而且具有明确的实践指向。王艮已然意识到作为个体的"身"，其重要性不只体现在道德生活领域，更显现在政治生活领域。他说："仕以为禄也，或至于害身，仕而害身，于禄何有？仕以行道也，或至于害身，仕而害身，于道何有？"据此，王艮提出了"明哲保身论"：

> "明哲"者，"良知"也。"明哲保身"者，"良知""良能"也。所谓"不虑而知"，"不学而能"者也，人皆有之，圣人与我同也。知保身者，则必爱身如宝。能爱身，则不敢不爱人。能爱人，则人必爱我。人爱我，则吾身保矣。……以之"治国"，则能爱一国矣。能爱一国，则一国必爱我矣。一国者爱我，则吾身能保矣。吾身保，然后能保一国矣。以之"平天下"，则能爱天下矣。能爱天下，则天下凡有血气者莫不"尊亲"，莫不"尊亲"，则吾身保矣。吾身保，然后能保天下矣。

这篇文章是送别王瑶湖的，作为对士大夫的勉励之辞，"明哲保身"的政治实践指向治国、平天下。作为主体的"身"在这层意义上具有了社会政治的内涵。

那么，如何进行政治实践呢？王艮将之化作一腔传道激情，通过讲学以致力于道德教化。儒家一脉的道德学说贯穿着政治理念，从现代政治学理论的视角看，道德教化正是"政治社会化"的过程。诚如吴震所言，"儒家的王道政治或外王理想的实现，其关键并不在于制度法典等外在事业的建设，关键仍然在于如何依靠道德的力量来转化成事业的建设。没有道德的政治是不可能存在的，因为道德的缺失，就不可能有真正意义上的王道政治。可见，道德与政治的结合才是实现外王理想之前提的思路"。王艮其及后学慨然以师道自任，强调"出必为帝者师，处必为天下万世师"。他们向往的"人人君子，比屋可封"王道政治理想通过讲学传道而形成了广泛的社会政治影响。

王艮及王襞、颜钧、何心隐等泰州后学在致力于平民教育方面都有着卓越的表现。这显然是平民儒者在理论上将"愚夫愚妇"个体的"身"得以挺立起来的结果。岛田虔次认为："泰州学派显然是夹杂着庶民风气的学派。……在其祖王心斋那里，人怎样地被思考为带有对社会的积极实践意欲。而且其所谓实践所意味着的，在理论上，一定是作为愚夫愚妇也理解的'百姓日用'，而在原则上，则不一定是指士大夫性的东西。泰州学派的特征，就像已经在心斋那里所见到的那样，在于实践理论和信念的直率性。当这种直率性与'为生民立命'的淑世精神和认为儒先的道理格式都完全成了道的绊脚石的英雄气概相结合时，在布衣颜山农一派那里，不拘泥于儒家矩镬和士大夫名教的自由奔放活动想必就能开展起来。这时就卷起了'游侠'之风。"在明代中后期，泰州一脉的平民教育为愚夫愚妇们找到了一个表达政治理想、政治情感和政治秩序希冀的出口，于是解舟放缆，一发而不可收。这终于越出了当权者的容忍限度，乃至出现因讲学而罹难的政治悲剧。

值得一提的是，明太祖朱元璋也曾写过《保身说》之类的东西。其中有云："大化言天地之气，运用也。世之贤者，特以君政配之，亦谓之大化。""所以人禀天地之气，全顺其宜而为之，则身安乎荡荡；阻其宜而为之，轻则致殃，重则丧命。"完全是统治者基于统治秩序需要而采取的一种说教，细细玩味，甚至有威胁意味在内——愚夫愚妇如不能顺"君政"之大化，则有"致殃"、"丧命"的危险。这与王艮基于愚夫愚妇平民立场的"明哲保身"论显然大异其趣。

2. 萃和会与聚和堂：愚夫愚妇的理想国实践

颜钧（号山农，1504~1596）是泰州后学最具代表性的平民学者。他师从王艮的学生徐樾，读书不多，自信狂放，有"儒侠"之称，以布衣终其身。在思想上，颜钧进一步发展了愚夫愚妇的"百姓日用"之学，力图通过讲学教化方式，以实现"人人君子，比屋可封"的理想社会政治局面。如他在《急救心火榜文》中所言：

> 一急救人心陷愦，生平不知存心养性，如百工技艺，如火益热，竞自相尚。
>
> 二急救人身奔驰，老死不知葆真完神，而千层嗜欲，若火始然，尽

力怂好。

三急救人有亲长也，而火炉妻子，薄若秋云。

四急救人有君臣也，而烈焰刑法，缓民欲恶。

五急救人有朋友也，而党同伐异，灭息信义。

六急救世有游民也，而诡行荒业，销铄形质。

其勇于用世、任事的承当固然是直绍祖师爷王艮而来，而其关注由个体、家庭、族群乃至政治、社会的条理之处，更可见颜钧的具体政治社会实践指向。这个指向，颜钧自己阐明是为了"救人心火，以除糜烂，翊赞王化，倡明圣学"，这一实践指向的具体表现则是"讲会"。

颜钧早年即在家乡成立"萃和会"，进行讲学教化。如其《自传》所载："竟为一家一乡快乐风化，立为萃和之会。会及半月，一乡老壮男妇，各生感激，骈集慈闱前叩首，扬言曰：'我乡老壮男妇，自今以后，始知有生住世都在暗室中鼾睡，何幸际会慈母母子唤醒也。'会及一月，士农工商皆日出而作业，晚皆聚宿会堂，联榻究竟。会及两月，老者八九十岁，牧童十二三岁，各透心性灵窍，信口各自吟哦，为诗为歌，为颂为赞。"颜钧对这次讲学教化的意义是颇为期许的："惜哉，匹夫力学年浅，未有师传，罔知此段人和三月，即尼父相鲁，三月大治，可即风化天下之大本也。"由此可知，在颜钧看来，愚夫愚妇的百姓日用教化关乎"风化"，意即平民儒者的讲学实践具有重要的政治意蕴；虽是"匹夫力学年浅"，却也能在实践中做出类如"尼父相鲁"这样了不起的政治事业来；讲学教化可以视为风化天下之"大本"，意即有裨于政治和社会稳定，是对"王道"政治的有益补充。颜钧自撰《箴言六章》阐发明太祖朱元璋的"圣谕六条"所显现的也是这种路向。

颜钧弟子罗汝芳"居乡居官，常绎诵我高皇帝圣谕，衍为《乡约》，以作《会规》，而士民见闻处处兴起者，辄觉响应"，他一生讲学，多以《太祖圣谕》《乡约》《会规》来对民众进行教化。就这一点而言，罗汝芳确乎承袭乃师衣钵。或曰，平民儒者因讲学而被系甚至罹难，其实另有原因在。

颜钧弟子何心隐（本名梁汝元，1517～1579），初为诸生，闻知王艮泰州之学后，毅然改变了人生志向，"从学于山农（颜钧），与闻心斋立本之旨"。沿着颜钧率性自然、狂放自任的道路，何心隐走得更远。他在《聚和老老文》中，提出了"育欲说"。研究者据此而认定其思想具有"启蒙性"与"平民性"。徐春林指出："何心隐所倡导的'欲'是指'公欲'，它既非立足于'社会全体'的'全民之欲'，也非满足个体愿望的个人之欲，而是立足于家庭需要的'家族之欲'。也就是说，它既非'宏观'之'欲'，也非'微观'之'欲'，而是一种'中观'之欲。它是立足于家族利益而提出的，反映了家族利益和国家利益的冲突。它在一定程度上体现了统治者的要求，但又突出地反映了家族成员的利益，是从'全民之欲'走向个体之欲的桥梁和过渡形式。在实践上，它是为其聚和堂建设服务的。"结合何心隐聚和堂的实践，徐春林的论断是有一定说服力的。

何心隐建立的聚和堂是以宗族为单位为而组成的自治团体。在教育、抚养、治丧、冠婚、衣食以及纳税等方面，概由团体统一管理。聚合堂成员平等，集体生活，即所谓"总聚祠""总宿祠""总送馔"。希图真正做到"老安少怀"。何心隐则"身理一族之政，冠婚丧祭赋役，一切通其有无，行之有成。"这种带有愚夫愚妇空想色彩的聚和堂实践，历时有六年之久，最后因何心隐反对当政者赋外之征被诬入狱而结束。

何心隐的理想国实践是建筑在他对"人"的理解之上的。先秦儒家以道德作为人的本质属性，何心隐继承了这一观点，强调"人则仁义，仁义则人"。不过，何心隐对先贤之论并非简单地承袭，而是超越了君臣父子贵贱尊卑的"差等"局限，具有了包括愚夫愚妇在内的普泛视野。他认为：

> 仁无有不亲也，惟亲亲之为大，非徒父子之亲亲已也，亦惟亲其所可亲，以至凡有血气之莫不亲，则亲又莫大于斯。亲斯足以广其居，以覆天下之居，斯足以象仁也。
>
> 义无有不尊也，惟尊贤之为大，非徒君臣之尊贤已也，亦惟尊其所可尊，以至凡有血气之莫不尊，则尊又莫大于斯。尊斯足以正其路，以达天下之路，斯足以象义也。
>
> 亲与贤莫非物也。亲亲而尊贤，以致凡有血气之莫不亲莫不尊，莫非体物也，格物也，成其象以象其象也，有其无以显其藏也。仁义岂虚名哉？广居正路，岂虚拟哉？

"亲亲而尊贤，以致凡有血气之莫不亲莫不尊"，无疑将"仁义"之为"人"的道德本质观察扩大到包括愚夫愚妇在内的"凡有血气"所有活生生的人的范围。也正是基于这种认识的实践，在他看来，"仁义"才不是"虚名"，"广居正路"才不是"虚拟"，一切都可以付诸社会政治生活实践。

问题在于，何心隐的"仁义"主体的"人"，无论是思想也好，实践也好，所认同的政治价值仍然是君权神圣，所认同的政治参与亦仍然是政治教化。在聚和堂实践中，他强调要"上思君之所以善其治者，以有国家之教也；下思民之所以善其俗者，以有乡学之教也"。又强调"养本于君之所赐也"，而合族聚和率养最终要"同乐于尽分以报君上之赐也"。

可见，从王阳明到何心隐，"愚夫愚妇"从身体到实践，从抽象的指称到挺立起来的主体，依然局促于传统儒家君主政治文化的覆盖与笼罩之中，无法实现最终突破。尽管泰州学派平民儒学语境中的"人"，从理论到实践，涵纳甚至标举了愚夫愚妇的百姓日用，却依然牢牢地固着在传统政治价值结构基础之上，未曾动摇。这表明在王权专制社会中，是很难自发地一线转出近代意义上的市民意识。

3. 邓豁渠："学得一个真百姓"

泰州后学中，邓豁渠（名鹤，号太湖）亦是极具"异端"色彩的一位。邓氏受同乡泰州学派重要传人赵贞吉（号大洲，1508~1582）影响，接受"良知"之学，因领悟不深，便参禅以至剃度，四方访问，与阳明学者交流，终生游学，不复走学仕道路。岛田虔次说："邓豁渠明显是王学左派中人，但没有李卓吾那样的学识和才气，何心隐那样的胆力和气度，可说是内向式的、求道者式的，甚至是愚直的、一条道路走到底的人物。"邓氏之"异"还体现在他甚至为了自己求道而抛弃了现实生活，不葬父、不嫁女、不受子迎，因而倍受指责。然而，我们从他传世著作《南询录》中却看到了他关于"愚夫愚妇"百姓生活的极有价值的思考。

邓豁渠高度强调了百姓日用的价值与意义，认为对于学者来讲，"百姓日用"才真是妥帖的，而"学百姓"也就是"学孔子"，"百姓日用是学得圣人的"，所以学得"一般吃饭""一般睡觉"的百姓日用之"常情"，即是学得"真百姓"，"才是一个真学者"。他在《南询录》中说：

> 学到日用不知，不论有过无过，自然有个好消息出来。……学百姓学孔子也——百姓是今之庄稼汉，一名"土老"，他是全然不弄机巧的人。
>
> 百姓是学得圣人的，贤智是学不得圣人的。百姓日损，贤智日益。百姓是个老实的，贤智是弄机巧的。一个老实就是，有些机巧便不是。
>
> 孔子曰："吾有知乎哉？无知也"，"于乡党，恂恂如也，似不能言者"，才是一个真百姓。学得一个真百姓，才是一个真学者，才是不失赤子之心。无怀氏之民也，葛天氏之民也，此之谓"大人"。
>
> 学得与常情，是一般吃饭，一般睡觉，如痴如呆，才是好消息。

　　耐人寻味的是，同样被耿定向称为"异人"，何心隐勇于在"愚夫愚妇"的日用生活当中实践他的政治社会理想，而在邓豁渠这里，尽管把"学百姓"从思想上升华到"学孔子"的高度，高呼"学得一个真百姓"，强调百姓日用的境界与意义，但已不复有那种勇敢的实践精神，而重新又把百姓日用、愚夫愚妇付诸抽象的指称。毋宁说，在颜钧、何心隐那里具有走向政治参与实践的"愚夫愚妇"群体生活的外在指向，在邓豁渠这里仅仅是一种具有个人修治内在指向的价值思考。即便如此，邓豁渠"学百姓"观念的提出仍具有重要的政治文化意义。

　　我们知道，宋明理学家为适应重振纲纪的社会政治需要，曾树立起"圣人"这一理想人格，试图以普遍提升人们的道德品格来清明政治。他们认为"圣人可学而至"，或观"圣贤气象"，或看"孔颜乐处"，诚敬以之，无不以"优入圣域"为志趣。而泰州学派的平民儒者在明代中后期商品经济初步发展、新兴市民阶层开始跃登社会舞台的社会背景下，高揭"百姓日用即是道"之帜，邓豁渠更进而提出"学得一个真百姓"的崭新观念，这当然与倡言"学圣人"的士大夫精英儒学大异其趣。

　　并且，对于今人来说，邓氏强调的"百姓日用"所具有的启发之处，亦在于其并非只局限于儒学内部来理解，而是试图与禅、老打通，以把握其"百姓日用"之学旨。正如岛田虔次总结的那样，邓氏经常主张抛弃"秀才的旧套子"，即试图从儒学中走出来。这里蕴藏的思想价值似可以做这样的理解：无论是在儒家的话语中、思维中，还是在儒家关于人的认识与设计中，"愚夫愚妇"之道、百姓日用的认知与实践始终被禁锢于"旧套子"中，而这"旧套子"所能够容纳的"愚夫愚妇"思想与实践空间是有限的。"愚夫愚妇"的平民儒学要想获得开拓性发展，并进而寻求广阔的实践空间，就必须打破"旧套子"，冲决君主专制政治与精英儒学交织成的网罗。当然，邓豁渠显然未能形成这样的认识。

三　"愚夫愚妇"：异动及其归宿

　1. 平民儒者"人"的观念的异动

　　检中晚明文献，"愚夫愚妇"的话语在阳明、心斋之后，文献中随处可见，谓之流行当不为过。如与泰州学派有渊源的耿定向说："凡道之不可与愚夫愚妇知，能不可以对造化通民物者，皆邪说乱道也。"这无疑是对"圣愚一体"及"满街都是圣人"等泰州学派典型认识的高度认同。影响所及，中晚明思想界以"愚夫愚妇"作为话头，成了一种惯常的话语方式。如：

> 古之为政者，将以化民。今之为政者，愚夫愚妇或从而议之，何民之能化？
>
> 有人问我，东林作何工夫，吾拱手对曰，只是这等大圣大贤也增不得些子，愚夫愚妇也减不得些子，莫轻看了这一拱手，从前不知费许多钻研，方讨得这个模样，从后不知费几许就业，方保得这个模样。
>
> 圣贤与愚夫愚妇千古同体……故曰：尧舜与人同耳，此孟子实言。
>
> 纤毫无与愚夫愚妇异者，方为真为己。
>
> 王公大人一时之耳目，不能欺里闾愚夫愚妇千载之真心。
>
> 夫不离愚夫愚妇而直证道，真彻上下而言之者，其惟良知乎！
>
> 愚夫愚妇各具圣人体段，一觉悟焉，如醉梦得醒，自尔手舞足蹈。
>
> ……自外视之，一不识不知之愚夫愚妇而已。呜呼！吾安得志学之士皆为愚夫愚妇哉！

这显然与阳明、心斋，尤其是心斋之后的平民儒者对"愚夫愚妇""百姓日用"观念从理论与实践两方面的拓展有关。

遍在的"愚夫愚妇"话语，又让我们遗憾地感受到，"愚夫愚妇"似又重新回归到士大夫阶层对平民的一种抽象群体指称，其中的具体实践内容随着泰州后学平民儒者颜钧、何心隐辈的谢幕而归于消散。就此，泰州学派平民儒者语境中的"愚夫愚妇"观念曲折地透显出了以儒家为主体的传统政治文化某种程度的"异动"。

首先，人之自由精神的强烈张扬，对传统政治价值形成了某种冲击。

传统政治价值的基本结构由君权至上、父权至尊、伦常神圣、均平理想、明哲保身五个层次构成。其中，君权至上是传统政治文化的价值中轴，是核心；父权至尊是君权至上的社会保障机制，伦常神圣则主要通过忠孝相互切换的形式，促使君父之间形成价值互补，从而构成了传统政治文化价值系统的主体部分；均平理想与明哲保身则作为传统政治文化价值系统的调节机制而发挥作用。泰州学派平民儒学，从"愚夫愚妇"的"百姓日用"出发，对作为传统政治文化价值系统的主体部分，形成了一定程度的冲击。

在传统伦常关系中，何心隐独将朋友一伦提出加以强调。以为"交尽于友"，只有朋友关系才具有相对平等的意味，其他的伦常关系或"比"或"匹"或"昵"或"陵"或"援"，总之都具有不完美之处。他阐述说：

天地交曰泰，交尽于友也。友秉交也，道而学尽于友之交也。昆弟非不交也，交而比也未可以拟天地之交也。能不骄而泰乎？

夫妇也，父子也，君臣也，非不交也，或交而匹，或交而昵，或交而陵、而援。八口之天地也，百姓之天地也，非不交也，小乎其交者也。能不骄而泰乎？

骄，几泰也。均之气充盈，几也，几，小大也。法象莫大乎天地，法心象心也。夫子其从心也，心率道而学也，学空空也。不落比也，自可以交昆弟；不落匹也，自可以交夫妇；不落昵也，自可以交父子；不落陵也，不落援也，自可以交君臣。天地此法象也，交也，交尽于友也。友秉交也。夫子贤于尧舜，尧舜一天地也，夫子一天地也。一天一地，一交也，友其几乎？

在何心隐看来，五伦中唯朋友关系具有平等性，故以朋友一伦来贯穿昆弟、夫妇、父子、君臣等四伦才是健康而正常的。在朋友关系基础上，他进而强调"师弟"关系，认为："可以相交而友，不落于友也。可以相友而师，不落于师也。此天地之所以为大也，惟大为泰也。师其至乎！"何心隐的这种观念落实到社会政治组织上，便是强调建立他所谓的"会"，即一种超越家庭与身份之上的组织。"从现存的何心隐的著作来看，我们应该说，他的这种'会'，从政治性的组织上讲，是一种社会运动的集团。当'见龙在田'的时候，是师友，当'飞龙在天'的时候，就是君臣。"

何心隐对人的主体意识张扬，直接落实到伦常关系当中，便是对朋友一伦的重视与阐发，以此朋友一伦来贯穿父子、君臣关系，多少含有一种向君、父争权利的意味，这当然会对传统政治文化的价值结构形成相当的冲击。

他的此种认识，落实到社会实践中则是"会"的建立。尽管我们知道聚和堂实践与其"会"理论还有一定的距离，但他的勇敢实践无疑是基于对传统伦常的一种改造，这种改造当然酝酿着一种破坏性的冲击，这也正是他倍受诟病的地方。如李贽在《何心隐论》中引述的那样："人伦有五，公舍其四，而独置身于师友贤圣之间，则偏枯不可以为训。与上闿闿，与下侃侃，委蛇之道也，公独危言危行，自贻厥咎，则明哲不可以保身。"指责恰可以让我们了解何心隐对作为传统政治价值主体内容之一的伦常神圣所构成的冲击。自然，邓豁渠的不葬父、不嫁女、不受子迎而屡被指责，也与他对"伦常神圣"的忽视有关。

其次，"愚夫愚妇"具体社会实践所要求的社会政治空间，对既有政治秩序形成某种冲击。

将思想直接付诸行动，信念坚定，是泰州学派平民儒学标志性的特殊风格，这一点为诸多学者所认同。正因如此，在泰州学派平民儒者这里，"愚夫愚妇"的"百姓日用"才不仅仅停留在观念认识层面，而直接化生为展现一个普通人承当大"道"的具体生活实践。平民儒者的具体社会实践，除了依托于宗亲基础建立的各种"会""堂"而外，更多的则是对包括"愚夫愚妇"在内社会普通民众的讲学活动。

明代中晚期的心学思潮与讲学运动密不可分。阳明及其后学正是借讲学而使心学思想风靡一时，耸动朝野。泰州王学诸子生存于斯时，当然热衷于讲学。其间景况甚有可观，他们讲学时从之游者动辄千数百人，获得很大成功。如邓豁渠所记述的王艮之子王襞（号东崖，1511~1587）讲学：

> 此日起会讲学，陆续来者知渠是与东涯书的和尚，咸加礼貌。坐下末席，再会坐上末席，三会坐上中席。是会也，四众俱集，虽衙门书手，街上卖钱、卖酒、脚子之徒，皆与席听讲。乡之耆旧，率子弟雅观云集——王心斋之风犹存如此。

其景象明显是与士大夫阶层讲学不同的。泰州学派平民儒者的勇于实践，以及狂放的个人风格，更将他们的讲学活动推至轰轰烈烈的地步。陈时龙将阳明学内部的讲学分为两系，"一系自王阳明、王畿、钱绪山、邹守益而始，是精英式的、学院式的讲学；一系自王艮始，是庶民式的讲学……学院式讲学的代表人物，通常是进入过仕途甚至在仕途上颇为辉煌的讲学者，他们是政治和讲学的精英；庶民式讲学的代表人物，大多是处于社会中下层的低级官僚或布衣百姓，在政治上常受迫害，一生命运多舛，像何心隐、邓鹤、李贽都不得善终"。

这种讲学活动具有显明的政治属性。平民儒者的讲学对既有的政治秩序乃至意识形态形成了极大冲击。他们庶民式讲学的特点主要集中在这几个方面：求道的日常化、儒家经典的简易化、圣人权威的通俗化以及讲学对象的底层化等。对底层民众的启发无疑与统治阶层企图通过讲学加强对下层民众的控制具有相当的矛盾性。因之，带有政治社会化意蕴的讲学活动，发展到泰州后学讲学导致"一境如狂"的地步，其空间便不再为统治阶层所容纳，平民儒者讲学活动遭受打压和迫害也就不足为奇了。"愚夫愚妇"——泰州学派平民儒者关于人的观念突破的根芽亦同时夭折了。就此来看，泰州学派的平民儒学，确有一定的启蒙性质。

2. "愚夫愚妇"异动的限度

"愚夫愚妇"的自我认同，归根结底是建筑在对以士大夫为载体的传统政治文化的认同基础之上的。他们认识到了自身——"百姓日用"——平民生活的价值与意义，然而他们对这种价值与意义的评判标准，却又基本上是士大夫式的。他们的自信来自道德修治方面的平等观念，他们的狂放来自对"圣愚无间"的认可。他们的认识呈现一种悖论：越是在道德上肯认"愚夫愚妇"的价值，就越是将"愚夫愚妇"的认知标准向士大夫阶层贴近。因而他们的异动表现出一种曲折的转向，当碰到传统政治价值结构的硬壳时，便自动退却了。这样，他们思想的发展只能有两种趋向：一是反抗到毁灭；二是认同士大夫阶层到消失自我。"英雄莫比"的何心隐是前者，"赤手搏龙蛇"的王艮及其弟子林春、颜钧等是后者。

按照现代政治学理论，每个人即每一个政治行为者都应该是社会政治主体，但在中国传统君主政治条件下，作为"愚夫愚妇"的平民阶层，实际上被客体化了。他们已经不成其为社会政治主体，而是从身体到意识全方位地受制于政治权力主体——士大夫阶层。

在君主政治条件下，"愚夫愚妇"们既不能作为社会政治主体，也无法提出严格意义上的近代启蒙思想，并在根本上跨越以士大夫为载体的传统政治文化。因为，诚如岛田虔次所言："在旧中国，本义上的社会，是士大夫的社会，庶民从原理上来说不过是欠缺状态的士大夫，是不完全的士大夫，或者说是士大夫的周边现象而已。心学即使在被说成是开放的、革新的场合，也不能马上以此来作为庶民意识的自觉表现、庶民原理的自觉表白。"随即，岛田虔次又指出：

近世哲学的根本课题本身，在其本质上，是立足于士大夫以前的人的概念上的；泰州学派显著地吸收了庶民的风气，追求独自的自我意识和人的概念；最后到李卓吾，确立了与士大夫的理念完全不能相容的文化批判。然而，就像已经论述过的那样，那决不是觉悟了的新兴阶级的意识之反映，实际上它只不过是在原来界限就活动着的士大夫阶级内部统制极度弛缓时所发生的异端现象。士大夫作为学问的独占者、政治的担当者，在其内部要坚信和维持明确的统一体，在这一点上，它是彻底关闭的；但是在其存立和在被科举支撑这一点上，其根本构造在原则上又是开放的，因为其人员的构成是不停地广泛地吸收非士大夫分子、庶民分子的。

他因此而强调："我们不应该把庶民性的东西马上武断为庶民的阶级性的东西。"究其实质，平民儒者强调的"愚夫愚妇"主体自觉，从根本上说还只是一种道德主体性自觉，并且他们自觉承当的道德义务与责任正是士大夫阶层所宣扬、教化的基本政治价值。换言之，无论是从权力支配社会的君主政治时代的基本社会情形而言，还是从"愚夫愚妇"——平民阶层的自我意识而言，认同当下政治都只能是他们的最终归宿。

"在传统的道德修身观念的普遍约束之下，人们不是作为权利主体，而是作为道德义务主体参与全部的社会和政治生活的"，"愚夫愚妇"只能是一种道德主体，而无法成为一种权利主体，无法成为社会政治主体。出于道德自觉主动地对政治价值、政治秩序予以认同，是为士大夫阶层所支持的，因为这正是政治教化的目的，而在有的平民儒者那里"愚夫愚妇"观念所出现的对既有政治价值的认识突破，则是士大夫阶层决然不能接受的。如何心隐独重"朋友"一伦，强调君民平等，这种对既有政治价值、政治秩序的冲击已注定了他被镇压的悲剧性命运。一言以蔽之，"愚夫愚妇"必须"止乎礼义"，必须认同既有的政治价值与政治秩序，这就是平民儒学语境里关于"人"的观念中某些"异动"的最终限度，也是王权专制社会为儒学划定的历史发展极限。

结　语

在以士大夫为载体的传统政治文化的强势覆盖下，权力支配社会的基本状况限定了"愚夫愚妇"阶层的生活和意识。平民儒学对"愚夫愚妇"阶层身体、生活乃至"政治参与"的思考与阐发，是在君主政治框架下的富有积极意义的努力，我们不能否认其早期启蒙价值。然而，我们必须认识到，传统政治文化给"人"的空间十分有限，"人"作为臣民，只能尽义务，不能言权利，只能在道德上发扬主体性，而不被允许成为真正的社会政治主体。况且，除了个别人士，大部分平民儒者都在发自内心地认同与维护着既有的政治价值与政治秩序。所以，将平民儒学的启蒙价值估计过高也是不切于实际的。传统政治文化的强势覆盖性与普遍的弥散性严重地桎梏着人们思想观念，难有突破。因此，没有社会的革命性变迁，传统政治文化的变迁是不可能的。传统政治文化的变迁应该是政治文化的现代化，这首先应体现为"人"的观念的变革。

［作者单位：山东大学（威海）］

《构建教育生态化学校的探索》内容提要

刘建国

一所让广大师生都感到幸福的学校需要凝结一位校长和他所带领团队的所有睿智思想，而校长睿智的思想就是所有幸福根源的先导。作为威海二中的校长，刘建国校长带领自己的一班人，开始了"构建教育生态化学校"的探索，在探索中逐步领悟到生态化教育的丰富内涵，认识到教育工作者所做的一切，都应该转化为学生的成长，生命的成长，也就是我们今天所说的以人为本，以生为本。《构建教育生态化学校的探索》一书，从"课程体系""教师发展""学生成长"和"交流办学"等四个方面，展现了刘建国校长带领威海二中全体师生对生态化学校的探索历程。

一 构建"以生为本"的课程体系

开设多样化的课程超市。为了探究构建"以生为本"的课程体系，刘建国校长和老师们一起编制《威海二中三年课程方案》和《学生选课指导手册》，在开齐、开全必修课程的基础上，积极探究构建开设"课程超市"，为学生提供多样化的选修课程。

建立以德育为主题的校本课程体系。在继承学校传统文化的基础上，从学生发展需求出发，刘建国校长带领学校建立了一整套系列化、时代性强、有内涵、深受学生欢迎的学校文化体系，开展的德育活动在不同时令体现出不同的教育主题。

开发以家长为主体的课程资源。课程开发过程中，刘建国校长重视整合家长资源，引导家长们积极参与校园文化活动，建立了《威海二中家长课程资源库》。这些以学生家长为主体的课程资源，丰富和弥补了学校教育资源的不足，为新课程的实施创造了有利条件。

建设特色学校。经过不断的实践与探索，刘建国校长带领威海二中逐步沉淀出了自己的办学特色，构建了"6333 型高效教学模式"，真正体现了"以人为本"的教育教学理念，充分发挥和尊重学生的主体地位和教师的主导作用，实现了教与学的有机结合。

二 以教师的专业化成长引领学校可持续发展

学校的发展离不开教师的专业发展，因此提高师生的校园生活"幸福指数"成为刘建国校长特别关注的问题。

盘活校内名师资源，实现专业引领。长期以来，刘建国校长致力于教师队伍建设，建立起了相对稳定的骨干队伍，积蓄了一批和谐发展的名师资源。通过开展"名师 1＋1"活动，培养学校的骨干群体；以"名师课、示范课、汇报课"为契机，搭建教学资源共享的桥梁；让"名师"走出去，把"名师"请进来，壮大学校的"名师"队伍。通过名师的带动和辐射作用，全面提升教师队伍整体素质，大幅度提高教育教学质量。

以"科研兴教、科研兴校"为抓手。"科研兴教、科研兴校"是学校改革发展的重要抓手，鼓励教师从教学实践中发现问题、思考问题，进行草根式课题研究，实现科研与教学的双向良性互动。

以师德建设促进教师专业化发展。为切实加强和改进师德建设工作，刘建国校长在教师中开展了"学规范，正师风，树形象"的教育活动，并结合学校实际，将师德建设纳入到教师专业发展规划之中，实现师德建设与教师专业发展一体化，做到既修师德，又提师能，取得了良好效果。

三 为学生一生的发展和幸福奠定基础

"素质教育就是学生的一种成长方式，我们要让学生在探究开放的学习环境中体验素质教育的本质。"面对每一位有个性的学生，刘建国校长积极创造条件，力争让每一位学生都得到最充分的发展，为学生一生的发展和幸福奠定基础，实现教育生态化。

让学生的智慧和能力得到自由的释放和发展。随着素质教育的全面实施，课程改革的深入推进，善于发现学生的亮点是教育成功的基础；学会欣赏和发现是一位优秀教师的基本素养。刘建国校长在教育教学实践中，把自己的教育理想变成每一天的努力。

关注学生的可持续发展。在办学实践中，刘建国校长努力创造条件为每个学生的可持续发展奠定基础。他带领老师们积极探究构建"以生为本"的学校新课程体系；扎实推进有效教学，让学生成为学习的主人；积极推动社会实践活动，学生们在探究开放的学习环境中演绎着素质教育的精彩；重视培养学生参与学校管理的意识，使学生的管理工作由管理约束型向自觉自律型转变。

让学生的生活丰富多彩。刘建国校长注重用德育文化塑造学生健全的人格，"威海二中十大德育主题活动"作为一门必修的校本课程在教学实践中得到有效落实；鼓励、支持学生开展丰富多彩的社团活动；积极推动校外综合实践活动基地建设，让学生在探究开放的学习环境中全面提升自身素质。

注重学生科学素养和创新精神的培养。如何实施素质教育，培养学生的创新意识和创新能力，一直是刘建国校长思考的问题。学校经过组织教师探讨，提出了一套切实可行的实施方案，引导学生自己去发现，去探究，去创造，从而进一步培养其创新意识，提高其创新能力。同时，刘建国校长特别重视学生科学素养的培养。经过多年的探索实践，威海二中的科技创新教育工作呈现良好的可持续发展的态势，丰富多彩的科技创新教育活动已成为校园文化建设的一个重要组成部分，校园内初步形成了爱科学、学科学、讲科学、用科学的良好氛围，为培养学生创新和实践能力提供了肥沃的土壤。

四 在交流中提升办学水平

目前，威海二中有一批知名的教师和优秀的学生，学校的发展将再树新的超越目标。面对前所未有的机遇和挑战，学校需要在交流中汲取同行们的营养，新鲜自己的思想，为更好地推进素质教育提供更为广阔的思路。

深入开展"开门办教育"活动。近年来，刘建国校长不断创新家校合作模式，让家长参与班级自主学习管理。通过家访、网络、手机短信等形式加强与学生家长的互动交流，着力营造全社会关心学校、理解学校、支持学校和发展学校的良好舆论氛围。

加强与省内外兄弟学校的交流。交往知名学校、特色学校，学习、借鉴名校办学经验，与"1751"改革创新工程联合体学校在办学思想、教科研联动、教育资源共享等方面进一步加强交流与合作。

进一步加强与国外友好学校的合作。在稳固原有合作伙伴关系的基础上，不断扩大对外合作办学领域，积极构建与国际接轨的一流课程体系，为有志出国留学的学生提供国际高中教育服务。

《构建教育生态化学校的探索》一书，凝聚了刘建国校长对教育的思考和希望，也展现了刘建国校长与威海二中广大师生为构建教育生态化学校付出的努力和奋斗，同时也成就了刘建国校长"把学校建设成教育思想现代化、办学行为规范化、组织管理科学化、特色鲜明品质优异的现代新型学校，成为省内一流、国内知名的优质高中"的办学理想。

（作者单位：威海市第二中学）

中国各地区农户投资效率
及影响因素实证研究
——以中国30个省份面板数据为依据的
DEA-Tobit 分析

闫惠惠

一 引言

投资是经济增长方式之一，投资通过重新组合生产要素、提高效率达到促进经济增长的目的。农业部门也是如此，投资效率提高同样关系到农户收入的提高。

现有的关于农户投资行为分析的文献非常丰富，但多集中于对农户投资量及影响农户投资行为因素的分析。庚德昌、程春庭、储英奂对农户的经济行为从收入、投入和消费三个方面进行量化分析，探究农户在从事经营活动中，如何利用现有资源获取最佳效益。孔祥智利用三大地带划分法对农户进行分类，探讨我国不同类型农户各个要素投入的产业特点。王建洪、冉光和、孟坤分析了农户多元化收入结构对农户投资的影响问题研究。史清华以山西和浙江两个省10个村连续跟踪观察农户为例，比较农户家庭资源利用效率及其配置方向。郭敏、屈艳芳、辛翔飞、秦富、韩东林对影响农户投资行为的主要因素——纯收入、工资性收入、税费支出、家族经营非农业支出等及其影响程度进行了实证分析。贺振华、王杰、李琴、李大胜、余建斌分析了制度变革对农户投资的影响。杨美丽、周应恒、王图展、易红梅、张林秀、Danise hare、刘承芳分析了农村公共事业对农户投资的影响。但是，这些分析都是从如何增加农户投资总量并进而提高农户收入角度加以考证的。

要使农户收入增加不能光靠投入的增加，更应注重提高资源配置效率。

因此，有必要对农户投资效率做出科学的评价，并厘清影响投资效率的主要原因，为提高农户收入提供有益的借鉴。基于以上思考，本文运用 DEA 方法对 2004~2010 年全国各地区农户投资效率进行评价和分析，并结合 Tobit 回归模型探索影响农户投资效率的主要因素。

二　研究方法与数据

（一）数据包络分析（DEA）模型

数据包络分析法（Data Envelopment Analysis，DEA）主要适用于多投入多产出的相对效率分析。对多个单元的投入产出进行综合测算，确定出生产的有效前沿面，并以各单元的产出离前沿面的距离确定各单元生产的有效性。Charnes 等人于 1978 年以固定规模报酬为基准分析投入有效性，Banker 等人于 1984 年以可变规模报酬为基准分析投入的有效性，且将其中获得的综合技术效率分解为规模效率和纯技术效率。DEA 模型不需要对各投入产出的不同单位进行无量纲化，可直接进行测算，适用于农户投资效率的分析。

现有 n 个单元需要分析相对效率，每个单元同时有 p 项投入和 q 项产出，需要确定哪个单元有效。假定 xi 和 yi 分别为第 i 个单元的投入与产出量，x 和 y 为投入列向量和产出列向量。则第 i 个单元的综合技术效率 δ_i 为：

$$Max\lambda\delta_i \quad s.t. \quad -\delta_i y_i + y\lambda \geq 0; x_i - x\lambda \geq 0; \lambda \geq 0$$

由于 nĺλ =1 给生产前沿添加了凸性限制，代表了可变的规模报酬假定，因此第 i 个 DMU 的纯技术效率 θi 可以从以下线性规划中获得：

$$Max\lambda\theta i \quad s.t. \quad -\theta i y i + Y\lambda \geq 0; x_i - X\lambda \geq 0; n\ell\lambda = 1; \lambda \geq 0$$

通过前面计算出的综合技术效率与纯技术效率，由公式"规模效率＝综合技术效率/纯技术效率"可得出各单位的规模效率。

本文就采用这一方法和模型来测算各省份农户投资的综合技术效率、纯技术效率以及规模效率。测算过程通过 deap2.1 软件来实现。

（二）两阶段法与 Tobit 模型

为了进一步探讨影响农户投资效率的因素，本文在数据包络分析法测算出的效率基础上，以综合技术效率为因变量，以预测的可能影响因素为自变量，进行农户投资效率影响因素分析。因为数据包络分析法测算出的是相对效率值，介于 0～1 之间，属于截断数据，所以不能采用最小二乘法，否则计算出来的结果是有偏的，此处采用 Tobit 模型。

$$y_i^* = \beta' x_i + \varepsilon$$

$$y_i = y_{i\cdot} \quad if \quad y_* > 0$$

$$y_i = 0 \quad if \quad y_* \leqslant 0$$

其中，y_i^* 为潜变量，x_i 为自变量，y_i 为观察到的因变量，β 为相关系数，ε_i 为独立的且 $\varepsilon_i \sim N(0, \sigma)$。

(三) 变量选取和数据来源

运用数据包络分析模型测算中国各地区农户投资效率时，首先要确定对生产有影响的投入产出指标。本文拟采用的投入变量为 30 个省份 2004～2010 年各年份的家庭经营费用支出（X1）、购置生产性固定资产支出（X2）以及税费支出（X3）。而产出变量为家庭经营总收入（Y）。

应用 Tobit 模型时，因变量即为数据包络分析法计算出来的中国 30 个省份的农户投资综合技术效率，而家庭劳动力数量（F1）、劳动力文化状况（F2）、土地经营规模（F3）、生产性固定资产原值（F4）、居民收入（F5）及产业生产费用支出结构（F6）为自变量。其中家庭劳动力数量以整半劳动力占常住人口比重表示；劳动力文化状况以文盲半文盲比例表示；土地经营规模以各地区农村人均耕地总面积的自然对数值表示；生产性固定资产原值以年末各地区人均拥有的生产性固定资产原值的自然对数值表示；居民收入以各地区人均纯收入的自然对数值表示；产业生产费用支出结构以各地区第一产业生产费用占家庭经营费用的支出比例表示。

数据则通过本文作者对 2005～2011 年《中国农村住户调查年鉴》《中国农村统计年鉴》中的数据进行计算，得出 2004～2010 年中国 30 个省份的农户生产及影响因素面板数据集。其中，西藏因为数据不全，不计入数据集。

表 1　中国各省份农户投资效率 DEA-Tobit 两阶段模型

投入变量	产出变量	待分析影响因素
家庭经营费用支出 生产性固定资产支出 税费支出	家庭经营总收入	家庭劳动力数量 劳动力文化状况 土地经营规模 年末生产性固定资产原值 居民收入 产业生产费用支出结构

三　实证结果分析

（一）农户投资效率评价

将表1中列出的农户投入产出值代入 DEAP2.1 软件中进行计算，即得到 2004～2010 年各地区农户投资效率，表2、表3、表4中分别列出了固定规模报酬下的综合技术效率及可变规模报酬下的纯技术效率与规模效率。

1. 综合技术效率。根据 DEA 核算结果，表2描述了 2004～2010 年30个省份农户投资技术效率的变化趋势。总体上看，2004～2010 年的7年间，除了在2005年出现一个例外的起伏外，农户投资的技术效率呈逐年下降趋势。2005 年全国平均技术效率值为 0.820，到 2009 年已降至 0.743，降幅达 9.4%，并且处于综合技术效率前沿面的省份数 2010 年仅2个。

由表2中数据可知，中国各地区农户投资效率具有明显的差异，中、东部地区的农户投资效率明显高于西部地区。就综合技术效率而言，东部地区有6个省份（福建、海南、广东、上海、北京、江苏），中部地区有3个省份（河南、湖北、山西），而西部地区仅有青海省进入前十。此外，大部分东部地区省份的综合技术效率都高于全国平均水平。中国三个区域测算出的平均结果，东部地区的综合技术效率最高，为 0.82；中部为 0.802；西部最低，仅为 0.718。由以上分析可见，与中部地区和西部地区相比较，东部地区农户投资综合技术效率最高。

表2　农户综合投资效率

地区	2004	2005	2006	2007	2008	2009	2010	均值
北京	1.000	1.000	0.806	0.832	0.714	0.688	0.778	0.831
天津	0.896	0.844	0.757	0.757	0.957	0.715	0.694	0.803
河北	0.750	0.812	0.862	0.855	0.707	0.675	0.700	0.766
山西	0.861	0.955	1.000	0.990	0.942	0.902	0.884	0.933
内蒙古	0.600	0.638	0.642	0.619	0.623	0.581	0.610	0.616
辽宁	0.575	0.628	0.607	0.643	0.748	0.594	0.573	0.624
吉林	0.668	0.741	0.780	0.761	0.680	0.663	0.687	0.711
黑龙江	0.584	0.602	0.638	0.742	0.751	0.569	0.542	0.633
上海	1.000	0.991	1.000	0.903	0.652	0.784	0.605	0.849

续表

地区	2004	2005	2006	2007	2008	2009	2010	均值
江苏	0.824	0.888	0.891	0.816	0.754	0.789	0.862	0.832
浙江	0.778	0.937	0.905	0.844	0.705	0.779	0.766	0.816
安徽	0.835	0.876	0.857	0.827	0.738	0.726	0.781	0.806
福建	1.000	1.000	1.000	1.000	1.000	1.000	1.000	1.000
江西	0.809	0.850	0.860	0.831	0.775	0.791	0.835	0.822
山东	0.615	0.679	0.718	0.698	0.681	0.690	0.725	0.687
河南	0.801	0.877	0.884	0.810	1.000	0.826	0.852	0.864
湖北	0.985	1.000	1.000	0.948	0.785	0.846	0.835	0.914
湖南	0.695	0.778	0.782	0.726	0.677	0.730	0.771	0.737
广东	0.847	0.884	0.838	1.000	1.000	1.000	0.778	0.907
广西	0.705	0.714	0.688	0.655	0.638	0.672	0.725	0.685
海南	1.000	1.000	1.000	1.000	1.000	1.000	1.000	1.000
重庆	0.848	0.791	0.934	0.790	0.749	0.746	0.828	0.812
四川	0.666	0.670	0.662	0.642	0.724	0.679	0.685	0.675
贵州	0.733	0.836	0.790	0.755	0.923	0.773	0.800	0.801
云南	0.642	0.698	0.703	0.678	0.682	0.645	0.683	0.676
陕西	0.664	0.727	0.776	0.733	0.621	0.622	0.670	0.688
甘肃	0.777	0.871	0.796	0.795	0.703	0.689	0.751	0.769
青海	0.851	1.000	0.975	0.888	0.852	0.930	0.833	0.904
宁夏	0.534	0.683	0.616	0.632	1.000	0.627	0.602	0.671
新疆	0.529	0.646	0.660	0.660	0.567	0.553	0.570	0.598
均值	0.769	0.820	0.814	0.794	0.778	0.743	0.748	0.781
有效省份数	4	5	5	3	5	3	2	2

2. 纯技术效率。纯技术效率主要用于分析摒弃生产规模对投资效率产生的影响，估算农户投资无效率在多大程度上是由单纯的技术因素造成的。表3数据显示，农户投资纯技术效率在2004～2010年并不稳定，呈现出先上升，再下降，再上升，再下降的波浪式变化趋势。但7年中总体变化幅度并不大，最高年份与最低年份的变化幅度为3.9%。

从地区差别看，7年均实现纯技术效率有效的省份6个，分别为黑龙江、山西、浙江、上海、福建、海南。这6个省份有4个来自东部地区，两个来自中部地区。其中黑龙江省比较特别，其综合技术效率排在全国第27位，而纯技术效率有效，由此可以判定黑龙江省农户投资效率低并非由于技术原因导致，而是由其他因素影响的结果。三大区域中，东部地区纯技术效率最高，平均达 0.923；中部处于中间，为 0.891；西部最低，仅为 0.815。

表 3　农户纯技术效率

地区	2004	2005	2006	2007	2008	2009	2010	均值
北京	1.000	1.000	0.823	0.857	0.733	0.695	0.793	0.843
天津	1.000	1.000	1.000	1.000	1.000	1.000	0.855	0.979
河北	0.755	0.812	0.864	0.856	0.731	0.691	0.700	0.773
山西	1.000	1.000	1.000	1.000	1.000	1.000	1.000	1.000
内蒙古	0.764	0.881	0.704	0.753	0.928	0.950	0.943	0.846
辽宁	0.705	0.720	0.640	0.757	0.999	1.000	1.000	0.832
吉林	0.838	0.829	0.853	0.933	0.913	0.883	0.831	0.869
黑龙江	1.000	1.000	1.000	1.000	1.000	1.000	1.000	1.000
上海	1.000	1.000	1.000	1.000	1.000	1.000	1.000	1.000
江苏	0.935	0.908	0.896	0.825	0.794	0.818	0.864	0.863
浙江	1.000	1.000	1.000	1.000	1.000	1.000	1.000	1.000
安徽	0.888	0.910	0.874	0.833	0.778	0.776	0.852	0.844
福建	1.000	1.000	1.000	1.000	1.000	1.000	1.000	1.000
江西	0.957	0.888	0.864	0.835	0.798	0.831	0.881	0.865
山东	0.809	0.794	0.989	1.000	0.839	0.860	0.897	0.884
河南	0.813	0.877	0.884	0.812	1.000	0.834	0.872	0.870
湖北	0.987	1.000	1.000	0.950	0.792	0.863	0.860	0.922
湖南	0.714	0.804	0.794	0.729	0.692	0.760	0.834	0.761
广东	1.000	0.890	0.851	1.000	1.000	1.000	1.000	0.979
广西	0.797	0.775	0.723	0.664	0.684	0.732	0.770	0.735
海南	1.000	1.000	1.000	1.000	1.000	1.000	1.000	1.000
重庆	0.972	0.949	0.947	0.835	0.897	0.856	0.959	0.916
四川	0.686	0.694	0.681	0.654	0.741	0.710	0.731	0.700
贵州	1.000	1.000	0.886	0.813	1.000	1.000	1.000	0.957
云南	0.802	0.764	0.744	0.694	0.747	0.676	0.720	0.735
陕西	0.821	0.871	0.896	0.800	0.731	0.707	0.786	0.802
甘肃	0.914	0.986	0.825	0.827	0.857	0.796	0.888	0.870
青海	0.965	1.000	1.000	0.907	1.000	1.000	0.985	0.980

地区	2004	2005	2006	2007	2008	2009	2010	均值
宁夏	0.546	0.726	0.629	0.633	1.000	0.631	0.608	0.682
新疆	0.663	0.692	0.720	0.727	0.788	0.857	0.775	0.746
均值	0.878	0.892	0.870	0.857	0.881	0.864	0.880	0.875
有效省份数	10	11	9	9	12	11	9	6

3. 规模效率。规模效率主要为测算农户投资规模是否为最优规模。规模过大过小都会影响产出，使其投资效率受到减损。规模效率越小，说明规模越不合理，需要调整生产规模，提高农户投资效率，反之，则说明投资规模已达到最优化。由表4数据可得中国30个省份的规模效率变化整体情况。基本上经历了一个先上升后下降的过程。2006年中国30个省份农户的平均规模效率高达0.938，在2010年该效率降为最低的0.857。

通过对2004~2010年各省份之间平均规模效率进行排序，我们发现规模效率最高的省份为东部地区的海南和福建。与综合效率和纯技术效率相区别的是，三大区域规模效率中，中部地区最高，西部地区最低。各地区规模效率分别为中部地区0.905，东部地区0.901，西部地区仅为0.887。

表4　农户规模效率

地区	2004	2005	2006	2007	2008	2009	2010	均值
北京	1.000	1.000	0.978	0.970	0.974	0.991	0.981	0.985
天津	0.896	0.844	0.757	0.757	0.957	0.715	0.812	0.820
河北	0.994	0.999	0.998	0.999	0.967	0.977	1.000	0.991
山西	0.861	0.955	1.000	0.990	0.942	0.902	0.884	0.933
内蒙古	0.785	0.725	0.991	0.822	0.672	0.611	0.647	0.750
辽宁	0.816	0.894	0.948	0.849	0.749	0.549	0.573	0.768
吉林	0.797	0.894	0.914	0.816	0.745	0.751	0.826	0.820
黑龙江	0.584	0.602	0.638	0.742	0.751	0.569	0.542	0.633
上海	1.000	0.991	1.000	0.903	0.652	0.784	0.605	0.848
江苏	0.882	0.978	0.993	0.989	0.949	0.966	0.998	0.965
浙江	0.778	0.937	0.905	0.844	0.705	0.779	0.766	0.816
安徽	0.940	0.962	0.981	0.992	0.948	0.936	0.916	0.954
福建	1.000	1.000	1.000	1.000	1.000	1.000	1.000	1.000
江西	0.845	0.957	0.995	0.995	0.971	0.952	0.948	0.952

续表

地区	2004	2005	2006	2007	2008	2009	2010	均值
山东	0.761	0.855	0.726	0.698	0.811	0.803	0.808	0.780
河南	0.986	1.000	1.000	0.996	1.000	0.990	0.977	0.993
湖北	0.998	1.000	1.000	0.998	0.992	0.981	0.971	0.991
湖南	0.973	0.967	0.985	0.996	0.978	0.960	0.924	0.969
广东	0.847	0.993	0.985	1.000	1.000	1.000	0.778	0.943
广西	0.884	0.921	0.952	0.987	0.932	0.919	0.941	0.934
海南	1.000	1.000	1.000	1.000	1.000	1.000	1.000	1.000
重庆	0.872	0.834	0.987	0.946	0.835	0.872	0.863	0.887
四川	0.971	0.965	0.973	0.982	0.977	0.957	0.937	0.966
贵州	0.733	0.836	0.891	0.928	0.923	0.773	0.800	0.841
云南	0.800	0.915	0.945	0.977	0.912	0.955	0.949	0.922
陕西	0.808	0.835	0.866	0.916	0.849	0.879	0.852	0.858
甘肃	0.850	0.884	0.964	0.962	0.820	0.865	0.846	0.884
青海	0.882	1.000	0.975	0.979	0.852	0.930	0.845	0.923
宁夏	0.978	0.942	0.980	0.998	1.000	0.994	0.990	0.983
新疆	0.798	0.934	0.917	0.909	0.720	0.645	0.735	0.808
均值	0.877	0.921	0.938	0.931	0.886	0.868	0.857	0.897
有效省份数	4	6	6	3	5	3	3	2

（二）农户投资效率影响因素分析

在测算各地区农户投资效率的基础上，还需进一步了解影响效率的因素。因此，将数据包络分析测算出来的效率值及可能的影响因素数据代入 Tobit 模型处理后，回归分析结果见表 5。

表 5   农户投资效率影响因素分析

项目	相关系数	标准差	Z 统计量	P 值
常数项	1.034697	0.288659	3.584498	0.0003
家庭劳动力数量	-0.004830	0.001735	2.783071	0.0054 ***
劳动力文化状况	-0.103770	0.021956	-4.726295	0.0000 ***
土地经营规模	0.127257	0.033309	3.820503	0.0001 ***
年末固定资产原值	-0.002637	0.010494	-0.251271	0.8016

续表

项目	相关系数	标准差	Z 统计量	P 值
居民收入	0.000273	0.001014	- 0.269588	0.7875
生产费用支出结构	0.005616	0.002388	- 2.351913	0.0187 **

注：*、**、***分别表示在 10%、5%、1%的水平下显著。

表 5 中数据结果显示，劳动力文化状况、土地经营规模、生产费用支出结构及家庭劳动力数量对农户投资效率存在影响，在 5%显著水平下，生产费用支出结构对农户投资效率有影响；1%显著水平下，劳动力文化状况、家庭劳动力多少及土地经营规模对农户投资效率影响显著。但值得关注的是，2004~2010 年家庭劳动力数量对农户投资效率产生的是负影响，即农村劳动力存在剩余，并未达到最优化的使用；劳动力文化状况的指标是文盲比例，所以相关系数为负值符合预期猜测，即文盲比例越高，投资效率越低；土地经营规模对投资效率的影响比较大，且为正值，说明土地经营规模越大，投资效率越高；生产费用支出结构对投资效率影响为正值，说明第一产业生产费用占家庭经营费用的比例越大，投资效率越高。其中，家庭劳动力多少和生产费用支出结构对农户投资效率施加了一定的影响，但作用力有限。

四 结论与建议

本文首先采用 DEA 方法与模型分析了中国 30 个省份 2004~2010 年农户投资的三种效率得分。由表 2、表 3、表 4 的数据可知：首先，中国各地区农户投资效率总体处于较低的水平，其中综合技术效率与规模效率有效性省份甚至未达到 10%；其次，就各地区比较而言，中、东部投资效率明显高于西部，存在较大的地区差异，对西部地区农户投资效率的提高应加大力度，改善其投资环境。在此基础上，进一步分析影响农户投资效率的因素。由表 5 数据可知：家庭中劳动力人数对农户投资效率有负影响，土地经营规模、劳动力文化程度高低及生产费用支出结构对农户投资效率的影响都为正，但生产费用支出结构和家庭劳动力数量影响程度低。

本研究的启示是：我国农村现有土地经营规模过小，影响了农户投资的效率；农户文化程度的提高使得农民有能力优化资源的配置、提高投资效率；现有家庭劳动力人数过高，降低了投资效率；第一产业在生产费用支出中所占的比例对投资效率有一定影响，但影响力并不大。因此，为提高农户投资效率，优化农户投资环境，应做到以下几点：（1）强化义务教育的法律建设和法治工作，从根本上保障农户接受义务教育，提高教育程度，使农户有能力优化资源的配置。（2）深化农村土地改革，扩大农户土地经营规模，便于农户更合理的投资。（3）加快农村城镇化进程，有效吸纳农村中剩余劳动力，提高投资效率。

[作者单位：山东大学（威海）]

交叉上市股票价格发现能力差异及交易信息含量测度

陈学胜　覃家琦

1　引言

当一只股票同时在几个交易所上市时，其价格就不再是由一个市场决定而是由所有市场的信息联合决定。如果一个市场的信息对资产价格产生了影响，我们称这个市场对资产的价格发现做出了贡献。当同一种资产在多个市场同时进行交易时，每个市场对价格发现都可能做出贡献，但贡献比例可能不同。迄今为止，针对多市场同时上市的同一资产其各市场信息传递及价格发现贡献的研究已有很多。包括利用协整、Granger 因果检验对市场间的领先～滞后关系进行检验。研究在信息关联的各个市场中每个市场对资产真实价格的信息贡献率。其中尤其以 Gonzalo 和 Granger 的永久/暂时模型（permanent/transitory model）及 Hasbrouck（1995）的信息份额模型（information share model）最具代表性。Lien 和 Shrestha（2009）基于信息份额模型运用新的分解方法提出了修正的信息份额模型（modified information shares model，MIS）。市场间波动性溢出（volatility spillovers）效应的检验。以 French 和 Roll 以及 Ross 的两篇文章最具开创性。目前这些方法已被国外学者大量用于分析在不同市场交易的相同或相似资产的信息传递及信息传递过程中的价格发现贡献大小。

随着中国资本市场的开放与发展，越来越多的中国公司开始在多个市场发行公司普通股，如 A 股、B 股、H 股、N 股等。与此同时针对我国多市场上市股票的价格发现问题的研究也相继展开。王群勇、张晓峒运用永久/暂时模型研究了中国在纽约证券交易所上市股票的价格发现机制，研究发现，纽约市场对公司股票的价格发现起着主导作用，并提出交易量是价格发现的主要解释因素。李帅、熊熊等利用永久/暂时模型及信息份额模型分析了上证指数、H股指数期货之间的价格发现机制，研究表明上证A股综合指数对我国股票市场的价格发现起着主导作用，H股现货和期货市场仅起次要作用。郭雪梅、李平等利用永久/暂时模型和信息份额模型对A、B股市场价格发现进行了研究，发现A股市场起信息主导作用，但B股市场开放后，A股的主导能力下降。陈学胜、周爱民对A、H股市场的价格发现贡献进行了实证分析，并具体探讨了价格发现能力的影响因素。研究发现，A、H股市场在价格发现能力上互有优势，流动性、市场稳定性以及信息不对称是导致各公司A、H股价格发现能力差异的主要原因。董秀良等以"A+H"交叉上市股票为研究对象，通过编制各自的综合指数代表两市的价格水平，采用了协整检验、误差修正模型及多元GARCH模型对A股和H股价格发现进行了多层次分析，研究显示，A股和H股存在长期稳定关系，收益率的引导关系上，H股占有优势，表现为H股向A股市场的波动溢出效应。郭彦峰等通过Granger因果检验和动态条件相关二元GARCH模型对H股与A股市场H股板块间信息传递的不对称性问题进行了研究，研究显示收益率由H股市场向H股板块市场单向传递，波动信息主要由H股板块向H股市场传递，信息传递呈现不对称性，分别符合"国际中心"和"国内偏好"假说。

纵观已有研究我们发现，虽然研究样本和研究期限不同导致研究结论也不尽一致，但是现有方法均是针对市场间信息传递关系及市场综合价格发现水平的研究，未对信息的来源及组成作进一步的区分和量化。另外研究方法中仅仅考虑了价格变量而未考虑交易量变量。根据现代市场微观结构理论，交易量与价格之间的关系反映了交易者的交易行为与价格波动的相互影响，两者之间的关系同时反映了市场中信息的传递及投资者对信息的获取和价格发现过程。Lee和Swaminathan根据历史交易量和价格变化选择证券组合中股票的研究也表明，同时考虑历史交易量和价格的变化，会比仅仅使用价格这一单一信息更具有现实意义。基于此，本文对交叉上市股票的价格行为和交易过程进行了重新描述，在Hasbrouck信息份额模型的基础上引入了交易量变量，新变量的引入使我们不仅可以对两市场的综合价格发现能力进行更为精确的测量，而且还可以对交易过程中存在的公开信息和私有信息这两种信息对价格发现能力的贡献进行区分和度量。另外，从IPO数量和筹资额两个衡量指标来看，香港主板市场毫无疑问是内地企业最为重要的海外上市市场。内地A股市场也于2004年7月13日对香港投资者开放，香港投资者可以通过香港恒生银行直接投资A股。首款投资港股的QDII（Qualified Domestic Institutional Investors）产品也于 2006 年 5 月 29 日面世。与此同时，红筹股的回归以及中国银行等超大盘股票的两地上市，使得两地市场之间的联系也日益加强，越发表现出明显的联动性。因此，本文将继续选择"A + H"交叉上市股票为研究对象，对 A、H 股市场的跨市场信息传递问题进行更为细致的研究，不但对市场的总体价格发现能力进行衡量，而且对信息的组成及不同信息的反馈能力进行更为细致的刻画和测度，为两市场信息的有效传递和市场效率的提高提供建议。

2 模型的建立与分析

2.1 理论模型

Garbade 和 Silber 的开创性研究中假设不同市场股票价格之间存在一个共同的内在有效价格。Hasbrouck 的研究中也假设观察到的一列单独证券的价格包含内在有效价格，并且将有效价格中发生变化的部分归因于交易和报价，现有价格可以被看作是多市场的扩展，其中的内在有效价格是所有市场共有的，而有效价格中的变化部分是由不同市场共同引起的。本文将继续沿用这一假设对"A + H"交叉上市股票价格行为进行建模和实证分析。由于 A、H 股价格分别以人民币和港元计价，汇率必然是一个潜在的因素变量。因此本文进一步假设取对数后的汇率 E_t 相对于 A 股价格和 H 股价格是外生变量，并且包含一个随机游走过程 μ_t^E，被描述为 $E_t = E_{t-1} + \mu_t^E$。

令 p_t^A，p_t^H 分别表示取对数后的 A 股、H 股价格，两市场价格均遵循随机游走过程。将 p_t^A，p_t^H 分别用其滞后一期变量 p_{t-1}，汇率变动 E_{t-1}，及市场流动性 l 表示。

$$p_t^A = lp_{t-1}^A + (1 - l)(p_{t-1}^H + E_{t-1}) + \mu_t^A \tag{1}$$

$$p_t^H = (1 - l)p_{t-1}^H + l(p_{t-1}^A - E_{t-1}) + \mu_t^H \tag{2}$$

μ_t^A，μ_t^H 分别代表 A 股价格和 H 股价格的波动，l 为 A 股市场相对于两市场总流动性的百分比，这里我们潜在地假设流动性越强的市场价格发现能力越强。如果 $l = 1$，价格发现完全发生于 A 股市场，$l = 0$，价格发现完全发生于 H 股市场。假设 μ_t^E，μ_t^A，μ_t^H 的均值为零，且非同时相关。

（1）～（2）得：

$$E_t + p_t^A - p_t^H = \mu_t^E + \mu_t^A - \mu_t^H \tag{3}$$

由于 E_t，p_t^A，p_t^H 的线性组合是平稳的，因此 E_t，p_t^A，p_t^H 之间存在协整关系。公式（1）～（3）表明市场价格的长期变动趋势取决于两股票市场的价格变动以及汇率变动三个因素。但是，如果 A 股市场是"支配市场"而 H 股市场是"卫星市场"，那么 A 股市场价格变动以及汇率变动完全取决于自身变动，H 股市场价格变动 μ_t^H 只能暂时性地影响 H 股价格，而对 A 股价格及汇率变动不起作用。

我们进一步引入信息不对称的相关理论对两市场的波动 μ_t^A，μ_t^H 继续进行模型描述。假设两市场股票价格波动主要由信息不对称所致，交易者通过不断的修正其信息集而形成关于股票最终价值的连续条件期望。市场间主要存在两种信息不对称来源：私有信息和通常被描述为噪音信号的公开信息。假设，（1）信息交易者通过交易量揭露他们的私有信息（也可称为交易信息），交易量越大（流动性越高）的市场信息含量越高。（2）公开披露的信息（也可称为非交易信息）同时到达两市场，由于市场处理信息的能力不同，两市场在解读公开信息时可能会产生差异。针对两市场的信息情况及交易过程建立如下模型。

$$\mu_t^A = \lambda_A \omega_t^A + (\varpi_t - J_t^A) \tag{4}$$

$$\mu_t^H = \lambda_H \omega_t^H + (\varpi_t - J_t^H) \tag{5}$$

$$x_t^i = \gamma^i (p_{t-1} + (\varpi_t - J_t^i)) + \omega_t^i \quad (i = A, H) \tag{6}$$

ω_t^i 代表市场交易者所拥有的私有信息，被描述为均值为 0，非相关的随机过程。$E[(\omega_t^i)^2] = \sigma_i^2$ 表示由于市场 i 信息集更新所带来的交易相关变动。λ_i 表示此交易相关信息中，私有信息的含量。本文中我们假设 $E[\omega_t^A \omega_t^H] \neq 0$，原因是众多实证研究表明 A 股、H 股市场有较强的联动性，而且由于大陆的 QFII，QDII 制度，拥有相同信息的投资者可能同时在两市场进行交易。

$\varpi_t = \omega_t + \delta_t$ 代表公开信息，ω_t 表示真实的信息，δ_t 表示失真的信息。对于同时散布于各市场的公开信息 ϖ_t，每个市场观察到的结果为 $J_t^i = \delta_t + \zeta_t^i$，$\zeta_t^i$ 表示市场从随机误差中搜集到的信息。方程中每个市场在新信息发布后，根据 $(\varpi_t - J_t^i)$ 调整其期望。每个市场的信息获取能力取决于信息处理过程 J_t^i。$\sigma_{\zeta,A}^2 / \sigma_{\zeta,H}^2$ 越高（越低）表明 A 股市场相对于 H 股市场的信息获取能力越低（越高）。ρ 为 $(\varpi_t - J_t^A)$ 与 $(\varpi_t - J_t^H)$ 的相关系数，其中 $0 \leq \rho \leq 1$。如果 $\rho = 1$，则两市场发现相同的信息并且有相同的事后信念（posterior belief）。如果 $\rho = 0$，则两市场发现不同的信息并且有不同的事后信念。

方程（6）中 x_t^i 表示投资者在市场 i 的交易愿望，我们将其影响因素分为可预期和不可预期两部分。可预期因素由价格 p_{t-1} 所反映的 t－1 时刻的信息集 φ_{t-1} 和即时公开信息冲击 $(\varpi_t - J_t^i)$ 组成，γ^i 表示影响程度。不可预期因素主要由市场所拥有的私有信息 ω_t^i 组成。

为了理解模型的动态过程，我们分析几个特例。考虑公开信息的披露完全为噪声信号（$\sigma_\delta^2 = 0$ 或 $\sigma_\delta^2 \neq 0$ 且 $\sigma_{\zeta,i}^2 = 0$ $\forall i$）。第一种情况，当 $\sigma_\delta^2 = 0$ 时，ϖ_t 不存在失真信息并且同时到达两市场，信息不对称完全来自于交易信息 ω_t^i。如果 $\lambda_H = 0$，则 H 股市场为"卫星市场"，价格发现完全取决于 A 股市场。第二种情况，当 $\sigma_\delta^2 \neq 0$ 时，$\sigma_{\zeta,A}^2 \cong 0$，$\sigma_{\zeta,H}^2$ 非常大，则 H 股市场的公开信息解释能力非常低，H 股市场基于公开信息的任何判断都是不可靠的。当 $\lambda_A = \lambda_H = 0$ 时，对于上述第一种情况，H 股市场与 A 股市场有相同的价格发现能力，此时如果 $\rho = 1$ 则两市场具有相同的事后信念。对于上述第二种情况，由于 H 股市场公开信息的解释能力非常低，H 股市场相对于 A 股市场将依然是"卫星市场"。

最后，p_t^i 是一个非平稳过程。非平稳因素 p_{t-1} 是两市场股票价格的共同趋势项。理论上来看两市场价格 p_t^A、p_t^H 具有协整关系，并且包含一个理论协整向量（1，－1）；因此 $p_t^A - p_t^H$ 定义了一个平稳过程。同样对于交易量 x_t^A、x_t^H 各自依赖于对各自市场价格的预期 $\bar{P}_t^A$、$\bar{P}_t^H$，也共同具有一个平稳的共同影响因素 p_{t-1}。因此交易量 x_t^A、x_t^H 之间理论上可能存在一个线性协整关系，并且包含一个理论协整向量（γ_A^{-1}，$-\gamma_H^{-1}$）。事实上，价格和交易过程之间也是协整的，向量（1，1，$-\gamma_A^{-1}$，$-\gamma_H^{-1}$）定义了另一组协整关系。因此我们可以将价格和交易过程纳入到协整理论框架内进行讨论。

2.2 实证模型

在 A 股和 H 股的价格序列存在协整关系的上市公司中，A 股和 H 股的价格序列是非平稳的，然而他们在长期内可能存在稳定的均衡关系，当 A 股和 H 股的收盘价偏离这种均衡关系时，A 股和 H 股的收盘价将会调整重建这种均衡。对于存在协整关系的公司，使用如下的向量误差修正模型进行估计。

$$\Delta p_t^A = \alpha_0^A + \alpha^A (p_{t-1} + \beta p_{t-1}^H) + \tilde{\Phi}_A^A(L)\Delta p_{t-i}^A + \tilde{\Phi}_H^A(L)\Delta p_{t-i}^H + v_t^A \qquad (7)$$

$$\Delta p_t^A = \alpha_0^H + \alpha^H (p_{t-1} + \beta p_{t-1}^H) + \tilde{\Phi}_A^H(L)\Delta p_{t-i}^A + \tilde{\Phi}_H^H(L)\Delta p_{t-i}^H + v_t^H \qquad (8)$$

其中 i，j 为滞后期数，$\alpha = (\alpha^A, \alpha^H)$ 为误差修正系数向量，β 为协整系

数，$\upsilon = (\upsilon_t^A, \upsilon_t^H)$ 为随机扰动项。

根据我们前面的讨论，扰动项 $\upsilon = (\upsilon_t^A, \upsilon_t^H)$ 可能由汇率变动，相关交易冲击及非相关交易冲击三部分组成。因此可以通过下述方程式表示：

$$\upsilon_t^A = \tilde{\theta}_A^E \mu_t^E + \tilde{\theta}_A^A \omega_t^A + \tilde{\theta}_H^A \omega_t^H + \varepsilon_t^A \tag{9}$$

$$\upsilon_t^H = \theta_H^E \mu_t^E + \theta_A^H \omega_t^A + \theta_H^H \omega_t^H + \varepsilon_t^H \tag{10}$$

其中 $\varepsilon = (\varepsilon_t^A, \varepsilon_t^H)$ 为价格波动中的公开信息（非交易信息）的冲击，包括噪声信号 $(\varpi_t - J_t^D)$ 与 $(\varpi_t - J_t^H)$ 及模型中未包含的其他影响因素如市场微观结构差异等。当市场交易者对公开信息持有相同的事后信念时，则 ε_t^A，ε_t^H 存在相关性。结合前面的论述最后得到下述多元误差修正模型方程式。考虑到 A 股以人民币计价交易，而 H 股以港币计价交易，本文用港币对人民币的汇率中间价将 H 股调整为人民币价格。为了简化分析，本文假设人民币兑港币的汇率在一日内是不变的，这在一定程度上符合当前中国外汇市场的实际情况。

$$\Delta p_t^A = \alpha_0^A + \alpha^A(\beta^A p_{t-1}^A + \beta p_{t-1}^H) + \tilde{\Phi}_A^A(L)\Delta p_{t-i}^A + \tilde{\Phi}_H^A(L)\Delta p_{t-i}^H$$
$$+ \theta_A^E(L)\Delta E_t + \theta_A^A(L)\Delta x_t^A + \theta_H^A(L)\Delta x_t^H + \varepsilon_t^A \tag{11}$$

$$\Delta p_t^H = \alpha_0^H + \alpha^H(\beta^A p_{t-1}^A + \beta p_{t-1}^H) + \tilde{\Phi}_A^H(L)\Delta p_{t-i}^A + \tilde{\Phi}_H^H(L)\Delta p_{t-i}^H$$
$$+ \theta_H^E(L)\Delta E_t + \theta_A^H\Delta x_t^A + \theta_H^H\Delta x_t^H + \varepsilon_t^H \tag{12}$$

定义：

$$\Delta x_t^A = \Pi_{x,A}^A(L)\Delta x_{t-1}^A + \Pi_{x,H}^A(L)\Delta x_{t-1}^H + \Pi_{p,A}^A(L)\Delta p_{t-1}^A + \Pi_{p,H}^A(L)\Delta p_{t-1}^H + w_t^A \tag{13}$$

$$\Delta x_t^H = \Pi_{x,A}^H(L)\Delta x_{t-1}^A + \Pi_{x,H}^H(L)\Delta x_{t-1}^H + \Pi_{p,A}^H(L)\Delta p_{t-1}^A + \Pi_{p,H}^H(L)\Delta p_{t-1}^H + w_t^H \tag{14}$$

方程（13）、（14）中价格和交易量并不是同时变动，而是遵循量先价后的假定。

把方程（11）~（14）组合在一块得出下列方程式：

$$A\Delta y_t = \alpha\beta' y_{t-1} + B(L)\Delta y_{t-1} + \xi_t \tag{15}$$

其中 $\xi_t = (\varepsilon_t^A, \varepsilon_t^H, w_t^A, w_t^H)$

$$A = \begin{bmatrix} 1 & 0 & -\theta_{A,0}^A & -\theta_{H,0}^A \\ 0 & 1 & -\theta_H^E & -\theta_{H,0}^H \\ 0 & 0 & 1 & 0 \\ 0 & 0 & 0 & 1 \end{bmatrix}, B(L) = \begin{bmatrix} \Phi_A^A(L) & \Phi_H^A(L) & \theta_A'^A(L) & \theta_H'^A(L) \\ \Phi_A^H(L) & \Phi_H^H(L) & \theta_A'^H(L) & \theta_H'^H(L) \\ \Pi_{p,A}^A(L) & \Pi_{p,H}^A(L) & \Pi_{x,A}^A(L) & \Pi_{x,H}^A(L) \\ \Pi_{p,A}^H(L) & \Pi_{p,H}^H(L) & \Pi_{x,A}^H(L) & \Pi_{x,H}^H(L) \end{bmatrix}$$

其中 $\theta'^i_k (L) = (\theta^i_k (L) - \theta^i_{k,0} (L)) L^{-1}$, k, $i = \{D, F\}$。

Hasbrouck（1991b）通过交易变动对有效价格预期影响的方差来定义交易过程中的信息含量。表达式为：

$$Var\left(E\left[\frac{\Delta p_t}{\Delta x^i_t} - E\left(\frac{\Delta x^i_t}{\varphi_{t-1}} \right) \right] \right) \tag{16}$$

结合方程（13）、（14），方程（16）可写为 $I^i = Var\left(E\left[\frac{\Delta p_t}{w^i_t} \right] \right)$。

假设 ω_t，ω^A_t，ω^H_t 互不相关，则第 i 个市场的相对私有信息（交易信息）含量可以通过下面的式子进行估计。

$$SIS^i = Var(E\left[\frac{\Delta P_t}{w^i_t} \right]) / Var(\Delta P_t) \tag{17}$$

同样的方法可以估计各自市场公开信息（非交易信息）的信息含量。

将方程（15）式转换为向量移动平均形式：

$$\Delta Y_t = \Psi(L) e_t \tag{18}$$

及其单整形式：

$$Y_t = \Psi(1) \sum_{s=1}^{t} e_s + \Psi^*(L) e_t \tag{19}$$

其中，$\Psi(L)$ 为矩阵多项式，L 为滞后算子。$\Psi(1)$ 为影响矩阵（impact matrix），它是移动平均系数之和。$\Psi(1) e_t$ 为一个信息对每个市场价格的长期影响。如果影响矩阵的每一个行向量都相同，那么信息对所有价格的长期影响都是相同的。令 $\psi = (\psi_1, \psi_2)$ 表示 $\Psi(L)$ 中的一行向量，$l = (1, 1, 0, 0)'$，那么方程（19）可以写作：

$$Y_t = l\psi \sum_{s=1}^{t} e_s + \Psi^*(L) e_t \tag{20}$$

方程（20）中的部分 ψe_t 永久融进了价格，因此，Hasbrouck（1995）将其定义为两个市场价格的共同有效价格（共因子）。其方差为：$var(\psi e_t) = \psi \Omega \psi'$。

令 $Var(\xi_t) = \Omega_{4 \times 4}$，则 $Var(\Delta m_t) = \psi \Omega \psi'$，当信息项之间非相关时，即当 (w^A_t, w^H_t)，$(\varepsilon^A_t, \varepsilon^H_t)$ 非相关时，那么方程（17）的估计可以有下面的式子得到。

$$SIS^i = \frac{\psi^2_i \sigma^2_{\omega^i}}{\psi \Omega \psi'} \tag{21}$$

但当市场的价格信息存在明显相关的时候，方程（17）就不再成立了。可以采用乔里斯基分解方法消除信息间的当期相关性。乔里斯基分解同误差修正模型中变量的排序有关。通过改变模型中变量的排序可以得到变量信息份额（价格发现）的上下限。当市场 j 处于第一个变量时，得到的信息份额为其上限；处于最后一个变量时，得到的信息份额为其下限。而且，市场信息间的相关性越强，上限越高，下限越低。但上限和下限有时偏离太远，这给信息份额的解释带来困难。但 Baillie et al. 证明，上限和下限的均值可以作为信息份额的解释。

3 实证分析及结果

3.1 样本选择及数据处理

本文选取 A 股、H 股 2010 年 1 月 4 日至 2012 年 5 月 31 日期间市场的高频交易数据作为研究对象。在样本股票的选择中剔出了具有下列情形的股票：（1）日内交易次数低于 300 次的股票；（2）样本期内发生停盘或者价格发生异动的股票；（3）样本期内被特别处理的股票；（4）数据缺失的股票。最后选择了 20 家样本公司进行研究。A 股数据来自于 CCER 经济数据库，H 股交易数据来自香港联合证券交易所。香港和大陆虽在一个时区，但香港交易所和上海及深圳交易所的交易日和交易时间有所区别，香港和内地两市场的共同交易时间为：10：00 ~ 11：30，14：30 ~ 15：00。遵照以往研究的经验，为了防止开盘价格过度波动的影响，本文剔除了每次开盘前 5 分钟的交易数据，即本文选取的数据时间段为每个交易日 10：05 ~ 11：30、14：35 ~ 15：00。

实证分析中用到的向量自回归模型和向量误差修正模型都要求数据变量处在同一时点。但是 A 股和 H 股不可能总是同时发生交易，即两个市场的交易不可能完全同步。这需要尽可能地近似出相同的交易时间。本文选取上述时间段内每个共同交易日的 1 分钟高频交易数据为研究对象进行研究。对于一些相同时间点有多个交易的情形，本文以 A 股（H 股）在该时间内所发生的所有交易价格的算术平均值作为交易执行价格。对于 1 分钟末没有交易执行价格及交易量的 A 股（H 股），本文采用传统的固定时间间隔方法近似确定。

3.2 实证结果及分析

1. 单整及协整检验

本文利用 Dickey-Fuller 的 ADF 方法对各变量及其一阶差分变量的平稳特

征进行检验。利用 Johansen 和 Juselius 提出的迹统计量对 A 股价格和 H 股价格之间的协整关系进行检验，并根据赤池信息准则（AIC）及施瓦茨信息准则（SIC）选择最优滞后期。检验结果表明价格时间序列 p_t^A、p_t^H，交易量时间序列 V_t^A、V_t^H 均是一阶单整的平稳时间序列。不同的股票其变量的时间序列存在的协整向量个数不同。在 95% 的置信水平上，只有兖州煤业一只股票存在 1 个协整向量，这意味着这些股票变量之间的长期变动趋势需要 1 个共同趋势项就能决定。招商银行、中国神华、中国铁建、中国平安、交通银行、中国中铁、中国人寿、中海油服、中国石油、中海集运、中煤能源、紫金矿业、中国远洋、建设银行、中国银行、中信银行共 16 只股票存在两个协整向量，这意味着这些股票变量之间的长期变动趋势需要两个共同趋势项才能决定。中国石化、江西铜业、工商银行、中国铝业共 4 只股票存在 3 个协整向量，这意味着对于所有的变量其长期变动趋势由 3 个共同趋势项决定。

2. 误差修正检验

我们对协整系数 α，误差修正项系数 β 的显著性进行了检验。首先检验了最后两列的 α 系数是否为零，以此检验在没有加入其他决定变量的情况下是否漏掉了影响交易量变量的信息。其次约束第一个误差修正项的系数 $\beta = (1, -1, 0, 0)$，以验证前文中对价格之间的协整关系的假设是否正确。检验结果表明所有股票均符合此假设。但是部分股票需要有一个截距项 c 即 $\beta = (1, -1, 0, 0, c)$。对此本文将其解释为部分市场摩擦对两市股票价格长期变动趋势的影响。我们同时用 Breush-Godfrey LM（拉格朗日乘数检验）对残差序列之间的序列相关性进行了检验，以验证回归结果的有效性。限于篇幅本文只给出了中国石化估计的结果见表 1、表 2。

表 1 中国石化误差修正模型估计结果

协整方程	ECT1	ECT2	ECT3
PA（-1）	1.000000	69.64718	166.0932
PH（-1）	-1.000000	7.935665	-139.4710
VA（-1）	0.000000	-0.396325	-2.469366
VH（-1）	0.000000	-1.452914	0.351304
C	-0.600054	-183.4936	-139.4302

误差修正项	ΔPA	ΔPH	VA	ΔVH
ECT1	-0.014987 *	0.021993 *	-30.01151 *	1.708091 *
ECT2	-5.45E-05	0.000210 *	0.101532 *	0.456071 *

续表

误差修正项	ΔPA	ΔPH	VA	ΔVH
ECT3	− 0.000132 *	8.02E − 05 *	0.345279 *	− 0.090369 *
ΔPA（− 1）	0.078247 *	− 0.223424 *	− 15.41335	− 78.84321 *
ΔPA（− 2）	− 0.035034	− 0.102230 *	32.54028	− 5.236048
ΔPA（− 3）	− 0.007027	− 0.047032	− 75.87480 *	− 97.86730 *
ΔPA（− 4）	− 0.102546 *	0.035705	22.35874	20.26130
ΔPH（− 1）	− 0.034831	0.034896	44.98979 *	81.12351 *
ΔPH（− 2）	0.019889	− 0.028452 *	− 55.16890	− 7.310028
ΔPH（− 3）	− 0.019078	− 0.069578 *	18.65070	56.23437 *
ΔPH（− 4）	0.018223	0.015434	1.125810	38.85002 *
ΔVA（− 1）	− 0.000147 *	0.000402 *	0.015936	− 0.124512 *
ΔVA（− 2）	− 0.000243 *	0.000301 *	0.047010	− 0.231813 *
ΔVA（− 3）	− 0.000196 *	7.89E − 05	0.100022 *	− 0.197679 *
ΔVA（− 4）	− 0.000221 *	7.95E − 05	0.004998	− 0.223670 *
ΔVH（− 1）	− 1.97E − 05	4.20E − 05	0.011097	− 0.312048 *
ΔVH（− 2）	− 5.45E − 06	9.04E − 05	0.014403	− 0.326132 *
ΔVH（− 3）	4.98E − 06	2.97E − 05	− 0.048018	− 0.265710
ΔVH（− 4）	7.02E − 06 *	− 6.02E − 05 *	− 0.025301	− 0.143932
C	− 9.56E − 05 *	− 0.000156 *	− 0.011049	− 0.018732

注：PA 为 A 股价格，PH 为 H 股价格，VA 为 A 股交易量，VH 为 H 股交易量，各值均为自然对数值。Δ 为差分符号，ECT 代表误差修正方程。* 表示 5% 置信水平下，t 统计量显著。

结果显示对于我们约束为 $\beta = (1, -1, 0, 0, c)$ 的误差项统计结果显著，当 A 股价格或 H 股价格背离时，下一期总能被修正。α_A、α_H 均显著说明股票价格并非由单一市场所决定，两市场对价格发现均有贡献，$|\alpha_A| < |\alpha_H|$ 说明 H 股市场反应更强烈。结果还说明当 $p_{t-1}^A - p_{t-1}^H > 0$ 时，Δx_t^A 降低（有卖出压力），Δx_t^H 增加（有买入压力）。交易过程促使两市价格向长期共同趋势变动。

表 2 给出了残差相关系数矩阵，ε^A，ε^H 代表公开信息（非交易信息）；w^A，w^H 代表私有信息（交易信息）。Breush-Godfrey LM（拉格朗日乘数检验）显示残差序列之间存在序列相关性。且代表公开信息（非交易信息）的 ε^A，ε^H 之间存在显著的正相关性，表明对于公开信息两市场的反应有较高的一致性。代表私有信息（交易信息）的 w^A，w^H 之间的相关性虽小但显著且为正相

关。说明两市在交易上也存在一定共同反应。

表 2　残差相关系数矩阵

	ε^A	ε^H	w^A	w^H
ε^A	1			
ε^H	0.549	1		
w^A	0.142	0.042	1	
w^H	-0.089	0.069	0.019	1

3. 包含交易量的信息份额计算结果及分析

我们利用第 2 节推导的方法详细计算了样本股票的公开信息（非交易信息）份额和私有信息（交易信息）份额，结果如表 3。结果显示对于公开信息共有 14 只（70%）上市公司的 A 股计算值大于 H 股。A 股的平均公开信息份额为 20.19%，H 股为 8.37%。可见在反映公开市场信息方面 A 股市场具有绝对优势。对于私有信息份额 A 股计算值大于 H 股的共有 11 只（55%），A 股的平均私有信息份额为 38.97%，H 股为 33.74%。在私有信息对价格发现的贡献方面 A 股市场具有优势，但优势并不像公开信息那么明显。从总体上来看，两市的价格发现主要来自于相关交易信息的贡献，两市的信息不对称也主要来自于各自市场的相关交易信息，而对于能直接引起价格变动的公开信息两市场均能很好地发现并反映到交易和价格中。而且个股交易信息对价格发现的贡献存在较大差异，工商银行和紫金矿业的 A 股交易信息对价格发现的贡献高达 97.48% 和 97.25%，而中国石油则只有 0.72%。H 股交易信息对价格发现的贡献存在同样的问题，中国石化、中海集运分别高达 91.21%、93.42%，交通银行和紫金矿业则只有 0.89% 和 0.49%。

表 3　A、H 股公开信息及私有信息测量结果

股票	公开信息（非交易信息）				私有信息（交易信息）			
	A	平均值	H	平均值	A	平均值	H	平均值
中国石化	0.0242 (0.0224)	0.0233	0.0174 (0.0147)	0.0161	0.0550 (0.0496)	0.0496	0.9178 (0.9064)	0.9121
招商银行	0.4602 (0.4491)	0.4547	0.2682 (0.1998)	0.2340	0.0192 (0.0162)	0.0177	0.2932 (0.2919)	0.2926
兖州煤业	0.0028 (0.0024)	0.0026	0.0186 (0.0148)	0.0167	0.6852 (0.6758)	0.6805	0.3124 (0.3018)	0.3071

续表

股票	公开信息（非交易信息）				私有信息（交易信息）			
	A	平均值	H	平均值	A	平均值	H	平均值
江西铜业	0.0574 (0.0378)	0.0476	0.0424 (0.0222)	0.0323	0.8269 (0.7646)	0.7958	0.1748 (0.0868)	0.1308
中国神华	0.3759 (0.1036)	0.2398	0.2786 (0.0124)	0.1455	0.6806 (0.5933)	0.6370	0.0132 (0.0108)	0.0120
中国铁建	0.0544 (0.0502)	0.0523	0.0042 (0.0038)	0.0040	0.5433 0.4051	0.4742	0.5527 (0.4612)	0.5082
中国平安	0.6746 (0.5674)	0.6210	0.1128 (0.0602)	0.0865	0.0243 (0.0127)	0.0185	0.3365 (0.2455)	0.2910
交通银行	0.5892 (0.3822)	0.4857	0.5078 (0.2742)	0.3760	0.1376 (0.1068)	0.1222	0.0089 (0.0089)	0.0089
中国中铁	0.0384 (0.0004)	0.0192	0.3028 (0.1041)	0.2035	0.8787 (0.6741)	0.7764	0.0272 (0.0053)	0.0163
工商银行	0.0006 (0.0002)	0.004	0.0182 (0.0024)	0.0103	0.9823 (0.9672)	0.9748	0.0232 (0.0154)	0.0198
中国铝业	0.7698 (0.7124)	0.7411	0.1224 0.1032	0.1133	0.2452 (0.1682)	0.2067	0.0346 (0.0238)	0.0297
中国人寿	0.0678 (0.0172)	0.0425	0.0379 (0.0323)	0.0346	0.7569 (0.6141)	0.6855	0.3034 (0.1912)	0.2473
中海油服	0.3872 (0.3872)	0.3872	0.0212 (0.0006)	0.0109	0.0436 0.0338	0.0387	0.5686 (0.5402)	0.5544
中国石油	0.1748 (0.1458)	0.1608	0.1106 (0.0504)	0.0805	0.0072 (0.0072)	0.0072	0.7816 (0.7286)	0.7551
中海集运	0.0065 (0.0065)	0.0065	0.0424 (0.0072)	0.0248	0.0296 0.0248	0.0272	0.9578 (0.9106)	0.9342
中煤能源	0.0912 (0.0346)	0.0629	0.0684 (0.0184)	0.0439	0.8369 (0.7861)	0.8115	0.1152 (0.0848)	0.1000
紫金矿业	0.0162 (0.0002)	0.0082	0.0642 (0.0338)	0.0413	0.9815 (0.9634)	0.9725	0.0059 (0.0039)	0.0049
中国远洋	0.6054 (0.5668)	0.5861	0.1931 (0.1532)	0.1732	0.1699 (0.1156)	0.1407	0.1176 (0.0624)	0.0900
建设银行	0.0976 (0.0828)	0.0902	0.0248 (0.0196)	0.0222	0.1109 (0.0623)	0.0866	0.8276 (0.8094)	0.8185
中国银行	0.0042 (0.0006)	0.0024	0.0064 (0.0026)	0.0045	0.3113 (0.2287)	0.2700	0.7628 (0.6676)	0.7152
平均值		0.2019		0.0837		0.3897		0.3374

4 研究结论及不足

本文在市场微观结构理论框架下对同一公司多地上市股票的信息环境进行了理论分析，并在向量误差修正模型的框架下，利用信息分成技术对 A、H 股市场的公开信息和私有信息含量进行了测度。结论显示，交易量所包含的信息是两市场价格发现贡献的主要组成部分，也就是说私有信息含量在两市场价格发现贡献中起着主导地位。而对于能直接引起价格变动的公开信息两市场均能很好地发现并反映到交易和价格中。因此两市场的信息不对称主要来源于私有信息或者说是交易相关信息。鉴于此，两地市场还需进一步互相开放，特别是要合理放宽 QFII 和 QDII 额度，优化 A 股市场的投资结构和质量。进一步完善信息披露制度，提高市场透明性，使交易者更有能力从价格等公开信息中获益。

为了实证研究的方便，本文把公开信息和私有信息描述为一种单纯的线性关系，这可能导致部分信息被错误地归为公开信息或私有信息。对于市场间在市场微观结构、信息披露以及市场效率存在较大差异的情况下，这种处理也容易导致错误。因为透明度较差的市场中，公开信息和私有信息往往混合在一块很难加以区分。因此本文的实证模型应该在区分交易相关和交易非相关信息上比区分公开信息和私有信息上更准确些。

[作者单位：山东大学（威海）　南开大学]

《山东省文登市耕地资源评价与利用》
内容提要

崔　贤　刘忠良　李　涛　主编

　　土地是人类赖以生存的重要资源，耕地是农业生产的基本要素。全面开展耕地地力评价，有利于摸清耕地资源状况，提高耕地利用效率，确保粮、油等农产品质量和产量的稳步提升；有利于现代农业健康、有序、全面的发展；有利于解决好"三农"问题的重要基础工作。文登市于1952年进行了一次土壤类型调查，又于1959年和1982年开展了土壤普查工作，尤其是1982年的土壤普查，通过测绘、采样、化验及绘图等工作，为文登市国土资源的综合利用、科学施肥、改造土壤、优化种植结构、提高土地生产力提供了科学依据。改革开放30多年以来，农村实行了家庭联产承包责任制，农业生产曾一度取得了迅速发展，但随着人口、资源、环境与经济发展矛盾的日益突出，全市耕作制度、农业种植结构、作物品种和产量水平、肥料、农药使用和生产管理水平等方面均发生了巨大变化，耕地质量及利用也发生了相应的变化，产生了耕地面积不断减少、基础地力下降、土壤酸化、过量施用化肥、农药、土壤污染、农产品质量安全得不到保证等一系列问题。因此，只有提高耕地质量，才能建立本市未来粮食安全的长效机制，也是实现粮食安全的必然选择。

　　为此，2005年文登市启动全国测土配方施肥资金补贴试点项目，开展土样化验、农户调查、田间试验、专家系统开发和耕地地力评价等工作，采集土样11478个、植株样品207个，调查农户8965户，检测土样、植株样6182个，取得了7.3万个化验数据，布置3414试验56处，对比试验75处；绘制完成了文登市土壤图、灌溉分区图、土地利用现状图、地貌图、坡度图等基础图；以及耕地地力调查点点位图、有机质含量分布图、pH值分布图、全氮含量分布图、水解氮含量分布图、有效磷含量分布图、速效钾含量分布图、缓效钾含量分布图、有效锌含量分布图、有效铜含量分布图、有效硼含量分布图、有效铁含量分布图、有效锰含量分布图、耕地地力等级图等评价图；形成了文登市耕地地力评价工作报告、文登市耕地地力评价技术报告和文登市耕地地力评价专题报告。基本上完成了耕地地力评价工作，摸清了文登市土壤养分现状、掌握了农民耕地施肥现状、提高了化验能力和水平、初步建立了农作物施肥指标体系、开展了土壤酸化改良技术研究、建立了基础属性数据库和基础空间数据库。为今后全面地分析文登市耕地地力水平，建立和完善测土配方施肥基础数据库，建立健全耕地质量动态监测与预警体系，指导农业生产布局调整和农产品质量安全生产，奠定了科学的基础。

第一篇　耕地地力调查与质量评价

第一章：自然与农业生产概况。耕地是重要的农业生产资料，耕地土壤理化性状的发展变化与自然环境状况和农业生产的发展有直接关系，农业生产管理水平提高、合理施肥、水利条件改善，土壤的理化性状也随之改善。因此，要调查耕地地力首先应了解市内自然环境状况和农业生产现状。

主要内容：（1）介绍了文登市的自然条件概况，包括地理位置、地质与成土母质、地形地貌、气候、水文、水资源、植被等方面的内容；（2）对农业经济与农业生产概况进行了概述，让读者对文登市耕地的基本情况有了一个大致的了解。

第二章：农业基础设施与土壤耕地资源概况。

主要内容：（1）介绍农业基础设施概况，其中包括农田水利建设情况和农业生产机械情况两个方面；（2）介绍土壤与耕地资源状况，包括土壤类型与分布、土地利用状况、耕地利用与管理这3个方面的内容。

第三章：耕地地力调查的内容与方法。耕地地力是指在当前管理水平下，由土壤本身特性，自然背景条件和基础设施水平等要素综合构成的耕地生产能力，它由三大主要因素决定，一是立地条件，即与耕地地力直接相关的地形地貌及成土母质特征，地形地貌指中形部位与微地貌单元，成土母质则为第四纪风化物的物质组成，岩性与堆积状况；二是土壤条件，包括土壤剖面与土体构型、耕作层土壤的理化性状，特殊土壤的理化指标等；三是农田基础设施条件及培肥水平。耕地质量是指耕地满足作物生长和清洁生产的程度，包括耕地地力和土壤环境质量两个方面。这次耕地地力调查是在充分考虑地理位置、土壤类型、耕地利用现状、作物品种布局等因素的基础上，按照典型性、代表性、广泛性、科学性的布点原则，进行科学合理布点，采用 GPS 卫星定位仪准确定位，确定取样点地理坐标，用统一的技术标准、评价标准和取样方法进行调查。

主要内容：（1）介绍了耕地地力调查准备工作，包括组织准备、物资准备、技术准备和资料准备四部分内容；（2）样品采集与处理。就土壤样品的布点与采集、土壤样品的制备、植株样品的采集与制备进行了详细的描述；（3）样品分析与质量控制。包括样品分析、分析项目与方法、质量控制。

第四章：耕地地力评价。耕地是土地的精华，是农业生产不可替代的重要生产资料，是保持社会和国民经济可持续发展的重要资源。保护耕地是我们的基本国策之一，因此，及时掌握耕地资源的数量、质量及其变化对于合理规划和利用耕地，切实保护耕地有十分重要的意义。在全面的野外调查和室内化验分析，获取大量耕地地力相关信息的基础上，进行了文登市耕地地力的综合评价，评价结果对于摸清全市耕地地力的现状及问题，为耕地资源的高效和可持续利用提供了重要的科学依据。

主要内容：（1）评价的原则、依据及流程；（2）软硬件准备、资料收集处理及基础数据库的建立；（3）评价单元的划分及评价信息的提取；（4）参评因素的选取及其权重确定；（5）耕地地力等级的确定；（6）成果图编制及面积量算。

第五章：耕地地力分析管理系统的建立。在本次耕地地力调查与质量评价工作中，我们利用农业部耕地资源管理信息系统软件提供的相关功能，结合全市耕地地力评价分析和耕地资源管理的具体要求，建立耕地基础信息数据库，设计相应的功能模块和应用模型，选择适宜的软硬件配置，集成为全市耕地资源分析管理系统。

主要内容：（1）介绍系统任务及功能；（2）介绍系统的功能模块及应用模型；（3）系统数据库的建立；（4）系统软硬件及界面设计。

第二篇　耕地地力与质量分析

第六章：耕地地力分析。本次耕地地力分析，按照农业部耕地质量调查和评价的规程及相关标准，结合当地实际情况，选取了对耕地地力影响较大，区域内变异明显，在时间序列上具有相对稳定性，与农业生产有密切关系的11个因素，建立评价指标体系。以土壤图与土地利用现状图叠加形成评价单元，应用模糊综合评判方法，通过综合分析，将全市耕地共划分为 7 个等级，根据评价结果进行耕地地力的系统分析。

主要内容：（1）耕地地力数量及空间与分布；（2）耕地地力等级分述。

第七章：耕地土壤属性分析。按照农业部制定的《测土配方施肥技术规范》，以常规测试方法为主，对全部土壤样品 pH 值和各养分含量等理化指标进行了测定，根据不同区域、土壤类型、种植制度、作物种类、施肥情况等因素，结合第二次土壤普查结果，对各项测试数据进行汇总、分析和评价，明确了文登市土壤养分状况及其变化情况。

主要内容：（1）土壤 pH 值和有机质；（2）土壤大量元素状况；（3）土壤微量元素状况；（4）土壤主要物理性状；（5）土壤养分状况变化和现状评价。

第八章：耕地环境质量评价。土壤环境质量评价的目的是通过采样调查了解调查地的土壤环境质量状况是否符合绿色食品产地环境技术条件或者无公害农产品生产环境条件，以便有关部门能针对性地对不同环境质量农田制定利用和改良规划，为实施农业标准化生产、无公害农产品基地建设提供科学依据。

主要内容：（1）耕地土壤重金属含量状况；（2）耕地水环境状况；（3）化肥、农药对农田的影响；（4）耕地环境质量评价。

第三篇 耕地资源可持续利用对策与建议

第九章：耕地培肥与改良利用。耕地培肥与改良利用是以耕地地力调查与质量评价为基础，通过野外调查和室内化验分析，耕地地力等级评价，土壤改良利用现状分析，结合文登市农业区划情况进行的。通过深入系统地分析耕地资源利用特点、探讨各类型耕地的主要障碍因素，研究并提出了耕地改良与利用措施、耕地地力建设与土壤培肥对策。

主要内容：（1）耕地资源利用特点；（2）耕地障碍因素分析；（3）耕地改良与利用；（4）耕地改良利用措施；（5）耕地地力建设与土壤培肥对策；（6）土壤酸化改良。

第十章：耕地资源合理配置、农业结构调整与污染防治。近年来随着市场经济和外向型经济的发展，文登市蔬菜、果品等种植业发展很快，已成为本市农业经济的重要增长点。在这样的形势下，进行种植业结构调整对合理利用土地资源、提高经济效益、增加农民收入、保护生态环境等方面，均具有重要意义。本章依据全国耕地地力调查与质量评价结果以及市政府制定的土地利用总体规划、农业总体布局，在分析耕地、人口、水资源及效益的基础上，提出了文登市耕地资源合理配置与农业结构调整建议。

主要内容：（1）耕地、人口分析；（2）不同种植方式经济效益分析；（3）水资源供需分析；（4）耕地及农灌水质量分析；（5）农业结构调整规划；（6）耕地污染防治的对策与建议。

第十一章：耕地资源管理信息系统的建立与应用。为了对耕地资源进行科学的管理，为合理利用提供决策支持，在地力调查的基础上建立了文登市耕地资源管理信息系统。该系统以县（市）内耕地资源为管理对象，应用卫星遥感（RS）、全球定位系统（GPS）、田间观测仪器等现代技术对土壤～作物～水体～大气生态系统进行动态监测；应用地理信息系统（GIS）构建耕地基础信息系统，并将此数据平台与土壤水分运动规律，土壤养分的转化和迁移，作物生长动态等模型结合，建立一个适合全县（市）实际情况的耕地资源智能化管理系统，为农民、农业技术推广人员以及农业决策者提供作物布局、科学施肥、节水灌溉等农事措施的建议，在提高农产品品质、提高产量、节约成本的同时，保持或提高耕地生产能力，减轻农事操作对环境的负面影响。

主要内容：（1）耕地资源管理信息系统的建立；（2）耕地资源管理信息系统的应用。

第四篇　测土配方施肥与作物栽培管理技术

第十二章：测土配方施肥技术。土壤是农业的基础，肥料是粮食的粮食，要获得优质高产的农产品，必须科学合理地施用肥料。根据作物生长发育所需要的养分数量及土壤所提供的养分量，通过肥料补充土壤养分不足的部分，可减少化肥施用量，提高肥料利用率，增加农产品产量，改善农产品品质。

测土配方施肥，简单概括要点有三个：一是测土，取土样测定土壤养分含量；二是配方，经过对土壤的营养诊断，按照作物需要的营养开出药方，按方配肥；三是合理施肥，就是在农业科技人员指导下科学施用配方肥，达到农作物需肥供肥之间的平衡。

测土配方施肥技术主要是指科学施用化肥技术。在进行土壤诊断、分析作物需肥规律、掌握土壤供肥和肥料释放相关条件变化特点的基础上，确定施用肥料的种类配比和用量，按方配肥，科学施用。实践证明，推广测土配方施肥技术，可以提高化肥利用率 5% ~ 10%，增产率一般为 10% ~ 15%。实行测土配方施肥，不但能提高化肥利用率，获得稳产高产，还能改善农产品质量，是一项增产节肥、节支增收的技术措施。

主要内容：（1）开展测土配方施肥的必要性；（2）测土配方施肥的理论依据；（3）确定配方的基本技术；（4）测土配方施肥的实施；（5）主要作物测土配方施肥技术。

第十三章：主要作物栽培技术管理月历。

主要内容：（1）文登市冬小麦栽培技术月历；（2）文登市玉米栽培技术月历；（3）文登市花生栽培技术月历；（4）文登市苹果栽培管理技术月历。

第十四章：文登市绿色农产品栽培技术规程。

主要内容：（1）绿色食品番茄生产技术操作规程；（2）绿色食品黄瓜生产技术操作规程；（3）绿色食品大白菜生产技术操作规程；（4）绿色食品韭菜生产技术操作规程；（5）绿色食品马铃薯生产技术操作规程；（6）绿色食品芹菜生产技术操作规程；（7）绿色食品西瓜生产技术操作规程；（8）绿色食品葡萄生产技术操作规程；（9）绿色食品大樱桃生产技术操作规程；（10）绿色食品草莓生产技术操作规程；（11）绿色食品西洋参生产技术操作规程。

（作者单位：中共威海市文登区委宣传部）

文登市新型城镇化调查

为加快推进新型城镇化，近日文登市委组织人员，对葛家、泽库两个镇的 89 个村、2 万多户农村家庭进行了专题调研，摸清了基本情况，找出了制约因素，提出了思路措施。

一　文登市城镇化的四个显著特征

（一）城市化水平不断提高。通过大力推进重点区域开发建设，促使产业和人口加速向城区、园区集聚，城市化水平有了很大提高。城区常住人口由"五普"的 7.9 万人增至"六普"的 22.2 万人，增加了近两倍，占全市常住人口的 36%。但镇区人口集聚效应不明显，呈现"舍镇进城"的现象。

（二）老龄化问题非常突出。人口自然增长率连续 14 年负增长，近 3 年全市年均死亡 5419 人、登记结婚 4624 对、出生 3425 人，呈"543"的倒金字塔结构。"六普"显示，全市常住人口中，14 岁以下占 9.15%，较"五普"下降 7.24 个百分点；60 岁以上占 20.6%，较"五普"提高 5 个百分点。按国际通行的 60 岁以上人口比例超过 10% 即为老年型社会的标准，文登市已进入严重老龄化社会，并且正在向高龄化发展。农村尤为突出，此次调查的 89 个村，常住人口中 60 岁以上的占 37%，其中有 23 个村超过 40%，有 7 个村超过 50%；20～39 岁的只占 16.1%，其中有 22 个村低于 10%，有 11 个村低于 5%。

（三）空心化现象十分普遍。人口普查数据显示，2000 年到 2010 年的 10 年间，文登农村常住人口减少了 4.4 万人，年均减少 4400 人，特别是一些比较偏远的村人口减少快，房屋空置多。此次调查的 89 个村共有户籍人口 67545 人，其中在村常住的 54778 人，有接近 19% 的人常年不在村居住；共有民房 34664 套，其中 7271 套常年无人居住，空置率达 21%。

（四）外来化态势日趋明显。从外来就业看，城镇外来人口有 6.2 万人，天润曲轴、威力工具、艺达家纺等骨干企业外来务工人员占 40% 左右，建筑类企业达 65% 以上；从外来购房看，2007 年以来外销房占总销量的 51.2%；从外来落户看，近 3 年外来落户 1542 人，占迁入城镇人口的 42.5%。

二 制约新型城镇化的四个主要因素

一是迁入成本较高，农民进城难。对农民不想进城的原因调查显示，有 65.5% 的人反映买不起房，46.7% 的人担心生活成本高。从购房成本看，目前文登城区商品房均价为每平方米 3555 元，一套 80 平方米的城镇楼房总价在 20 万 ~30 万元之间，按去年农民人均纯收入测算，一户农村家庭不吃不喝也要八九年的积累。从生活成本看，在农村生活，粮油菜蛋等自给自足，取暖、用水等支出有限，但进城后刚性支出大幅增加。进城住楼后每户（按 2 人算）每年生活支出增加五六千元。

二是担心失去权益，户口迁出难。调查显示，有 19% 的农民就业居住在城镇但户口在农村，经济实力强、福利水平高的村尤为突出，调查的 89 个村中有 15 个村超过 30% 的人在城镇居住但户口没有迁出；有进城意愿的农村居民中，不想迁户口的占一半以上；不想进城落户的原因中，80% 以上的人表示不愿放弃农村土地、宅基地等权益和福利保障。随着城市和园区建设的快速推进，也提高了农民对宅基地改造变现收益的期望值，从而出现了"就业在城市、户籍在农村，劳力在城市、家属在农村，生活在城市、根基在农村"的半城镇化现象。

三是镇区功能较弱，就近转移难。从调查看，非镇驻地村的农村居民，在镇区工作和居住的分别仅占 3% 和 2%。从部分镇近年来开发小区的销售情况看，外销占大部分，本地购买的比较少。

四是保障机制不全，快速推进难。资金保障方面，受当前房地产形势影响，开发商感觉在镇区开发利润率太低，导致部分已经规划的新型农村社区工程进展放慢。养老保障方面，多年前办理的被征地农民养老保险标准与当时的生活水平相适应，随着近几年物价大幅攀升，固定不变的养老保险金已明显保障不了日常生活需要。服务保障方面，部分村改居社区出于集体福利分配、选举权等考虑，不愿接收外来落户人员，即使勉强落户也享受不到应有的服务。

三 推进新型城镇化应重点解决的三个问题

结合文登实际，在推进新型城镇化建设总的思路上，应坚持以人为本，突出人的城镇化，始终把转移农民、富裕农民、造福农民作为最终目的，切实让农民愿意进、进得来、过得好；坚持稳步推进，尊重规律、尊重实际，立足经济社会发展水平和财政支撑能力，探索适合本地实际的城镇化道路，科学、扎实、稳妥地推进；坚持开拓创新，探索剥离附着在户籍上的土地、养老、医疗、计生、教育、住房等权益，形成有利于促进城镇化发展的体制机制。在推进过程中，当前应突出解决好三个问题。

（一）打造基点，解决好人口向哪里转移的问题。推进新型城镇化，城市是基点，产业是支撑。只有把城市建设好、把产业发展好，才能吸引农村人口源源不断地向外转移。针对农村人口向小城镇转移意愿较低的实际，把人口转移的基点放在城区，按照产业向园区集聚、人口向城区集聚的思路，结合文登总体发展布局，集中力量打造中心城市、副中心城市和小城市，吸引周边人口加速集聚，从而实现以城市化为重点的高质量城镇化。（1）全面提升中心城市。坚持新城区抓内涵提升，老城区抓改造提升，进一步优化城市资源配置，提高总体承载能力。针对城区不断拓展的实际，对行政管理权进行适当调整，把靠近城郊的部分村就近划入街道办事处，以利于整合资源开展撤村并居等工作。加快经济开发区向现代化城市转型，尽快完成城市规划区内村庄的集中搬迁改造，配套完善各项服务设施，提升城市容纳能力。（2）强力打造副中心城市。南海新区要以新园区、新城区、新景区为目标，坚持产城一体，统筹推进临港产业区、旅游度假区、综合商务区建设，配套建设新型社区，以产业集聚带动人口集聚。当前应重点加快行政服务、金融商贸、科教创新以及公交、教育、养老等服务设施建设，加快环海路以南村庄的整体搬迁改造，并按照城市标准同步建立完善社会保障体系，实现农民的全面市民化。（3）加快建设小城市。抓住综合保税区和省级示范镇建设的机遇，分别在市域东部和西部选择大水泊和葛家镇作为小城市来打造，尽快制定小城市发展总体规划。各部门争取的城镇化建设政策、项目和资金，重点向两镇倾斜，对规划的工业园区、物流园区，在用地指标上给予支持，以园区开发促进镇区改造和人口集聚。推进城市化不能舍弃农村，要继续抓好其他小城镇建设，扎实推进农村新型社区建设和环境综合整治，大力发展农村各项社会事业，不断完善公共服务设施，努力实现农村居住环境城市化、公共服务城市化、生活方式城市化。

（二）明确重点，解决好引导哪些群体进城的问题。农村居民市民化是一个长期而渐进的过程，必须有重点、分梯次推进，先把最有意愿、最有条件的重点群体，有针对性地引导转移到城市来。从调查看，当前进城意愿最迫切的是农村新生代，他们从学校毕业后都想在城里工作、生活，是"市民化"的主要目标群体；其次是农村年轻父母，希望能进城让孩子有更好的教育条件和生活环境。进城潜在需求比较大的是子女在城里的老年人，年龄越大，进城投靠子女或购房养老的内在需求越迫切。调查显示，有进城意愿的人员中，为了就业的占 50.8%，改善生活环境的占 20.9%，投靠子女的占17.9%，子女入学的占 10.4%。进城难度最大的是四五十岁的农村壮年群体，他们是进城子女的"大后方"，不仅要倾尽全力帮助子女在城里买房，而且还要为子女提供粮油菜等日常生活支持，离开农村不仅面临着自身再就业的问题、购房安家资金从哪里来的问题，而且意味着整个大家庭、两三代人的生存生活根基发生改变。此外，外来人口也是市民化的重要群体。目前，文登30%以上的企业用工、40%以上的进城落户者、50%以上的购房者是外地人，让外来人口落户文登、扎根文登，有利于改善人口结构、促进经济发展。因此，立足进城人口结构和就业特点，应本着"抓青年带老年、抓本地促外地"的思路，把新生代农村人口作为市民化的重点，优先推进本地人的城镇化，统筹兼顾其他群体，逐步实现全方位的城镇化。

（三）突破难点，解决好农民想进城而进不了的问题。让农民顺利进城，必须创新制度机制，解决好住房、收入、保障等问题，解除制约农民变市民的各种束缚。（1）加大住房保障力度。进一步完善威海市住房保障政策，在政府财力能够承担的范围内，适当增加经济适用房的建设数量和补贴户数，放宽进城落户农民申请购买经济适用房或申领经济适用房补贴的条件，把更多进城农民包括农村大龄青年纳入住房保障范围；对放弃宅基地的进城落户农民，在享受保障性住房政策的同时，参照外地标准给予一次性奖励；鼓励有实力的企业建设职工公寓，在政策资金上给予扶持。同时，加大廉租房、公租房建设力度，满足不同层面进城居民的住房需求。（2）创新权益保障机制。今年省委一号文件提出，农村居民转入城镇户口后，原有土地承包经营权、宅基地使用权、林地经营权、集体收益分配权保持不变，并可纳入城镇社保体系。省内一些地市已出台了相关落实政策。对威海市进城镇落户的农村居民，可继续保留土地承包经营权、宅基地使用权、林地经营权、集体收益分配权，继续享受原有计划生育政策，同时将进城农民纳入居住地社区管理和服务，享受城市居民相关待遇。在此基础上，加快推进农村集体产权制度改革，把集体权益量化、固化到每个村民身上，把附着在户口上的权益剥离开来，从根本上解决农民进城的后顾之忧。（3）健全养老保障体系。对实施村庄集中搬迁改造的失地农民，按照上级要求从土地出让收入中按每亩1万～1.5万元的标准，对农民参加城镇居民养老保险进行补贴，对符合条件的可选择参加城镇职工养老保险；对低收入进城农民，全面落实城市居民最低生活保障政策，减轻进城后生活成本增加的压力。（4）完善土地流转机制。加强农村土地流转信息中心建设，健全市镇村三级土地流转服务网络，搞好土地信息交流、政策咨询、合同签订、价格评估等土地流转服务，鼓励引导土地向专业大户、家庭农场和农民合作社流转。借鉴浙江嘉兴市的做法，探索建立土地股份合作社，引导农户以土地承包经营权入股，入社土地由合作社统一耕种，农户享受年底分红，让进城农民既离得开土地，又能从土地流转中获得收益。（5）加强城市社区管理。对城区官办居委会和村改居委会的管理区域进行重新界定，明确管理职责，确保社区管理全覆盖，并进一步创新社区管理模式。环山办南山社区通过健全社区组织机构、开展党员到社区报道、设立家居服务平台，有效整合了部门资源，提高了社区管理效能，应在城市社区全面推广。同时，把计生、就业、社保、综治、党建、文化等纳入社区管理平台，全面推行网格化管理，建立数字化管理体系，并在社区内设立小区区长、片长、楼长等，使管理下沉到每一栋楼，把服务延伸到每个家庭，进一步提高社区管理水平，为新型城镇化建设奠定坚实基础。

（作者单位：中共威海市文登区委办公室）

城市集约发展：质量型内涵式城镇化的路径选择

石红波　徐大伟

1　引言

目前，对中国城镇化进程的相关研究正在引起决策层和理论界的高度重视。2012 年中央经济工作会议上，首次提出"积极稳妥推进城镇化，着力提高城镇化质量"这一重大命题。对此，中国社会科学院工业经济研究所主任陈耀表示，这是在总结多年来城镇化过程中的一些做法，包括不合理、不科学的做法之后，得出来的结论，指明了中央的方针。他强调，近些年我国城镇化力度很大，不乏有一些地方"顺水推舟"，大量圈地，导致城镇化质量偏低，推进过程也过于急躁。因此，未来要在城镇化发展上纠错，也要在发展中提高城市的内涵，把生态文明理念和原则全面融入城镇化全过程，走集约、智能、绿色、低碳的新型城镇化道路。

1.1　重申集约发展的时代背景

进入改革开放第二个 30 年后，中国正面临着劳动力的大规模转移和第一、第二、第三产业同步发展、全面现代化从而逐步进入小康社会的艰巨任务。而这又离不开如下的背景：我国社会主义市场经济体制有待于进一步完善与健全；全球经济文化一体化带来了巨大冲击；脆弱的生态环境体系与社会经济发展的需要存在着难以调和的矛盾。另一方面，中国各地区经济发展不平衡，尤其东西部差距、城乡差距明显；中国各地都有高昂的发展热情，有不甘落后、不能落后和加快发展的强烈愿望；中国普遍存在追求均衡发展，不满足于有差别的社会心理。长期以来，我国各级城市大多实行的是粗放型的经济发展模式，无论在经济发展战略上，还是宏观经济调控上，都片面追求数量、产值、速度、政绩。特别在某些城市，产业结构单一、产业链过短、基础设施差、投资环境欠佳、生态恶化等问题较为突出。

2011 年 8 月，胡锦涛指出，我们的发展既要考虑满足当代人的需要，更要为子孙后代留下生存发展空间；坚持节约集约用地，是贯彻落实科学发展观的必然要求。一定要以加快转变经济发展方式为主线，降低经济增长对土地资源的过度消耗，走集约式城镇化道路。

事实上，集约发展往往跟城镇化问题休戚相关。城镇化一个重要的理论基础是城市聚集经济，与此相对的便是聚集不经济。过度聚集会产生许多外部负效应，即外部不经济，其表现为：市内交通费用加大；生态环境质量下降；社会问题日益突出。然而，研究最优城市聚集规模也存在理论困境。周天勇把城市发展的约束和影响条件归结为：①自然条件和自然资源；②技术条件：技术性基础设施，传统技术，现代科学技术（→经济结构、产业布局变化）；③社会经济条件：社会性基础设施，人口与劳动力，体制、政策、规划。

集约发展并不是新近的提法，也不是什么时髦的口号。重申集约发展，探索城市集约发展的路径，很大程度上是为避免重蹈先破坏后建设、先污染后治理、先蔓延后整治的弯路。而这恰恰又与科学发展观的要求不谋而合。只有以全面、协调、可持续的科学发展观为指导，各级城市才有可能避免其他国家也包括我们自己以往走过的弯路。通过集约发展，切实实现转方式、调结构的宏伟目标，在我国的城市体系中发挥应有的作用。

1.2　文献回顾：从集约的概念到城市集约发展

通过文献回顾，可知城市发展的相关理论主要有：1909 年，德国的阿尔弗雷德·韦伯（Alfred Weber）提出城市聚集经济和聚集不经济理论；1933 年，德国的克里斯泰勒（W. Christaller）提出中心地理论；1954 年，法国的弗朗索瓦·佩鲁（François Perroux）提出增长极理论；1966 年，美国的米尔顿·弗里德曼（Milton Friedman）提出城市与腹地发展的核心～边缘理论；以及 20 世纪 90 年代开始兴起的可持续发展理论等。西蒙·库兹涅茨（Simon Kuznets）认为，人口持续不断地从农村地区向城市转移的城镇化过程和以农业为基础的经济向以工业和服务业为基础的经济转变的工业化过程是伴随经济增长最重要的社会经济结构变迁。辜胜阻等指出，城镇化是扩大内需实现中国经济可持续发展的大战略。

在万方数据库知识服务平台查询的数据表明（如图1所示），近年来，标题含"集约"二字的经济类论文篇数呈现逐年上升的趋势，一定意义上反映了集约这一概念的文献基础，同时折射出日益强烈的现实呼声。

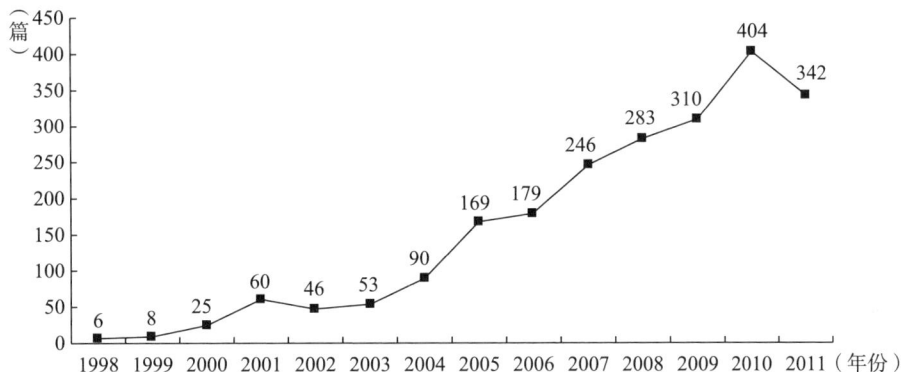

图1　万方数据库近年来标题含"集约"的经济类论文篇数

集约发展的萌芽早在中国古代思想家的论著中已有所体现。《齐民要术·卷头尽可杂说》："凡人营田，须量己力，宁可少好，不可多恶。"《沈氏农书》："宁可少而精密，不可多而草率也。"苏联在20世纪60年代就开始提出集约化发展战略，并在苏共二十六大上拟定要完成国民经济向集约化转变的发展战略。前南斯拉夫经济学家也提出，应合理地利用经济资源、能源、生产设备、劳动力和科学技术，较好地组织经济，有目的地在全社会范围内进行协调，改善经营质量和经营条件。1995年，中共十四届五中全会通过的《关于制定国民经济和社会发展"九五"计划和2010年远景目标的建议》提出了"积极推进经济增长方式的转变"，即由粗放型向集约型转变。

集约是相对粗放而言的，有关集约的提法很多，如集约经营、集约增长、集约型、集约化等等。粗放（extensive）和集约（intensive）这两个概念，最早由大卫·李嘉图（David Ricardo）等古典政治经济学家在地租理论中提出。马克思（Karl Marx）在《资本论》中指出，集约化就是主要通过改进生产要素的质量和合理使用生产要素来实现经济增长的连续不断的社会再生产过程。以往我们提到"集约"更多的是从经济活动的角度，如集约经营、集约增长等，而较少提到集约发展这个概念。集约发展比我们单纯从经济活动的角度提到的集约经营、集约增长的外延更广泛、内涵也更丰富。从经济学的角度，可以给集约发展作如下定义：集约发展是一种通过不断促进资源的优化配置和高效利用从而获得更大和更高质量社会福利的发展。

集约发展是一个涵盖面广、内容丰富的概念，它可以涉及经济、技术、生态等多领域的问题。人类学家莫里斯（D. Morris）指出，人类社会的发展本质只是生产的集约化进程进一步加强而已。集约发展用于城镇化，侧重于如何通过城镇化相关资源要素的优化整合，实现城镇化质和量的协调发展。与此相呼应，美国城市规划学者格兰丹宁（P. Glendening）曾经提出"精明增长"的理念，主要指城市发展用地与农村用地应当有一个相对的范围，城市用地不应当每年都在盲目扩张，吞食有限的农业用地。

刘则渊认为，城市集约发展的概念是相对于城市粗放发展而言的。城市粗放发展主要是城市规模盲目扩张，产业粗放发展，依靠资源投入与开发且效率低下。城市集约发展是指城市更多地依靠技术进步，提高资源利用效率，强调环境保护，推进产业集约成长，注重城市生活质量的发展方式。郑新奇以地理信息系统技术、数据挖掘技术和地理模型为支撑，对城市土地利用进行了优化配置和集约利用评价，同时开发了实现城市土地优化配置和集约利用的应用软件模块，初步建立了城市土地集约优化配置的理论体系。评价结果表明，新区高于旧区、中心区高于城市边缘区的集约特性，区域间土地集约利用程度差异巨大，城市土地利用的重点应放在已建成区土地的挖潜改造上，走内涵集约式发展道路，最大限度地提高城市土地利用效益。庄亚明研究了资源型城市的集约化发展问题，他认为，集约化发展是实现资源型城市可持续发展的根本保证。变消耗资源的粗放型发展模式为资源集约型发展模式的关键是依靠技术进步。

集约发展实际上是城镇化概念"题"中应有之"义"，城镇化模式的选择、城市聚集经济的实现、城市竞争力的提升等核心问题，其本质都离不开集约发展。谭敏、李和平提出了城市集约发展的四大原则：经济有效是基础条件，也是城市集约发展经济目标的体现；生态安全是根本保障，也是城市集约发展生态目标的体现；社会可接受是城市集约发展的终极目标；协调发展是发展综合效益的有效途径。

2　城市集约发展的内涵及其制约条件

2.1　集约发展的内涵

经济发展受多种因素的制约，主要包括资源条件、技术进步、科学管理及市场需求等，各因素之间相互联系共同构成一个城市经济发展的制约系统。通常，经济发展有两条途径：一是增加劳动者的数量和增加生产资料的数量，即所谓的粗放型发展模式；二是提高劳动生产率和生产资料的利用效率，即所谓的集约型发展模式。

城市发展潜力的一个重要制约因素便是经济发展模式，采用何种经济发展模式——粗放型还是集约型，是决定城市是否具有发展后劲和可持续发展能力的关键。一般认为，粗放型发展模式主要依靠增加要素的投入，通过外延扩大再生产来实现经济增长，因而也称为数量型、速度型、外延型；相应地，集约型发展模式又称为质量型、效益型、内涵型，它的发展途径主要来自于单位投入的产出率的提高，依靠科学技术进步、劳动力素质和质量的改善，通过内涵扩大再生产和提高综合要素生产率来实现经济增长。通过综合要素生产率的提高，降低对稀缺要素的需求，减少物耗和能耗，减少废物的产生，以支持经济、社会的可持续发展。

从长远看，增加劳动者数量和提高生产资料数量要受到诸多因素的制约，但提高劳动生产率和提高生产资料的利用效率是城市发展的最主要、最根本途径。

确切地讲，城市集约发展是基于生产要素的优化组合，依靠科学管理、技术进步和劳动生产率及生产资料等资源利用效率的提高来实现经济增长，从而推动城市全面进步的发展方式，它是实现城市可持续发展的根本途径。作为城镇化进程中的重要一环，城市要实现可持续发展，其经济增长方式必须由粗放型向集约型转变，实现这种转变的关键是依靠技术进步。从以上的分析可得，影响城市经济发展质量和速度的具体因素及它们同速度的依存关系可以用以下方程式表示：

$$Y = F\{A(t)K, B(t)L\} \tag{1}$$

式中，Y 为生产增长总量，$A(t)$、$B(t)$ 为时间函数，K、L 分别为资本、劳动力的投入总量。

在此数学模型中，城市集约发展体现当时间函数 $A(t)$ 对时间的导数，即 $dA/dt = A'(t) > 0$ 时表示随着时间的推移，尽管资本总量保持不变，但有效的资本存量不断增加；同样如果 $dB/dt = B'(t) > 0$，表示即使劳动力人数固定不变，有效劳动力数量是不断增加的。这就说明技术进步（包括科学管理）提高了资源要素的利用率。举例说，由于技术进步，现在 5 台机器能生产过去需要 6 台机器才能生产的产量，因而单位资本 K 可记为 1.20 单位；现在 10 个工人可以完成过去 15 个工人所能完成的工作量，单位劳动力 L 可记为 1.50 单位。资源条件是经济持续发展的决定性因素，因此看来，谋求城市的持续、稳定、健康发展，必须首先走集约发展的道路。由于集约发展是更多地依靠技术进步与劳动力素质提高，减少资源消耗和环境污染，提高资源效率，从而提高经济增长质量的发展方式，它必然蕴涵并保证了城市的可持续发展。

城市是以人为主体，以空间、土地利用为基础，以聚集经济效益为特点，以人类社会进步为目的，一个集约人口、经济、科学、技术、文化的空间地域系统。它的整体性、活跃性及先导性，决定了集约发展是实现城市可持续发展的路径选择。国际经验表明：集约发展的城市其基本特征是具有高级的经济结构、适度的人口规模、合理的土地利用、良好的基础设施及宜人的环境质量。

2.2　城市非集约发展的历史回顾

改革开放以来，宏观上虽反复强调要转变经济发展方式，但是，无论从控制经济增长速度以创造增长方式转变的条件看，还是从改变投资重点和产业结构以推动发展方式转变的过程看，宏观政策都没有起到应有的、明显的作用。既然市场机制的调节功能未能有效发挥，宏观政策又不能起明显的推动作用，就难怪我国经济发展方式的转变过程十分缓慢，速度型的增长方式仍不断表现出来并居主体地位，质量（效益）提高型的发展机制迟迟难以形成。从城市发展历史来看，尤其是改革初期，我国城镇化进程并没有表现出与经济发展的正相关关系。由于政府主体在政治力量对比与资源配置权力上的优势地位，所以成为决定城镇化方向、速度、形式、战略安排的主导力量。

不合理的城镇化道路，比如曾经红极一时的小城镇化，最直接的代价来自于滥用自然资源导致的生态破坏和严重的环境污染，这与中国当前所倡导的可持续发展道路背道而驰。因此，如果乡镇工业和小城镇的盲目、粗放发展忽略了资源的配置效率，或者这种发展以资源配置效率的损失为代价，这就很难说是一种成本较低的城镇化模式。

这条道路与世界经典的城镇化之路，主要区别在于：第一，城镇化发展滞后于工业化发展，大量的非农化和工业化在城市以外进行。非农化速度发展较快，城镇化步伐仍然滞后。第二，从规模比较小的小城镇起步，控制人口向大中城市迁移并同时引导部分人向小城镇迁移是目前应用最广泛的一种发展小城镇的政策。各级政府是这一政策系统的主要支持者。大城市的作用受到制约。第三，城镇化的动力主要来自于乡村的"推力"，而非城市的吸力。聚集机制在一定程度上不能发挥提高资源配置效率的作用。第四，农村劳动力转移的职业转换先于地域转移，也就是所谓的"离土不离乡、进厂不进城"的道路。虽然有数以千万计的乡村～城市的流动人口，但不稳定，呈准城镇化状态。第五，有形的物质形态上的城镇化发展较快，无形的生活方式和价值观念的城镇化显著落后。概括地说，城镇化是沿着分散的小城镇化方向前进的，是一种小城镇化模式。

在这种背景下，当前的小城镇化就会鼓励人们滥用资源，分散发展。分散的乡村工业不仅不能获得聚集效应，而且造成资源的极大浪费和环境污染，严重制约着我国经济的持续、健康发展。

小城镇化过程导致的最直接的外部成本可能是我们为此所付出的环境代价。本质上看，城市经济就是一种集约型经济，城市发展的集约化强调"密集、深化、内涵"，其关键问题是"要素生产率"的提高，也就是提高城市系统诸要素的投入产出效益。另一方面，城市经济又是一种空间经济，从这个意义上说，城市的集约发展，就意味着城市功能要素在空间上、规模上的集约利用，而粗放型的小城镇化发展表现为高投入、高消耗、低产出、低质量，是一种以产值、数量、速度为经济突进目标，以物质资源投入为主的发展方式。粗放的小城镇化发展模式忽略和遗忘了城镇化发展中资源有限性这一逻辑前提和经验事实，因而是不可持续的，也是低效的，并且由于其自身的发展特点，给城市的环境补偿能力造成了特有的压力。

历史地看，近半个世纪以来，中国速度型工业化的大规模推进给我们留下了资源匮乏和人口膨胀这两份遗产，而这两份遗产作为无法回避的基本国情，正是城市进行发展模式选择的现实起点。换言之，我国已失去了早期发达国家发展模式的资源基础，城镇化发展过程中的粗放化、高耗低效的非集约运行模式已经走到了尽头，因此城市必须走集约发展之路。

2.3 城市集约发展的技术制约

诸大建指出，中国的发展面临着三种选择。首先是 A 和 B 两种模式的问题。A 模式是中国当前的发展模式，这种模式是当前可行的但却是未来不可持续的，要比较环境压力指标（包括资源消耗水平和污染排放水平）以及环境承载能力（包括资源承载能力和污染承载能力）的情况，说明它现在与未来的问题。B 模式是中国未来（发达起来以后，也许可以在 2025 年开始启动）的理想模式，这种模式虽然是当前可持续的但却是当前不可行的，需要从与科学技术能力有关的发展水平、与治理结构有关的体制能力两个方面论证这种模式的不可行性。其次是中国 C 模式的优越性和可行性。中国 C 模式是包含数量增长与质量提升在内的模式，它既是可持续发展的又是当前有可行性的。在可持续发展方面，主要表现为从不可持续的发展转向弱可持续发展，实现经济增长与环境压力的相对脱钩；在当前可行性方面，主要表现为一定程度地提高发展的生态效率，并在中国当前的科学技术能力与体制条件可以支撑的范围之内着眼。

由于中国城镇化模式的独特性，尤其是改革以前，城镇化进程并没有表现出与经济发展的正相关关系，导致城市发展中存在着很多问题，诸如：①产业结构不尽合理。许多中小城市的发展依托于县域经济，基本上还处在传统农业经济发展阶段，工业结构不合理，资源依赖性强，缺少新兴产业支撑。②城市基础设施欠账较多。比如，2003年，河北省22个县级市中，只有5个市建设了污水处理厂。③建设用地紧张，旧城改造难度加大。建设用地指标少，不能满足城市发展需要。"城中村"改造涉及面广，难度大，一些政策不配套、不落实。④政策保障机制还不健全。虽然大部分地方推行了城镇户籍制度改革，但配套改革滞后，进城农民在住房、就业、医疗、教育、培训等诸多方面受歧视的状况依然没有大的改变。

上述问题突出反映了城市集约发展过程中的技术制约因素。这些因素可以概括为三个方面。

（1）技术开发能力。包括城市科学技术人员的数量、专业结构和研究与开发（R&D）资金的投入。例如我国东部地区的技术开发能力强于中西部，这是与专业技术人员的数量和质量有直接关系的。东部地区城市的实力强，而且发展速度快，城市发展质量优、集约化程度也较高，而西部则明显落后于东部的发展步伐。

（2）适用技术选择。对于城市集约发展来讲，根据城市的经济发展水平和自身优势选择适用的技术十分重要。有些技术很先进，但其应用需要有与之相适应的基础设施和人文条件，与城市或企业的资金能力也有很大关系。所以，真正能够为发展带来机遇的是那些适用的技术，即与城市发展阶段和发展能力相适应的技术。例如，高新技术产业在中国的发展，北京选择的是科研开发和总部基地，昆山选择的是家电、微电子等消费电子产品的生产，还有些城市选择的是以农业技术为先导的技术开发和产业化。

（3）技术的地域转移规律。技术的地域转移是城市经济规划必须考虑的重要因素，是充分考虑地区发展现状、准确预测未来发展的基础性条件。目前，国际制造业及其生产技术向我国东南沿海地区转移，并促使该地区一些原来的纺织、化工、原材料等产业的生产技术和厂商向中西部转移。城市规划要有充分的预见性，不失时机地引进对本地区有用的、相对先进的技术。

3 城市集约发展的理论困境和现实阻力

3.1 最佳城市规模理论辨析

研究城市集约发展问题，还应该从城市人口规模和创意城市的视角加以考量，只有这样，才能避免片面强调集约发展的经济因素而顾此失彼，才能真正把握城市集约发展的空间界限和终极方向。

适度的城市人口规模（optimum urban population）也称最佳城市人口规模，历来是一个争论不休的话题。在古希腊时代，柏拉图（Plato）以广场中心的容量为标准，把最佳的城市人口规模定义为 5040 人。前苏联工程经济学家达维多维奇（Д. В. Давидович）推测，城市的最佳规模为 40 万人。美国地理学家莫瑞尔（R. L. Morrill）认为中等城市最为理想，当城市人口达到 25 万 ~ 35 万人时，设施完备，既可有较强的实力，成为相对独立的区域中心，产生工业聚集效益；又可避免大城市的严重弊病。城市人口规模是城市发展与规划中不可回避的客观现实问题。显而易见，多样化的社会经济发展水平，各具特色的区位条件，加上迥然不同的研究目的，都会导致衡量城市适度人口规模尺度的千差万别。

英国学者巴顿（K. J. Button）从理论上提出了城市人口规模的成本效益曲线。为了检验城市效率理论和解决城市发展政策方面的问题，金成正（Sung-Jong Kim）利用数据包络分析（DEA）方法，研究了韩国最大的 50 个城市人口规模与生产效率（用生产率指数表示）之间的关系，得出：城市人口规模和生产效率之间的确存在倒 "U" 形关系。其中，对城市制造业部门进行分析发现，100 万人以上的城市比 50 万 ~ 100 万人口城市的生产率指数平均低 20%，比 20 万 ~ 50 万人口城市低 11%，如图 2 所示。

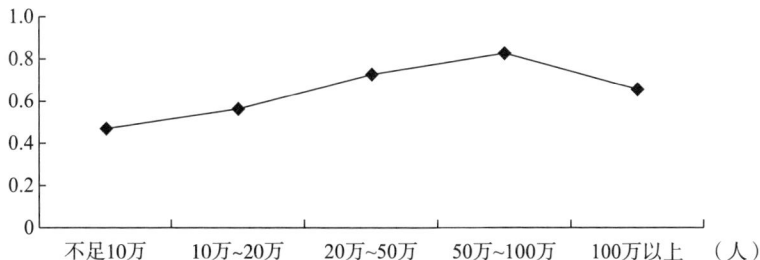

图 2 城市生产率指数与城市人口规模（1991 ~ 1995 年）

上述"最佳规模"的历史变迁恰恰表明不存在一个固定的适合每个城市、每个时期的最佳城市规模。其原因在于：一个城市的最佳规模与其非农经济发展水平及技术水平紧密联系，市场调节会将技术进步发挥得淋漓尽致，只要存在由于技术进步带来的聚集效益的引力，就无法阻止人口、资本向城市聚集。

在城镇化理论研究的重点由确定一个城市的"合理"人口规模转向实证分析以后，城市空间理论迅速发展。其主要成就是将数学模型引入城市空间结构分析，并主要采用统计推断和统计分布的研究方法，以寻求大中小城市在空间上的分布规律。然而，与试图确定一个城市的合理规模的命运相同，试图发现或确定一个城市规模分布的一般规律也是脱离技术进步的。实际上，没有一个普遍的、一般的适合所有区域的城市规模分布模式。原因很简单，每个城市的规模是由技术水平决定的（内在决定机制），城市规模结构不过是地区间技术结构和技术差异的倒影。

难怪有学者指出，相对"大城市病"，小城市（镇）化也会产生"城市病"，当城镇化进程与经济发展、城市人口在不同规模城市的分布变化与城镇化发展阶段严重背离时，就产生了"小城市病"。

3.2　城镇化悖论与城市集约发展的现实阻力

在《均衡城市化理论与中外城市化比较研究》一书中，周铁训提出了城镇化悖论概念：一方面，城镇化被视为经济发展的必然结果，又是经济进一步发展的条件；另一方面，城镇化又被认为是产生"城市病"的直接原因，阻碍了经济发展和社会进步。技术进步和经济增长导致城镇化水平的提高，但城镇化水平的提高，一方面继续推动了技术进步和经济增长；另一方面，又产生了"城市病"。那么，怎样的一个城镇化过程、发展水平、发展速度以及城市体系规模结构的变动等，才能保证经济增长最大化和社会效益最大化？集约发展为这一问题提供了较好的思路。

总体来说，城市最佳规模概念和城镇化悖论为研究城市集约发展问题提供了理论指导和边界警示。从目前的文献分析看，现有的聚集经济分析方法不能从理论上证明两个难题：①不能证明一些特别大的城市，其聚集不经济会大于聚集经济，也不能说明所有的城市都会恒定在一个优化的规模区间内。中国的实践表明，1000万人以上规模的城市，只要要素聚集的边际收益仍然大于其边际成本，价格机制仍然会使要素继续向其聚集。②小规模城市有没有其存在的经济合理性。按照聚集经济理论，全国的人口和生产力会向一个地方集中，那么，全国会没有乡村、小镇、小城市、中等城市和大城市，所有的人口都会生活和工作在一个特别大的都市中吗？显然这是不可能的。小规模城市的存在也肯定有其经济上的合理性。

然而不容忽视的是，我国多数中小城市处于"三农"情况典型的区域，虽然受到工业化、城镇化和农业现代化的合力推动，但是，毕竟"三化"的质量不高，其发展受到许多方面的制约。存在的主要问题包括：①县城规划区面积过大。②资源利用粗放，污染时有发生。③缺乏城市建设和维护资金。④缺乏产业支撑，产业雷同现象较重。⑤城市规划变化频繁，主要领导调动，规划"从头再来"时有发生。⑥城市建设没有特色，面貌类似，历史文化资源保护不力。这些问题构成了未来城镇化内涵式发展的阻力。

4 城市集约发展的 T_3 理论：内涵式 城镇化的对策分析

4.1 T_3 理论的基本观点

前文述及，城市规模问题是一个长期争论的命题。推动城市规模发展的动力，其实是当地经济发展的活力、区位优势的显现和投资环境改善的一种合力。

城市布局问题，包括两层内涵：①城、镇分布；②城市本身的结构形态问题。随着发达地区本身产业层次的升级，低层次产业必然发生梯度转移，与这种转移相伴随的结果，或许能在一定程度上缓解布局不均匀性，也给中小城市的发展带来了契机。

20 世纪之初城市规划的先驱者心目中的理想城市还难以变为现实，那是因为人类还缺乏足够的科学技术的支撑，还无力摆脱那种机械的、连片空间聚集的无奈。

刘易斯·芒福德（Lewis Mumford）早就在其著作中指出，城市不是一个独立的实体，在其漫长的发展过程中会受到包括①地理；②人口；③宗教；④经济；⑤政治；⑥文化习俗；⑦技术等多方面因素的影响。当然，这些因素也是促进城市发展的诸种力量，它们共同发挥作用，使城市这一实体变得更为复杂。

佛罗里达（Florida）提出的"3T"理论，即技术（technology）、人才（talent）和包容度（tolerance），三者的关系类似一种"相加关系"。设城市效率（Urban Efficiency）为 E_U，则

$$E_U = \sum_{i=1}^{3} \left[f(T_i) \right] \tag{2}$$

　　受上述几位学者的启发，并通过对全国中小城市综合实力百强的区域分布进行分析和对部分城市特色发展模式的考察，笔者认为，主导城市集约发展的关键因素有三个：T_1（Territorial Advantage，区位优势）；T_2（Technological Progress，技术进步）；T_3（Teaching/Training，教育培训），为了论述上的方便，本文将其整合写作"T_3"，以区别于佛罗里达的"3T"。

　　这里，T_1、T_2、T_3与佛罗里达的"3T"理论大体上存在着以下对应关系：①T_1：同佛罗里达的包容度相比，区位优势加入了区域、交通、生态、环境等因素，前者侧重人文社会视角，后者侧重经济地理视角。②T_2：同佛罗里达的技术相比，技术进步与其在内涵上基本一致，但后者更侧重技术进步经济学分析。③同佛罗里达的人才相比，教育培训范畴不同，前者强调创意城市的主体因素，后者强调市民到人才的培养途径。

　　中国的改革发展到了一定阶段（也就是官方常说的"攻坚阶段"），制度上的问题就会凸显出来，而制度的优化不可能一蹴而就，只能是"渐进式改革"，其效果也常常不尽人意。制度经济学分析是考察城镇化和城市发展路径问题的重要角度，但不是本文的重点。假设制度因素为 $f(I)$（institutional），则考虑制度因素的变化后城市效率 E_U 为

$$E_U = f(I) \cdot F\{f(T_1), f(T_2), f(T_3)\} \tag{3}$$

　　式中，$f(T_i)$（$i=1, 2, 3$）分别表示三大关键因素区位优势（T_1）、技术进步（T_2）和教育培训（T_3）在城市集约发展过程中的贡献，三者形成一种非加和、非线性关系，即 $F\{f(T_1), f(T_2), f(T_3)\}$。三大关键因素与城市集约发展的照应关系如图3所示。

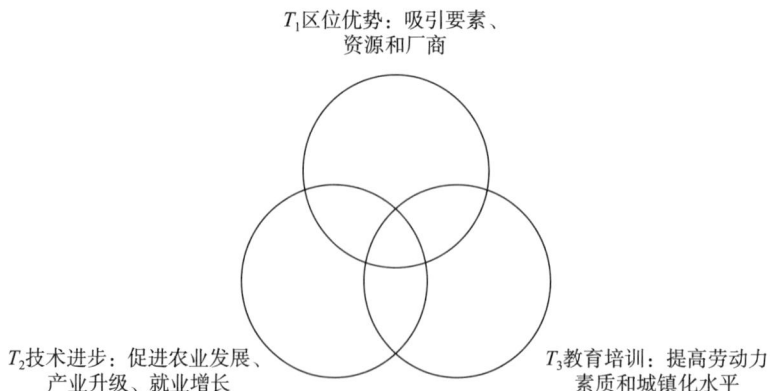

T_1区位优势：吸引要素、资源和厂商

T_2技术进步：促进农业发展、产业升级、就业增长

T_3教育培训：提高劳动力素质和城镇化水平

图3　T_3战略三大关键因素与城市集约发展的照应关系

在技术进步背景下，我国各级城市正在发生着经济的、社会的以及生活方式的重大变迁，城市正在经历一场变革。然而，城市的生命力在于不断发展、不断延续，其中经济发展仍然是其他事业发展的基础。

东南沿海地区的一些中小城市（说其是中小城市主要是因为人口规模和行政管辖权的因素），市政的现代化程度和市民整体素质超过内地的个别大城市，主要是这些城市有较为雄厚的经济实力。例如，2011 年江苏县级市江阴的财政收入为 445 亿元（其中一般预算收入为 153.40 亿元）。在经济发达的江阴市，能见到非常现代化的职业学院、中小学校、图书馆和培训中心，这也表明 $f(T_3)$ 即教育培训因素和经济发展水平及城市效率 E_U 之间存在着彼此促进的互动关系。而在经济欠发达的一些大城市，教育文化设施在总体上还不能满足经济、社会发展的需求，说明在这些城市，发展经济仍然是最基本和首要的任务。

4.2　促进城市集约发展的政策措施

习近平多年前就曾强调，针对推进经济增长方式根本性转变、经济结构战略性调整，必须拿出"壮士断腕"的勇气，摆脱对粗放型增长的依赖，实现产业和企业的浴火重生、脱胎换骨。

李克强说，目前最大的内需就是发展相对滞后的城镇化，城镇化是发展最大的潜力，而真正的发展必须要依靠改革。他鼓励各地方要深入探索如何将改革与城镇化有机结合起来，并进一步指出，我们不仅要解放思想，还要打破固有的一些利益格局，让基层潜力充分发挥出来，使中国实现可持续发展。

吴敬琏最近也谈到，我们的城镇化水平还很低，以往政府主导的用大量土地投入和土地抵押资金支撑的这个城镇化，就是摊大饼，不断扩大城市的规模，而建立起来的城市营运效率很低。只有解决体制性障碍，才能提高城镇化效率。

通过前文分析并结合高层论断，初步提出如下几条促进城市集约发展的政策措施。

（1）城市必须处理好城市与区域的关系，促进城乡协调发展。一方面，要不断增强和完善自身作为区域性中心城市的功能，并充分借助上位中心城市对区域经济的辐射带动作用。另一方面，城市的建设和发展必须立足于区域资源条件和环境条件，服从于整个地区发展的需要，做好区域规划，建立有准备的协调机制。要统筹安排基础设施，避免重复建设，实现基础设施区域共享和有效利用；严格限制不符合区域整体和长远利益的开发活动。同时，城市规划也要打破就城市论城市的狭隘观念，增强区域意识。城市不仅要从自身条件和发展要求出发，还必须充分考虑区域整体状况，安排好生态环境保护、资源开发利用和基础设施建设。

（2）建立城市集约发展考核评价制度，深化集约发展理念。要加强对城市发展理论知识的推广普及，加强城市集约发展的政策研究，把实现城市集约发展与干部政绩考核评价紧密结合起来。建立城市集约发展考核评价制度，体现在规划上，落实在工作中，通过采取多种形式，在城市各阶层广泛开展集约发展宣传教育活动。制定和完善有利于城市集约发展的法律法规体系及相关政策。政府及相关机构要与时俱进地研究制定适应新形势的政策体系。比如财政、税收、金融、技术等方面的奖惩政策和措施，来保证城市集约发展。

（3）运用经济手段，建立有利于城市集约发展的投入机制。有关部门应建立有利于城市集约发展的相对稳定的投入筹措机制，逐步加大各级政府在可持续发展方面的必要投入，引导非国有资金甚至国外资金投入城市集约发展领域，提高实施城市集约发展战略的资金保障程度和稳定性，提高对投入城市发展资金的管理水平和经济效益，制定产业结构调整方向的有关规定和产业结构调整的指导目录，鼓励城市发展资源消耗低、附加值高的高新技术产业和服务业，优先发展对经济增长有重大带动作用的信息产业，提出限制和淘汰资源消耗高、环境污染重的落后工艺、技术和设备目录。

（4）推动资源节约技术的研究和开发，加快科学技术成果转化。用高新技术和先进适用技术改造传统产业，提高资源节约的整体技术水平。要在国民经济体系中组建专门从事资源节约技术研究和开发的机构，不断思考和探索，对资源节约技术进行革新和升级。借鉴国际上有关集约发展的基本经验，建立城市经济生态园并提高其质量。建立城市经济生态园是国际上推行城市集约发展的一个很普遍的做法。它通过模仿自然生态系统，使资源和能源在工业系统中循环使用，"上家"的废料成为"下家"的原料或动力，尽可能把各种资源都充分利用起来，做到资源共享，各得其利，共同发展。

[作者单位：哈尔滨工业大学（威海） 大连理工大学]

合作社健康发展需多方形成合力

——基于威海市农民专业合作社情况的调研

李永玲

《农民专业合作社法》（以下简称《合作社法》）颁布实施后，威海的农民专业合作社得到迅速发展，有成绩和经验，也有问题和教训。为推动威海的专业合作社由起步阶段向成长发展阶段顺利转型，笔者采用会议座谈、问卷调查、实地考察、文献查阅等方式，对威海市农民合作社的发展情况进行了全面调查，并在深入分析调查结果的基础上，提出了对策建议。

一　取得的成效

自 2007 年 7 月《合作社法》实施以来，威海市农民专业合作社从无到有，快速发展，截至 2011 年底，注册登记的合作社已达 1255 家，广泛分布于果蔬粮油种植、畜牧养殖、水产养殖、农机服务等领域，领办主体包括龙头企业、村"两委"、农村"能人"、涉农部门、基层供销社等多种身份。入社社员 4.8 万户，辐射带动 15 万多人，带动农民增收 3 亿多元。合作社的发展取得了显著成效，具体体现在以下几个方面：

1. 解决了农产品"卖难"问题，增加了农民收入。合作社通过统一购销和技术指导，不但使农户的农产品顺利进入市场，而且使农民的收入得到了明显增加。据估算，入社农户较未入社农户平均增收约 10%。

2. 提高了农业标准化程度，增强了农产品市场竞争力。成效表明，合作社已经成为威海农产品区域化管理的最有效载体，各社通过统一生产标准、统一操作规程、统一产品质量标准、统一农资供应等形式，实现对农产品生产过程中的质量安全控制。一些合作社还建立了产品质量安全可追溯体系，积极打造自主品牌和开展系列认证，不仅提高了农产品质量安全水平，而且增强了市场竞争能力。

3. 优化了农业产业结构，扩大了规模化经营范围。合作社的发展有效地促进了农业产业结构的调整，通过组织农户开展专业化生产，在一定的经济区域内形成了规模化经营，造就了乳山大姜、崂山草莓、泊于无花果、宋村蔬菜等特色种植板块。雨夼草莓合作社的发展带动了崂山草莓产业的迅猛扩张，两年间全镇种植面积达到4800多亩。

4. 促进了农业技术的推广应用，提升了农民生产技术水平。合作社根据自身专业生产的需要，通过统一聘请科技顾问、举办技术讲座、引进优良品种，解决了政府农技推广工作难以应对分散农户技术需求多样化的难题，为农业新技术、新品种的引进和推广注入了活力。在合作社有效实用的技术指导与培训中，农民的科技生产能力也得到了提高。

二 存在的问题

（一）思想观念方面

1. 一些干部对合作社的认识有待提高。一是对合作社性质认识不清。泛合作主义思想明显存在，不少干部把一些将农民集合起来、一次性买断其农产品的组织都视为合作社，把农民专业合作社与股份公司混为一谈。二是对合作社相关信息了解不多。虽然《合作社法》已颁布四年多，但调查数据显示，只有53.5%被调查干部明确知道我国已有关于农民专业合作社的立法。三是推动合作社发展的动机存在偏颇。一些基层政府和涉农部门参与或推动农民专业合作社，除了有造福一方的考虑外，更多的则是出于完成农业产业化、标准化、农产品质量安全区域化管理等工作目标考虑。村"两委"领办的合作社多是这种动因的产物。四是关注数量多于关注质量。谈及合作社的发展，不少干部对兴办数量方面的信息了解多，往往以合作社数量衡量工作成绩。一些干部主张先发动起来，使合作社"遍地开花"，再在市场经济中优胜劣汰。

2. 龙头企业、购销大户等领办者的动机值得关注。笔者走访时感到，龙头企业老板和购销大户身份的理事长，在言谈中都会流露出对合作社的高昂热情。但他们办社的目的多是希望通过合作社稳定其原料供应和扩大其"势力范围"，或者套取政府的税收优惠政策。座谈中，老板、大户理事长们最为强烈的要求就是为合作社减免税负。

3. 不少农民对合作社态度淡漠。从合作社社员成分看，农民的确是威海市合作社的主体，但大多数农民对合作社知之不多、兴趣不大、积极性不高，很大程度上给人以"被合作"之感。问卷调查表明，即使是入社的农民社员也有半数搞不清农民合作社到底是什么组织，非社员这一比例更是达 7 成多。相当一部分农民参与合作社的目的主要是为了解决产品的销路和增加收入，"有利则合，无利则退"的投机心理非常普遍。

（二）政府作为方面

1. 管理体制不顺畅。目前威海市农民合作社的发展中，虽然农业、工商、财政等部门各有职责，但相互之间缺乏沟通协调，没有形成工作合力。如农业部门作为合作社的指导监督者，却因无法掌握合作社的数量、规模等注册情况而导致工作被动；扶持资金发放过程中，由于熟悉合作社情况的主管部门不能充分参与，影响了扶持对象的准确选择。

2. 指导管理工作有待加强。管理缺位与越位现象都有存在。有关部门在指导农民如何建立合作社方面做了大量工作，但对合作社建立后如何规范运作问题缺乏指导，对合作社的财务包括扶持资金的使用等情况监督管理少。一些镇（街）背离农民专业合作社的"民办、民管"原则，指令性地要求村"两委"领办合作社，甚至要求"社账镇管"。

3. 扶持工作有待改进。一是扶持力度亟待加大和统一。从合作社专项资金的额度看，威海市的扶持力度较之浙江温岭，省内临沂等地明显偏低。此外，各市区合作社税负不尽一致，部分市区仍按普通企业标准向合作社收税。二是扶持政策的透明度与执行力有待增强。很多农民合作社对政府扶持合作社的政策不了解。部分市区扶持资金不能按时足额发放到位，存在截留挪用问题。

（三）合作社自身建设方面

与全国农民专业合作社发展现状相似，威海市也有相当一部分（保守估计约 60%）是为享受优惠政策而成立的"翻牌社"或"空壳社"。即使是有活动的合作社，在自身建设上除了面临缺人才、缺资金、贷款难等困境外，大多都存在以下问题：

1. 产权不清。基层供销社领办的合作社，"新社"与"老社"没有划分资产；村"两委"领办的合作社，基本上都是"一套班子、三块牌子"的

"三合一"组织模式。

2. 缺乏民主管理。从"上墙"的制度上看，合作社中理事会、监事会等机构都存在，章程中的社员大会表决等民主程序也应有尽有；但从实际运作看，民主管理、民主决策制度流于形式，"一人一票"形同虚设，"一股独大"现象严重。

3. 利益机制不健全。目前绝大多数社农民社员与合作社利益联系不紧密，基本都没有形成真正的利益共同体。尽管章程中都有利益分配规定，但实际上都未得到真正执行。龙头企业、购销大户在合作社的名义下，与农户进行一次性"买断"式交易，二者之间仅仅结成了产业共同体，却远没有成为利益共同体。

三 对策建议

（一）广泛宣传引导，营造全社会参与合作社的氛围

起步阶段的合作社事业要走向发展，需要得到全社会的关注和重视。

首先，要强化教育培训。充分利用报纸、电视等媒体宣传合作社的政策法规及合作社典型事例。编制和印发简明实用、通俗易懂的合作社普及读物。利用党校、职业教育学院、农广校等教育资源，对农口干部、镇村干部、合作社的骨干进行分类培训。

其次，要发起志愿行动。动员和网络一批热心合作社事业的政府官员、专家学者和媒体人士，组成一支志愿者队伍，为农民合作社呼吁宣传、出力献策。

再次，要打造交流平台。引导现有的各级农民专业合作社联合会积极开展活动、发挥作用；同时积极推动成立同专业合作社的联合会；建立全市农民专业合作社网站，加强合作社相关问题的交流，发布相关政策和市场信息，推介合作社的产品。

（二）加强组织领导，大力推动合作社的发展

一要成立专门领导小组，对发展农民合作社工作予以统筹、协调和指导。二要尽快出台《威海市农民专业合作社健康快速发展指导意见》，理顺领导体制。三要建立农民专业合作社登记备案制。四要将发展合作社工作纳入国民经济与社会发展总体规划，适时制定扶持农民专业合作社的专项规划，实行

目标推进。五要将合作社发展情况列入全市农业农村工作考核内容，对促进合作社持续健康发展做出突出成绩的单位和个人进行表彰奖励。

（三） 加大扶持力度，为合作社发展提供良好政策环境

一要加大财政扶持力度。威海市合作社尚处于起步阶段，财政专项资金可逐年增加，有关部门要严格对扶持资金的使用情况进行监管。进入发展阶段后，应当减少专项资金支持，逐步引导合作社平等参与各项支农财政资金的竞争。二要切实落实合作社减免税政策。严肃查处以合作社名义偷税漏税的企业或个人。三要加大信贷支持。通过财政扶持引导，企业投资、社会集资等多渠道建立农民专业合作社的担保机制。四要加强人才支持。要允许科研人员和农技推广人员通过技术入股、技术承包或到农民专业合作社兼职、挂职等形式参与兴办合作社。采取代管档案、代缴社会保险等措施鼓励大中专毕业生到农民专业合作社工作。

（四） 处理好四种关系，促进合作社规范运行化发展

坚持以农民为主体，充分体现"民办、民管、民受益"要求，是农民专业合作社健康发展的关键。鉴于此，在推进合作社发展中要注意处理好几个关系：

一是政府与合作社的关系。从国际经验看，政府应该成为农民合作社发展的"第一推动力"。但政府的支持和帮助应当以不干扰合作社的制度规范和实际运行为基本前提。不管基于何种产业目标和良好愿望，任何对农民合作组织发展过程的直接行政介入都是不可取的。政府要号召而不强迫、扶持而不干预、指导而不包办。

二是村委会与合作社的关系。村委会是农民专业合作社发展可以依赖的重要资源，但二者不应是完全重合的组织。村委会作为村民自治组织，合作社作为独立法人实体，产权要划分明确。合作社的领导成员应按章程民主选举产生，不应由村党支部书记或村委会主任直接担任。

三是龙头企业与合作社的关系。龙头企业领办的合作社，在帮助农户销售产品、带动农业结构调整及农民增收方面作用巨大。但企业与农户之间存在着利益矛盾。要对合作社的治理结构进行改造，既要防止资本操纵，又要有利于提高决策效率，兼顾农民利益和龙头企业积极性。从长远看，应引导农民或合作社成为投资主体或公司股东，逐步形成"合作社办（控制）公司"或"合作社＋公司"的形式。

四是专业大户与合作社的关系。专业大户领办合作社，可以使农民与市场产生联动，值得鼓励提倡，但应防止"一股独大"，确保农民的利益。要逐步引导合作社多数成员积极参股，通过稀释股权，使股权结构趋于合理，体现合作制原则的要求。

（作者单位：中共威海市委党校）

法律规范的意义边缘及其解释方法

——以指导性案例 6 号为例

孙光宁

一 剑走偏锋：指导性案例 6 号对法律规范
意义边缘的解释方式

在法律体系已经形成的背景下，法学研究与实践的重心更多地向司法领域中倾斜，司法领域中的诸多具体问题也已经受到了越来越多的关注，甚至在法学界中出现了一种研究立场的转换。"当'司法'经常作为公共话题被讨论时，当司法活动日益紧密地关涉公共生活的塑造与公共福祉的提供时，我们观察和分析司法问题的立场就必须发生相应的转换，我们研究司法问题的理论范式就应当发生相应的革新。"在这种理论研究范式的变革中，我们不能仅仅满足于在中西司法文化和制度上的简单比较，而应就中国司法活动中的特殊问题进行更加细致的分析。法律解释学正是能够进行这种细致分析的技术手段。相对于难度较大、成本较高的体制改革，技术改进是应该并且也完全有可能先行一步、走得更快更好的。正是技术和手段可以把法律体系从内在矛盾的困境里解救出来并加以改进，与此相应地推动实用的法解释学发展便是大势所趋。从这个意义上说，我们可以借助于强调微观和具体的法律解释学来分析目前司法实践中出现的各种现象，并从中获得有益结论。

案例指导制度无疑是近两年中最受瞩目的司法现象之一。无论是出于借鉴英美法系的理论目的，还是实现同案同判的现实目标，判例制度、案例制度、先例制度等等，无论具体名称如何，都竞相成为理论界和实务界长期热切呼唤的对象。在 2010 年底，最高人民法院发布了《关于案例指导工作的规定》，这成为案例指导制度启动的正式标志。其后，最高人民检察院和公安部也颁布了类似文件。在 2012 年中，诸多正式颁布的指导性案例也成为热点研究对象。由于最高人民法院的特殊地位，也由于法院是最为经典意义上的、适用法律的"司法"机关，这里仅以最高人民法院发布的指导性案例为研究对象。

虽然在静态意义上完美无缺，但是，一旦在司法实践中得到适用，法律规范就会显示出自身的不足，特别是在其意义的边缘地带上。现代语言哲学的研究成果已经为我们揭示，任何规范都有自己的意义中心和意义边缘，法律规范也不例外。在意义的中心地带，法律规范是明确的、典型的和稳定的，相反，在意义的边缘地带却会出现适用中的模糊情况。意义中心对于多数法官来说都能够掌握，因为此时法律规范与案件事实基本能够实现涵摄而得以解释。而如何对法律规范的边缘意义进行解释，就成为对法官的挑战。这也正是指导性案例能够发挥作用的领域。

最高人民法院《关于案例指导工作的规定》中第二条规定："本规定所称指导性案例，是指裁判已经发生法律效力，并符合以下条件的案例：（一）社会广泛关注的；（二）法律规定比较原则的；（三）具有典型性的；（四）疑难复杂或者新类型的；（五）其他具有指导作用的案例。"其中，（三）属于以法律规范的中心意义为适用对象的案件，而（二）和（四）都涉及对法律规范边缘意义的解释。这样，指导性案例的具体表述方式，特别是裁判要点和裁判理由部分，能够为法官处理类似案件提供指南。更重要的是，根据《关于案例指导工作的规定》第七条："最高人民法院发布的指导性案例，各级人民法院审判类似案例时应当参照。"这就意味着，指导性案例具有一种强制适用的属性，地方各级法院在处理类似案件时具有应当援引指导性案例的责任和义务。"因为指导性案例是由最高人民法院依照一定的程序所制定和颁发的，通常都是通过严格的遴选机制而筛选出来的公正的、已生效的判决，它并非指法官个人在具体案件中对于法律所做的解释。指导性案例一旦颁布，就应当对包括最高人民法院在内的全国法院都能够产生一定的拘束力。这就是说，所有的法官在遇到类似案件时，都应当参照指导性案例来进行裁判。"简而言之，指导性案例既具有指导意义，又具有"应当参照"的强制属性，是各级地方法院应当重点研究和学习的对象。虽然每个指导性案例都是以现有的法律规范为依据进行判决的，但是，这些其解释法律规范的具体方式并不相同。在已经公布的指导性案例中，指导性案例 6 号正是对法律规范的意义边缘进行了细致的分析，最终形成了令人信服的裁判结果，能够成为我们在探讨相关问题时的借鉴对象。

指导性案例 6 号的裁判要点是："行政机关作出没收较大数额涉案财产的行政处罚决定时，未告知当事人有要求举行听证的权利或者未依法举行听证的，人民法院应当依法认定该行政处罚违反法定程序。"而其法律规范的依据是《行政处罚法》第四十二条："行政机关作出责令停产停业、吊销许可证或者执照、较大数额罚款等行政处罚决定之前，应当告知当事人有要求举行听证的权利。"法院在裁判理由中认为，虽然该条规定没有明确列举"没收财产"，但是该条中的"等"系不完全列举，应当包括与明文列举的"责令停产停业、吊销许可证或者执照、较大数额罚款"类似的其他对相对人权益产生较大影响的行政处罚。为了保证行政相对人充分行使陈述权和申辩权，保障行政处罚决定的合法性和合理性，对没收较大数额财产的行政处罚，也应当根据行政处罚法第四十二条的规定适用听证程序。

通过对裁判理由的概述中可以看到，在指导性案例 6 号中，司法机关充分挖掘了"等"字的含义，在"责令停产停业、吊销许可证或者执照、较大数额罚款"之后，增加了"没收财产"的内容。指导性案例 6 号主要适用了《行政处罚法》第四十二条，其中列举项由于其含义明确稳定而属于法律规范的意义中心，未完全列举项（没收财产）则由于"等"字的模糊含义而属于规范意义的边缘。

在明确列举项之后运用"等"字是我国立法中的常见现象，在各个部门法中都广泛存在，这种立法技术的基本特征之一是：法条中的"等"所指代的事项处于上位概念语义的模糊区域，它与列举的典型事项之间不是全同、包含或被包含的关系，也不是全异的排斥关系，而是一种类似关系。因此，针对一个具体的事项，只有考虑相关因素，才能相对准确地判断其是否被"等"所指代。可见，"等"字在法律规范中属于比较边缘的地带，如何在司法实践中具体解释和适用，需要法官在个案中考虑相关因素之后才能够确定。而指导性案例能够对相关因素的考量、进而对法律规范意义的边缘意义进行挖掘和适用，提供相当重要的参考。"对于案例指导制度来说，创制规则是其根本职责之所在。没有规则的创制，也就没有指导性案例存在的必要性。案例指导制度通过创制司法规则，发挥其对司法活动的指导作用，以弥补立法与司法解释的不足。"指导性案例所创制的规则，不仅是实体上的，还包括程序上的和思维上的。指导性案例要形成新规则，弥合法律与社会之间的缝隙，充分利用对法律规范意义的边缘地带进行解释，就可以做到这一点。同时，这种新规则的形成方式也不能过于随意，否则将造成司法的恣意裁判。在指导性案例 6 号中，充分分析"等"字所包含的意义，这种对法律规范边缘意义的挖掘在普通的司法实践中并不常见，而本案的法官却以剑走偏锋的方式利用"等"字进行裁判。我们需要细致分析其所使用的解释方法，以彰显指导性案例对法律思维的借鉴和指导意义。

二　文义解释：法律规范边缘意义的底限范围

在法律解释的各种具体方法中，文义解释方法具有优先适用的地位，这一点已经成为学者们的基本共识。"文义因素首先确定法律解释活动的范围，接着历史因素对此范围进一步加以确定，同时并对法律的内容，即其规定作一提示。紧接着体系因素与目的因素开始在这个范围内进行规范意旨的发现或确定工作。这时候，'合宪性'因素也作了一些参与。最后，终于获得了解释结果。"从法律规范的文义出发，能够获得最接近法律规范本意的解释结果，也最能够以符合法律规范本意的方式适用法律，形成最终判决，达到严格司法的法治目标。在纷繁芜杂的各种解释方法中，唯有文义解释具有这种首要适用的地位。

但是，对于文义解释具体的内容，仍然存在着一些不同观点。从比较直接的角度来说，文义解释仅仅包括望文生义；但是，还有其他学者将文义解释的范围进行了扩张。有学者认为，文义解释是指根据法律（包括精神、规范、原则等，其中主要是法律文本所载明的意义）来确定法律规定中有争议语词及事实的法律意义的解释方法。文义解释包括字面解释、限缩解释、法意解释、合宪解释、当然解释、语法解释、体系解释、比较解释。在司法过程中，将法律概念作为开放的类型通过解释来确定，我们对文义解释的定位就不是仅仅根据法律语词的通常含义进行解释，对法律语词文义的确定实质上是对语用意义的阐明，因此，对法律语词的确定就必然引入其他的解释因素。甚至还有学者将目的解释、体系解释、历史解释和社会学解释都纳入文义解释的具体方法。

从确定法律规范边缘意义的角度来说，采取狭义界定更能够将文义解释方法与其他解释方法相区别，也能够从典型的文义解释方法中分析法律规范边缘意义的确定方式与过程。因此，本文将文义解释界定为依据文本字面的通常含义对法律规范的意义进行的阐释和说明。这里的通常含义是指法律文本所使用的字、词、句的意义是普通人通常理解、共同接受的含义。因为立法者制定法律的意图是让普通人懂得其含义，遵守其规则，因此起草法律时所使用的字词句都应当与通常使用的语言规则相符。通常含义既不简单地等同于直接的字面含义又不是脱离其在具体背景之下的特定含义。它必须是人们共同普遍接受的含义。

具体到指导性案例 6 号中，司法者判决所依据的主要法律规范是《行政处罚法》第四十二条。该条在明确列举项之后出现了"等"字。根据一般词汇规则的理解方式，"等"字的通常含义包含着一些未明确列举的内容，但是，这些未列举内容与前面明确列举的内容具有相同的属性和特征。这种立法技术属于广义上的兜底条款。在我国现有的法律文本中，比较典型的是狭义兜底条款，即在法条内的款项中，在明确列举项之后用"其他"作为总括。例如，同样是在《行政处罚法》中，第八条在进行了六项列举之后，用"（七）法律、行政法规规定的其他行政处罚"作为对前述列举项的总括，这就是典型的兜底条款。"等"和"其他"并称为广义上的兜底条款。二者都具有概括的功能，由于自身并不明确和具体，也都属于法律规范的意义边缘。

对于兜底条款，法官在司法实践中很少使用，其原因是多方面的。在法治的初级阶段，有法必依成为主流的观念，司法者也尽力在尽量明确的法律意义中心内寻求针对事实的权威性的规范解答，相应地，处于法律规范意义边缘的兜底条款并不符合以上要求，自然也很容易受到"无视"的待遇。即使要适用兜底条款，也需要满足极高的标准要求。例如，在刑事诉讼中，要求适用"兜底条款"认定的行为必须与同一条文明确规定的行为类型在法律性质等方面具有相同或类似的价值。考察以下方面是必要的：（1）行为造成的危害后果；（2）行为本身的危险性程度；（3）行为和危害结果间发生的盖然性程度；（4）行为和危害结果之间是否介入其他因素，以及介入因素对结果发生原因力的大小；（5）行为在社会上发生的普遍程度等。前后相继的司法实践不仅形成了路径依赖，也降低了后来者适用兜底条款的勇气和信心。同时，一旦从兜底条款打开缺口，会将法律规范的意义进行大规模的扩充，甚至会引起司法权的极度扩张。保守、稳定的属性以及举足轻重的社会地位使得司法者不敢、不能也不应当随意扩展自身既定的权力领域。"兜底条款高度的抽象性和概括性，直接结果是导致国民对其行为丧失部分的可预测性，无法通过刑法合理规范自身行为、预测行为后果。而在司法实务中，具有一定模糊性的兜底条款被司法者过分依赖或运用不当则会成为司法机关滥用刑罚权的合法工具，同时公众也无法依据兜底条款监督司法适用，法的模糊性是司法扩张性最安全的模式和最稳妥的载体。"

虽然兜底条款的使用有一定风险，但是，这并不意味着法官在任何条件下都不能使用该条款。在指导性案例 6 号中，法官就利用了广义兜底条款的特性，在法律规范意义的边缘地带填充了新的实体内容，而在形式上并没有完全违背法律规范的文义，毕竟，"等"字为司法者提供了开阔的论证和补充空间。但是，如果《行政处罚法》第四十二条没有"等"字而仅有明确列举项，那么，法官将"没收财产"归于该法条就属于超越了法律规范字面意义的极限，实质上是公开的法官造法行为。这在目前的权力结构中是不允许的。换言之，如果没有"等"字，《行政处罚法》第四十二条所确立的法律规范就没有意义的边缘地带，主审法官自然也不可能挖掘其边缘意义而做出裁判了。

由此可以看到，在适用中处于优先地位的文义解释，为司法者理解和依据相关的法律规范划定了底限范围、极限范围或者最大范围。法官只能在文义解释方法所确立的这种范围之中进行选择，而不能超越该范围。从指导性案例6号中可以看到，文义解释所确立的意义范围，不仅包括法律规范的意义中心，还包括意义的边缘地带。二者都体现在相关法条的规定之中，任何超越边缘意义的行为将违背文义解释的要求，也就是违背了形式合法性的要求。此时的法律解释就不再是依法审判，而是司法的恣意甚至专断。无论是当事人、社会公众还是法律职业共同体，都不能接受这种超越法律文本底限范围的裁判结果。

但是，由文义解释引发的问题仍然存在。文义解释所确定的是法律规范意义的最大范围，即使在该范围之内，法官能够进行的判决结果也仍然是多样的，而且，这些裁判结果都能够满足形式合法性的要求。在这种情况下，司法者又该如何决策？特别是以兜底条款为代表的、法律规范意义的边缘地带，在形式上也没有违背法律文本的通常含义。此时，在阐释规范的边缘意义时，如何保证裁判结果符合法律规范的实体指向或者基本精神，仍然是留给司法过程的疑问。例如，在指导性案例6号中，法官已经借助兜底条款将"没收财产"增加到对《行政处罚法》第四十二条之中，那么，法官是否会继续使用这种方式在其他个案中将更多行政处罚类型列入该条，也是一个在实践中有可能出现的问题。质言之，面对着丰富多样的案件事实，单纯依靠文义解释方法是难以抉择的，司法者还需要借助于其他多种解释方法才能够在案件事实中发现和探知相关法律规范的意义，特别是其中边缘地带的意义。

三 论理解释：法律规范边缘意义的实质考量

面对着文义解释所划定的底限范围，要保证司法者形成正当的判决结果，其方式是多样的。例如，诉讼制度中的审级制度就可以通过上级法院的重新审查而纠正不当的一审判决结果。这种程序方式也可以预防司法者借助于兜底条款在法律规范意义的边缘地带恣意判决。与程序方式相对，实体上保证判决结果正当性的方式就是要求利用各种论理解释方法的解释结果之间具有融贯性。

与文义解释相对，论理解释并不局限于法律规范的文本表达，而是以发现立法意图和体现法律实效为目标，通过对法律文本相关的内在、外在资料的分析，来确定法律条款的真实含义。论理解释具体包括目的解释、历史解释、体系解释等主要的法律解释方法。文义解释方法强调的是对法律规范意义的直接阐释，而论理解释则将法律规范直接和间接的意义都作为探寻的目标和对象。论理解释的特点是，在解释法律规定时，不过分拘泥于法律规定的文字、语句等字面意思，而是基于一定的法律理由，联系一切与之相关的因素，依一定标准进行逻辑上的推理、论证来确定和阐明法律规定的含义和内容。因此，论理解释带有浓厚的价值判断色彩。在英美法系中，论理解释也被称为黄金规则（The Golden Rule），强调不拘泥文字表面的意思，同时参考相关的法规作为解释的标准，包括条文展现的法律系统及其整体性、法律的立法意旨、立法背景、立法目的等因素等，给予法官极大的解释空间。在多数一般案件中，司法者运用文义解释就可以在案件事实与法律规范之间建立对应关系，这也是法律规范的意义中心所适用的场合。但是，在某些特定的案件中，司法者需要发掘法律规范的意义边缘，这时候单纯依靠文义解释就无法完成这样的工作，而论理解释所提供的多种具体方法则有助于确定法律规范的意义边缘。

由于论理解释的各种具体方法各有特点和侧重，因此，在同一案件中所形成的判决结果可以通过各种论理解释方法得以建议和修正。换言之，如果能够运用不同的论理解释方法获得同样的判决结果，那么，这种判决结果就能够被认为是正当的，这一点对于解释法律规范的边缘意义同样适用。而不同解释方法的运用指向同一结论，这就是论理解释方法融贯性的表现和要求。

融贯性发源于现代实践哲学，受到了很多法学家的重视，是当前法学研究的前沿领域之一，在法律解释学的研究中也是如此。融贯性具有这样一些基本特征和属性：（1）它在逻辑上是一致的；（2）它阐明了一种高度的或然性的一致性；（3）它阐明了很多在信念体系各组成部分之间的相对较强的推论性联系；（4）它是相对统一的，比如说，它没有分裂为相对没有联系的子系统；（5）它几乎没有包含无法解释的异常现象；（6）它提出了一种相对稳定的，到最后仍然是融贯的世界观；（7）它满足了观察的需要，这意味着它必须包含把一种高度的可靠性归因于数量合理的认识上自发信念的法律。简而言之，融贯性意味着各个命题之间协调一致，相互没有矛盾，并且指向同一结论。在司法过程及其结论中，由于融贯性强调多个法律命题之间的一致关系，所以，以融贯性为标准可以衡量构成判决理由的各个部分之间是否存在矛盾，是否共同支撑着最终的裁判结果，融贯性可以促使法官尽可能地减少判决理由之间的矛盾关系，从而最大限度地证立（justify）自身的判决结论。具体到运用论理解释方法阐释法律规范的边缘意义来说，在文义解释所确定的意义范围之内，只要运用各种论理解释方法能够最终形成相同的结果，那么，该判决结果就是法律解释融贯性的表现，能够经得起质疑和挑战。

在指导性案例6号中，司法者将"没收财产"纳入了"等"字的范围，实际上是借助了兜底条款的形式阐释了法律规范的边缘意义，并最终形成了判决结果。为了保证司法者适用法律规范边缘意义的正当性，我们需要在文义解释确定的底限范围之内，以论理解释的融贯性为标准来审查判决结果。

（1）目的解释方法："所谓目的解释，指以法律规范目的为根据，阐释法律疑义的一种解释方法。"借助于法律规范所追求的目的，法律规范的意义也能够得以阐发，即使是边缘意义。在指导性案例6号中，《行政处罚法》所追求的整体目的之一就是保护行政相对人的利益，限制行政机关滥用权力。本案中的原告由于被告的行政处罚（没收财产）而受到了巨大的损失，而被告工商局并没有告知听证权利的事实，使得相对人无法通过听证程序来进行陈述和申辩。在行政机关和相对人之间明显的实力对比中，缺少程序权利将进一步强化行政相对人的弱势地位，不利于实现行政法律所追求的目标。从行政处罚法律规范的目的角度来说，在《行政处罚法》第四十二条中的列举项无法保护相对人的听证权利，而司法者阐释"等"字的含义、充分阐释该条规范的边缘意义则能够实现立法目的。因此，运用目的解释方法能够证成该案的判决结论。

（2）历史解释方法：该解释方法主要是借助于立法史料来探寻立法者在历史上所追求的目标，利用法律规范的历史沿革来阐释其意义。历史解释认为，法律规范的制定者有其一以贯之的目标追求，在法律规范意义模糊不清时可以借助于各种立法资料来澄清其意义。对于案例指导制度而言，其创制者就是最高人民法院，我们不能再套用"立法者"这一名称，而应当将最高人民法院前后一致的目标追求作为运用历史解释方法的依据。在指导性案例6号中，判决的主要结果是针对行政相对人的听证权利，其背后所蕴含的主旨是对正当程序的尊重，而这一点恰恰也是最高人民法院长久以来追求的目标。在指导性案例的前身之一——最高人民法院公报案例中，我们可以看到很多以正当程序为裁判依据的案件。例如，《最高人民法院公报》2005 年第三期刊登的"张成银诉徐州市人民政府房屋登记行政复议决定案"中，司法机关的判决理由是："行政复议法虽然没有明确规定行政复议机关必须通知第三人参加复议，但根据正当程序的要求，行政机关在可能作出对他人不利的行政决定时，应当专门听取利害关系人的意见。"在法律规范并没有明文规定而处于意义的边缘地带时，最高人民法院强调依据正当程序原则作出裁判。如果完全局限于现有的法律、法规和规章，行政权力的恣意行使就难以纠正，当事人所求的正义也将无处可寻。但法官们并没有机械地依赖立法、等待立法。面对法律、法规具体规定缺乏的情况，他们用正当程序原则来弥合法律漏洞，为具体行政管理领域树立起法律的界碑。由此可见，正当程序原则是最高人民法院一直强调的基本原则，特别是在阐释法律规范的边缘意义时，最高人民法院对其保持了一贯的肯定态度。而且，将该案件选为指导性案例并在全国法院中推广，这一点本身也是最高人民法院表达自身意图的直接方式。可以说，从正当程序原则的使用上来看，指导性案例 6 号的判决结果符合最高人民法院的稳定意图，历史解释方法能够支持该判决结论。

（3）体系解释方法：所有的法律规范都处在特定的法律体系之中，结合整个法律体系的"语境"可以更加明确具体规范的意义，这就是体系解释方法的精髓。"系统解释要求在法规的背景下对一个法律原理来加以理解，而不是单独对其进行考察。"拉伦茨也认为："解释规范时亦须考量该规范之意义脉络、上下关系体系地位及其对该当规整的整体脉络之功能为何。"特别是在面对法律规范的边缘意义等出现模糊和不确定的场合下，司法者更应当将特定法律规范置于整个法律体系之中，通过相关规范的比照而确定法律规范的边缘意义。指导性案例 6 号的法官在裁判理由中就参考了《四川省行政处罚听证程序暂行规定》第三条关于"较大数额的罚款"的规定，这种做法就展现了体系解释方法的运作过程。一方面，从整体而言，《行政处罚法》第四十二条主要是关于听证程序的规定，这一点同样是《四川省行政处罚听证程序暂行规定》的主要立法对象，二者在总体性质上是相同的，都属于听证制度的法律体系；另一方面，在指导性案例 6 号的裁判理由中，如果要将"没收财产"列为对相对人权益影响较大的行政处罚类型中，就必须要满足一定的数额条件。司法者不能凭空界定这一条件，也必须寻求特定的规范性文件作为参考，而立法性质相同的《四川省行政处罚听证程序暂行规定》就成为理想的参考对象，而且后者能够辅助主要裁判结果的证立。简而言之，司法者恰当地运用了体系解释的方法，通过法律规范之间的相互借鉴和参考为确定具体法律规范的边缘意义提供了正当理由，进而形成了最终的裁判结果。

（4）当然解释方法。当然解释是指对于法律未明文规定的事项，按照立法目的具有比明文规定的事项更应适用的理由时，将该事项纳入其适用范围的解释方法。举重以明轻或者举轻以明重，就是最为典型的当然解释的例子。从基本定义中可以看到，当然解释需要参考立法目的，这显示了其对目的解释方法的吸收。针对指导性案例6号中的目的解释方法，上文中已经有所涉及。在保护行政相对人的立法目的之下，在运用当然解释的时候需要确定两相对比的对象之间具有相同的性质。具体到指导性案例6号中，《行政处罚法》第四十二条中的列举项与"没收财产"之间应当首先具有相同的性质，这一点已经在裁判理由中揭示："对相对人权益产生较大影响的行政处罚。"基于此，运用当然解释就需要在明确列举项（责令停产停业、吊销许可证或者执照、较大数额罚款）和未明确列举项（没收财产）之间进行轻重对比。就对行政相对人的影响程度而言，没收财产比明确列举项更为严重。既然较轻的明确列举项都需要告知听证权利，那么，影响和性质更为严重的未列举项（意义边缘）就更需要行政机关履行这样的义务。从当然解释的角度来说，指导性案例6号的判决是非常正当的。对于在《行政处罚法》第四十二条运用当然解释方法，最高人民法院早已进行了指导。例如已经编入《人民法院案例选》（行政卷）的"台顺职业介绍所不服南平市劳动局以自行发布虚假广告等对其予以处罚决定案"，在该案中，南平市劳动局做出处罚决定，撤销台顺职业介绍所；该职业介绍所并未获得任何告知自己有听证权利的通知。同样是基于《行政处罚法》第四十二条，该案的法官认为，"撤销"是比其他几种告知听证权利的列举项更为严重的行政处罚决定，更应获知听证权利。甚至还有学者质疑，对行政相对人影响更为严重的限制人身自由的行政处罚却没有规定告知听证权利的义务，这一点是《行政处罚法》第四十二条的重要缺陷。由此可见，运用当然解释方法可以得出结论，没收财产将对行政相对人的权利产生更大影响，针对这一事项告知相对人听证的权利是非常正当的。

（5）社会学解释方法：该解释方法是将判决产生的社会效果和影响作为阐释法律规范含义的参考。"社会学解释，指将社会学方法运用于法律解释，着重于社会效果预测和目的衡量，在法律条文可能文义范围内阐释法律规范意义内容的一种法律解释方法。"由于不同的判决结果会产生不同的社会影响，在文义解释许可的范围之内，法官更愿意选择那些能够在更大社会范围内发挥更佳影响的判决结果，这也是法律推动社会发展的重要方式。就指导性案例 6 号的案情来说，文义解释所确定的法律规范意义，既包括中心意义（明确列举项），也包括边缘意义（"等"字）。在这种宽泛意义范围之中，法官依据任何意义做出裁判都不会违背形式合法性的底限要求。但是，如何具体选择判决结果很大程度上依赖于法官的自由裁量，即法官对该案件性质的认知及其社会影响的预测。如果仅仅依据《行政处罚法》第四十二条的明确列举项，那么，法官将作出有利于被告的判决结论，这种判决的社会影响将使得行政机关更加漠视相对人的听证权利，甚至在一定程度上鼓励或者纵容行政机关对权力的运用。这种社会效果将是消极的。相反，如果充分挖掘该法律规范中的边缘意义，做出有利于行政相对人的判决，那么，不仅在本案中当事人的权益可以得到维护，而且能够提醒行政机关要尊重相对人的程序权利，这种扩散性的社会影响将有利于行政机关规范行使其权力。在两相权衡之下，使用法律规范的边缘意义更能产生积极的社会效果，这也应当成为司法者的理性选择。

由于论理解释包含多种具体方法，这里无法一一全部列举进行分析。但是，从以上几种主要论理解释方法的解释结果可以看到，指导性案例 6 号的判决结论是所有解释结果的共同指向。换言之，各种解释结果之间不仅没有相互矛盾，反而相互支持，形成了融贯性关系，这使得该案的判决结果能够被普遍接受为正当裁判。

结语　法律规范边缘意义的发轫效果

在司法实践中，法官针对多数普通案件都能够通过发现法律规范的中心意义而进行裁判。但是，在某些较为特殊的案件中，法律规范的边缘意义就要发挥重要作用，需要我们运用多种解释方法才能形成最终裁判结论。正如指导性案例 6 号所揭示的，文义解释方法确定了法律规范的意义边界，只要在该范围内的裁判结果都符合形式合法性的要求；而论理解释则充分进行了实体考量，保证了判决结论的正当性。该案法官的裁判结果就实现了以上两个方面的结合与统一，具备了成为指导性案例的条件。如果将其中对法律规范边缘意义的解释进行深入分析可以看到，法律规范边缘意义经常意味着某种法律变革或者修改的前奏。换言之，法律规范的演进经常是从其边缘意义发生的，这也就是法律规范边缘意义的发轫效果。指导性案例 6 号的判决充分挖掘了《行政处罚法》第四十二条的边缘意义，其精神主旨就是正当程序原则，这一点已经成为《行政处罚法》修改的重要指导原则：在程序滥用方面，法院具有完全的审查权，可以根据正当程序原则进行判断，审查的强度较对实体问题的监督要更为有力。从这个意义上说，"法院、特别是最高人民法院在审理和审查具体案件的过程中有可能及时洞察某些少数意见将转变为多数意见的社会趋势，从而可以提前在制度框架中表达这种少数意见、促进对少数意见的政治认知、使得公共决策更加明智而富有弹性，避免多数派的专制和僵化以及代议机构因讨价还价的妥协而造成的盲点"。虽然在相关法条修改之前，法官只能适用现有法律规范，但是，却可以充分挖掘其中的边缘意义进行某种变革的尝试。如果类似问题经过长期的司法经验积累与探索而形成比较一致的意见，那么，这些成熟的意见完全可以成为立法修改应当重点参考的内容，成为法律变革的动力与方向。最终的结果是在司法和立法之间形成良性循环，共同推进法治进程的发展。因此，法律规范的边缘意义本身就具有十分重要的意义，值得我们充分使用多种解释方法进行阐释。

[作者单位：山东大学（威海）]

法律实施效果的评估方法与技术：
一个混合方法论视角

张　乐

一　导言

近几年从地方到中央形成起了各种等级和层次的立法后评估潮流，这是我国法治建设中的必然现象。法律实施效果评估属于立法评估的一个组成部分，是针对某项法律法规在颁布实施后所取得的成效以及产生的后果的价值判断和量化分析。法律实施效果评估是一项严谨的科学活动，涉及议题准备、评估设计、资料收集和分析解释等多项技术。目前学界对政策科学评估的研究较多，有介绍西方社会政策评估的哲学基础、方法、内容与范式的研究，有讨论西方政策评估技术与方法的研究，也有立足国内评估实际阐述公共政策评估标准维度的研究。而在法律评估研究领域，有学者对立法后评估的重要作用进行了分析，还有研究者详细介绍了法律实施效果的定量统计分析方法。上述研究对国内外政策评估尤其是法律绩效评估的理论和方法的论述较为清晰明确，但他们在具体评估方法上还存在实证主义和后实证主义的争论，而在技术层面的操作说明上却又大多语焉不详。本文以政策评估领域中的"混合方法论"为研究视角，具体阐明法律实施效果评估的方法选择和技术要点，以期为现实的法律评估提供有益的参考。

二　评估准备阶段的方法与技术

（一）法律实施效果的议题识别

法律实施的效果是指由于法律实施的干预所导致的目标群体状况或者全

社会状况的改善。它用来评价在一定社会环境中法律实施产生了那些预想的对环境的改造，这包括是否获得了预期的产出，法律实施对社会的干预是否发生了作用，法律实施后的影响是否包含了某些意外的效果。理论上讲，效果评估基本目标是对某项法律实施后的法律效果和社会干预活动的净效果进行估计，估计在没有其他过程和事件的影响下的"纯粹"效果。对于这一核心概念的理解和评估设计需要把握以下技术要点。

1. 议题识别的路径

（1）理解立法的初衷

评估机构必须考虑立法机构对法律的预期效果的看法，必须确定这些预期效果在立法理论和法律总则中都有说明。在这个基础上，评估机构还需要注意到不同的立法主体对于该法律法规应该完成什么目标都有其自己的理解。相应的，各级立法机关对法律将产生什么样的效果的理解也有一些差异。评估机构必须和立法机关进行充分的沟通、座谈，清晰准确地理解立法的目的、期望的目标和实现的任务等信息。这些信息一般是相对抽象和概括的，没有提供在界定具体评估测量时需要的效果指标特征。因此，还需要邀请法学专家学者和实际法律工作者与立法机关一起商讨，沟通确定效果测量指标体系，将这些原始信息转化成可操作的数据形式，以保证效果测量符合立法的期望和初衷。

（2）辨识法律实施的直接效果、最终效果和意外效果

直接效果是指那些迅速发挥作用的可以在短期被观察到的法律实施后的结果。对于多数法律实施的效果来说，它们表现为目标人群基于法律实施后直接发生的心理和行为倾向的变化。很多情况下，直接效果不是法律实施的最终结果，但是它们却是较容易测量和容易归结为法律实施效果的一类效果。因此，在评估中最容易获得，可以凭此了解法律实施所带来的显著变化。如果法律实施后没有产生这些最迅速和最直接的结果，那么逻辑链条中那些长期的后果就不能证明也会发生。最终效果难以测量，有时不太明确，它们的评估需要建立在直接效果信息的基础上，进而更加清晰地获得评价。实际上，最终效果显然才是最具实践价值和政策价值的法律实施效果。因此，在前期评估工作的基础上明确地界定和描述法律实施的最终效果尤为重要。出于这样的目标，认真厘清评估的逻辑链条，建构立法、执法和实施效果的因果关系，无疑可以为评估效果提供合理化的条件。评估准备阶段的专家座谈和各个部门机构的协商还要注意到法律实施后产生的意外结果。这些结果可能处在因果逻辑链条之外，使用通常的方法无法识别这些意外产出。如何注意并

评估这些意外效果呢？对已有法律绩效评估问题的回顾通常非常有帮助。类似环境下的其他法律实施效果的评估结果以及任何试图干预社会状况的法律法规绩效研究都应该被包括在评估设计回顾之中。

（3）听取更广泛的意见

一些非法律工作者和机构可以观察和亲身体会到一些法律工作者忽视或者熟视无睹的有益信息，这些人和机构的意见很有价值。因此，评估机构广泛地听取直接利益相关者、间接利益群体乃至法律不直接作用的人群代表的建议，与他们的关键人物接触和沟通，了解他们在法律实施过程中感受到立法时没有考虑周全的实际问题。有时非专业人士的留心评价会给专业法律人士和专业评估机构以更多的启示。

2. 议题识别的技术

在评估准备阶段召开座谈会是常用的方法。目前政策科学领域使用最多的是焦点团体访谈法（Focus Groups Discussion），它是评估者与一个小团体多人针对某一主题所做的访谈，以便获取该团体成员对特定主题的详细观点和认识。具体到法律实施效果评估上，焦点团体访谈就是评估机构召集相关人员围绕法律实施的效果进行评价和谈论，这一讨论不是对效果本身进行量化，而是就法律实施效果的概念、评价体系和评价方法进行交流，以期达成某种评估"共识"。运用焦点团体访谈法需要注意几个关键环节。

（1）座谈会的组织

这个环节包括对与会者的甄选、参会者数量和会议时间等问题。法律实施效果评估是相对专业的领域，不能随便找人参加座谈，应该对各种人选进行甄别。法律法规的立法人员、执法人员、法律监督部门的工作人员是必须参与其中的，但这并非与会者的全部，其他个人或者组织如地方政府部门、法律涉及的企事业单位和法律调整的目标群体和普通公众都应该有代表参加。对于普通公众代表的遴选，需要注意其人口学特征，比如年龄段、性别和文化程度以及职业类别等都要加以区分，避免意见同质化。还有一类群体的代表最好不要缺少，就是法律实施后曾经对法律实施活动提出过质疑甚至投诉抗议的人，他们作为特殊利益群体应该参与到法律实施效果评估准备阶段的座谈会中来，使座谈会的议题方向呈现多元维度。在与会者的获得方法上，可以通过组织推荐（立法部门、执法部门、法律监督部门、企事业单位）、会议邀请（对法律实施持异议者）、志愿参与（普通公众）等方式进行选取。因为是焦点团体座谈，参与人数是有一定限制的，通常座谈会的规模在 10 人以内。人数太多时，座谈会中整体发言的时间会增加，议题容易过度分散，会场记录也容易出错。焦点团体访谈的时间最好是在工作日进行，这是因为评估也是工作，座谈内容又涉及主要与会者工作内容或者工作范围，与会者会更乐意参与且不影响其休息。

（2）座谈会提纲的设计

焦点团体访谈法最好使用"主题式"提纲来展开讨论，它是一种评估机构用来实现设定好的议题和讨论主旨的座谈提纲。这类提纲给评估者在把握讨论问题深浅度和深入引导挖掘座谈内容等方面赋予了较大的主动性，会场的互动效果会比较明显。评估者可以通过座谈的主题提纲快速地帮助与会者明白座谈的目的和讨论的要点，座谈的气氛将更加轻松自然。评估机构作为主持人可以不断变换提问方式和提问角度来激发参与者的兴趣，取得良好的座谈效果。主题式座谈提纲的设计步骤一般包括：（1）确立要座谈讨论的主旨问题。评估机构的项目负责人召集团队成员认真研究法律文本和相关法律实施的情况材料，制定出将要讨论的主题，目的是要让与会者围绕主题提出建议并完善法律实施效果评估的概念和指标体系。（2）设计座谈的问题。这些问题是基于主旨展开的，分为起始问题（又称为暖身问题或者开场白，目的是为了消除与会者陌生感和紧张感）、座谈会的介绍性问题（是为了引入法律实施效果评估这个核心问题而设计的问题，让与会者建立对核心问题的一般性认知）、核心问题（有关法律实施效果的概念、指标体系、评估方法等关键性议题，主持人要激发与会者的积极性和潜能，畅所欲言，采用头脑风暴法也是不错的选择）、结束性问题（用于结束讨论，对已有的讨论的各种观点进行归类和总结，做出一定程度的评价，也可以在结束时再次询问与会者是否还有补充等）。

（3）座谈会的提问与控制

焦点团体座谈会所要形成的是一种高度互动式的沟通模式，它为法律实施效果评估方案的准备提供重要的信息和方向。与一般的座谈会不同，焦点团体座谈没有核心人物只有核心问题，没有强制性回答只有平等沟通和启发诱导。鉴于这样的特征，座谈会对评估机构的主持人的会场控制和提问技巧提出了更高的要求。在提问策略上主要有这么几种：一个是积极鼓励策略，针对那些发言不积极或者有所顾忌的与会者可以采用该方法，先是肯定前面发言者的讨论效果，然后是消除后面发言者的紧张感和局促感，声明每一个人的发言都是有重要意义的等；二是深度发掘策略，包括探寻、即时的跟进和追问技术。评估者在与会者的讨论中会发现发言人所提供的陈述和意见有多重含义，那么就可以探寻他们的真实意图，比如继续询问"您可以解释下刚才的意思吗？"或者"您可以举个例子吗？"座谈中的问题并非都处于同一个逻辑位置上，有些问题是基础性的，有些是需要评估机构追问才能发掘出意义的问题。问题的跟进需要评估者按照事实状况、具体案例、原因、结果和解决方案等逻辑顺序追问与会者，进而打开思路，拓展讨论的空间和深度。另外像"点名法"则可以起到打破会场沉默、鼓励发言、平衡与会者的争论甚至可以截断冗长的发言等作用。

（4）座谈会的记录与整理

由于是焦点团体座谈会，与会者会就法律实施效果的核心问题进行广泛甚至激烈的讨论，座谈会的主持人不可能同时兼顾会场控制又快速记录，因此座谈会需要配备专职的记录员。他既是评估机构课题组的成员熟悉评估目标和流程，又作为记录员，把握需要记录的要点和层次。记录员的双重身份要求他在座谈前就要熟悉法律实施效果评估的目标、核心概念和初步建构的指标体系，对座谈会的主题提纲有系统的把握。另外，操作时还要注意以下几点：一是提前做好记录格式的设计，一般的记录表包括两部分内容，发言要点和该发言激起的团体回应、讨论要点，也即是记录中的内容和场景两要素；二是记录简繁得当，由于记录是为了定性分析，因此尽可能的完整记录座谈内容非常关键，在征求与会者的意见后可以全程录音，这样可以确保座谈内容不遗漏，为后期的评估方案和评估指标的细化奠定翔实的材料基础。焦点团体访谈的记录整理主要是会场记录的核查、补充和归类工作。座谈结束后，评估机构负责人和记录员要马上整理材料，通过认真浏览记录过程要点和比对现场的录音资料来查缺补漏，保证发言和讨论内容的完整性。然后就是将整理出来的文本材料进行初步小结。评估机构的分析员根据与会者对法律实施效果的发言和讨论进行结论性归类，观点相同的言论编制在一起，观点截然对立的言论也要标注出来。归类的时候可以按照评估理论假设的要求，用一些重要的评估变量比如不同参与者的职业背景、文化程度、性别、法律水平等进行观点比对，将他们对法律实施效果的概念、内容、方法和评估指标的考虑等内容的评价差异罗列出来为之后的评估设计提供精细的指导意见。

（二）法律实施效果评估的测量

评估机构一旦识别出需要评估的核心议题及其范围，并对其做出了详尽的描述和全面把握，那么下一步就是进行测量。法律实施效果的测量是通过设计出一套系统工具和指标来度量法律实施所带来的法制环境变化。评估机构在确定最终的测量指标前，应该首先考虑所有潜在的指标，然后进行区分，按照指标的逻辑关系和重要性进行排序，选择具有可测量性和可操作性的重要指标进行测量设计。

1. 测量的方法和步骤

（1）实施效果概念的界定

评估机构进行效果测量时，必须从效果概念的界定入手，而这个效果概念又是和立法目标和立法价值紧密相关的。一般来说，测量指标建立必须纳入伦理性与规范性的价值，并反映民众和决策者的价值或偏好。将这个承载价值和偏好的概念转化成一系列能从经验上观察到的测量指标，大体上分为两个步骤：一是概念化，二是操作化。概念化是这样一个过程：将立法价值和立法目标转化成法律实施效果的概念，通过赋予它一个理论定义的方式来提炼其内涵，说明其外延。换句话说，就是将法律实施效果这个需要评估的名词以抽象的理论术语下一个定义。如何才能获得一个准确的定义？首先，法律实施效果的定义要和立法思想和法律价值相关联，体现法治思维和法律价值。其次，一个好的效果定义需要评估机构仔细考察已有的研究成果中对法律实施效果的界定，通过对前人成果的阅读来把握定义的本质，然后在与同行专家交换关于这个定义的意见，最后尝试制定出本次评估的效果定义。

（2）概念的操作化

操作化则是用一系列经验可观察的指标和系统陈述表达出定义所包含的抽象意义。操作化是一个中介，它连接着法律实施效果这个定义与一套针对法律实施效果的测量技术和程序。评估机构通过这些技术和程序来获得有关法律实施效果的具体指标，凭借这些指标进行观察、比较、直观的分析并获得评估结论。

测量指标体系的选择和设计可以有两种方式。一是使用现成的较为成熟的指标，这些指标在政策科学领域中已经被证明是行之有效的。比如法律实施满意度的测量就可以考虑使用心理学领域成熟的态度评价量表。选择现成的测量指标需要注意测量工具或者测量程序是否与法律实施效果评估的测量目的相匹配，是否能良好地反映出测量的结果。因此，这还是要求评估机构对法律实施效果进行细致描述，对照现有测量指标在结构上与本次评估测量是否具有"同构性"，唯有如此才能保证测量工具与对象特征的匹配。二是评估机构发展出自己的测量指标体系。构造测量工具要注意使它们以一致的方式测量评估委托机构希望测量的内容。具体的做法如下。

第一，列出法律实施效果这个概念的维度。正如前文所述，法律实施效果是一个抽象的概念，它具有不同的层次。理论上的法律的实施效果对应着现实生活中多组复杂的社会现象，评估者不能仅凭一种可观察到的法律实施后果来推断法律实施的整体效果。可行的做法是将效果概念所包含的内涵进行细分，确定测量维度的内部层次；将其外延也进行范围划定，制定测量维度的外部条件。

第二，建立测量的具体指标。法律实施效果的测量维度是大的方面和层次，具体可操作的指标才是更具指导意义的工具。每一种维度都应该有多个抽象层次更低一级的指标来构成。评估机构可以使用前面提到的已有的、成熟的测量指标，通过对照不断修正和完善现成的指标体系。这样做的好处是节省时间和成本。评估机构也可以采用专家访谈和利益相关者群体座谈等方式实地观察和询问这些关键人物，获得更佳符合实际状况的答案。将这些答案对照评估的目标和立法的目的等理论问题，然后将符合目标的答案整理成具体的测量指标。这种方法要求进行大量的前期测试、分析和修订。如果评估机构在未能完成上述步骤和核查的基础上就使用某个测量工具，最终结果的精确性就会受到质疑。

2. 测量指标的效度

一套好的法律实施效果评估的测量工具应具有高效度，它是评估的根本要求。所谓效度是指测量指标准确反映测量对象内容的程度。就法律实施效果评估而言，测量的效度是测量工具能准确真实地度量法律实施效果内涵的程度。理解这个概念的关键在于评估测量设计时要反问"我们所选用工具和方法测量出的效果是我们所希望测量的内容吗"。如果评估机构选取的指标能够反映法律实施效果这个概念的属性和含义，那么这次评估测量将是有效度的。测量的效度的检测有三种类型：表面效度、准则效度和构造效度。

（1）表面效度。它是指评估测量所选择的指标项目"看起来"符合测量目标的要求。这实际上是个主观判断的问题，首先要求评估机构清晰地定义法律实施效果这个概念，并被评估委托方以及其他重要目标群体所认可；其次是评估机构自己要对评估目标做到全面深刻的认识，对从概念到指标的经验推演的过程都有着明确的逻辑和思路，这样才能准确地判断测量是否有表面效度。

（2）准则效度。准则是被假设或者定义为有效的测量标准，符合这种标准的测量工具可以作为测量某一对象或者概念的效标。与效标一致的测量被认为是有准则效度的测量。准则效度又有两个亚型：如果准则是依据将来实际发生的情况而建立的，那么这种效度就是实用效度；如果准则是与某种测量方式同时被证明为有效的，则是共变效度。使用准则效度检测需要假定作为效标的测量工具是有效的，且有一个量化数值，然后才能计算本次法律效果评估测量的结果与效标的相关系数。通过对比相关程度来判断效度，系数越高，说明此次的评估测量指标越具准则效度。需要注意的是，如果效标工具没有理论依据或者被广泛质疑，那么准则效度就无从谈起了。

（3）构造效度。它是通过评估理论或者命题来考察当前测量工具的效度。要求评估机构在测量指标设计时就有理论框架和假设，比如假定某一个法律法规的实施后会引起目标群体的满意度的变化，而且假定法律执行越严格，人们的满意度越高，然后在实际评估中检测二者之间的关系，发现检测的结果与假定的情况一致，那么这次评估测量就是有构造效度的。该方法属于理论假设与实际情况相对比的技术，对评估前的理论建构要求较高。它与准则效度一样，都是在评估结束后才能衡量的效度检测方法。

三 评估实施阶段的方法与技术

（一）抽样调查法的设计与实施

在使用问卷作为主要的资料收集工具时，填答问卷的被访者的寻找就变得非常关键了。为了保证法律实施效果评估的科学性，被访者的代表性必须被保证。在多数情况下没有必要也做不到对所有法律实施目标人群的调查，因此在总体人群中抽取一定规模的被访者形成调查样本是现代政策评估科学常用的方法。所谓抽样调查一般是指从一个定义清楚的总体中选取样本来收集资料（通常是用问卷）并进行分析的方法。而调查问卷正是由评估机构花费心血设计的有关法律事实效果的一系列指标的具体化问题排列组成的。

不同的法律实施效果评估具体的操作要求有所差异，但从程序上看抽样的一般的步骤应该包括：界定总体、制定抽样框、决定抽样方案、具体抽取样本和评估抽样质量。

1. 界定总体

抽样的目的是为了方便快捷地获得被访者，通过抽取的被访者的情况来了解总体人群的状况，因此评估机构需要在评估前对目标人群的总体数量和规模做一个初步的判断。不同类别、不同部门的法律法规其实施本身是有限度的。国家颁布的法律法规，其适用范围是全国公民，地方性法规则适用对象就相应小得多。所以法律适用的范围就是法律实施效果评估抽样的总体边界。如果评估机构界定的总体是中国公民或者普通公众，那么这个总体是非常庞大的，之后抽样的工作量也大为增加。如果要评估某项预防腐败的法规的实施效果，那么其目标人群总体则是所有公职公权人员的集合，要对公职和公权部门给予专门界定。

2. 制定抽样框

这一步是根据已经界定好的总体范围，在其中获得一份完整的抽样单位的名单，通过对名单进行统一编号建立供抽样使用的框架。鉴于法律实施效果评估的特殊性，总体范围广，地理边界都以行政区划为主，抽样一般是采取多阶段进行，这时候整体的抽样方案中就存在多个抽样框。以国家的法律法规实施效果的公众满意度评估为例，全国 31 个省级行政单位（除香港、澳门和台湾）作为一级抽样框，每个抽到的省、市、自治区内部的地级市名单作为二级抽样框，每个抽到地级市的县区单位名单作为三级抽样框，每个抽到区县的街道和乡镇名单作为四级抽样框，每个抽到镇级单位中的公民名单作为五级抽样框。最末端的抽样名单通过以下方法获取：在发达省份，可以采用电话号码簿法获取在该区域内登记的所有住户的电话总名单，一种是固定电话座机的号码簿，一种是移动电话号码簿，通过法律授权在相关电信运营商那里获得；在经济欠发达地区，可以使用人口普查或者每年 1% 人口抽查时使用的抽样框替代。由于法律实施效果评估绝大多数是政府行为，因此同样可以通过法律授权获得人口普查或者抽查的人口名单；第三种方法是评估机构自己制定最末端的抽样框，在辖区居民户籍管理部门的协助下，获得本地常住人口和登记流动人口的名单。

3. 决定抽样方案并抽取样本

法律实施效果评估要求的是评估结论的科学性和指导性，而评估资料的获取的对象的代表性尤其重要。在经费、时间和人力允许的情况下尽量采用概率抽样方法是最为稳妥的方案。概率抽样是依据概率论原理进行的，可以保证样本抽取的随机性。前面笔者提到法律实施效果评估的调查最好使用多段抽样的方法，因为该方法一开始不需要总体中每一个具体被访者的名单集合，只需要各段抽样的大的名单集合，这样的抽样比较容易进行。在最后一段实际抽取被访者时，可以用到简单随机抽样法来完成，具体做法是：首先建立电话号码簿或者人口登记名单的数据库，给每一个号码或人口名单编号，然后使用随机数表法（一般的统计教材上都附有随机数表），根据辖区内号码或者人口规模来确定从随机数表中选择的位数（假定电话号码总量是 1000 个，那么在随机数表里选择的位数就是 4 位），根据总体规模，在随机数表中选取数字（比如电话号码总量是 1000 个，那么数表中小于或者等于 1000 的数字入选，重复的数字舍去），直到抽取够样本要求的数量为止（若要求在

1000 个电话号码中抽取 100 个组成样本，那么就要在随机数表中找到 100 个小于或者等于 1000 的且不重复的数字），在随机数表抽取的数字对应的是数据库中电话号码或者人口名单的编号，根据编号打电话或者当面询问被访者问题来完成调查。上述步骤是基本原理的表述，目前该步骤都可以通过计算机软件辅助完成。

4. 评估样本质量

当完成了对所有被访者名单的抽取后，抽样并没有结束，评估机构还需要对抽取的样本进行核查。样本的评估是指评估机构对样本的代表性和偏差进行初步的检测，目的是防止抽取的样本的误差过大而影响调查的科学性。评估机构要再次检测总体中的每一个元素是否都具备了同等的被抽中的机会，实际抽到的样本的构成情况比如年龄、职业、文化程度等人口学特征与已经掌握的总体的人口学特征是否接近，如果二者差别较大则说明样本的质量堪忧，需要重新考虑抽样的问题。

5. 样本规模

为了保证抽样的精确性，样本规模需要达到一定的量才行。法律实施涉及人群面广量大，对其效果的评估当然就需要被访者的范围也相应大一些。一般情况下，法律实施效果评估的调查样本的规模确定要考虑四个方面：一是总体的规模，评估对象的总体规模越大，样本的规模也随之增大。但这个正比例关系并非无限制，在其他因素一定的情况下，样本规模超过 2000 以后其抽样精度不会随样本规模增加而明显提高。其二是评估本身的精确性要求。若用抽取的样本去推断总体的情况，进而为法律实施效果评估的结论提供精确的事实依据，那么样本的规模应该大一些。其三是总体的异质性。调查的人群构成越复杂，他们在职业、收入、价值观、法律知识、法律行为等方面的表现越多元，其样本规模也就越大，这样才能保证不同群体对法律实施效果的评价、态度尽可能地被调查到。其四是评估机构实际评估时拥有的经费、人力等资源和评估时间的限制。在不考虑上述客观限制的时候，抽取的样本规模大，抽样精度就高，调查的代表性就越强，但实际任何一次法律实施效果的评估活动都会受到客观条件的限制，评估机构要权衡才能设计出一个可行性的方案加以实施。

（二）利益相关者分析法与深度访谈的技术

1. 利益相关者分析法

"利益相关者"的本义是在一个企业或一项商业活动中拥有投资份额，股份或者其他相关利益的个人和组织。韦唐（Vedung E.）将利益相关者概念引入政策评估领域，他在《公共政策与项目评估》中提出从利益相关者角度出发来评价政策的影响和合理性，倾听被政策影响和可以影响政策的社会成员的不同意见，通过权衡多方利益，最大限度地回应公民诉求。立法实质上是不同利益的调和与妥协，在其实施过程中，立法主体、执法者和法律调整的目标群体对法律的实施有着不同的感受。这些受立法和法律实施影响的利益主体就是利益相关者。有研究者认为必须针对具体的部门法律，对法律实施效果的评估的利益相关者的性质和范围做出明确界分。通常的法律实施效果评估的利益相关者有立法主体、执法者、司法者、法律适用对象、其他涉及的企事业单位和个人等。

法律实施效果评估中的利益相关者分析法主要是通过定义所有影响法律实施和被法律实施影响的利益相关者，然后采取用焦点团体座谈和深度访谈法从利益相关团体中抽取能够反映评估价值的各种属性，并用层级结构方法将访谈资料转化成价值树；评定各种属性的权重进而建立反映各种特定利益诉求及效用的定位方法。本质上讲，利益相关者分析法属于定性评估和价值评估，是对整个法律实施效果评估目标的深入化，与前文所述的抽样调查的定量测评方法是相辅相成的。这种相辅相成的关系源自二者评估的目标是一致的，评估的对象是相同的，都受到相同的评估理念体系的指导，只是在具体操作和资料收集方法上有所区别，在资料获取的深度和广度上有所差异。

2. 利益相关者分析中的深度访谈法

要清晰地了解法律实施涉及的各个利益相关者的意图、态度、价值取向并非易事，表面的、泛泛的谈话和询问很难深入了解到他们真实的利益取向和核心利益诉求。因此，需要采用一种更为可行且有效的方法深度了解利益主体对法律实施后的成效、实施中存在的问题的真实评价。深度访谈法恰恰可以满足上述需要。法律实施效果评估中的深度访谈是针对法律实施中的价值议题，进行 1~2 小时的访谈，在这一过程中激发利益相关者的真实观点，作为评估资料来源的方法。

（1）深度访谈的准备工作

深度访谈多采取"半结构化"形式进行，也即是在一对一、面对面的情景中，评估者与特定的利益相关者代表围绕立法目标、自身受法律调整的利益牵涉程度、法律实施对自身利益的影响、对法律的价值关切点等价值议题展开谈话。议题的相对固定性和谈话内容的灵活性是半结构化的基本要求。这就要求评估机构事先准备的深度访谈问题是按照结构化的议题展开，然后围绕议题以非结构化的内容进行讨论。其他访谈准备还包括：事先和被访者预约时间地点，尤其要声明谈话的时间在 1 ~ 2 小时，然后询问被访者的意愿确定其接受访谈的方便程度，评估者要带记录工具包括录音设备，在征求被访者的同意后可以录音保留访谈资料。

（2）深度访谈的策略

相对于其他评估方法，深度访谈的时间较长，如果评估者处理不当，很容易引起被访者的厌倦和反感，最后导致评估失败。因此，需要使用一些策略性的技术保证访谈的顺利进行。首先，评估者自身要对被评估的法律比较熟悉，对评估目标和内容要有一个清晰的把握，然后在去深度访谈前了解被访者的基本信息（性别、年龄、学历、生活经历等），这些内容可以帮助评估者在谈话之初"打破坚冰"，创建融洽和沟通的氛围。第二是给被访者一个访谈的整体性认识，评估者给被访者简明清晰地介绍一下此次探访的目的、意义和流程，让被访者感到尊重。第三是采用中介引入的方式提出关键问题。法律实施是一件严肃的事情，涉及司法公正这类核心价值议题，访谈中切忌"开门见山"地让被访者表明观点或者给出判断，评估者应该使用较为舒缓的中介性话题引入，循序渐进地开展对话。第四是通过被访者的回应选择追问和提出反思性问题，突出价值判断和利益诉求。评估者发现被访者开始诉说自己的经历和感受时，要在此基础上提出就事实和经历的反思性提问，让被访者将法律实施与自身的价值诉求关联起来，构建利益关系的意义。第五是更多地采用鼓励性谈话方式激发被访者的谈话兴趣和说出真实想法的勇气。对被访者表达的清晰的价值理念要给予肯定，不针对被访者的利益诉求做出贬损性判断。

（3）深度访谈资料的记录与整理

深度访谈的记录是进行利益相关者分析的资料基础。作为法律实施中的利益协调效果评估的重要组成部分，完整有条理的记录是必不可少的。深度访谈有两种记录方式，一是笔录，二是录音。笔录的方式较为常见，它要求评估者同时作为深度访谈的参与者、话题的引导者和文字的记录者开展活动，因此对评估者的基本功要求较高，好处是被访者的戒备心理较低，可以将现场被访者的非语言反应记录下来，成为整理资料时被访者言谈真实性的参考依据。录音记录是现代深度访谈常用的方法。它可以确保访谈现场每一句都被完整记录下来，可以让评估者专心与被访者互动和沟通，避免因评估者忙于手写记录谈话而破坏了沟通的气氛，缺点是事后整理的工作量较大。录音的方法必须征得被访者的同意才可以进行，否则存在评估伦理风险。

深度访谈的目的是让被访者就法律实施涉及自身利益的影响程度和社会效果做出价值判断，评估机构必须对访谈的内容按照预先评估设计的指标进行归类，并发现那些在原来设计之外的利益关系表述和价值判断，将其整理出来。故而，根据记录整理资料时需要做到：将文字语言资料与当时记录的场景、被访者的反应相结合，从繁杂的话语细节里找出利益相关者的主要的价值诉求；重点从资料中梳理出话语的意义，尤其要把被访者对立法、执法、司法的效果等评估的关键问题的价值表达的语句整理出来；最好选择 2~3 名相同类型的利益相关者代表的深度访谈资料进行整理，以便对比的共同性和甄别资料的真伪。

（三）成本收益法和成本绩效法

抽样调查法、焦点访谈法和深度访谈都是针对个体层面的资料收集和评估方法。法律实施效果评估不仅仅是个体意见的汇集，更多的还是需要从社会集群上把握其成效。成本收益和成本绩效法则正是针对集群资料的收集和分析方法。计算法律实施后收益和实际产生的绩效被认为是最直接反应法律实施效果的评估方法，这个评估称之为效率评估，它包括成本～收益评估和成本～绩效评估两种类型。这两种评估方法都是定量分析，技术强，对数据的精确度要求高。

1. 成本－收益法（Cost-Benefit-Analysis）

这种方法是以货币价值为测量标准，根据经济价值来验证某项法律法规实施的进展情况，其目的在于决定某个法律法规的投资从经济角度讲是否有效益。用货币数据表示的费用和收益分成输入和输出，比较输入的费用和输出的收益。效益的高低可作为维持、修订或者废止法律法规的参考。使用成本－收益法评估法律实施效果时要注意以下技术要点。

（1）确定可量化的成本与收益

很明显成本收益评估是典型的经济效率指标分析，法律的制定、执行和司法过程都需要资源投入，这些构成了法律实施的直接成本，其中可以量化的有立法、执法和司法机构运作费和工作人员的人工费用、法律信息采集和法律传播的费用、法律文本制作费用、司法机构的固定资产投入费用、执法和司法人员的工作人工费用等；另外一些则是法律实施的间接成本，比如公民和组织守法而付出的额外费用、为恢复执法不严司法不公导致的法律威信下降而付出的重塑威信的宣传和投入费用等。可量化的直接收益有法律实施后带来的货币收入，比如某税法的严格执行带来的税收增加量，执行促进残疾人就业法规后残疾人群体收入的增加量等；间接收益是法律实施后产生的传导性效益，这部分多数不容易量化。

（2）汇总集群性成本与收益的资料

无论是计算法律实施成本还是估算法律实施带来的收益都必须使用汇总的数据。比如"醉驾入刑"后交通事故造成的直接经济损失总量的变化。这种方法主张用社会或法律部门的观点来衡量法律实施的成本与收益关系，考察的是总成本和总收益。它要求收集到各个部门的多个方面的成本投入资料，将部门资料统一口径统计，剔除重复计算的部分，估算收益时不能只看某一些特定对象的变化，而是扩大到法律调节的所有人群中。可见计算难度大、复杂程度高。

（3）法治价值指导下的成本收益估算

在判断法律实施的成本与收益比时，通常重点考虑的是该法律的实施至少使得一些人群或者组织受益同时另外一些人群或者组织没有受损。特别是在一些非惩罚性法律法规中，意味着法律实施的成本收益评估也要遵循公平、公正的价值指导。例如，一项旨在促进女性就业的法规的实施不应该以损害男性的平等就业权为代价。一项好的法律，整体上应该考虑受益对象应多于受损对象，也即是总收益减去总损失应该是正值。因此，对成本～收益的设定就要本着双赢或者多赢的目标，避免零和博弈。

2. 成本－绩效法（Cost-Effectiveness-Analysis）

成本－绩效分析又称为费用－有效性分析，是成本－收益分析的重要变体。这种方法与成本－收益分析最大的区别是，在不确定法律实施产生的货币价值时，计算法律实施的有形成本/费用，并和特定的输出水平（一般是变化比率）进行对照测算。使用该方法要了解两个主要的技术要点。

（1）界定对比的时间点

法律实施绩效的变化，就是对比法律在不同时间点上产生效果的水平差异。评估机构希望评估法律实施的效果，就需要知道评估前和实施后某些状况的历时性变化。评估机构需要计算出特定时间内（从法律实施开始之前的一段时期到法律生效执行一段时间之后），接受法律影响的目标人群状况的平均变化水平。有时，这个绩效线并非是一条直线，而是曲线波动的。考察前测点的效果水平和后测点的效果水平，对比两个点上的状况变化，就可以在一定程度上评估法律实施前后的影响与效果。

（2）确保绩效是"净影响"

测量法律实施前和法律实施后对目标人群的影响及其变化差异，得到的比较量化数值就是法律实施的效果变化，这个被称之为法律实施的净影响。具体操作方法是：收集某个待评估的法律生效前的多个项目指标及其影响因素，然后在法律实施一段时间后，再收集相同的项目指标和影响因素，观察这两个时间点上的指标数值变化，来确定效果。应用这种方法要注意的是，确保法律实施后的预期的变化是由于法律实施所引发的，而不是其他因素导致的。要做到这一点，需要对法律实施发生作用的效果变量做详细说明，对这些变量进行精确测量，还有考虑到其他影响因素并加以控制，在排除其他社会影响因素的干扰的情况下再去判断变化的部分确实由法律实施所导致。

四　结语

精确的法律实施效果评估离不开科学的方法和技术，高质量的评估结论建立在综合分析方法的应用之上。评估方法是为评估目标和评估内容服务的，使用何种方法都要围绕评估目标和评估问题展开。相对于评估研究范式而言，评估的问题更为重要，更具优先性。评估机构必须抛开定性方法和定量方法的范式争论，将混合主义的评估思路融入我国法律评估领域中。在法律价值的指导下，制定统一的评估逻辑框架，同时选择定性和定量两种路径开展评估活动。评估机构要采取实用原则，用一个核心的评估研究设计方案来统摄各种资料收集方法和资料分析策略，关键是要把握住每种评估技术在整个评估过程中的位置和所发挥的功能，做到相辅相成并行不悖。

［作者单位：山东大学（威海）］

网络环境下宣传思想文化工作的创新

姜翠萍

宣传文化工作是我们党的优良传统和政治优势，是我们党发动群众、宣传群众、教育群众的重要武器。进入 21 世纪，在网络迅速发展的新形势下，面对网络生活中各种利益的诉求、人民群众反映社情民意以及参政议政多样化的新趋势，如何开展好网络环境下的宣传文化工作成为摆在宣传文化工作者面前的重要任务。

一 网络环境下宣传文化工作面临的新机遇

1. 网络传播的无限性拓宽了宣传文化工作的空间。在网络环境下，信息传递已经跨越了国家界限，通过网络实现了全球信息共享，极大地拓宽了宣传文化工作的空间。2. 网络传播的即时性提高了宣传文化工作的时效。"即时新闻"成为网络环境下的新特点。在网络环境下，信息正在以"小时""分""秒"的速度更新，人们通过网络可以随时了解各地发生的事件获得相应信息，这给宣传文化工作提供了新的机遇。3. 网络信息表态的多样性增强了宣传文化工作吸引力。在网络环境下，信息的表现形式更多的是融"图、文、声、像"于一体，可在屏幕上营造一种轻松、愉悦的信息接收环境，在这种环境下，信息更容易被接受和认可，也更加有利于宣传文化工作的开展，这种轻松的网络环境提高了群众对信息的认可度，会进一步增强宣传文化工作吸引力。4. 网络信息传递的交互性提升了宣传文化工作效果。在网络节点平等性的情况下，每个人既是信息的接受者，也是信息的传播者，网络的交互性改变了以往信息的被动接受方式，让群众参与其中进行讨论。这种交互式沟通，可吸引人们由传统的被动式"灌输"教育变为主动参与思想交流，在质疑与沟通中达成思想上的一致，从而实现宣传文化工作由传统的单向传播向互动式交流拓展，提高宣传文化工作实效。

二 网络环境下宣传文化工作面临的新挑战

1. 舆论引导权受到冲击。党和政府很难再像过去那样对社会信息进行完全的管制，过去依靠组织权威进行意识形态灌输的优势受到极大冲击，党的意识形态引导工作难度越来越大。2. 政府公信力受到威胁。在涉及政府与群众关系的问题上，我国网民形成了传播学中的所谓"刻板印象"，即对公权力不信任，对社会公正缺乏信心，而且这类认知和情绪在一些突发事件上不断得到验证。特别是一些部门和党员干部没有公共危机的概念，当网络出现突发性的传播事态后，一些部门和领导干部不是主动披露信息，引导舆论，而是极端轻视公众的判断力，滥用公众对党和政府的信任和情感，极力掩盖事实真相，有损政府公信力。3. 网络规范化受到干扰。在网络环境下，很多传统舆论引导模式已被打破，原有的宣传工作格局正在受到不规范网络文化的冲击，遭遇了诸如网络失范的问题。

三 网络环境下开展好宣传文化工作的几点建议

1. 加强政府部门主流网站建设，树立信息发布的权威性。党和政府要充分发挥互联网的全覆盖、全天候、超链接的传播特点，加强主流新闻网站的建设，及时发布信息，让事实真相比流言走得更快，及时占据舆论制高点，更好地发挥网络舆论的引导作用，树立信息源权威。2. 利用互联网的技术优势，增强正面舆论的吸引力。可以通过加强网络监管，完善相关法律法规对网民上网行为进行约束。另外，网络运营商实行固定 IP 和实名制度，能有效降低部分网络上的不良行为，这些可行措施使网民合理有效利用网络资源的同时，增强公民应负有的社会责任意识。3. 建立网络新闻发言人制度，引导网民健康理性的情绪。各级党政领导干部要充分发挥网络的沟通交流功能，勇于承担责任，真诚沟通交流，充分保障网民话语权。通过建立网络新闻发言人制度，以主动面对社会、公众的开放态度，利用网络及时、主动、准确地发布权威信息，尽快澄清虚假、不完整信息，消除误解，化解矛盾，正确引导网络舆论和网民健康理性的情绪，打造网上舆论文化的一种和谐状态。4. 发挥移动互联网的优势，力求在第一时间发布权威准确信息。通过发挥移动式互联网传播的便捷性以及搜索引擎链接的聚合性特点，在第一时间发布突发事件或重大事件的权威准确信息，及时表明党和政府的立场态度和处置意见等，有助于增强正面舆论的强势地位。5. 加强网络人才队伍建设，提升宣传文化工作的能力和水平。党的宣传文化工作需要加强网络人才队伍建设，造就一支既具有马克思主义理论水平和丰富实践经验，又具有全面的网络技术水平的高素质宣传文化队伍。

（作者单位：中共乳山市委宣传部）

乳山市干部实绩考评工作的实践与思考

邢海波

健全完善干部考评机制，对于树立正确用人导向、选准用好干部，引领领导班子推动科学发展，具有重要意义。近年来，乳山市委组织部按照中央"一个意见、三个办法"要求，不断完善领导班子和领导干部实绩考评机制，形成了干事创业的良好氛围。

一 探索实践

近年来，我们结合乳山实际，在总结以往好做法基础上，围绕市委提出的治庸强能力、治懒增效能、治散正风气、治飘促落实、治奢顺民心"五治五纠"目标要求，从痕迹管理、多维评价、实时监督、奖惩引领等方面，努力规范考评机制。

（一）一线考察，痕迹管理。在坚持年度考察、任前考察等基础上，从三个途径考准考实干部实绩。一是市级领导实地观摩。市委主要领导带头，结合推进落实重点工作、联系包镇包项目、督导解决信访问题，经常深入基层一线、观摩现场，实地工作评析，察看干部业绩、工作表现及综合能力，收集掌握重要岗位干部信息，作为组织部门征求意见、选拔干部酝酿的依据之一。今年，仅市委主要领导就围绕农村环境整治、社区建设、产业结构调整、海岸带整治、便民利民实事进展等组织观摩、现场评析 10 次。二是考察组动态跟踪。成立 5 个相对固定的干部考察组，变年底一次性考察为平时经常性考察，考察组成员要参与落实科学发展指标、岗位责任制等实地考察，跟踪项目建设、社区建设、民生实事、产业发展、生态环境等重点工作调度会议、观摩情况，及时在急难险重工作一线接触干部、了解班子。三是组工干部跟班考察。去年以来，乳山积极尝试，先后选派部机关干部 23 人次到各镇（街）学习锻炼、跟班考察，列席基层领导班子党委（党组）会、民主生活会等重要会议，既察人也察事，将考察活动寓于日常接触中。今年将这一做法向重点部门、关键岗位延伸，每年选派干部跟班锻炼、贴身考察，准确掌握领导班子运行情况和领导干部一贯的德才表现。

（二）纵横印证，多维评价。在做好一线考察、年度考察访谈测评的基础上，我们注重采取定性与定量相结合方式，进行多维印证、比较分析干部实绩。一是纵向评。一方面，实行镇（街）和部门年度考察双向评价，就是组织市直部门按业务类别排序评价镇（街）干部业绩和岗位适应度，组织镇（街）干部综合评价市直部门及干部精神状态和履职情况，并准备将这一方式进一步完善和固化；另一方面，坚持与前任领导、前几年测评情况比较分析干部的工作成效及变化，与关键岗位干部和关联群众进行访谈，了解干部开展工作情况和群众认可度。二是横向比。就是在年度考察中，由市级分管领导排序评价同一类型班子整体战斗力及其主要负责人履职情况；班子主要负责人及成员按比例分档评价其他成员作用发挥情况；在分管同一工作的领导干部间归类比较其精神状态和履职情况。三是综合议。采取会议集中评议、社会综合评议、群众满意度调查等形式，定期不定期组织"两代表一委员"、企业负责人、群众代表等评议相关部门和干部，量化计分，多角度印证分析实绩。例如，今年年初全市"两会"上，组织 241 名基层人大代表和政协委员，无记名投票评议与经济社会发展相关的 19 个部门；在全市岗位目标责任制总结表彰会议上，组织 150 多家企业评议 33 个与经济发展密切相关的部门，都当场宣布结果并公开 10 个不满意票较多的单位。

（三）汇报质询，实时监督。近年来，乳山市结合党代会常任制试点、扩大党组织书记述职范围试点、领导班子和领导干部年度考察，每年都组织 1~2 次工作实绩述职和测评。今年，为实现考核从事后看结果向事中抓落实的转变，市委出台了《关于建立重点工作汇报质询制度的实施意见》，组织各单位申报 10 项年度重点创新工作，经市委常委会审定后实施，并对年度主要目标、阶段性重点工作和重大项目进展、重大事件及自然灾害应急处置等工作，进行重点监控和动态跟踪管理，让干部时时刻刻保持压力，强化了干事创业的导向。具体工作中，我们分三个层面实施：一是常委会定期听取镇（街）和部门业务工作、重点事项落实情况汇报，由市委常委监督评价，提出意见建议。比如，常委会每月一次听取市级领导和产业招商部门工作汇报。二是对落实工作、履行职责不力或评议较差的单位负责人，在常委会或全委会上汇报表态,当面解释回答常委和委员的质疑询问。三是对重点工作没有完成、岗位责任制考核位次靠后或信访稳定、舆情应对等出现重大失误过错的,在全委会上做出说明,由委员投票审查其任职资格,现场公布投票结果,作为组织处置依据。去年以来,针对完成岗位责任制等重点工作,有22人在常委会、全委会上汇报质询,4人在全市领导干部会上表态发言。

(四)兑现奖惩,强化激励。在实绩考核结果运用上,我们将述职测评、汇报质询、岗位目标责任制考核等结果与干部使用和激励、部门评先树优等结合起来,以考评传递压力,激发活力。一是优选激励。市委优先考虑提拔重用当年、特别是连续多年获得先进个人、先进单位的干部;当年考核等次确定为三类单位的以及未引进新开工项目的镇区和产业招商部门,单位党政主要负责人不予以提拔重用。今年年初,有76名干部被提拔,有2个镇的主要领导干部被延缓提拔。二是警示谈话。将被一票否决的、市委市政府交办工作落实不力的、考核等次为三类单位的、各类评议活动情况较差的、未引进新开工项目的镇区和产业招商部门以及区域发展和部门工作平淡、缺乏亮点的单位主要负责人和相关责任人,纳入警示谈话范围,责令限期整改。近三年来,有48人被警示谈话。三是问责追究。对汇报质询工作整改不力的、警示谈话效果不明显的,依据《乳山市从严管理领导干部实施细则》,从严问责追究。近三年来,有5人被诫勉、5人被调离领导岗位、6人被降免职。

二 几点思考

这四项措施的推行,在一定程度上防止和解决了干部日常管理失之于宽、失之于软、用管脱节等问题,纠正了部分干部存有"干与不干一个样、干多干少一个样、干好干坏一个样"思想倾向,但各地在干部考评上,还存在一些问题亟待研究解决。主要有四点体会和启示:

(一)在原则把握上,要确立正确的价值导向。考评原则是考评工作的决策因素,关系考评方方面面的权重和目标导向。但在具体考评中,往往存在内容难把握、方法不科学、目标不明晰、效果不理想等问题,考评导向性、科学性有待提高。解决这些问题,我们体会要坚持四个原则:一是全局与局部相结合。考评结果既是全局的也是局部的,但最终体现在本部门和单位对全局的贡献上,因此,既要看业务工作绩效,也要看服务中心绩效;既要看共性指标反映的差距;也要看个性指标体现的潜力。二是集中与平时相结合。在年度集中考核同时,加大平时经常性考核力度,采取多种形式加强对履职过程的动态考核监督，及时掌握情况，实现日常考核与集中考核的相互补充、印证。三是定性与定量相结合。要以定量考核为主，定性考核为辅，对能量化的考核指标全部量化，不能量化的先进行定性评价，再通过一定方式转化为分值，提高考评准确性，切实解决考评工作凭印象、缺标准等问题。四是对上与对下相结合。领导干部的工作不仅要对上负责，更要对下负责，所以实绩考评要看重民意，关注群众和服务对象的评价，坚持群众满意原则。

（二）在分析研判上，要注重客观公正地鉴别。当前，不少地方实绩考评存在一定随意性倾向，比如，谁要提拔、晋升了就把成绩都归到谁头上；哪些单位和干部出了成绩就认为工作能力强；偏重任期考核的方式易导致"政绩工程"，一任的"政绩"成为几代人的包袱。防止和克服这些现象，要在提高参与考核人员综合素质基础上，加强对实绩的综合分析和鉴别，努力考真考实。一要区分个人业绩与集体业绩。通过抓好领导班子成员岗位职责描述，建立干部实绩档案，推行实绩公定、实绩公示等制度，不仅考出班子业绩，也要弄准干部在班子中所处的位置、承担的责任和个人作用的发挥，实事求是地评价。二要区分客观条件和主观努力。考评中，既要看干部的主观努力、工作态度、创新精神等，也要看取得实绩的外因条件，分清哪些是主观努力取得的，哪些是客观环境带来的，准确评价。三要区分显性实绩与潜性实绩。既要看摸得着的显绩，更要注重发现周期长、打基础、利长远的潜绩，比如，对人才政策制定、培植税源等方面，要健全绩效衡量标准和办法。四要进行实绩成本分析。进行经济投入的成本分析，可以看出领导干部的绩效是否"寅吃卯粮"，是否超过群众的承受能力；运用机会成本和沉没成本的概念分析干部的实绩，可看出干部取得实绩的公信力。

（三）在扩大公认上，要提高考评的民主程度。干部政绩如何，群众最有发言权。但实际考评中，往往存在组织评价多、群众评价少，组织权重大、群众权重小等现象，不少群众往往被动参与，不知情、不愿讲、不负责。我们体会，应把扩大民主贯穿于干部考评工作全过程，切实落实好群众的知情权、参与权、表达权和监督权。首先，要增加透明度。把领导干部的工作分工、主要工作目标、完成的情况等各方面要素向群众公开，拓展公开述职、实绩公示的途径和范围，扩大群众的知情权。考评工作要提前让群众知晓，考评的内容、程序、方法和结果要向群众公开，采用民主的方式确定考核目标和评分权重，增强考核透明度。其次，要扩大群众参与。对不同地方、不同部门领导班子和领导干部的考评，应合理界定群众参与范围，广泛吸收关联度高、知情度深、代表性强的群众参与社会评议。第三，增加民意权重。

考核指标的设置，要广泛听取基层党员群众意见，对一些难以量化的考核指标，尽可能整合到民意调查中，通过群众满意度来分析评价。在确定合理范围群众参评的基础上，要加大群众对评价指标所占的权重，特别是执法和窗口服务部门，更要提高社会认可度和群众满意度所占的比重，真正把群众满意作为评价干部的重要标准。

（四）在结果运用上，要促进对干部的有效管理。实绩考评目的是形成凭实绩用干部、以政绩定升迁的用人导向，调动和激发干部干事的积极性。但当前不同程度存在考评结果为一时一事的干部调整服务多，为干部管理服务渠道少的问题，过后往往被束之高阁，考评综合效能发挥不充分、考评激励约束不到位。因此，我们建议在考评结果运用上，一要与竞争性选拔挂钩。将干部使用与创先争优考评结果相结合，对业绩考核突出的优先提拔重用，对不胜任的及时调整下来，并作为换届调整的依据，解决一次考核定去留、一届考核定终身的问题，把凭实绩用干部导向落到实处。二要与教育培训挂钩。在反馈考核结果、开展谈心教育的同时，考察组可根据干部在知识、经验、能力、修养等素质构成方面的共性问题，提出干部培训方面的意向，有针对性地完善干部培训计划，提高干部综合素质。三要与管理监督挂钩。推行实绩公示制度，通过公开使实绩突出的有荣誉感、成就感，一般的增强责任感、紧迫感，较差的产生压力感、危机感。同时，可与评先选优及奖惩挂钩，将考评结果转化为公务员年度考核等次，对被"一票否决"的单位，取消评先选优资格，发挥考评结果在干部监督中作用。

（作者单位：中共乳山市委组织部）

以务实创新精神破解城市社区党建难题

——关于对山东省文登市城市社区党建
工作的调研与思考

王进华

党的十八大报告指出,要改进政府提供公共服务方式,加强基层社会管理和服务体系建设,增强城乡社区服务功能。为进一步了解城市社区党建工作情况,有针对性破解社区党建难题,近日对文登市城市社区党建工作进行了调查,并针对存在的问题进行了深入思考,提出了整改意见和建议。

一 现状与做法

文登市现有 14 个城市社区,均按社区人口、党员数设立了党总支或党支部,并按照区域分布分片设立了社区党小组,形成了以街道党工委为核心、以社区党组织为基础、以辖区单位党组织为依托的社区党组织体系。近几年,市委和各街道办事处不断加大对社区党建工作人力、财力、物力的投入,切实保证社区党组织有人干事、有钱办事、有地议事。目前全市城市社区工作人员共有 75 人,各社区均达到了最低不少于 5 人的标准。同时,将城市社区居委会办公经费和城市社区居委会成员工资、生活补贴及养老、医疗、失业保险等费用纳入财政预算,并设立 100 万元专项基金,用于城市社区组织开展公益性活动,各社区公共用房全部达到 300 平方米以上。天福街道和经济开发区还分别投资 30 多万元,建起了集教育培训、管理服务、文体娱乐于一体的区域党员综合服务中心。积极引导各街道办事处和社区建立健全学习培训、结对帮联、考核评议、责任追究等各项制度,充分发挥社区党组织作用,发动社区工作人员、党员志愿者服务队、小区物业人员等群体,定期开展主题实践活动，拓展了社区党组织服务领域。据统计，近两年来，全市各社区共开展服务活动 2800 多人次，安置下岗失业党员实现再就业 360 多人次，慰问困难党员 1700 多人次。同时，以社区党组织为依托，成立了"天福剧社""西楼腰鼓队"等文化团体，每年巡回演出达 30 多场次。

二　问题及成因

尽管文登市社区党建工作呈现良好的发展态势，但社区党建工作与新形势新任务的要求相比，还存在着一些困难、矛盾和问题。

一是社区领导协调机制有待完善，党组织工作职能亟待规范。随着城市化进程的加速，城市新建小区和人口快速增加，原有的城市社区居委会布局远远滞后于城市的发展，社区管理体制没有及时跟进理顺，居民自治推进缓慢，各项服务功能不健全。同时，社区承担了许多政府部门的行政职能，社区干部精力主要用于卫生管理、调查统计、户口登记等一些事务性的工作，在开展社区服务、美化社区环境、社区文化活动、参与社区治安管理等方面的作用尚未得到有效发挥。

二是社区管理队伍结构不合理，工作人员开展工作力不从心。尽管近年来各级在改善社区干部结构、提高干部素质等方面做出大量富有成效的工作，但社区干部还存在着队伍年龄老化、对社区党建认识不足、党建知识匮乏、工作热情不高等问题。以龙山街道大观园社区为例，该社区人员编制为 12 人，有 6 人退二线，现有的 6 名工作人员中，平均年龄为 42.2 岁，并且原来多数从事经济、社会等具体事务。天福街道办事处学府社区原来聘任十几名计生协管员，但许多协管员因待遇低而辞职，而社区近 3000 户居民、2000 多名育龄妇女的计生监控和服务等工作，仅靠社区工作人员很难有效开展。

三是社区工作经费不足，难以有效开展工作。近几年来，尽管各级不断加大对社区党建工作的投入力度，但社区党建财力、物力依然较为紧张。有的政府部门纷纷把职能任务延伸到社区，但"权随责走、费随事转"的社区工作运行机制尚未建立实施，导致各项工作压力较大。社区工作经费的短缺，制约了社区日常工作的开展，居民服务需求与居委会职能间的矛盾较为突出。

三　思考与建议

针对社区党建工作存在的问题，必须根据新的形势和任务要求，以务实创新的精神，从更高的起点谋划社区党建工作。

一要加强社区队伍建设。制定相关政策，引导、鼓励、选拔机关优秀党务工作者和一定数量的高校党员毕业生到城市社区工作，具备条件的，可以通过组织程序担任党组织的领导成员，对现有社区干部，要建立健全激励保障机制，重点把那些政治素质好、工作能力强、群众公认的党员选进领导班子或提拔重用，切实让社区干部干事有奔头，激发他们工作热情和干劲。

二要健全社区党建的工作机制。适应城市社区党建区域性、社会性、群众性、公益性的要求，建立健全社区党建协调委员会、社区党建工作制度、社区党员志愿者队伍、社区党建服务站及共驻共建等工作运行机制，构建"区域化"党建工作格局。比如，在健全协调机制上，建立和完善党政领导联系社区制度，加强社区党员与所属单位党组织的沟通，通过建立社区党建和社区建设联席会议、机关企事业单位党员到社区报到等制度，实现社区资源共享，形成社区党建的强大合力。

三要创新组织设置和活动形式。着力优化组织设置，使党的工作和群众工作有机融合，提升服务水平。比如，通过探索建立小区党支部、楼宇党小组等，积极构建"街道党工委～社区党组织～楼宇党小组"的社区党建"网格化"管理模式。要创新社区党员发挥作用的途径，探索成立各种互助组织、志愿组织和中介服务组织，深入开展"党员结对帮扶""党员奉献日"等主题实践活动，搭建多样化服务平台，引导社区党员发挥先锋模范作用。

四要不断改善社区服务条件。采取市财政纳入预算、上级以奖代补、社区党员自愿捐助、社会组织及个人赞助、社区服务收入补贴、健全"权随责走、费随事转"运行机制等办法，解决社区的工作经费问题。要着力构建完善的社区服务体系，建立社会保障、再就业服务指导站、计划生育服务站、医疗卫生服务站、法律援助中心和社区各类服务网络；配齐各种办公服务设施，努力促成社区内的文化娱乐场、健身广场、生活服务配套设施免费或低偿向社区群众开放，不断满足群众文化生活需求。

（作者单位：中共威海市文登区委党校）

浅谈社会管理中人民法院角色转型

　　法院脱离不了法治，更脱离不了政治，因为法治可约束政治，但政治却可改变法治；当两个事实历经弥久转化为现代化国家和现代人的时候，才是法院角色回归纯粹的纠纷解决者的时候，当代的法学者和法实务者包括人民法院仍然是一代过客，"法律是一个激励机制，它通常忽略已经沉淀的成本，但必须防范或最大限度地减少未来可能发生的损失"，一些反常规的方式方法尽管屡经批判却未必是错误的，就如在错误的地点说了一句正确的话但它仍然是一句不正确的话一样。

角色定位：从纠纷解决者到纠纷管理者的人民法院

　　这是一个解构的时代，也是一个建构的时代。社会学的基本观点认为，我国改革发展的过程也是一个社会结构变迁的过程。随着人的社会地位判断标准的改变、人的居住和就业环境的改变，人的权益保障和维护意识及实现方式也出现了重大变化。作为国家政治谱系一个重要组成部分的人民法院，是遵循中国特色社会主义司法规律而改革创新以主动适应，是以形式主义司法观为指导而被动等待，是每个法院、每位法院人都应当深入思考的问题。而其逻辑前提，则是基层法院角色定位的调整；这个调整的核心，就是迅速实现从纠纷解决者到纠纷管理者的角色跃迁。

　　1. 中国特色社会主义制度体系，决定了人民法院应当从纠纷解决者向纠纷管理者角色转变。

　　2. 人民法院改革发展的新趋势，决定了法院应当从纠纷解决者向纠纷管理者转变。

　　3. 人民群众权益诉求的新变化，决定了法院应当从纠纷解决者向纠纷管理者转变。

范例研究：建立以法院为中心的矛盾纠纷综合管理平台

（一）非诉对接机制的理论和实践基础

所谓"非讼对接"，是指人民法院以减少进入诉讼的纠纷为目的，创设相应行为规范，能动介入权力纠纷以外一切现实或可能的纠纷过程，实现司法行为与决策纠纷、行政纠纷和民商纠纷的前置对接的工作机制。

（二）文登法院的非讼纠纷管理机制

文登法院的非讼管理机制始于诉调对接机制实施过程中发现的问题，在此基础上建立了涵盖决策对接、行政对接和诉调对接的非讼管理机制。

1. 诉调对接机制。新形势下要求，在稳定诉调对接机制确保法官下沉的同时，必须充分考虑院外调解难以成功的案件的实际，将非讼纠纷对接机制前移到涉民权益的关键环节，以从源头上控制纠纷和减少纠纷的发生。

2. 决策对接机制。这一机制的优越性在于，加强了人民法院与决策机关的联系，杜绝了法律性决策失误，提供了决策机关的利益平衡依据，建立了纠纷预警机制，使人民法院对公层面导致的纠纷有了充足的准备时间，并为诉调对接机制准备了调解"底牌"。

3. 行政对接机制。文登法院决策对接机制，依据各业务庭管辖案件分类，依据行政联系最密切原则，建立了研究室和行政庭与政府法制局，民事各庭和派出法庭与建设局、房管局、土地局、工商局、企业局、镇政府等的专人专事对接机制。

制度给力：角色转变的阻却机制和创新政策基础

当前，《最高人民法院关于人民法院民事调解工作若干问题的规定》为"诉调对接机制"奠定了制度基础，但这远远不够。人民法院的角色定位问题、社会共识的形成问题、法律和制度支撑问题、财力保障问题、适用范围扩大问题、协助调解人的素质问题、现行审判管理机制的适应性问题等，都是客观存在的难题。需求是理论创新之母，实践是理论创新的不竭动力。

（一）调整法院角色

新形势下，人民法院的职能定位亟待新的立法予以补充完善，在没有立法解决之前，系统内应当有一个准备的定位，这就是纠纷管理者，以此回应社会主义司法规律中的"社会主义"和人民法院中的"人民"这六个字。否则，其一，我们无法回答法官作为问题。其二，我们无法回答审判工作以外的问题。

（二）健全对接体系

参照《最高人民法院关于人民法院民事调解工作若干问题的规定》中诉调对接机制的规定，争取党委、人大和政府支持，以党中央、国务院明确规定的决策、决定前置社会稳定风险评估机制为主要依据，以党政机关主要领导"一岗双责"（对社会稳定状况承担党纪政纪责任）为主要动力，推动建立决策对接机制和行政对接机制，形成事实上的涉民党政决策、行政决定的非讼司法审查机制，从而提高决策、决定的法治化水平，使其尽可能符合合法性要求。

（三）完善考核机制

"非讼对接"是人民法院的"正名"工作，也是防范化解社会矛盾纠纷的一项全局性工作，需要纳入整个政治谱系予以考核，也需要调整法院管理考评体系予以考核。人民法院应当推动党委将"非讼对接"工作纳入社会治安综合治理、平安创建考核，纳入部门岗位目标责任制考核，增强人民法院和党委、人大、政府等各部门的主动性、自觉性。

（四）强化对接监管

无论是决策、决定的司法评估，还是诉调对接中的法律意见，都可能存在非讼纠纷参与法官误判、泄密乃至恶意损害国家、集体或第三人利益的情形。为此，应当研究相关责任追究办法，体现权利义务对等。

（五）加强风险评估

根据辖区实际，各法院应当组织相关业务科室和基层民调组织，深入各基层单位掌握第一手资料。结合掌握的信息资料，围绕决策、决定和诉调对象进行风险评估，评估矛盾纠纷发生的可能性、可能涉及的人员数量、矛盾纠纷发生后可能引发的后果等，并根据风险评估情况，做好调处纠纷的各项工作，为上级领导部门提供政策依据。

（作者单位：威海市文登区人民法院）

群众路线教育实践活动的实效性

隋书卿

党的群众路线教育实践活动大幕已经拉开。如何避免搞形式、走过场，如何使广大党员干部思想得到提高、作风有所转变、能力获得提升、工作更加出色；使群众合理合法问题得到解决、大局意识得到提高、对干部满意度提升，对本地经济社会发展起到促进作用，成为广大党员干部群众共同关注的问题。

开展党的群众路线教育实践活动的基本原则

党的群众路线教育实践活动要取得实效，需坚持以下原则。

以人为本原则。一方面，广大党员干部要树立为群众服务的理念，真正想群众所想、急群众所急，要想尽办法帮助群众解决实际困难和各种问题，要在推动经济社会发展中让全体人民都得实惠、得便利。另一方面，对广大党员干部也要关心、爱护，在强化党员干部外在约束的同时，应当注重研究和关注党员干部的内在需求以及内心感受。

求真务实原则。群众路线教育实践活动要体现求真务实原则，反对好大喜功，反对搞形式主义，甚至弄虚作假。密切党群关系，一方面要了解群众意愿，畅通群众反映问题的渠道；另一方面要做好本职工作，在工作岗位上尽职尽责，高效热情为群众服务。

分类要求原则。党员干部都有自己的本职工作，也有自己的专业特长，在为群众服务方面要围绕中心、服务大局，以做好本职工作为基础。

常态长效原则。要纠正少数党员或群众认为党的群众路线教育实践活动是"一阵风"的错误认识，党员干部要始终高扬"为民务实清廉"的旗帜，增强自我净化、自我完善、自我革新、自我提高能力。要建立健全党的群众路线教育实践活动的体系化机制，使其在科学、规范、严谨的轨道上运行，使党的群众路线教育实践活动常态化、长效化，使"为民务实清廉"成为党员干部的日常状态。

确保党的群众路线教育实践活动取得实效的建议

党的群众路线教育实践活动要建立体系化的长效机制，以确保党的群众路线教育实践活动落到实处，富有成效，使"为民务实清廉"成为党员干部的常态。

（一）加强组织领导，构建党员干部践行群众路线的政治保障机制

党的群众路线教育实践活动成效如何，各级党委重视是关键。党委把群众路线教育实践活动放在心上、抓在手上，重部署、重监督、重考核，有助于形成心齐气顺、风正劲足的良好局面。可由党委直接抽调相关部门高素质人才组成专门的群众路线教育实践活动办公室，负责该活动的前期筹备、活动设计、工作安排、统筹协调等。

（二）重视教育培训，构建党员干部践行群众路线的思想引导机制

教育培训对于帮助党员干部树立正确的群众观点具有重要的作用。可聘请专家对党员干部进行马克思主义群众观点教育，使党员干部摆正自己与群众之间的关系，提高服务意识，树立以服务群众为理念的工作导向。同时，要提高党员干部做群众工作的能力。可由一些有丰富实践经验、群众工作做得好的党员干部交流经验，介绍方法、技巧，也可由专家学者进行提高群众工作能力的理论宣讲，使党员干部把握群众工作规律、掌握群众工作方法，提高做好群众工作的能力。

（三）界定工作职责，构建党员干部践行群众路线的实践养成机制

干好本职工作是贯彻群众路线的根本，如果每位党员干部都能够踏踏实实干好本职工作，不吃拿卡要，一心一意为群众服务，高效率完成各项工作，必然有助于建立良好的党群关系。所以，应该使党员干部真正转化为服务型党员干部，将为民务实清廉的作风落实在日常工作中，为群众提供及时、顺畅的服务，同时在日常工作实践中锻炼、提高群众工作能力。

（四）强化监督管理，构建党员干部践行群众路线的行为规范机制

各级群众工作机构要对群众反映的问题统一管理，跟踪了解问题解决或答复情况。同时对各部门履职情况进行跟踪了解，对于工作不尽职的情况加以督促，督促后仍不加以改进的可予以通报。要加强过程监督，在过程中及时消除推诿扯皮和责任不清的现象，以过程控制来确保结果良好。

（五）注重宣传引导，构建党员干部践行群众路线的关联促动机制

要通过电视、报刊、网络等媒体，及时向群众展示群众路线教育实践活动的措施、内容、成果等，对于目前无法解决的问题进行解释说明，让群众了解党和政府是真心实意为群众办事，增进党群感情。可开设党群心连心专栏，邀请党员干部和素质高的群众作为嘉宾座谈，宣传党的惠民政策、便民行动等；也可宣传群众中的好人好事，倡树良好的民风。对于帮群众办实事公开的内容在当前条件下要有一定的选择性，本地普遍提高的讲，局部提高的不讲，不具有横向可比性的讲，具有横向可比性但目前无法达到统一的不讲，避免因群众攀比心理造成负面影响。尽量纵向比较着讲，让老百姓感受到生活水平的提高、惠民政策的增多。就目前来看，一方面，党员干部的思想需要提高；另一方面，群众的素质也急需提高。要通过宣传引导，开阔群众视野，提高群众素质，培养群众良好心态，增强群众大局观念和发展意识，避免出现无理取闹、无理上访、影响发展的现象发生。

（六）严格考核评价，构建党员干部践行群众路线的激励导向机制

要对党员干部践行群众路线情况进行全面、准确、公正、科学的评价。可以把单项工作独立评价和各项工作综合评价结合起来，这样有利于提高党员干部服务意识，更好地激励党员干部做好每项工作。考核内容可包括履职情况、工作效率、工作态度、解决群众反映问题的情况、服务对象满意度等。同时，应重视考核结果的运用。对于不认真履职、办事拖拉、态度恶劣的党员干部要进行诫勉教育。对于实绩突出、作风过硬、群众公认的党员干部要作为重点提拔重用对象。

（作者单位：中共威海市委党校）

法治创新推进威海城市化建设的思路

傅　霞　张　洛

威海市第十四次党代会做出了全面深化改革的重要决策部署，决定推进法治威海建设，走法治城市化的发展道路。法治城市化是一项复杂的系统工程，涉及各方面的法律问题，需要有科学的规划和健全的管理体制。本文从系统性的视角，试图厘清威海城市化发展过程中所遇到的法治障碍，并提出相应对策，主张在体制机制、依法行政、法治文化等多个方面创新威海市法治建设，为威海市城市化建设提供全面的法治保障。

一　法治创新与城市化建设的界定

法治创新从城市化建设的角度讲，即城市法制化。从传统城市的法律转向现代城市的法律，从农业社会的法律转向城市社会的法律，更加注重凸显法律的社会调控作用，城市生活逐步向良好的法律秩序转变，使法律至上成为人们的价值取向，法治成为人们的社会生活方式。

城市化建设从法治创新的角度讲，即法治城市建设。指城市在宪法、法律授权的范围内，结合自身的政治、经济、文化和社会的特点，开展地方性立法，依法行政，促进司法公正，进行法治文化建设，实现城市政治、法律、文化、价值观念的转变。

将城市化建设过程中所涉及的社会改造、社会变迁与发展、人们社会生活方式的转变纳入法治的视野下，既能从法治的视角直观地将法治实践内容和法治理念融入城市化发展进程中，又能从社会价值取向和发展定位的视角，将民生工程良性建设和城市生活的安定有序融入法治实践中，实现法治创新与城市化建设的良性互动。

二 法治创新对城市化建设的效用

城市化是需要一定的社会环境的，法制环境尤为重要。在当下多元文化、多元政治思潮并存的背景下，在中国全面建设和谐社会的大环境下，通过法治创新推进城市化建设，能够赋予城市化建设更深刻的内容和更强大永恒的生命力。良好的法律环境是城市化建设的可靠保障，法治创新是城市化建设的保护神和推进器。

（一）从全球化背景看法治创新推进城市化建设

从一定意义上讲，城市化建设最关键、最根本的影响因素不是市民，也不是技术，而是法律制度。国内外城市化建设的实践经验表明：只有法治创新，才能保证城市空间和资源得到充分利用，才能促进城市环境得到有效保护，才能解决城市化过程中存在的一些深层次的矛盾和问题，为城市化建设有计划、有步骤地进行创造良好的法治环境。

在全球化的背景下，城市与城市化建设呈现许多新的趋势。概括来讲，城市发展凸显人文主义之精神化，城市生活凸显人文关怀之人性化，城市建设凸显决策之民主化，城市管理凸显科学之信息化，城市经营凸显扩张之多元化，城市产业凸显高新技术之专业化，城市扩张凸显城市乡村之一体化，这些变化都需要通过法治创新加以规范和引导。通过法治创新，特别是在"以人为本"的宪政前提下，完善法律制度，改善法治环境，城市化建设和发展的方向必将更为理性、更为科学、更富有现代文明的意蕴。

（二）从国内环境看法治创新推进城市化建设

1999年宪法修正案第十三条规定："中华人民共和国实行依法治国，建设社会主义法治国家。"2013年党的十八届三中全会确定了依法治国、依法行政和依法执政的理政原则，同时提出和确立了法治国家、法治政府和法治社会的法治建设目标。当前，我国处于中华民族的伟大复兴和大力推进由传统的农业文明向现代城市文明转变的历史性阶段，城市化建设呈现区域发展不均衡、城市吸纳劳动力能力不足、农民工的社会保障滞后等问题。结合我国城市化的现状和国情，通过法治创新推进城市化建设，实现法律至上、司法公正及人权保障等法治目标，城市化建设将成为社会良性变革的重要环节，有助于调动和激发城市化建设主体的积极性和进取性。

党的十八届三中全会对我国下一步城市化的方向和策略提出了新要求：一是坚持走中国特色新型城镇化道路，推进以人为核心的城镇化，促进城镇化与新农村建设协调推进，完善城镇化发展体制机制。二是建立透明规范的城市建设融资机制，建立并完善跨区域城市发展协调机制，推进城市建设管理创新。三是创新人口管理，加快户籍制度改革，推进城镇基本公共服务常住人口全覆盖，推进农业转移人口市民化，逐步把符合条件的农业人口转为城市人口。通过法治创新落实这些新要求，有利于提升城市的品位和竞争力，有利于打破城乡二元经济结构壁垒，有利于营造信用的社会氛围，有利于促进、实现和保障社会和谐。

（三）法治创新推进城市化建设的成功经验

城市化推动了法治进步，法治进步也是在城市化过程中进行的，并对城市化建设有重要的支撑和保障作用。城市是一个多元利益产生、分配、博弈的共同体，无论是对人、对建筑以及人与城市的关系，都必须要有公认的行为准则和权威的管理者。在城市的发展过程中，法律就是城市公认的行为准则，城市化建设离不开法治保障。良法善治、依法行政、合作共治是推进城市化建设的可行性经验。

1. 大连市实现法治主导的城市化模式

法治主导的城市化是现代法治社会的一种必然要求。2009年以来，大连市在城市化进程中，以市场机制发挥基础作用，政府予以宏观引导，制定与城市化相关的法律制度并保障法律的正确贯彻和落实，严格控制权力对市场过度干预的同时，加强监管，使城市化与工业化、信息化和现代化相结合，实现集中型城市化与分散型城市化同步推进的可持续发展模式。其城市化建设中的法治主导、规划先行、中心城市优先发展、工业化道路奠定物质基础等发展理念，对威海市推进市域一体化具有重大的借鉴作用。大连市近五年的实践证明，大连市的区域法治水平得到提升，全域城市化进程健康、和谐、有序发展。

2. 广州市通过法治保障新型城市化发展

良好的立法机制是新型城市化发展的前提基础，法治政府是法治城市建设的核心环节，公正司法是新型城市化发展的司法保障。2011年广州市第十次党代会后，决定广州市走新型城市化发展道路，即：在立法层面，立法观念上突出尊重和保障人权，体制机制上增强立法机构的民意代表性；在政府层面，正确界定政府和市场的关系，优化权力运行机制，优化行政组织结构，实现政府职能转变；在司法层面，弱化审判权力行政化，弱化法官的人身依附关系，保障法官权利，增强司法独立。广州市近三年的实践证明，广州市在法治的框架内，创新城市治理思路，改革城市治理结构，培育城市自治能力，调动了城市化建设多方面的积极性，促进了城市化建设的转型升级。

3. 成都市在统筹城乡发展的背景下推进法治成都建设

统筹城乡发展，制度创新是核心，法治建设要先行。2010 年以来，成都市紧扣统筹发展和新型城市化的主题，在法治的各大环节上，向现代法治内涵逐步靠拢。立法环节，从外生型制度变迁主导向内生性制度变迁主导推进；执法环节，以组织再造和流程再造促进现代法治政府建设；司法环节，通过改革保障法治内涵真正践行，减少制度变迁带来的社会震荡。其通过立法、执法、司法和法律宣传四个环节推进城市化建设的做法，实现了城市社会经济加速发展和结构转变，对威海市推进全域城市化建设具有重大的借鉴作用。成都市城市化建设近四年的实践证明，成都市将法治城市建设与自身城市发展定位紧密结合，法治服务型建设推动了城乡一体化建设，是转型时期法治城市建设的一次成功性尝试。

三　威海城市化建设呼吁法治创新

2013 年，威海市委、威海市人民政府围绕建设现代化幸福威海这个总目标，以全域城市化为方向，以人的城市化为核心，按照"中心崛起，两轴支撑，环海发展，一体化布局"的战略部署，下发了《威海市城市化发展纲要（2012 - 2020）》，描绘出威海市全域城市化的"路线图"，即到 2020 年，威海市常住人口城市化率 70% 以上，城市化格局更加优化，城市化水平明显提高，城市承载能力显著增强，城市化体制机制基本完善，人民群众生活发生根本改变。回顾改革开放以来威海城市化进程，发现近 30 年来威海市在推进城市化的道路上有诸多不足，主要体现在以下四个方面：

（一）威海城市化建设中的滥觞——"城中村"改造

所谓"城中村"是指在威海二市五区中，仍然保留和实行农村集体所有制和农村经营体制的农村社区，并以村民组织为主要社群，是我国城市化初期发展阶段存在的普遍现象。在城市化建设中，"城中村"基础设施建设薄弱，卫生状况恶劣，社会治安复杂，严重影响威海市整体功能的发挥，成为威海市发展的瓶颈，制约着城市现代化的步伐。因此 2005 年前后，威海在全市范围内开展"城中村"改造，以进一步提升城市发展的总体实力与品味，增强城市发展力的后劲。

由于"城中村"改造涉及治安、消防、环境、环保卫生等多方面的民生问题，涉及拆迁补偿、户籍制度、土地利用制度、财政体制、投资融资体制等诸多复杂情况，2014年3月至5月，课题组成员通过调研威海市"城中村"改造现状发现：首先，在土地方面制约着威海市的"城中村"改造步伐，即由于我国实行的城乡分割的二元土地管理模式，国家对农民宅基地的征用成本高、代价大，为满足利益，放大自己的权利，"城中村"居民极力抢建空间最大化的私宅，突击装修，为旧城拆迁工作增加了诸多社会成本，放慢了威海市"城中村"改造的步伐。其次，由于历史的原因和管理体制的不同，"城中村"的建设和管理较为混乱，甚至部分"城中村"居民成为"三不管"居民，不利于政府统一进行"城中村"改造，影响城市整体功能和竞争力。第三，"城中村"居民大多法律意识淡薄，法治观念差，传统思想观念较重，当出现利益冲突后几乎不通过法律途径解决，使政府处理各方面利益特别是村民利益的难度较大。

（二）威海城市化建设重城而轻市，重成本而轻民本

城市化的价值，首先在于"市"的价值，即将城市作为有效的资源配置载体，通过推进城市化的发展来加速城市信息、人力、资金、物资等经济要素的高效流动，并在此基础上确定城市硬件设施的建设规模。而威海市城市化建设受到我国早期工业化和计划经济的影响，部分城区存在重"城"而轻"市"建设思路，简单地将城市建设等同于城市建筑，着重建设工厂、楼房和城市道路，在培育良好的市场环境和经济秩序方面力度不够，没能最大限度地提升城市管理能力和服务水平，不能充分发挥威海市的自身品牌和价值优势，是典型的以生产劳动力为核心的人居、社会服务和城市格局体系。

城市化的价值，其次在于"人"的价值，即城市与城市化的推进发展必须遵循以人为本的发展思路，只有人民满意的城市才是好的城市，城市发展是为人民服务的。注重以人为本，就是要在城市发展中，一切从最广大市民的根本利益出发，以提升市民的物质生活文化水平为目标，以建立起良好的城市运行机制为核心，创造适宜人、激发人、吸引人的良好自然环境和社会文明环境；就是要更多地听取市民对城市发展的意见，政府要诚恳接受市民的批评和监督；就是要以开放的思想对待市民，鼓励城市化过程中的合理流动，吸引外来人才，更新人口年龄和教育结构；就是要以先进的思想和文化，引导市民、教育市民，提高人口素质。而威海市在城市化建设过程中处理政

府与市民的关系时，市民往往是被动的、遵从的，而且政府少数人决定城市大多数人命运的现象仍然无法避免，市民的义务往往遮蔽了属于自己的权利，不能让市民从内心享受城市化发展中良好的经济效益和社会效益，不利于通过城市化建设促进市民的和谐均衡发展。

（三）威海城市化建设重扩张，持续性发展的力度不够

城市化建设是走区域扩张模式的发展道路还是可持续发展式的发展道路，完全是由城市化过程中城市的客观实际容纳决定的，宜大则大，宜小则小，不能生搬硬套。按照地方城市发展的规律和城市化推进实际，当城市吸引力很强或者产业聚集要求很高时，就要因势利导，实现城市在地域和功能上的扩张。其中的关键因素是要提高城市管理水平和能力，引进优秀企业、先进技术和高级人才，以新机制、新模式代替传统落后的运行机制和模式，改善人口结构，确定高级别的城市发展战略。2000年经国务院批准在威海经济开发区内成立进出口加工保税区，2006年经山东省人民政府批准在威海市区内成立威海工业新区，2011年国务院批复在荣成市内成立好运角旅游度假区，2014年文登撤市改区，这些变化证明威海市城市化呈现分片划区的有序扩展，城市化的比例不断扩大。但是，由于挖掘城市特色和城市价值的深度不足，引进优秀企业、先进技术和高级人才力度不够，市民生活质量没能得到最大提升，城市资源没能得到最优配置，并没有将发展成果更多更公平地惠及全体市民。

实现城市可持续发展，正是当下城市的紧迫性的历史任务。所谓城市可持续发展，就是要建立良性互动的经济环境、社会环境和生态环境，实现城市永续发展的策略。城市化选择什么样的发展路线，从法律关系上讲，也只有政府能够对此负责。近年来，威海市城市化建设依托海洋经济特色，海洋渔业快速发展，海洋工业不断扩大，港口条件明显改善，有利于推进威海市城市化步伐。但是，为推动威海市海洋资源优势尽快转化为海洋经济优势，呈现海洋经济结构不尽合理，产品附加值不高，自主创新能力和核心竞争力不强，海洋资源开发不尽科学，部分资源过度利用，滨海生态环境有恶化态势。这都成为制约威海市城市化建设的瓶颈因素，不利于进一步提升威海市海洋优势产业，不利于促进海陆统筹协调发展，不利于将海洋资源优势转化为经济优势。

（四）威海城市化建设偏重于效率或速度，没有更好地兼顾公平

在社会主义市场经济条件下，政府的主要职能一是解决市场调节失灵，

另一个就是创造社会公平,保障社会产出资源配置的效率与公平。公平和效率有密切的联系,过分强调公平将导致系统僵化、运行缺乏效率,过分不公平也会使系统面临崩溃的局面。保持适度的公平与效率,对保持稳定、发展和增长来说非常重要。另外,公平是相对的,是根据环境、条件变化而不断变化的。政府原来制定的政策、规则,在原来的环境条件下起到积极作用,是维护社会公平和效率的,但并不能长期适用,有的甚至对现实发展产生阻碍。改革就是要根除那些阻碍发展的消极因素,积极寻求变革,找到恰当的方法、路径和方向。在城市化发展中,公平与效率的问题是一个十分值得关注的问题。

以威海市城市化推进过程中所发生的城市人口的福利问题为例。在过去传统的城乡"二元"体制下,威海市城市永久性居民有很多特殊福利,政府财政是提供这些福利的主要源泉。农村村民这方面的福利根本没有,甚至在政策设计上也没有考虑,而且城市严格限制农村人口进城分享这些有限的福利。另外,城市不仅对农村设有体制性"围城",显得保守与封闭,而且与周边其他城市之间也是相互封闭的,城市间的人口流动性较差,这就造成了在限定区域内的社会公平。从身份上设计了农村与城市户籍的两重天地,显然失去了社会主义法治下公平理论的应有之义,但是在当时消费品紧缺的情况下,该制度起到了稳定社会、有序发展的积极作用。改革开放后,市场经济蓬勃发展,人们收入水平出现较大差距,社会分配也出现不均衡,富裕生活的诱惑使人们开始选择适合于自己发展的空间,流动人口逐年增加,而且这种趋势总是从乡村到城市,从小城市到大城市。人口流动伴随着产业的流动、技术的流动和消费的流动,为威海市发展带来了新的活力和巨大财富,而且刺激威海市运行效率提高,以应对日益膨胀的人口、产业、流通的需要。人口流动要求打破原有的社会公平状况,而威海市传统的户籍管理制度、福利分配制度和封闭的城市管理体系大大滞后于时代,制度落后制造出大量的社会问题,严重阻碍了社会公平和效率原则,不利于创造新的公平体系,不利于提高城市发展效率。

四 对策与建议

如何依法正确处理威海市城市化进程中的各种利益关系,预防纠纷,化解矛盾,是威海市全域城市化的关键。要实现威海市多方利益共容,妥善处理纠纷化解矛盾,保持社会和谐稳定,必须在体制机制、依法行政、法治文化等多个方面创新威海市法治建设。

（一）着力形成有利于加快转变经济发展方式的体制机制和制度环境

应当辩证地看待传统的经济发展方式。传统的经济发展方式表现为高投入、高消耗、高污染，低技术、低效率、低效益，在特殊的历史条件下对于全国包括威海经济的起飞起到了重要的推动作用，但是该方式呈现经济发展与社会发展不协调等矛盾，难以适应党的十八届三中全会以来新形势变化和可持续发展对威海市全域城市化和市域一体化的新要求，因此需要从以下四个方面作出改变。

1. 要从突出速度的高速经济增长向更加注重提高经济增长质量的持续稳定适度增长转变

改革开放以来的 1979 年至 2008 年，我国保持了长达 30 年 9.8% 的高速经济增长，创造了 20 世纪 80 年代以来的世界经济发展中 30 年高速增长的"中国奇迹"。而威海市年增长速度超过 12%，成绩更是值得骄傲。按照科学发展的要求，威海市应当在 30 年的高速经济增长以后，避免走上低速增长或经济停滞的路子，不再继续以粗放的、非持续的经济发展方式推进高速经济增长，要逐步走向科学发展的长期适度稳定增长的道路。

30 年来，威海市累积了资源衰减、生态恶化、环境污染、发展失调等一系列突出问题和矛盾，而纵观威海市 30 年的改革开放和经济发展，已经具备了转向持续、稳定、适度高速经济增长的基础。因此，威海市不应再追求高速经济增长速度，应按照党的十七大以来经济增长率年均必须在 7.5% 左右发展，按照科学发展观的要求，保持适度的经济增长速度。

2. 从生产能力提高型经济、技术引进依赖型经济向产业结构优化型经济和自主创新支撑型经济转变

加快威海市经济结构的战略性调整，是增强威海市经济素质、产业竞争力和可持续发展能力的必由之路，是转变威海市经济发展方式的重要内容。提高自主创新能力，是加快转变威海市经济发展方式的中心环节。

首先要加快促进产业升级，推进信息化与工业化融合，发展新兴产业，培育新的经济增长点。其次要推进威海市企业兼并重组，鼓励行业龙头企业、优势企业兼并重组落后企业、困难企业，鼓励优势企业强强联合以提高规模效益等，以提升企业的市场竞争力、国际竞争力。第三要加大科技投入，推进原始创新、应用创新，要力争突破对威海市经济和社会发展至关重要的重大技术瓶颈，研制、开发科技含量高、市场容量大、竞争力强的产品，建设

示范性强、辐射带动作用大的科技创新和产业化示范基地，为威海市建设提供强有力的科技支撑。

3. 从资源高耗型经济向资源节约型经济转变

加快转变威海市经济发展方式，要求提高发展质量，突出表现为资源成本，建设资源节约型经济体系。建设资源节约型经济体系是我国国情的要求、形势的需要，是确保我国经济社会可持续发展的根本出路。

首先要把节约优先、效率为本作为建设资源节约型经济体系的核心，全方位提升资源节约在经济社会发展战略中的重要地位。其次要把大力发展循环经济、低碳经济作为建设资源节约型经济体系的基本途径，加强企业、区域和社会三个层次的循环经济建设。第三要把节能、节水、节材、节地、资源综合利用作为建设资源节约型经济体系的重点，大力节约能源，节约用水，节约原材料，推进资源综合利用。第四要把保护环境作为建设资源节约型经济体系的基本要求，调整与改善资源消费结构，特别是能源消费结构，实现威海市经济发展方式的统筹协调。

4. 从粗放型农业发展方式向法制型农业发展方式转变

随着市场经济的发展和农村经济体制改革的深化，威海市农业正在实现由传统农业向现代农业的转变，农业现代化水平显著提高，农业综合生产能力显著增强，农民实现了由温饱向小康水平的迈进，农村社会事业取得明显进步。在农业发展方式转变过程中，法制有利于促进农村生产关系的变革，有利于推动农业生产力的发展与进步。

首先要完善农业支持保护法律制度，转变农业发展方式，加强农业基础设施建设，不断改善农业现代化手段。其次要完善耕地保护制度，从注重保护耕地总量向注重保护耕地总量和控制建设用地增量并重转变，促进经济增长与资源保护和谐发展。第三要完善农业生产经营机制，实现粗放经营向集约经营的转变，创新和完善农业生产经营机制，着力提高农业集约化水平和组织化程度。第四要创新农业执法体制机制，深化农业执法体制改革，整合农业部门执法职能和执法力量，大力推进农业综合执法，建立起权责明确、行为规范、监督有效、保障有力的农业行政执法体制。

（二）创新行政管理理念和方式，严格依法行政，推进威海市全域城市化建设

改革开放 30 多年来，威海市经济社会各方面都发生了翻天覆地的变化，尤其是行政管理体制发生了许多重大变化。其中，最大的成功就是行政管理

体制已初步适应了市场经济体制，顺应了经济基础对上层建筑提出的要求，实现了生产力的解放。但现行管理体制仍然存在较多的问题，诸如许多与市场经济体制相适应的行政管理理念尚未健全。只有创新行政管理理念和方式，严格依法行政，才能全面优化威海市经济社会发展环境。

1. 要解放思想，树立正确的行政管理理念，转变行政管理方式

要切实树立"以人为本"的管理理念。这个"人"不仅包括公民，还包括法人和其他组织。在行政管理活动中，要真正确保企业和个人在经济中的主体地位，激发他们进行技术改造和自主创新，增强社会经济活力，不要越俎代庖。只有这样，才能真正建立公平有序的社会主义市场经济体制，从而推动经济发展方式转变。要树立政府管理也不断自我改革的理念，积极探索自身的改革，破除和克服种种思想障碍，积极而稳妥地加快推进行政管理体制改革，为加快经济发展方式转变提供动力和保障。要依靠社会管理社会，创新社会管理，实现社会管理多样化，增强社会的自治功能。要加强社会协调，形成各方面的合力。要创新行政管理模式，一是赋予行业协会、新型组织等更多的社会管理职权，政府对其职权行使加强监管；二是强化协调与协同，政府着力做好组织协调工作；三是大力推行信息化管理与电子政务；四是加大公众参与力度。

2. 要完善诚信政府和服务政府建设，严格依法行政

诚实信用是市场经济的基石。建设社会信用机制，个人是基础，企业是重点，政府是关键，法治是政府诚信的本质要求和根本保障。行政机关公布的信息必须真实可靠、全面准确，行政机关制定的政策和发布的决定要相对保持稳定，非因法定事由并经法定程序，行政机关不得撤销或者变更已经生效的行政决定。行政机关为了维护国家利益、公共利益或者其他的法定事由，确需改变已经做出的行政决定，给公民、法人或者其他组织造成财产损失的，要依法予以补偿。法治政府的管理方式要求以服务为主，应当尽可能地为相对人提供方便、快捷的服务，提高办事效率，消除推诿拖拉现象，树立服务意识，以人为本。威海市建设法治政府，应当整合各类资源，为公民、法人和其他组织提供优质的服务。

严格依法行政，是深化行政管理体制改革的基本保证。依法行政，就是要求行政机关既要做到合法行政，又要做到合理行政。实施行政管理，应当依照法律、法规、规章的规定进行，没有法律、法规、规章的规定，行政机关不得做出影响公民、法人和其他组织合法权益或者增加公民、法人和其他组织义务的决定。行政机关实施行政管理，必须遵循公平、公正的原则，平

等对待行政管理相对人，不偏私、不歧视。自由裁量权的行使应当符合正当的法律目的，排除不相关因素的干扰，所采取的措施和手段应当必要、适当。行政机关实施行政管理可以采用多种方式实现行政目的，应当避免采用损害当事人权益的方式。行政管理体制改革要取得预定成效，依法行政是基本保证。

3. 要创新行政管理体制机制，加快决策、监督体制机制改革

完善和健全威海市人民政府决策机制，有利于提高决策的科学化、民主化水平，保证决策的正确和有效。首先要依法决策，制定涉及全局性、长远性和公众性利益的重大行政事项，都必须依据法律、法规和国家政策的规定进行决策。其次要健全决策的咨询制度，要充分发挥各种决策研究班子及咨询组织的智力支撑作用，重大决策都要以基础性、战略性研究或发展规划为依据，经过专家或研究、咨询、中介机构的论证评估，同时，全面推进政务公开，保障公民的知情权，增加政府工作的透明度，建立政府与公众之间的互动回应机制。第三要建立科学的评估、反馈纠偏和责任追究制度，注重行政决策实施状况的过程评估，完善决策实施的结果评估，加强督促检查和信息反馈，在实践中完善决策，发现问题及时纠正。按照谁决策，谁负责的原则，建立健全决策责任追究制度，加大对重大行政决策失误责任的认定和追究力度。

完善行政管理监督机制，是深化行政管理体制改革的重点。权力就是责任，强化责任，必须加强监督。权责一致，有权必须尽责，权力与责任必须对等，是科学行政、民主行政和依法行政的基本要求，也是深化行政管理体制改革的重点。强化责任，加强监督，首先，必须按照权责一致、依法有序、民主公开、客观公正的原则，加快建立以行政首长为重点的行政问责制度，并把行政问责与行政监察、审计监督结合起来，做到有责必问、有错必究，努力建设责任政府。其次，要进一步加强对行政权力的监督，包括加强人大监督、政协民主监督和司法监督，强化社会监督，高度重视舆论监督，加强政府内部的专门监督。通过建立职责明确、结构合理、运行有序、运转高效的行政监督体系，将行政权力运行的每一个部位、每一个环节都置于有效的监督之下，才能确保权为民所用，使人民赋予的权力真正为人民谋利益。

4. 要建立与转变经济发展方式的客观要求相适应的政府绩效考核体系

改变传统的政绩考核方式，不再以GDP论英雄，威海市人民政府才能把更多精力用到为群众提供基本公共服务上，用到改善民生上，用到主动推进经济发展方式转变上。因此，要建立"以公共服务为主要内容"的政绩考核体系，改变以往以GDP为取向的政绩考核标准，将公共服务提供的数量和质

量纳入政府绩效考核体系，更多地关注公共服务水平与公共服务覆盖面。在考核经济指标的同时，引入社会保障覆盖率指标、就业率指标、综合毛入学率指标、公共教育支出指标、公共医疗卫生支出指标等来考核政府绩效，使政府绩效考核体系既包含经济增长的方面，同时包含环境、公共卫生、教育、就业、社会保障、资源利用等社会管理和公共服务方面，全面反映经济、社会和人的发展。同时，应建立与公共服务取向政绩考核体系相适应、相配套的干部人事制度，实现人事管理的科学化、法制化。

（三）着力加强法治文化建设，加大法治宣传教育，营造信仰法律、崇尚法治的社会氛围

从20世纪80年代我国学界对"法治"与"法制""法治"与"德治"的讨论，到2006年社会主义法治理念的提出，全国法治的宣传教育突出的是理念的灌输，在威海市城市化建设中，也应当以理念的教育为先导。法治理念的培养需要在继承传统文化精华的基础上，形成有本土特色的法治文化，在有着浓厚的法律文化的氛围中，扩大法制宣传，培养法律素质，形成法律信仰，从而最终获得全市市民内心道德信念的支撑，唤起市民对法律献身的激情与热忱。

1. 要加强法治文化建设，助推威海市全域城市化进程的基础和保障

国学大师钱穆先生曾经说过："一切问题，由文化问题产生。一切问题，由文化问题解决。"所以，实施依法治市，法治助推城市化，就必须重视法治文化建设，用法治文化引领全市法治建设。法治文化有广狭之意，广义是泛指法律现象本身就是一种文化，既包括法律规范、法律制度和法律组织机构设置等制度层面的内容，也包括人们对法律的思想、意识、感情、信仰、知识、理论等精神方面的内容。狭义的法治文化，是指法律现象中的精神部分内容，主要指人们的法律观念、法律思想、法律意识、法律价值取向等内容。不论其广、狭定义，都可以看出法治文化对人们思想、观念、意识的作用，法治文化贯穿在立法、学法、执法、司法等法治活动全过程中。因此，要以法治文化的影响力和渗透力，使全市市民在潜移默化中接受法制教育；以政府部门的公正执法、司法机关的公正司法，引导百姓信仰法律，崇尚法律，养成守法护法、依法维权的习惯。依法构筑和谐稳定的社会环境，是助推威海市全域城市化进程的基础和保障。

2. 要加强法治宣传教育，切实提高全市市民和社区干部的法治意识

只有加大法治宣传教育，切实提高全市市民和社区干部的法治意识，提

高法治助推威海市城市化的群众基础，才能使社区民主管理法治化得以实现，才能使威海市城市化建设依法进行。针对仍然存在的"人治"现象和大量的法盲，我们必须加强法治宣传教育，提高广大市民和社区干部的素质，使他们学法、懂法、用法、守法，提高遵纪守法的自觉性，真正实现社区管理的民主化和法治化，保障威海市全域城市化的顺利发展。威海市市民掌握了法律武器后，就可以用它来维护自身的合法权益，同时也可以与特权、官僚主义作斗争，这对于在威海市二市五区全范围内实现法治都具有深刻而积极的意义。

3. 要着力加强法律素质的培养，实现管理手段与村（居）民转变的同步

全域城市化从一定意义上说，是农村村民生产方式和生活方式发生变化的过程，是人的综合素质提高以及社会化服务体系完备的过程。一方面，要求我们的政府必须重新定位，努力建设法治政府，切实增强依法行政理念，树立科学的发展观；要求全市政府部门及工作人员真正做到依法决策、科学决策、依法行政、公正执法；要求管理方式从农村的村民自治逐步向适应城市化需要的科学化、法治化转变。切实遵循中央"十二五"规划建议中对失地农民保障的意见，在不违背国家《宪法》和《土地管理法》的前提下，应出台征地补偿与集体资产处置新政，探索使用保障性就业、社会保障代征地补偿费、资产变股权、农民变股东等多种征地补偿支付方式。另一方面，要加强居民素质教育规划，加大与此相适应的软硬件建设力度，不能期冀在城市化进程中对村民从零散农村院落安置进集中楼房就实现了生产方式、生活方式向市民的自然转变。只有着力加强法律素质的培养，实现管理手段与村（居）民角色转变的同步，才能避免和杜绝各类矛盾隐患的滋生，真正实现城市化的现代辉煌。

总之，威海市的城市化要健康发展，不但法制配套要跟上，而且应该法制先行。只有在体制机制、依法行政、法治文化等多个方面创新全市法治建设，才能够建立良好的城市工作和生活秩序，真正维护社会公共利益，使全市建设和管理逐步走向规范化、法制化的轨道，使全市城市发展体现出美好的和谐景象。

（作者单位：荣成市人民检察院）

完善四大环节　深化"八化"建设　强力推进县级统计机构规范化建设上档升级

　　荣成市是全国沿海开放城市、经济强县市，长期以来一直高度重视统计职能和作用的发挥，持之以恒地强化统计基础工作建设，2007 年即获山东省乡镇统计站规范化建设先进单位称号。国家统计局开展县级统计机构规范建设以来，荣成市进一步加大工作力度，围绕"三个提高""四大工程"建设总体要求，以科学发展观为指导，从完善组织领导机制、健全责任制度、深化规范化落实、强化督导监督等环节，内外兼修稳基础、深化创新提层次、整体联动强效能，全面开创了基础建设"八化"新局面。2010~2012 年，先后被评为第二次 R&D 资源清查全国先进单位，第六次人口普查、"五五"普法和统计工作等三个省级先进集体，获省级文明机关和省统计系统文明单位等称号，连续三年蝉联荣成市委、荣成市人民政府部门考核先进单位荣誉。今年年初，被山东省人力资源和社会保障厅、山东省统计局、山东省公务员局联合授予"全省统计系统先进集体"称号。

一　基层基础环节，讲求"恒"和"真"，进一步拓展层级统计基础建设正能量，全面夯实统计诚信创新的坚实基础

　　一是基础建设求"恒"。在巩固辖属 12 个镇 2 个区 10 个街道 2009 年全部获省和威海市级乡镇统计站规范化建设示范单位称号（其中省级 2 个）、工商局 2010 年获省级部门统计工作规范化单位成果基础上，进一步健全和完善统计"双基"建设长效化机制，积极实施镇、街、部门统计机构能力提升、服务转型和档案标准化建设活动，持之以恒地推进镇

（街道、部门）统计基础建设升级，实现了层级统计工作基础稳、网络全、业务实、能效高。

二是规范创新求"真"。围绕新形势下进一步加强统计工作和基层基础建设的内在要求，结合荣成市实际，以政府文件出台《关于进一步加强统计基层基础工作的通知》《关于强化镇街统计人员配备和明确统计负责人的通知》等系列规范性文件，施行科学规范和翔实督导，求真务实地提升了工作层次和能效。

三是星级联创求"全"。扎实开展"三上"企业星级达标活动，将企业统计星级联创与经信部门开展的企业创名牌活动相结合，整体推进，互促共赢，在联创活动中全面深化企业一套表联网直报和基础工作建设。目前星级企业已达554家，占"三上"企业的比重提高到86%以上。

二　整体联动环节，唯"诚"唯"新"，扎实
提升行业统计创新活力，搭建了统计
效能提升的共融平台

一是责任分工唯"新"。立足推进统计改革和能力建设，更好地发挥部门统计作用，统筹谋局，创新性工作，在威海市率先以市政府文件印发了《关于明确统计责任分工的通知》，厘清了市直有关部门、单位涉及的统计工作责任，进一步明确职责分工。

二是监管落实唯"诚"。深化"应统尽统原则"的贯彻落实和统计秩序的理顺，积极与发改、经信、城建、环保、国土、粮食、农机、供销社、物资总公司等相关部门衔接，深化建筑房地产、商贸服务业行业统计和固定资产投资统计行为的规范，分层次协调指导有关部门、企业把好数据质量关，深化相关行业、产业和重点企业的统计基础工作。

三是基本单位管理唯"信"。强化"三上"企业名录库维护更新，及时与有关镇、区及经信等工业主管部门和粮食等商贸相关部门联系，对各系统的工业、高新技术、批零住餐和重点服务业企业摸底清查，将新增规上工业和限上商贸企业及时纳入统计名录库，实施动态管理。

四是统计数据监测体系构建唯"谨"。严守数字"入口"和"出口"两大关口，强化源头数据和综合数据的质量调控，细化数据接收、整理、审核、汇总、传输等质量流程监管；积极与财政、地税、人民银行等主管部门沟通，深化主要宏观经济数据基础资料的收集、分析和衔接，用严谨、完备的统计

指标体系，提升基础建设质量和效益。

三 层次提升环节，强化"和"和"合"，深化
总体部署和强力督导之引力，形成了重视
统计基础工作的和谐新动力

首先，大规模运作促"和"。定期召开全市统计工作会议，统计局局长进行阶段统计工作回顾和总体部署，分管统计工作的市委常委、常务副市长就强化统计基础工作、深化部门统计职责、加强相互配合提出明确要求，各镇、区、街道主要负责人及市直有关部门、"三上"企业分管负责人和全市统计从业人员参会，不断推进和谐统计进程。

其次，高层次协调推"合"。建立健全了部门联席会议制度和主要经济指标数据质量衔接协调机制，以市政府协调会的形式，定期召集行业主管部门和宏观经济主要运行部门主要负责人与会，协商与部署统计上的统筹协调、共同合作，形成相关部门重视与支持统计工作的合力。

第三，强力督导做"活"。将"重视做好统计基础工作，分层次对部门、镇街、企业进行调度，监管调控企业做好数据上报工作"，列为荣成市委常委会议议定事项、市政府常务会议的重点督办事项，营造了各级各部门和企业重视统计工作的浓厚氛围，为统计基础建设注入了生机与活力。

四 统计局建设环节，讲求"实"和"细"，以
潜能发掘和诚信建设创新的张力，深层次
推动"八化"建设

（一）实施精细化统筹，扎实开展内部组织建设

一是组织上求"实"，强化领导，赢得共识与重视。召开班子成员会和机关干部动员会，逐条学习宣传《县级统计机构工作规范》《县级统计局考核办法》，集中研讨和部署统计局规范化建设工作；成立了专题领导小组，架构了一把手亲自抓，分管领导牵头协调、靠上去抓，其他领导带动各科室负责相对应专业的基础建设，法规科负责具体工作落实督导的规范化建设体系。

二是制度上求"细"，健全责任，赢得和谐与规范。制定了规范化建设实施方案，从工作目的、组织方式、制度对接、资料和档案整理时限、内容和

重点、工作要求等方面，进行了具体安排和组织实施，确保了工作的有序化
高节奏；加强与业务上级的沟通衔接，对规范化建设具体事项和标准的掌握，
以专业为单位强化与威海市统计局的对应联系，严格按国家《标准》和业务
上级的督导落实，不自设标准或降低标准，不似是而非，做到上下沟通，协
调一致，真正诚信地做好各专业的规范化建设工作。

三是程序上求"精"，深化落实与监督，赢得合力与主动。一是将国家
《标准》划分的规范化建设 7 个部分、26 个方面的内容和指标，印发至分管
领导和各科、室、中心、队，围绕专业职责分工，分头组织实施，有条不紊、
不打折扣地开展建设活动；二是定期组织开展专业自查、科室互查和全局统
一巡查，验收规范化建设成效，查找问题与死角，深化查漏补缺，全面提高
了能效和质量；三是及时邀请业务上级莅临指导与评查，对发现的问题进行
对症整改和完善，达到了以评查促建设的目的与成效。

（二）强力推进"八化"建设，全面开创工作新局面

层级基础建设的正能量、行业统计的创新活力、总体部署与强力督导的
引力叠加在一起，汇成了基础建设外在的强大推动力，这股推动力与统计局
内部的潜能发掘和诚信建设创新之张力相结合，形成了内外兼修之合力，推
动了荣成市县级统计基础工作规范化建设上档升级。

1. 机构和人员建设正规化　在县级统计局独立单设和职能进一步完善的
基础上，强化内设科室建设，构建了 5 科 1 室 2 中心 1 队的主题型科室格局，
增添了能源统计科、行政许可科、服务业科的职能设置，分别挂靠或合署于
工业、法规、综合科办公；深化了专业人员的配齐配强工作，2010 年以来新
进高素质工作人员 5 人，目前在职人员达到 27 人，其中机关 13 人、事业 14
人，拥有各类技术职称的 21 人，其中中级 7 人、高级 3 人，在职的专业人员
全部达到本科以上学历，其中研究生 1 人、双学位 1 人。

2. 办公及设施建设自动化　办公条件，拥有独立办公间 23 间，办公面积
700 余平方米；办公设备，逐科室和专业人员配备了新式老板桌椅、档案柜、
沙发或转椅、中央空调、办公电话和 3G 手机、打印机、台式电脑和笔记本电
脑，目前台式电脑达到 47 台，笔记本电脑 17 台，局内增上了 CTI 工控机 1
台、服务器 4 台、不间断电源和扫描仪、刻录机、交换机、光电录入机、一
体打印机等设备，公务用车 3 辆，办公自动化水平全面提升。

3. 工作制度建设和管理规范化　一是根据《县级统计局考核评分标准》，
健全了各项工作制度和业务制度，工作实践中深化落实和监管；二是配套完

善了局及分专业的数据质量评估制度和检查制度、培训签到及统计报表和填报说明签领制度、统计报表报送签收和未按制度要求的应报单位催报工作制度，提高了统计调查工作的时效和质量；三是进一步细化量化了机关岗位责任制、科室职能和专业人员目标承诺，明确了领导、科室负责人、专业人员各层次的工作要求和管理责任，强化了日常监管和考核工作。

4. 业务培训和技能提高经常化　制定并实施了基层统计人员轮训制度及实施方案，采取走出去请进来的方式和以会代训、分专业举办业务培训班、召开专题座谈会、分期次深入重点企业现场指导等方法，强化业务培训，实现了技能提高型培训的经常化、制度化；建立统计人员动态名录库，定期对新增的基层统计人员实施上岗前的统计业务知识和专业技能培训，确保了基层统计队伍素质和统计能效的整体连贯和常规高效；深化继续教育、从业资格认定及统计职称三大应试性教育的组织和培训考试，优化了在职统计人员的知识结构，推进了统计人员持证上岗工作整体进程。

5. 档案建设长效化　进一步巩固省二级档案室建设成果，全面加大统计档案规范化建设力度。一是优化硬件建设，在办公条件紧张的情况下，设置宽敞明亮的独立档案室，增添了新式档案柜、档案盒等设施，提高了档案室建设规格。二是深化软件配套，完善了档案室工作职责、文件资料立卷归档和档案资料移送、交接等制度，制作了相关制度看板，实现了制度上墙和管理的规范。三是提升档案管理工作水平，加强档案管理人员的技能与素质提高，配备了具有馆员专业技术职称的专业人员从事档案管理，提升了工作层次和能效。四是加大专业统计资料归档工作力度，对照考核《标准》，在强化统计局文件资料立卷归档的基础上，以科室为单位逐专业地对 2010～2012 年基础和综合统计资料进行立卷、归档，实现了统计档案建设外延的进一步拓展和内涵的全面丰富。

6. 统计信息服务高效化　健全了统计资料发布制度，进一步规范发布时效、权限、窗口和范畴，编制印发了月度统计资料和统计年鉴，按时提供和定期发布经济社会发展情况统计资料、信息和统计公报；加大统计调研分析力度，对当前经济运行过程中出现的热点、难点问题，展开全面、细致的调查研究，上报市委、市政府或上级统计机构统计分析报告、统计信息年均 40 余篇，市领导批示或传阅年均 10 余篇次，2010～2012 年在省级以上统计刊物、汇编上发表分析调研 13 篇。

7. 法制建设制度化　深入开展统计普法宣传教育活动，采取召开领导干部统计学法培训会、举办专题培训班和座谈会、开展"12.4""12.8"集中宣传活动、搭载"行风热线"新型载体宣传统计法等方式，延伸普法宣传范畴，提升普法宣传层次。强化执法队伍建设，局内 15 名专业人员申领了政府法制局《行政执法证》，24 名专业人员和镇区（街道）、部门统计执法人员 29 人领取了《统计执法检查证》，全员执法、亮证执法的局面蔚然形成。严肃开展统计执法检查，构建了执法大检查为主体、重点检查、专项检查和被处罚单位责令改正情况跟踪检查为补充的统计执法检查新格局，同时配合"四大工程"建设，利用《企业一套表法律事务告知书》和《致企业的一封信》的送达，适时实施统计基础工作和数据质量专题核查，扩大了执法检查覆盖面，拓展了执法检查内涵，实现了执法检查的制度化、规范化。公平公正、合理合法地查处统计违法案件，年均查处案件 20 余起，得益于查处事实清楚、程序规范、处罚合法得当，违法当事人全部接受处罚，无一例复议和上诉案件发生。加大了违法案卷规范化归档工作力度，案卷在省统计局评查中被评为优秀案卷。

8. 统计网络和信息化建设通畅化　健全了市、镇（街道、部门）、村、企及调查户的调查网络，完善了三级统计单位和统计人员名录库和动态联系名册，强力实施了企业一套表联网直报改革和原始记录或统计台账的规范设置，实现了统计网络布局更加合理、统计调查体系更加完备。强化对"三上"企业信息化建设督导力度，协调和指导企业解决人员配备、硬件设施和上网条件等棘手问题，确保了企业全部通畅地实现统计网上直报。创建和维护更新了荣成统计信息内外网和局内各科室办公网，开通了镇街统计网，实现了统计的国家、省、地、市、乡镇五级联网。

（作者单位：荣成市统计局）

后 记

　　威海市社会科学优秀成果奖，是威海市政府奖。1997年，时值威海市成立10周年之际，中共威海市委宣传部、威海市人事局、威海市财政局、威海市社会科学界联合会联合报请，经时任市委副书记、市长孙守璞同志亲自过问并批准设立。

　　自1997年设立威海市社会科学优秀成果奖至今，共举行20次评选，有接近1400项成果获奖。许多成果进入决策，较好地解决了经济社会发展实践中的难题。

　　2007年，为庆祝威海市建市20周年，我们编辑出版了《威海市社会科学优秀成果获奖作品文库》（第一卷~第十卷）。近10年来，威海的哲学社会科学事业，尤其是社科理论研究领域，从人才队伍到研究领域到成果质量水平，都得到了全面的发展。2017年，威海市成立30周年，我们继续组织编辑了本套《威海市社会科学优秀成果获奖作品文库》（第十一卷~第二十卷）。

　　《威海市社会科学优秀成果获奖作品文库》（第十一卷~第二十卷），汇集了2008~2017年获得威海市社会科学优秀成果奖的著作、论文、研究报告，集中反映了近十年威海市哲学社会科学界取得的优秀成果，研究范围涉及经济学、管理学、语言文字学、教育学、文艺理论、外国文学、哲学、政治学、社会学、法学、科学社会主义理论等专业领域以及党的建设、历史文化、社会发展、经济建设、体制改革、马克思主义研究等诸多方面。

　　受篇幅的限制，编辑过程中，我们删除了成果原文中的"内容提要""关键词""参考文献"以及"尾注""角注""夹注"，加注了作者所在单位。若需详查，读者可与作者直接联系。

　　编辑过程中，有些文稿中图片的清晰度不够，达不到印刷要求，在不影响原意表达的前提下，一般作删除处理。因时间跨度较长以及各种社会因素变化，有些获奖成果已难以搜集，有些作者提供的资料过于简单或者缺乏研究的深意，也有个别研究因为资料来源不规范和一些认识偏差，没有收录，在此一并说明。

　　社会科学文献出版社的领导和编辑们，在文库的编辑工作中展现了出色的业务能力、精益求精的工作态度和一切从客户愿望出发的职业道德，成为我们学习的榜样。在此，表示衷心感谢！

编　者

2017 年 9 月